国家语委科研项目"面向应用的汉语语义构词研究（HQ135-13）"最终成果

面向应用的汉语语义构词研究

亢世勇 等◎著

中国社会科学出版社

图书在版编目（CIP）数据

面向应用的汉语语义构词研究 / 亢世勇等著 . —北京：中国社会科学
出版社，2020.12

ISBN 978-7-5203-7802-4

Ⅰ.①面…　Ⅱ.①亢…　Ⅲ.①现代汉语—语义结构—研究　Ⅳ.①H136

中国版本图书馆 CIP 数据核字（2021）第 016770 号

出 版 人	赵剑英
责任编辑	任　明
责任校对	冯英爽
责任印制	郝美娜

出　　　版	中国社会科学出版社
社　　　址	北京鼓楼西大街甲 158 号
邮　　　编	100720
网　　　址	http://www.csspw.cn
发 行 部	010-84083685
门 市 部	010-84029450
经　　　销	新华书店及其他书店

印刷装订	北京君升印刷有限公司
版　　　次	2020 年 12 月第 1 版
印　　　次	2020 年 12 月第 1 次印刷

开　　　本	710×1000　1/16
印　　　张	28
插　　　页	2
字　　　数	462 千字
定　　　价	128.00 元

序　言

　　亢世勇等的《面向应用的汉语语义构词研究》是汉语语义构词研究的重要成果。他们从词汇的语义分类入手，研究汉语合成词中字义与词义的语义内在关系，从而由字义推导出词义，开辟了汉语构词研究的新领域。

　　语素和单词都是表示概念的，由于客观事物的发展，新的概念如雨后春笋般不断出现，而用于构成单词的常用语素（morpheme）的数量是有限的，人们不可能为每一个新出现的概念都创造一个新的语素来表示，最好的办法，就是在不增加常用语素数量的前提下，使用已经存在的常用语素组合起来构成新的单词（new word），从而表达层出不穷的新的概念。这是"单词形成的经济规律"（economical law of word formation）。我认为，这个经济规律在世界各种语言中是普遍存在的，这是语言学中很值得深入研究的规律。

　　显而易见，这个各种语言中普遍存在的"单词形成的经济规律"在不同语言中的表现是不同的，不同的语言应当有自身的特殊的规律。在汉语中，一个汉字（Chinese character）就相当于一个语素，如何使用已经存在的常用汉字来构成新的单词，这其中的具体的规律究竟是怎样的？这是一个相当困难的问题。

　　《面向应用的汉语语义构词研究》基本上找到了这些具体的规律，他们证明了，现代汉语的大多数合成词（compound word）中，字义与词义都有着直接或间接的联系，可以从字义推导出词义，因而字义和词义之间是有规律可循的。这是一个鼓舞人心的结论。

　　当然，在字义和词义之间也有少量的例外，面对这样的例外，他们利用美国布兰代斯大学（Brandeis University）普斯特尤夫斯基（Pustejovsky）教授于 1991 年提出的生成词库理论（Generative Lexicon

Theory）中的物性结构理论（Qualia Structure Theory），解释了这些例外的词义产生的途径，从而基本上找到了用已经存在的常用汉字来构成新的单词的语义构词规律。

他们还建立了大规模的《汉语双音合成词语义构词规则数据库》，对于数据库中单词的各项特征进行了细致的描述，在数据库的基础上全面考察汉语语义构词的状况，总结出了一系列很细的规则。利用这些规则在一定程度上可以预测未登录词的语义，从而提高了自然语言处理（Natural Language Processing）的水平，具有实用价值。

他们的研究是建立在大规模数据库的基础之上的，这是一件耗时耗力的艰巨的"特征工程"（feature engineering），他们不畏困难，艰苦奋战，克难攻坚，终于取得了胜利，我谨向他们表示祝贺。

冯志伟

2019 年 10 月 19 日

前　言

　　我们所说的面向应用的"应用"主要指计算机语言信息处理和语言教学（特别是词汇教学）两个方面。

　　在自然语言处理领域，研究者早就开始关注语义构词问题，尽管经过半个多世纪的努力，在语义构词方面取得了一定的成果，但对于未登录词的处理并没有取得突破性的进展，其中一个重要原因是缺乏详尽可靠的语义构词规则。

　　1992 年，苏联的谢米纳斯发表了《现代汉语词汇学》一书，不仅从形式方面和内容方面考察了词汇综合体系的语义组合结构，列出了 52 种语义关系，从新的角度、用新的方法分析了汉语复合词的内部结构。

　　国外关于语义研究最有影响的是美国布兰代斯（Brandeis University）大学的 James Pustejovsky 教授，他在 1995 年提出了生成词库理论（Generative Lexicon Theory），这一理论主张语言的意义是组合性的、动态的、生成的。一个词项的意义是相对稳定的，到了句子层面，在上下文中，通过一些有限的生成机制可以获得延伸意义。生成词库理论是基于计算和认知的自然语言意义模型，关注词义的形式化和计算，试图解释词的不同用法以及在上下文中的创新性用法。这一方法的主要目的之一是要研究语言中的多义、语义模糊和语义变化现象，可以部分地解决规则中"例外"的现象。

　　国内关于汉语语义构词规律的研究也比较早。早在 20 世纪 50 年代，孙常叙、王勤、武占坤等，七八十年代的任学良、李行健、符淮青、葛本仪、刘叔新等，90 年代的周荐、黎良军、徐通锵、杨振兰等都对语义构词规则进行了研究。词汇学家认为，在语素组合的过程中，起决定作用的是参与组合的语素能否在意义和习惯上相互搭配。虽然绝大多数复合词可以套用句法结构模式（因为人们在造词和造句时有相近的心理模式），但在研究构词规律的基本观点上,词汇学家主张"意合"的结构方式。符淮青在《现代汉语词汇》(北京大学出版社 1985 年版)一书中专门设立了一章把词义和构成词义的语素义的关系归纳出了 7 种类型;刘叔新在《汉语复合词内部形式的特点与类别》一文中,对现代汉语复合词的内部形式做了一个概略的静态描写,他还在其他多篇文章中反复强调了复合词内部结构的词汇性质;周荐的《复合词词素间的意义结构关系》一文"从微观上剖析了每个复合词通过什么样的结构方式由两个词素组合而成",对构词词素间的意义结构关系作了详尽的统计、归纳、研究;黎良军认为汉语词的构造不是语法问题,而是语义问题,并据此归纳出汉语合成词语义结构的 10 种类型;徐通锵在他的《语言论》中对原有构词法研究的理论和分析方法持否定态度,认为"汉语词的构造最主要的是语义问题",汉语构词法大的类型有两种:向心结构和离心结构;杨振兰认为在词汇意义方面,语素义与语素义在构成词义的时候表现为三种关系,即"融合关系、综合关系和组合关系";张志毅在《词汇语义学》一书中列出了语义组合的 16 种规则,也涉及语义构词规则。

近年来,由于中文信息处理的发展,汉语语义构词研究又在另一个方面有了新的需求。傅爱平等人对前人的研究成果进行了梳理,试图将这些成果应用于计算机语言信息处理,但结果不够理想。

综观以往的研究,取得的成果不少,但实用价值不高,不能解决中文信息处理对语义构词的需要,主要原因是:

(1) 以往的研究大都是面向人的,研究成果的信息颗粒度比较粗糙,而面向计算机语言信息处理的研究成果则需要信息颗粒度很小的语言知识和规则,所以迫切需要面向计算机语言信息处理的信息颗粒度很小的汉语语义构词规则研究,以满足实际需要。

(2) 语言学家的研究观念只是为了建立理论,能用理论解释某些语言现象就达到了终极目的,而很少考虑实际应用的问题,致使所取得的成果很难应用于实际的中文信息处理。

(3) 由于研究观念和研究方法的限制,以往语言学家的研究只是浅层次的、简单枚举式的,而没有穷尽所有的语言现象,所总结的规律只是从形式方面粗线条地说明语义构词的结构类型,而没有深入到词语内部考察语素组合成词的具体规则以及每一条规则的辖域大小,以至于所取得的结论不能覆盖所有的语言现象、不能说明这些规则使用的范围,因而在计算机语言信息处理当中基本上不起作用。

那么选择什么样的策略进行未登录词处理？

处理未登录词的主要目标有两个：一是判断某个字串是不是底表之外的新词；二是如果是新词，推测它的词义和词性。虽然学者们对未登录词的处理研究了十几年，但基本上还是停留在第一个目标阶段，从目前的研究成果来看，多是对人名、地名、机构名等专有名词进行单独的识别。采用的策略可以概括为三个方面。

（1）基于统计的方法。该方法主要根据统计得到的各类用字的频度，加入构词可信度等概念进行识别。比如郑家恒（2000）就采用这种方法对中文姓名进行识别。这种方法实现起来比较简单，结合构词可信度进行未登录词识别，最大限度地考虑了前后文和经验，在一定程度上将规则"是"与"不是"的极端化转化为量化的方式来协调。但这种方法统计信息的获得，依赖于训练语料的选取，系统开销比较大，识别精度低。

（2）统计和规则相结合的方法。这种方法主要根据未登录词的用字规律和上下文特征，观察未登录词与标志位置的关系以及单词的左右结构，总结出适合大多数未登录词的识别规则，将规则应用于汉语文本的处理过程，从而识别未登录词。比如孙茂松（1994）运用中文姓名的概率分布，结合称谓表、上下文关系识别中文姓名。谭红叶（2002）运用中国地名可信度，结合上下文信息、规则识别中国地名。这些方法都是在概率统计的基础上加入规则识别。

（3）以规则为主的基于框架结构的专有名词识别。

这种方法是王蕾（2007）提出来的，该方法从专有名词自身特点和上下文环境特点出发，重新定义语料属性，然后采用基于转换的错误驱动和基于实例相结合的学习方法对文本进行标注，从而识别专有名词。

从上文总结的未登录词的研究成果和处理策略看，其研究对象主要是专有名词，而对于未登录词中非命名实体比如"蜗居""蚁族""裸婚"等一类词的识别进展缓慢。从未登录词的含义分析来看，未登录词识别存在以下几个难点：1）由于中文词语定义的模糊性，未登录词没有统一的定义标准，而且涵盖面广，很难找到一种通用有效的方法；2）未登录词，尤其是非命名实体，在构成方面没有普遍的规律；3）对于低频未登录词，由于数据稀疏问题，识别难度很大；4）随着社会的发展，新词的产生更迅速、变化更快、涉及面更广。它潜伏或奔突于我们生活的方方面面，它不会像新闻那样全被正式发布，却像血液一样弥散在我们生活的每根血管中。而目前计算机方面的一些困难也影响了未登录词识别的发展，主要问题有：1）没有合理的自然语言形式模型；2）如何有效地利用和表示未登录词识别所需要的语法知识和语义知识；3）如何对语义进行理解和形式化。由上述问题我们不难发现，未登录词难以识别的关键就在于缺乏详尽的语义知识、完备可靠的语义构词规则。有了语义构词规则计算机就能理解未登录词吗？对于这个问题的回答可以是肯定的，这一点可以从未登录词的特点中找到答案。

那么如何进行这项研究呢？

我们计划将这项研究分为两大块：

（一）字义整合转化为词义的规律探究

研究字义整合转化为词义，即汉语语义构词规则是识别和理解未登录词的基础，关于合成词的构成，传统的研究多是立足于语法形式方面，本研究课题研究语义构成的基本原则是：扎根于汉语词汇语义学理论研究，面向自然语言理解和机器翻译。

对于这一部分内容，我们的总体研究思路如下：

第一步，按照一个统一的语义分类体系，分别建立现代汉语字、词的语义分类信息库，尽可能获得全面、系统的字、词的语义分布信息。正是在这种思想指导下，我们本着人机两用的研究理念，引入"字位"的观念（所谓"字位"就是最小的语义构词单位，即形音义一体化的字，每个字位一形、一音、一义），遵循"一字一条、一义一条、意义与语法功能结合、非语素字单独立条"等原则将"国标 GB2312"所定义的 6763 个汉字衍生为 17430 个字位，按照《同义词词林》的三级语义分类体系（大类、中类、小类）给每个字位归了类，录入数据库，建成了大型的《汉字义类信息库》。

第二步，在字、词语义分类信息库的基础上，通过统计比较说明字、词语义分布的实际情况以及二者之间的对应关系，为进一步进行语义构词规则的研究提供一个理论基础。经过比较研究，我们发现：（1）字的义类体系和词的义类体系基本一致。（2）字、词在各个义类中的分布比例基本一致。（3）从大类到小类，除了个别的类外，字、词的绝对数量多少是一致的，即除了个别类外，绝大部分类字最多、词也是最多的；相反，如果字最少、词也是最少的。可见，字与词在义类上有对应关系，大部分词的意义是在字义的基础上整合而成的。

第三步，进行语义构词规则的研究。选取一定数量的双音合成词，利用"汉字义类信息库"对构成双音合成词的每个字进行语义标注，建成大型的《汉语语义构词数据库》，在此基础上进行统计归纳，总结出由字义整合成词义的具体规则。

（二）基于数据挖掘技术的汉语语义构词规则的自动提取

在采用数据挖掘和机器学习自动提取汉语语义构词规则的方法中，我们重点就基于规则归纳的方法、关联规则、决策树和粗糙集的方法进行研究，并对它们的预测能力进行比较分析，然后将性能较优的规则学习的方法集成起来作为一个综合的汉语语义构词规则的自动提取和预测系统。

2011 年我们获得了国家语委科研项目"面向信息处理的汉语语义构词研究"立项资助，取得了一系列成果，2015 年结项。这一期研究成果完成了汉语语义构词的基础研究及计算机新词语语义识别的初步探索。我们注意到 a+b=a=b、a+b=a、a+b=b、a+b=c、a+b=a+b、a+b=a+b+d、a+b=a+d、a+b=d+b 八种语义类型中，a+b=c 类不能从语素义推出词义。语言学上有一个定理：凡规则都有例外，凡例外都有规则。另外，我们意识到，搞清楚语素（字）义经过整合转化为词义的规则，不仅对人（尤其是留学生）望文（字）生（词）义识读新词语具有重要的指导作用，而且是计算机语言信息处理当中未登录词语的识别以及语义理解的重要依据。经过广泛的调研，我们发现生成词库理论、事件结构理论及隐喻转喻理论等认知语言学理论，对 a+b=c 类型的词语有比较强的解释力，总结出这些"例外"的"规则"，就能实现"规则"的全覆盖，为语言教学，特别是词汇教学及计算机词义识别提供基本依据，提高效率。2017 年我们在原来的基础上申请了国家语委后期资助项目"面向应用的汉语语义构词研究（HQ135-13）"。后期资助项目部分主要关注的是：

1. 选择生成词库理论中的物性结构与论元结构理论，以及词义转指隐喻、转喻理论，来尝试解释 a+b=c 类型词语语义构成途径，确定研究思路。

2. 开发"a+b=c 类双音合成词语义构词信息库"。选择了《汉语语义构词规则数据库》中的 a+b=c 类双音合成词 3000 多个，逐一考察其词义形成的途径及整体倾向性，建成数据库，在数据库的基础上进行分类统计。

3. 名词语义构词途径，在物性结构与隐转喻理论基础上对数据库中的名词转义途径进行统计分析。通过全面深入分析总结出：①名词多是基于构词语素部分或整体充当词义的某种物性角色发生隐喻或转喻的；②名词通过某种物性角色发生隐喻或转喻的规则。

4. 动词语义构词途径，在论元结构与隐转喻理论基础上对数据库中的动词转义途径进行统计分析。通过细致的分析，总结：①动词多是基于构词语素构成事件与词义代表事件间的相似或相关关系发生隐喻或转喻。其中，对于动名、形名、名名的复合动词来说，名语素的物性角色解读对于动词的词义阐释有重要的支撑作用。②动词基于构词语素构成事件与词义代表事件间的相似或相关关系发生隐喻或转喻的规则。

5. 形容词语义构词途径，在物性结构、论元结构与隐转喻理论基础上对数据库中的形容词转义途径进行统计分析。通过细致的分析，总结：①对于形容词而言，其独立性较差，多是通过名词与动词或者通过事物与事件的形容描述中隐喻或转喻而来的。②形容词词义形成隐喻或转喻的规则。

6. 名、动、形转指途径对比分析，主要对前面所分析的倾向进行共性与个性的研究，说明整体性的规律。

7. 运用数据挖掘的方法，进行计算机自动学习，获取 a+b=c 类双音合成词语义构词规则，并进一步识别该类型新词语的语义，提高计算机未登录词语的识别以及词义识别的效率。

8. 将以上规则运用到汉语词汇教学中，测试其实用性，并编纂《现代汉语学习词典》。

本书的创新点及价值表现在：

1. 从词汇语义入手，探究汉语合成词字义（语素义）与词义的关系，开辟了一个汉语构词研究的新领域。有人认为汉语是意合型语言，语言单位的组织依靠意义的联结，经过研究，我们发现汉语合成词90%以上词义都与字义有直接或间接的联系，可以由字义推出词义。当然少量词语属于规则中的"例外"。利用生成词库理论中的物性结构理论解释了部分规则中"例外"词语的意义产生的途径，为"例外"找到了规律，丰富和发展了汉语语言学理论。

2. 建立了大规模数据库，在数据库的基础上全面考查汉语语义构词的状况，总结出了一系列更深入细致的规则。利用这一研究成果在一定程度上可以提高计算机语言信息处理的水平，具有实用价值。

本书还存在一些不足，需要进一步进行研究：

1. 尽管全面总结了语义构词规则，但描写较多，理论提升不足，还需要进一步凝练，提升理论高度。

2. 该成果应用于计算机语言信息处理只是做了一个尝试，还需要进一步全面的实验，不断提高。

3. 该项成果应用于语言教学，主要是编纂一部词典，把每个词的由语素义整合转化为词义的过程说清楚，提高词汇学习的效率。目前这项工作已经开始，我们正在主持编纂由上海外语教育出版社委托的国家"十三五"出版规划项目"当代汉语学习词典"，拟将这些成果汇入该词典，使其在语言教学中得以应用。

目　　录

第一章

《汉字义类信息库》的建设及语义构词初步研究

本章主要进行面向信息处理的汉语语义构词研究的初步探索，包括三个内容：（1）建立了《汉字义类信息库》，为汉语语义构词研究提供一个基本资源；（2）利用《汉字义类信息库》和《汉语合成词语义构词信息库》，对汉语字、词义类分布进行了统计比较，用量的信息说明汉语字、词在语义分布上是对应的，汉语词的意义是由字的意义整合转化而来的，证明了进行语义构词研究可行性。（3）在建成的《汉语合成词语义构词信息库》基础上，进行统计比较，对语义构词规则进行了初步研究。

第一节　《汉字义类信息库》的研究与实现

《汉字义类信息库》的研究与实现，旨在为"国标 GB—2312"的6763 个常用汉字建立包含读音、义项、同音、同形、语义类、词性、成词与否等信息的数据库，为汉语研究，特别是汉语信息处理研究开发一个基本资源。本章将对这一工作，作一详细介绍。

一　建立《汉字义类信息库》的基本思想

（一）以目前现代汉语及汉语信息处理研究的权威理论与成果为指导，博采众长，根据"国标 GB—2312"的 6763 个常用汉字读音、义项、同音、同形、语义类、词性、成词与否等信息，建立信息库。

具体来说，是以中国社会科学院语言研究所词典编辑室编、商务印书馆出版的 1996 年版的《现代汉语词典》字词的立条、注音、释义为基础，以梅家驹、竺一鸣、高蕴琦、殷鸿翔编，上海辞书出版社出版的

1983 年版的《同义词词林》的语义分类和归类为汉字语义类的基本框架和基本标准，以俞士汶等著、清华大学出版社出版的《现代汉语语法信息词典详解》的词类体系和词类标准为标注词性的基本体系和基本标准，并参考了《新华字典》《辞源》《辞海》《反义词词林》《词汇语义学》《现代汉语词汇》《汉语类义词典》等的立条、注音、释义、分类及语素与词的有关理论，根据现代汉语的实际情况确定字位、确立描述框架，集众家之长完成这一工作。我们希望在先进理论的指导下把《汉字义类信息库》建成一个高质量、高水平的信息库。

（二）人机两用的全新研究理念

《汉字义类信息库》的建立不仅要满足人学习、研究汉字的某些需要，而且要满足计算机进行汉字、汉语信息处理的某些需要，因此汉字义类信息库的建立不仅要适合于人读，而且要适合于机读，在信息库的收字立条、结构的设计、属性的确定、属性的描述及信息的存储等方面都要充分考虑到"人机"两用的特点。我们殷切地希望《汉字义类信息库》能够成为汉语、汉字信息处理的有效资源。

（三）以"字位"为描述的基点

"字位"这个概念是仿语音学的"音位"、词汇语义学的"义位"而确立的，是指特定的形、特定的音、特定的义相结合的形音义一体化的汉字。通俗地说，一个单音单义的汉字就是一个字位，一个多音多义的汉字就可以形成多个字位，比如"打"有两个读音"da3""da2"，读"da3"时又有两个同音字，包括动词类的"打"和介词类的"打"，而在动词类的"打"里又有 25 个义项，这样，一个字形"打"就衍生出 27 个字位"打"。一个字位就是一个单音、单义的汉字。汉字的形音义之间的关系非常复杂，造成了大量的同形字、同音字、多义字，而在实际使用中一个特定的环境里，只可能有一个字位，这种情况为计算机语言信息处理带来了更多的排歧的困难。如果以字为基点进行描述，一则描述信息比较粗疏，实用价值不大；二则因为描述的对象本身复杂，描述可能无法进行。因此，我们选择了以字位为描述的基点，使描述的信息颗粒度更小，获得的知识更细致，更具有实用价值。

二　《汉字义类信息库》收字、立条原则

在"以字位为描述基点"的思想指导下，以 1996 年版的《现代汉语词典》的立条、注音、字义词义解释为基础，以"国标 GB—2312" 6763 个常用汉字为基准收字、立条，具体原则如下。

（一）一字一条的原则

坚持一个字立一条，同形字、同形同音字、完全同义字都分别立条。"好坏"的"好"和"喜好"的"好"，同形但不同音，分别立条，确立为"好 A""好 B"两个字位；类似的还有"挨 A、挨 B，艾 A、艾 B"等。"别去"的"别"和"把花别上"的"别"同形同音，但不同义，是不同的字，分别立条，确立为"别 1""别 2"两个字位；类似的还有"艾 1、艾 2、艾 3、艾 4、艾 5"等。"捱"义同"挨（ái）"，"案"其中一个义同"按"，"骜"义同"傲"，都单独立条，不因义同而合并为一个字位。

（二）一义一条的原则

如果一个字是一个实义的多义字，一个义项立一个字位。比如："搭"，《现代汉语词典》解释为 7 个义项：①支，架，比如"搭桥"；②把柔软的东西放在可以支架的东西上，比如"把东西搭在竹竿上"；③连接在一起，比如"两根电线搭上了"；④凑上、加上，比如"把这些钱搭上就够了"；⑤搭配，配合，比如"粗粮和细粮搭着吃"；⑥共同抬起，比如"书柜已经搭走了"；⑦乘、坐（飞机、汽车等），比如"搭轮船到上海"。我们将这些解释和其他词典进行对比，认为是准确合适的，就确立为 7 个字位。少部分字的一些义项解释为"原指—，也指（或喻指）—"，"原指"与"也指"的意思差别较大，无法归入一类，也考虑将其各自单独立条，确立为两个不同的字位；比如"祟：原指鬼怪或鬼怪害人（迷信），借指不正当的行动"。

（三）义项（语法意义）与词性相结合的原则

虚词与虚语素，没有词汇意义，只表示语法意义。一个字自成虚词或虚语素，如果词性不同，就单独立条，确立为不同字位；如果词性一致，所表示的语法意义不同，在现有语义分类体系中比较容易标注的也单独立条，确立为不同的字位；如果词性一致，所表示的语法意义有所差别，并且有些语法意义从现有的分类体系不好归类则考虑合为一个字位，不单独立条。比如"从 2"，《现代汉语词典》解释为：①介词，起于，"从—"表示"拿—做起"，例如"从北京到上海"；②介词，表示经过，用在表示处所的词语前面，如"从窗缝里往外望"；③副词，从来，用在否定词前面，如"从没听说过"。"从2"的①②义项为介词，语法意义差别比较大，容易标注，③为副词，因此分别立条，为三个字位。"的（de）1"《现代汉语词典》的解释为：①助词（②—⑤同），用在定语的后面；②用来构成没有中心语的"的"字结构；③用在谓语动词的后面，强调这动作的施事者或时间、地点、方式等；④用在陈述句末尾，表示肯定的语气；⑤用在两个同类的词或词组之后，表示"等等、之类"的意思；⑥用在两个数词中间，表示相乘、相加。义项⑥有实在的词汇意义，是实词，单独确立为一个字位。义项①—⑤都是虚词，其中④是表示语气，是语气词，单独立为一个字位；其他四个都是助词，表示的语法意义有所差别，但标注起来并不容易，合并为一个字位。"多2"，《现代汉语词典》解释为：副词，①用在疑问句里，问程度，如"他多大年纪？"②用在感叹句里，表示程度高，如"你看他老人家多有精神啊！"③指某种程度，如"无论山有多高，路有多陡，他都走在前头。"义项①有"问程度"的意思，而②③都是指"程度"，故将①单独立为一个字位，而将②③合并为一个字位。关于虚词的语义分类，现有的分类体系不够全面，需要进一步研究，并对这一部分字进行重新立条归类，当然这一部分字比较少，不会影响全局，以后补做起来，也不会有太大的困难。

（四）补充原则

以上两条主要处理实词字、实语素字、虚词字和虚语素字，此外还有非语素字。非语素字即单独没有意义的字，如"葡""萄""咖""啡"等，也同样立一个字位。这些字形成词的功能比较单一，一般都是和另外一个或两个同性质的字合在一起代表一个语素或词。这样，这些字在进行语义归类时是按照它们所形成的词或语素的意义归类的。

根据上述原则，我们将"国标 GB—2123"的 6763 个常用汉字按同音、同形区别为 8568 个汉字、确立为 17430 个字位。

三 《汉字义类信息库》属性信息的确立

《汉字义类信息库》的建立主要是为人识读、研究汉字的语义和计算机语言信息处理中对汉语字词句的识别、理解、分析、合成建立基本资源。为此目的，信息库属性信息确立的总原则是：以汉字语义为中心，重点考察汉字的语义分类；围绕对汉字语义的分类，涉及汉字的读音、同形、同音、词性、是否成词等方面的信息。具体确立的属性信息如下。

（一）语义分类信息

语义分类信息是《汉字义类信息库》的核心信息。以梅家驹等人编的《同义词词林》的语义分类标准和框架为基础，根据实际情况有所增加。《同义词词林》在"以词义为主，兼顾词类，并充分注意题材的集中"（《同义词词林·自序》，第5页）的分类原则指导下，将汉语的字词语义分为具有层级体系的三级类别，首先分出大类12个（用大写A、B、C—表示），各个大类内部又按词义之间的同义程度分出若干中类，12个大类共分出94个中类（在大类字母后用小写a、b、c—表示），各个中类内部进一步按词义之间的同义程度分出小类，94个中类共分出1428个小类（大类、中类字母之后用数字01、02、03—表示）。这个分类标准和分类体系从它自身的分类、归类实践以及我们对汉字语义归类的实践来看是可行的。但在归类中，我们发现"天干地支"类、"有机物、无机物"类、"非金属元素"类、"八卦"类、"语法范畴"类、"词缀"类等六类字无法归入现有的类中，故增加了六个小类，按《同义词词林》的分类体系分别归入第三大类的第一中类、第二大类的第一中类、第二大类的第十三中类、第四大类的第九中类、第四大类的第十一中类、第十一大类第四中类中，分别标记为Ca32、Ba11、Bm19、Di27、DK33、Kd06。这样《汉字义类信息库》的语义分类体系就分为12大类、94中类、1434个小类。在这个分类体系中从"大类"到"中类"再到"小类"体现的是字词语义的上下位关系，而每一类内部体现的是字词之间的同义或反义关系。在这种描述框架指导下，我们的《汉字义类信息库》实际上构筑了汉语字词的语义网络关系。

（二）读音信息

汉字是形音义一体化的文字符号，相同的字形读音不同所表示的意义就不同，比如"的"读"de"、"dì"和"dí"，"了"读"le"和"liǎo"意义就不相同。汉字的读音有区别意义的作用，也决定了所属的语义类、词类等，因此，有必要标注语音信息。

（三）同音信息

这里的同音信息不是指一般的同音字词，而是特指同形同音字词。这些字词形音完全相同，但意义毫无联系，语言学称其为同音词，字典、词典一般都单独立条。它们所属的语义类和词类也会有一定的差异。这一部分字为数不少，为了人和计算机能够对这种现象作出正确的区分，有必要描述这一信息。

（四）同形信息

有一部分字，字形相同，但字音、字义均不同。这一部分字就字本身来看，难以与同音同形字区别，因此描述这一信息，以示区别。

（五）词性信息

《汉字义类信息库》继承了《现代汉语语法信息词典》词的分类标准和词类体系以及词类标记。划分词类的标准是语法功能，词类体系及标记（括号内的大写字母为词类标记）如下：名词（N）、时间词（T）、方位词（F）、处所词（S）、动词（V）、形容词（A）、状态词（Z）、区别词（B）、副词（D）、代词（R）、数词（M）、量词（Q）、介词（P）、连词（C）、助词（U）、语气词（Y）、象声词（O）、叹词（E）。

《汉字义类信息库》又有其特殊之处，因为我们收录的对象是字。字有的是词，有的不是词；有的在某些义项上是词，而在另一些义项上不是词；当其不是词时，又有能否单独表示意义的差别。能单独表示一定意义的是语素，不能单独表示意义的是非语素字。语素又可按照构词能力分为词根语素和词缀语素。词根语素根据在构词中的功能及其所表示的意义进一步分为若干类。词缀语素根据在构词中出现的位置又可分为前缀、后缀，根据所构成的词所属的词类又可分为名词词缀、动词词缀等。对这些差异进行区分，也是《汉字义类信息库》关注的一个重点。根据以上分析及我们的《汉字义类信息库》的标注实践，我们又补充了以下类别及相应的标记。我们的指导思想是将以上多种差别用一套符号标记出来，各类别后括号里的符号为该类别的标记。

名词语素（Ng）、时间词语素（Tg）、方位词语素（Fg）、代词语素（Rg）、数词语素（Mg）、动词语素（Vg）、形容词语素（Ag）、状态词语素（Zg）、区别词语素（Bg）、副词语素（Dg）、名词前缀（Nh）、名词后缀（Nk）、动词后缀（Vk）、形容词后缀（Ak）、方位词后缀（Fk）、副词后缀（Dk）、非语素字（X）、偏旁（L）。

有些字主要作姓名、地名、山名、河流名等用，我们将"姓名"分为一类，标记为"Nr"；将地名、山名、河流名归为一类，标记为"Ns"。

综合以上分析，本章所讲的词性信息实际上包含了词类、语素类、人名、地名等信息，共三个部分37类。

（六）备注信息

有些字是专门用于书面语的，比如：因（沿袭）、处（居住）、斯（这、此）、匡（帮助）等；有些字是专门用于口语的，比如：飞（挥发）、翻（翻脸）、炸（因愤怒而激烈发作）、吹（说大话）等；有些字是专门用于方言的，比如：匡（粗略计算）、诳（谎）、卧（使婴儿躺下）等；有些字是文言保留，比如：行（路程）、俞（表示允许）、椁（套在棺材外的大棺材）、缟（白绢）、食（给别人吃）、将（带兵）等。这些书面语、方言、文言的字词使用的范围有限，是特殊一族，也要标注出来。有一部分字词是兼类的，比如"本"有一个意义"原来、本来"，比如"本色、本义、本不想去"，前两个是区别词语素的用法，后一个是副词的用法，属于两个功能性质不同的类，也应该标注出来。

四 《汉字义类信息库》的结构及属性描述

（一）《汉字义类信息库》的结构

《汉字义类信息库》采用成熟的关系数据库结构（在 access 环境下实现），用简单明了的汉字、字母、数字描述各种属性信息，便于理解、识读。软件（access）容易学习、掌握，而且功能强大，不仅为信息的储存带来方便，而且便于各种信息的管理，比如修改、删除、添加以及信息的抽取、分类等。

（二）《汉字义类信息库》属性字段及属性信息的描述

以下"［］"中的是"字段名"，"＜＞"中的是"数据值类型"，"（）"中的是"宽度"，其他文字表述是每个字段的"属性信息描述"。

［字位］＜文本＞（2）填写我们确立的相应的字位。

［拼音］＜文本＞（7）只有一个读音的不填，有两个或两个以上读音的一般是最常见的一个不填，其他的读音都填声韵调，其中阴平、阳平、上声、去声、轻声分别用1、2、3、4、5表示。比如：挨，读阴平的不填，读阳平的，在该字段中填"ai2"；的，读轻声的，该字段不填，读阳平和去声的，该字段分别填"di2、di4"。

［同音］＜文本＞（2）同形同音字，一般按《现代汉语词典》的编号在该字段填1、2、3—，同时为了统计的方便，在"字位"里也标上了1、2、3—比如：艾，读"ai4"时，《现代汉语词典》分列了艾1、艾2、

艾 3、艾 4 四个词条，那么在由这些字分立的字位的该字段中也相应地分别填上 1、2、3、4。

［同形］<文本>（2）只同形不同音的字，在该字段填 A、B、C——，同时为了统计方便在"字位"里也标上了 A、B、C——，比如"的"字，分别读"de5""di2""di4"，那么在各读音下所立的字条的该字段中相应地填了"A""B""C"。

［义项］<文本>（50）用简单的汉语词句表述该字位的意义，不求完备，只求与其他意义区别开来。比如：的，共确立了五个字位，该字段分别填写了：助词，语气词，相加、相乘，的确，目的。非语素字，填由其形成的词或语素，比如"葡""萄"的"义项"中都填"葡萄"。

［大类］<文本>（2）填该字位所属的语义分类的大类的代码。比如："语气词"的"的"填"K"，"助词"的"的"填"K"，"相加、相乘"的"的"填"H"，"的确"的"的"填"K"，"目的"的"的"填"D"。

［中类］<文本>（2）填该字位所属的语义分类的中类的代码。比如："语气词"的"的"填"d"，"助词"的"的"填"d"，"相加、相乘"的"的"填"j"，"的确"的"的"填"a"，"目的"的"的"填"b"。

［小类］<文本>（2）填该字位所属的语义分类的小类的代码。比如："语气词"的"的"填"03"，"助词"的"的"填"01"，"相加、相乘"的"的"填"29"，"的确"的"的"填"30"，"目的"的"的"填"05"。

［词性］<文本>（2）填该字位的词性代码。比如："语气词"的"的"填"Y"，"助词"的"的"填"U"，"相加、相乘"的"的"填"V"，"的确"的"的"填"Dg"，"目的"的"的"填"Ng"。

［备注］<文本>（2）方言字词填"方"，书面语字词填"书"，口语字词填"口"，文言保留的字词填"文"，兼类的字词填兼类的标记。

（三）信息库样例

字	同音	同形	拼音	字义	大类	中类	小类	词性	备注
艾	1	B		多年生草本植物	B	h	08	N	

续表

字	同音	同形	拼音	字义	大类	中类	小类	词性	备注
艾	1	B		姓	D	d	15	Nr	
艾	2	B		年老的，指老年人	A	b	02	Ng	书
艾	3	B		停止	I	g	02	V	书
艾	4	B		美好，漂亮	E	b	30	Vg	书
艾		A	Yi4	治理	H	c	01	Vg	书
艾		A	Yi4	惩治	H	m	07	Vg	书
吹				说大话	H	i	19	V	口
的		A	Di2	的确	K	a	30	Dg	
的		B		语气词	K	d	03	Y	
的		B		助词	K	d	01	U	
的		B		相乘、相加	H	j	29	V	
的		C	Di4	目的	D	b	05	Ng	
缟				白绢	B	q	02	N	文
椁				套在棺材外面的大棺材	B	p	37	N	文
匡				帮助	H	I	36	Vg	书
匡				粗略计算	H	j	29	Vg	方
诓				谎	D	k	11	N	方
斯				这，此	E	d	61	R	书
卧				使婴儿躺下	F	d	03	V	方
行		A		路程	D	n	02	N	文
因				沿袭	H	j	28	V	书
俞				表示允许	H	I	32	V	文

五 字位的归类

以上说明了《汉字义类信息库》开发的一些基本原则。将 17430 个字位归入各个类是一个非常复杂的工作，还有一些问题需要研究。

（一）语素与词的分别

区分词和语素的标准是：自己独立成词的是词，和别的语素合在一起构成词的，一律看作语素。汉语当中的一个字，特别是落实到每一个字位上来看是词还是语素按照这一标准可以解决绝大部分的归类问题，但也存在一些纠缠的现象。一个字位，有时用为词，有时作语素用，该如何处理？比如："藏（cang2）"的一个字位的意义是"躲藏、隐藏"，举例是①包藏②暗藏③他藏起来了。"薄"的一个字位的意义是"轻微，少"，举例是①薄技②广种薄收③这份礼太薄。例①②里的"藏"和"薄"是语素，因为它们是构词成分；例③的"藏"和"薄"是词，因为它可以独立充当句子成分。对这类现象有三种处理办法：①定为语素，②定为词，③分开来，例①②的定为语素，例③的定为词。这三种办法都是有道理的。办法①的根据是现代汉语中有一类语素即"自由语素"，既可以独立成词，也可以作为语素构词；办法②的根据是现代汉语中有一类词叫基本词汇，它本身是词，又可以作为语素构词；办法③是把两种情况分开来，区别对待；总的来说办法③更细致地描述了语言现象的差异，但这样的话就造成了比较多的兼类（此处的兼类是指兼语素和词两类）。处理这类现象我们坚持的原则是：当这个字位和别的语素构成的词的词性和其原来的词性保持一致，并且也保留了它原有的意义时，将其定为词；否则，分开来，处理为兼类词（详细参看下节"词性的兼类"）。依据这一原则将上述的"藏""薄"统一定为词，主要考虑三个方面：一是这些语素和词的功能类一致（都是动词类或形容词类的），而且由这些语素构成的词一般的语文词典和电子词典都会收录，将其定为语素，实际意义不大；二是从语言学的角度来看词可以保留原有的意义而降格去构词，这是普遍的，而且将其定为词，当作语素用时，可以理解为降格使用，也不妨碍意义的理解和句子的分析，而语素独立成词有比较多的限制，而且将其定为语素，当单独作词用时，不利于句子的分析；三是为了简洁、明了，如果兼类较多，会造成分析、理解上的麻烦。

（二）词性的兼类

《汉字义类信息库》里的字位大多数只有一个词性，但也有很少一部分是兼类的。比如"本"的一个字位的意义是"本来、原来"，如①本意，②本色，③本不想去；"别"有一个字位意义是"另外"，如①别名，②别称，③别有一番滋味在心头。以上两个字位在前两个例子中作区别语素用，而在后一个例子中用作副词，这是两个功能性质不同的类，不能合为一个，必须分开来，这就出现了兼类。对这类现象，目前信息库中通过"备注"字段作兼类处理，但并没有分开来立条，分为两个字位。以后考虑分开来立条，以解决兼类的问题，也使对于"字位"的信息描述颗粒度更小。

（三）语素的划类与归类

语素的划类与归类是指语素"词性"的划分与确定。依据的标准是语素的意义和其所构成词的词性。一般来说依据语素的抽象意义来分类和归类，如果语素表示的是"人或事物"，就确定为名词语素；表示的是"动作或行为"，就确定为动词语素；表示的是"性质或状态"就确定为形容词语素；依此类推。部分语素，就其本身来看不好确定，就根据其构成词的词性来确定，如果构成的是形容词就确定为形容词语素，如果构成的是区别词就确定为区别词语素，以此类推。"初（最低级的）""超（超出寻常的）"构成的"初级""初等""超级"是区别词，这些语素就定为区别词语素。"当"有一个字位意义是"事情发生的时间"，构成的词是"当时"，"当时"是时间词，因此"当"归为"时间词语素"。

（四）一些需要说明的语义归类现象

（1）生物学：纲、目、门、属，地质年代：代、界、系、纪，排行：伯、孟、仲，长、次、季、老、幺等都归在 Dn04 数词类里。这些字位不好归类，归在这个类里是权宜之计，没有特别的道理。

（2）"金属元素"归在 Bm01"五金"类里。

（3）有一些字位，《同义词词林》没有相应的类，归入相近的类。比如："朝、向、面"等在《同义词词林》只归入介词，而动词类里没有，实际上这些词用为动词时很多，因此把这些词归入相近的 Fd02"身体类"动词里（当然，这些动词同时也表示"物"的状态，应区别开来）。"发（发酵）、酵（发酵）、醒（发酵）、腌（腌制）"归入相近的 Hj44"烹饪"类动词。

（4）有少部分字位，本身无法归入《同义词词林》分的类，只能按所构成的词归入相应的类。比如："昂"有一个义项为"高涨"，无法归类，构成的词是"激昂"，归入"激昂"类；"班"的一个字位意义是"安排定的时间开行的"，无法归类，构成的词是"班车、航班"，归入"班车类"；"融"的一个字位意义是"流通"，组词是"金融"，归入"金融"类。

（5）有些字位的义项是"表示—的样子""形容—的样子"。这些按照《同义词词林》也无法归类。对这类义项，我们的原则是如果重在表示"样子"，就不管它是什么样子，都放在"样子类"；如果重在表示

"样子"前面的修饰成分的状态，就按照修饰成分归入相应的类。比如："惴：形容发愁又害怕的样子"，归入 Ga07"不安"类；"屏"是非语素字，构成的词是"屏营"，意思是"形容惶恐的样子"，归入 Ga11"惶恐"类；"俅俅：恭顺的样子"归入 Da01"样子"类。有些字位的意义是"像——样的东西""像—的东西"能归入"拟状物"则归入"拟状物"，不能归入"拟状物"的统统归入"物"。比如："鞭：像鞭子一样的东西"、"刺：尖锐像刺一样的东西"、"锤：像锤一样的东西"等都归入相应的拟状物中；"台：像台的东西，比如'井台''窗台'"、"钱：形状像铜钱的东西，如'纸钱''榆钱'"、"泡：形状像泡一样的东西，如'灯泡'"等。《同义词词林》没有相应的"拟状物"类，因此归入 Ba01"物、物体"类。

（6）归类中存在的问题。通过对这 17430 个字位的归类实践，我们明显地感到《同义词词林》对词的语义分类还不够完备，不少字位的归类比较困难，尤其是虚词的语义类分得更为粗疏，不易明确标注。下一步需要做的工作是根据目前的标注情况进一步完善语义分类体系。

第二节　基于数据库的现代汉语字、词义类分布统计比较研究

一　基本思想

由低一级单位的性质推出高一级单位的性质是语言信息处理智能化的一个重要表现。着眼于汉语信息处理的实际，由汉字的意义推出其所构成的词语的意义也将提升汉语信息处理智能化的水平。"字是汉语社团中具有心理现实性的结构单位"，也是汉语最自然的认知单位。字与字相配便形成词。字义进入词之后便有了"义类"和"义象"的分别，词义是由字的"义类"和"义象"在向心结构和离心结构中经过融合通过自指和转指方式表示的。[①]由字义整合转化为词义是有规律可循的。在字、词语义分类信息库的基础上，通过统计比较说明字、词语义分布的实际情况以

---

① 徐通锵：《语言论》第 3 编，东北师范大学出版社 1997 年版，第 295—301 页。

及二者之间的对应关系，为进一步进行语义构词规律的研究提供一个理论基础。

二 《汉字义类信息库》《同义词义类信息库》的研究与实现

《汉字义类信息库》对由 6763 个汉字衍生出来的 17430 个字条进行了归类和详细的属性信息的描述。《汉字义类信息库》比较全面、系统地反映了常用汉字的义类体系以及每个汉字义类信息。

《同义词义类信息库》是以梅家驹等人的《同义词词林》为基础，利用成熟的关系数据库技术，设立"词语、读音、词性、大类、中类、小类、词类"等描述现代汉语同义词的义类信息，共收入词语 63050 个。《同义词词林》根据汉语的特点和实际的原则，确定了分类的原则：以词义为主，兼顾词类，并充分注意题材的集中①，而且比较全面地收录了现代汉语的基本词汇。这样总结归纳出来的语义分类体系应该是有代表性的，能够反映现代汉语词语语义体系。

这两个信息库语义分类体系一致，一个是字，一个是词，收入的信息量比较丰富，便于比较字和词的义类分布，非常适合于进一步研究字义和词义之间的关系。

三 字、词的义类分布统计

本部分以《汉字义类信息库》和《同义词义类信息库》为基础，对字、词的义类分布进行统计，从量的方面详细说明汉语字、词义类的分布状况。根据统计我们可以看出，17430 个字分布在 12 个大类、94 个中类、1361 个小类中；63050 个词分布在 12 个大类、94 个中类、1428 个小类中。以下给出的是从两个库中整理、统计出的义类体系以及字、词在各个义类中分布的具体数据。"＼"前为字的数量、后为词的数量。同时，我们对各类所占的比例也作了计算，限于文章的篇幅，本节没有详细列出。

（一）大类

A 人：580＼5346；B 物：3918＼11941；C 时间与空间：749＼2566；E 特征：2120＼9583；D 抽象事物：3064＼10824；E 特征：2120＼9583；F 动作：1104＼1641；G 心理活动：562＼2605；H 活动：2501＼10264；I

---

① 梅家驹等：《同义词词林》，上海辞书出版社 1983 年版，第 5 页。

现象与状态：1248 \ 4767；J 关联：514 \ 1430；K 助语：975 \ 1961；L 敬语：13 \ 122。从统计可以看出，"B 物"类最多，"L 敬语"类最少。

（二）中类

（1）Aa 泛称：101 \ 318；Ab 男女老少：60 \ 296；Ac 体态：7 \ 110；Ad 籍属：1 \ 62；Ae 职业：61 \ 982；Af 身份：88 \ 592；Ag 状况：18 \ 310；Ah 亲人、眷属：108 \ 897；Ai 辈次：17 \ 115；Aj 关系：44 \ 524；Ak 品性 21 \ 342；Al 才识 22 \ 420；Am 信仰 9 \ 103；An 丑类：23 \ 275。在 A 类的各中类中，字 Aa 泛称、Ah 亲人、眷属两类最多，都在 100 个以上；词"Ae 职业"类最多，"Ah 亲人、眷属"类次之。

（2）Ba 统称：225 \ 434；Bb 拟状物：87 \ 83；Bc 物体的部分：105 \ 136；Bd 天体：54 \ 201；Be 地貌：242 \ 337；Bf 气象：45 \ 310；Bg 自然物：197 \ 596；Bh 植物：512 \ 1235；Bi 动物：413 \ 1125；Bj 微生物：4 \ 17；Bk 全身：294 \ 1007；Bl 排泄物、分泌物：40 \ 99；Bm 材料：259 \ 609；Bn 建筑物：299 \ 1076；B0 机具：376 \ 1349；Bp 用品：454 \ 1857；Bq 衣物：123 \ 560；Br 食品、药品、毒品：189 \ 910。在 B 类的各中类中，"Bh 植物"类字、词都是最多的，"Bb 拟状物"类最少，这是因为这一类收的都是"类词缀"的一些成分，是一个相对封闭的类。

（3）Ca 时间：749 \ 1335；Cb 空间：517 \ 1231。C 类只有两个中类，表示时间的字词相对多于表示空间的字词。

（4）Da 事情、情况：203 \ 1553；Db 事理：59 \ 385；Dc 外貌：57 \ 375；Dd 性能：1110 \ 806；De 性格、才能：45 \ 278；Df 意识：77 \ 694；Dg 比喻物：18 \ 178；Dh 臆想物：49 \ 234；Di 社会、政法：314 \ 1578；Dj 经济：79 \ 582；Dk 文教：362 \ 2688。Dl 疾病：99 \ 326；Dm 机构：56 \ 385；Dn 数量、单位：534 \ 762；在 D 类的各中类中，字最多的是"Dd 性能"，而词最多的是"Dk 文教"类。

（5）Ea 外形：216 \ 469；Eb 表象：571 \ 1954；Ec 颜色、味道：106 \ 439；Ed 性质：629 \ 3173；Ee 德才：435 \ 2619；Ef 境况：162 \ 929。在 E 类的各中类中，字词最多的都是"Ed 性质"类。

（6）Fa 上肢动作：698 \ 785；Fb 下肢动作：116 \ 220；Fc 头部动作：193 \ 415；Fd 全身动作：97 \ 221。在 F 类的各中类中，字词最多的都是"Fa 上肢动作"类。

（7）Ga 心理状态：223 \ 1198；Gb 心理活动：298 \ 1303；Gc 能愿：

41 \ 104。在 G 类的各中类中，"Gb 心理活动"类字词都是最多的，"Gc 能愿"类都是最少的。

（8）Ha 政治活动：25 \ 239；Hb 军事活动：76 \ 464；Hc 行政管理：218 \ 973；Hd 生产：194 \ 594；He 经济活动：141 \ 524；Hf 交通运输：70 \ 256；Hg 教卫科研：213 \ 951；Hh 文体活动：48 \ 290；Hi 社交：744 \ 2927；Hj 生活：620 \ 2350；Hk 宗教活动：14 \ 77；Hl 迷信活动：10 \ 35；Hm 公安、司法：71 \ 294；Hn 恶行：56 \ 290。在 H 类的各中类中，字词最多的类是"Hi 社交"类，最少的类是"Hl 迷信活动"类。

（9）Ia 自然现象：96 \ 348；Ib 生理现象：223 \ 844；Ic 表情：82 \ 438；Id 物体状态：429 \ 718；Ie 事态：125 \ 604；If 境遇：91 \ 903；Ig 始末：62 \ 328；Ih 变化：140 \ 584。在 I 类的各中类中，字最多的是"Id 物体状态"类，而词最多的是"If 境遇"类。

（10）Ja 联系：44 \ 130；Jb 异同：71 \ 265；Jc 配合：45 \ 150；Jd 存在：175 \ 450；Je 影响：177 \ 435。在 J 类的各中类中，"Jd 存在"、"Je 影响"两类的字词都是最多的。

（11）Ka 疏状：457 \ 1258；Kb 中介：121 \ 168；Kc 联结：85 \ 211；Kd 辅助：126 \ 60；Ke 呼叹：60 \ 46；Kf 拟声：126 \ 218。在 K 类的各中类中，"Ka 疏状"类，字词都是最多的。

（三）小类

A 类： （1）Aa01：42 \ 139；Aa02：21 \ 79；Aa03：14 \ 53；Aa04：7 \ 13；Aa05：12 \ 2586；Aa06：5 \ 9； （2）Ab01：23 \ 88；Ab02：16 \ 110；Ab03：5 \ 28；Ab04：16 \ 70； （3）Ac01：2 \ 20；Ac02：0 \ 8；Ac03：5 \ 82； （4）Ad01：1 \ 16；Ad02：0 \ 17；Ad03：0 \ 29；（5）Ae01：2 \ 72；Ae02：4 \ 103；Ae03：1 \ 61；Ae04：2 \ 12；Ae05：0 \ 26；Ae06：0 \ 25；Ae07：1 \ 43；Ae08：2 \ 28；Ae09：7 \ 35；Ae10：14 \ 158；Ae11：3 \ 15；Ae12：1 \ 54；Ae13：3 \ 100；Ae14：0 \ 35；Ae15：3 \ 44；Ae16：0 \ 22；Ae17：16 \ 127；Ae18：2 \ 22； （6）Af01：2 \ 21；Af02：15 \ 92；Af03：1 \ 22；Af04：2 \ 24；Af05：21 \ 70；Af06：2 \ 62；Af07：3 \ 27；Af08：24 \ 74；Af09：10 \ 60；Af10：8 \ 98；Af11：0 \ 42； （7）Ag01：2 \ 23；Ag02：3 \ 41；Ag03：6 \ 74；Ag04：1 \ 51；Ag05：1 \ 17；Ag06：0 \ 22；Ag07：0 \ 21；Ag08：1 \ 14；Ag09：3 \ 23；Ag10：1 \ 24； （8）Ah01：6 \ 71；Ah02：4 \ 37；Ah03：

2 \ 28；Ah04：14 \ 139；Ah05：5 \ 31；Ah06：4 \ 33；Ah07：8 \ 46；
Ah08：16 \ 177；Ah09：9 \ 68；Ah10：6 \ 35；Ah11：5 \ 13；Ah12：
4 \ 19；Ah13：3 \ 28；Ah14：15 \ 102；Ah15：2 \ 37；Ah16：2 \ 16；
Ah17：3 \ 17；（9）Ai01：1 \ 28；Ai02：8 \ 49；Ai03：8 \ 38；
（10）Aj01：10 \ 142；Aj02：3 \ 38；Aj03：5 \ 42；Aj04：0 \ 29；Aj05：
6 \ 46；Aj06：2 \ 8；Aj07：0 \ 19；Aj08：2 \ 21；Aj09：2 \ 33；Aj10：
2 \ 11；Aj11：1 \ 15；Aj12：0 \ 14；Aj13：0 \ 15；Aj14：3 \ 19；Aj15：
5 \ 23；Aj16：2 \ 11；Aj17：1 \ 38；（11）Ak01：1 \ 24；Ak02：3 \ 24；
Ak03：14 \ 154；Ak04：2 \ 19；Ak05：0 \ 16；Ak06：0 \ 11；Ak07：
0 \ 9；Ak08：1 \ 19；Ak09：0 \ 19；Ak10：0 \ 15；Ak11：0 \ 14；
Ak12：0 \ 18；　（12）Al01：6 \ 115；Al02：4 \ 71；Al03：10 \ 115；
Al04：0 \ 86；Al05：1 \ 23；Al06：1 \ 10；（13）Am01：5 \ 61；Am02：
3 \ 21；Am03：1 \ 21；（14）An01：6 \ 41；An02：2 \ 64；An03：6 \
62；An04：2 \ 26；An05：2 \ 10；An06：0 \ 16；An07：5 \ 56。

各个小类中除了个别外，绝大多数表现为字多、词也多，字少、词
也少。

四　字、词义类分布的比较

本部分在上一部分统计数据的基础上，对字、词在各个义类中的分布
进行比较，总结字词义类分布的特点，解释字、词义类分布不同的方面，
从而说明字、词义类的对应关系及对应的规律。

（一）字、词义类分布的特点

仔细分析上一节的统计数据，我们可以发现以下几个特点：

1. 字的义类体系和词的义类体系基本一致。大类和中类完全一致，
小类有一定的差异。字、词总的小类一共是 1434 个。在 1434 个小类中，
字的有效类为 1361 个，词的有效类为 1428 个，字词共同的有效类为 1361
个，占 94.91%。其中有 71 类，词有而字没有，是词独有的义类；6 类字
有而词没有，是字独有的义类。为什么会有这种情况，我们将在下文仔细
分析。总的来说，现代汉语字、词义类的体系虽有差异，但基本一致。

2. 字词在各个类中的分布比例基本一致。分布在每一类中字、词的
数量有很大的悬殊，但从分布比例来看，却非常接近。以下是具体的分
析，"\" 前为字的比例、后为词的比例。

（1）大类。A：3.34 \ 8.48%；B：22.59 \ 18.94%；C：4.32 \ 4.02%；D：17.67 \ 17.17%；E：12.23 \ 15.20%；F：6.37 \ 2.60%；G：3.22 \ 4.13%；H：14.42 \ 16.28%；I：7.12 \ 7.53%；J：2.96 \ 2.27%；K：5.62 \ 3.11%；L：0.07 \ 0.19%。可见，12 个大类字词间，最小的只差 0.1 个百分点，最大的差不到 5 个百分点。

（2）中类。Aa：17.41 \ 5.95%；Ab：10.34 \ 5.54%；Ac：1.21 \ 2.06%；Ad：0.17 \ 1.16%；Ae：10.52 \ 18.37%；Af：15.17 \ 11.7%；Ag：3.11 \ 5.8%；Ah：18.62 \ 16.78%；Ai：2.93 \ 2.15%；Aj：7.59 \ 9.80%；Ak：3.62 \ 6.40%；Al：3.79 \ 7.86%；Am：1.55 \ 1.93%；An：3.97 \ 5.14%；Ba：5.74 \ 3.63%；Bb：2.22 \ 0.70%；Bc：2.68 \ 1.14%；Bd：1.38 \ 1.68%；Be：6.18 \ 2.82%；Bf：1.15 \ 2.60%；Bg：5.03 \ 4.99%；Bh：13.07 \ 10.34%；Bi：10.54 \ 9.42%；Bj：0.10 \ 0.14%；Bk：7.50 \ 8.43%；Bl：1.02 \ 0.83%；Bm：6.61 \ 5.10%；Bn：7.63 \ 9.01%；Bo：9.60 \ 11.30%；Bp：11.59 \ 15.55%；Bq：3.14 \ 4.69%；Br：4.82 \ 7.62%；Ca：30.97 \ 52.3%；Cb：69.1 \ 47.97%；Da：6.63 \ 14.35%；Db：1.93 \ 3.57%；Dc：1.86 \ 3.46%；Dd：36.23 \ 7.45%；De：1.47 \ 2.57%；Df：2.51 \ 6.41%；Dg：0.59 \ 1.64%；Dh：1.60 \ 2.16%；Di：10.25 \ 14.58%；Dj：2.58 \ 5.38%；Dk：11.81 \ 24.83%；Dl：3.23 \ 3.01%；Dm：1.83 \ 3.57%；Dn：17.43 \ 7.04%；Ea：10.19 \ 4.33%；Eb：26.93 \ 20.39%；Ec：5.00 \ 4.58%；Ed：29.67 \ 33.11%；Ee：20.52 \ 27.33%；Ef：7.64 \ 9.69%；Fa：63.22 \ 47.84%；Fb：10.51 \ 13.41%；Fc：17.48 \ 25.29%；Fd：8.79 \ 13.47%；Ga：39.68 \ 45.99%；Gb：53.02 \ 50.02%；Gc：7.30 \ 3.99%；Ha：1.00 \ 2.32%；Hb：3.04 \ 4.52%；Hc：8.72 \ 9.48%；Hd：7.76 \ 5.79%；He：5.64 \ 5.11%；Hf：2.80 \ 2.49%；Hg：8.52 \ 9.27%；Hh：1.92 \ 2.83%；Hi：29.75 \ 28.52%；Hj：24.79 \ 22.90%；Hk：0.56 \ 0.75%；Hl：0.40 \ 0.34%；Hm：2.84 \ 2.86%；Hn：2.24 \ 2.83%；Ia：7.89 \ 7.30%；Ib：17.87 \ 17.71%；Ic：6.57 \ 9.19%；Id：34.38 \ 15.60%；Ie：10.02 \ 12.67%；If：7.29 \ 18.94%；Ig：4.97 \ 6.88%；Ih：11.22 \ 12.25%；Ja：8.56 \ 9.09%；Jb：13.81 \ 18.53%；Jc：8.75 \ 10.49%；Jd：34.05 \ 31.47%；Je：34.44 \ 30.42%；Ka：46.92 \

64.15%；Kb：12.42 \ 8.57%；Kc：8.73 \ 10.76%；Kd：12.94 \ 3.06%；Ke：6.16 \ 2.35%；Kf：12.92 \ 11.12%。可见，94 个中类中字词间，最小的只差 0.06 个百分点，除个别的外，差距最大的也在 5 个百分点内。

（3）小类。a01：41.58 \ 43.71%；Aa02：20.79 \ 24.84%；Aa03：13.86 \ 16.67%；Aa04：6.93 \ 4.09%；Aa05：11.88 \ 7.86%；Aa06：4.95 \ 2.83%……限于篇幅，其他的不一一列出。可以看出每个小类中的差异只有 3—4 个百分点，在我们计算的各类百分比中，上举这类差别还比较大，有些差距甚至不到 1 个百分点，百分比非常接近。

3. 从第二部分"字、词义类分布统计"的结果，也可以看出从大类到小类，除了个别的类外，字词的绝对数量多少是一致的，即除了个别类外，绝大部分类字最多、词也是最多的；相反，如果字最少、词也是最少的。

4.《汉字义类信息库》和《同义词信息库》中共同的，即都是词的有 5736 个，占字的 32.91%，这也是一个不小的数目。

（二）词"独有"的义类的分析

词"独有"的义类有 71 个小类。分析这 71 个小类，我们发现它们都是由若干字复合而成，也就是由已有的两个或两个以上的义类整合而成的，而且在整合之后发生了义类转移。具体有下列几种情况：

1. 两个义类组合在一起，构成了一个意义更为具体的人、物、时空类，这个类既不属于 A，也不属于 B。比如：Ad02（本国人、外国人、外族人）；Ad03（本地人、外乡人、同乡）；Ae05（邮递员、门房）；Ag07（屈死鬼、被害人、冤大头、祸胎）；Ak06（吝啬鬼、市侩）；Af11（名人、隐士、小人物）；Ak05（伪君子、滑头）；Al04（聪明人、笨伯、庸人）；An06（赌徒、酒徒、烟鬼）；Bo31（火箭、导弹）；Ca15（童年、少年）；Ca16（青年、成年、壮年）；Ca17（晚年）；Cb09（到处）；Cb16（胜地、乐园）；Da05（过程、内中）；Db08（立场、角度）；Df03（私心、邪心、黑心）；Dg04（空架子、大杂烩）；Di06（阶级）；Dm06（医院、疗养院、敬老院）；Ed54（分内、分外）。

2. 性状、动作类与类似"词缀"的类结合，构成"人"类的义类。例如：Ac02（胖子、瘦子）；Ae06（服务员、清洁工、勤杂工）；Ae14（运动员、裁判员）；Ae16（作者、记者、译者、编辑）；Ag06（可怜虫、瓮中之鳖、众矢之的）；Ak07（孝子、逆子）；Ak09（浪子、色鬼）；Ak12（话匣子、应声虫、馋嘴、夜游神、怪人）；Aj12（主持人、司仪、与会者）；Ak11（急性子、慢郎中）。

3. 动作、行为类自相结合，构成与其相关的"人、物"类。例如：Aj04（同学、同事）；Ak10（老顽固、学究）；Dj01（经济）；Dk13（建议、结论、决定）；Ha017（革命、解放）；Aj13（专人、代表）；Aj07（成员）。

4. 动作、行为类与事物、时间类结合，构成动作、行为中更具体的类。例如：Ee19（有为、不成材）；Hb01（招兵、装备、备战）；Hc08（放假、请假）；Hc28（办公、出差）；Hd18（间作、套作、连作、轮作）；Hd19（选种、春化）；Hd22（嫁接、压条、整枝）；Hg21（处方、配药、下药）；Hg22（接生、打胎）；Hj04（做寿、过年、过节）；Hj13（抱佛脚、放马后炮、赶浪头）；Hj14（留后路、留话柄、留后患）；Hj18（守节、守身、变节）；Hj37（赶集、外出、出走）；Hj55（戴孝、除服）；Hl01（算命、测字、看相、圆梦）；Hn01（违法）；Ib02（发胖、消瘦）；Ic03（卖俏、传情、撒娇）；Ie04（生效、失效）；Ie07（已婚、未婚）；If05（成名、名誉扫地、出丑）；If07（失业、丢官）；If10（受累、受冤、平反）；If11（受奖、受罚、被捕、入狱）；If12（得宠、失宠）；If13（扑空、碰壁）；If14（自作自受、适得其反）；If15（子孙满堂、断子绝孙）；If20（闯祸、遇救、脱险）；Ih12（更新、复旧）；Jd09（解决、克服）。

（三）字"独有"的义类分析

字独有的义类六种，具体有 Ba11（有机物）：碱、烯、氨、苯、酯、胺等62个，Bm19（非金属元素）：碘、磷、硫、硅、硒、硼、溴、砷、碲、砹等10个，Ca32（天干地支）：午、甲、乙、辰、丑、丙、庚等23个，Di27（八卦）：坎、乾、坤、巽、离、震、兑、艮8个，Dk33（语法范畴）：性、格、式、数、态、体、时6个，Kd06（前缀、后缀）：么、阿、中、大、于、于、面、其、子、如、然、价、老等30个，这六类除最后一类外，其他应该都是词，只是它们均属于某个专业领域，没有进入普通词汇。最后一类就是词缀，词里自然没有。

（四）字比词多的义类

在统计中，我们发现一般情况都是每个类中词的数量绝对多于字，但是也有几个类出现字比词多的现象。这几个类是：Cb08（地方、地点）：264＼82；Dd15（名称、姓名）：961＼130；Dn08（数量单位）：253＼164；Hj42：（晒、熨）9＼6；Id10（浇、溢、淋）：29＼25。字当中作地名、姓名以及单位的很多，这些不是基本词汇，所以词典一般不收，所以，这三类字远远多于词。后两类动词，主要是因为其中的一些带有文言或方言的色彩，所以字典收了而词典没有收。

从以上四个方面可以看出字与词在意义方面有密切的关系。我们大体上可以得出这样的结论：字与词在义类上有对应关系，大部分词的意义是在字义的基础上整合而成的。这就为我们进一步从语义上建立字与词的对应关系，从而总结语义构词规律提供了理论基础。

第三节　基于数据库的汉语语义构词法初探

一　汉语语义构词研究的总体思路

语素义与词义的关系一直是词汇语义学关心的理论问题，进入信息时代，其实际意义尤为重要。搞清楚语素（字）义经过整合转化为词义的规则，不仅对人（尤其是留学生）望文（字）生（词）义识读新词语具有重要的指导作用，而且是计算机语言信息处理当中未登录词语的识别以及语义理解的重要依据。随着信息时代的到来，现代汉语词汇迅速发展，"新词"激增，而"汉字"却未增，"这就证明了：汉语使用者既有用旧字造新词的创造能力，又有看旧字懂新词的领悟力"。"我国人工智能学者和语言学者要通力合作，让电脑模拟汉语使用者看旧字懂新词的智力。这就应促使'汉语基因工程'上马，即把字符当作汉语的'基因'，构建各级'意序模式库'，阐明造字、造词和造句的'意合规则'。"这样，计算机就可以利用这些规则去识别那些越来越多的未登录词语，同时"也有助于对外汉语教学，要教外国学生也像汉语使用者一样，有看旧字懂新词的领悟力和把新知识'意译'为汉语时有用旧字造新词的创造力"①。

如何研究由字义整合转化为词义的规律，即汉语语义构词规则？我们

---

① 鲁川：《汉语的根字和字族——面向知识处理的汉语基因工程》，《汉语学习》2003 年第3 期。

认为分三步走。第一步，按照一个统一的语义分类体系，分别建立现代汉语字、词的语义分类信息库，尽可能获得全面、系统的字、词的语义分布信息。第二步，在字、词语义分类信息库的基础上，通过统计比较说明字、词语义分布的实际情况以及二者之间的对应关系，为进一步进行语义构词规律的研究提供一个理论基础。第三步，进行语义构词规律的研究。选取一定数量的双音合成词，利用"汉字义类信息库"对构成双音合成词的每个字进行语义标注，建成大型的《汉语语义构词数据库》，在此基础上进行统计归纳，总结出由字义整合成词义的具体规律。前面两步工作已经完成，本节介绍的是第三步工作的一个初步结果。

二 《汉语语义构词数据库》的实现

以《同义词词林》为基础，结合《现代汉语词典》① 《新词语大词典》② 选取了 52366 个双音合成词，然后将《汉字义类信息库》的信息用计算机给这些合成词中的每个字标注义类标记和简单释义，经过人工校对，建成大型的《汉语语义构词数据库》。数据库中所用的语义类标记大类有：A 人、B 物、C 时间与空间、D 抽象事物、E 特征、F 动作、G 心理活动、H 活动、I 现象与状态、J 关联、K 助语、L 敬语③。数据库样例如下：

ID	合成词	合成词的语义类	前字	后字	字、词语义关系类型
1	力争	Je12	Ka19，尽力，努力	Ha02，争夺	6
2	联邦	Di02	Ie09，连接，联合	DI02，国	6
3	联播	Hh03	Ie09，连接，联合	Hh03，传播	6
4	联电	Hi11	Ie09，连接，联合	Bg04，有电荷存在和电荷变化现象	6
5	联合	Ie08	Ie09，连接，联合	Hj30，合并	6
6	联结	Ie08	Ie09，连接，联合	Ie02，发生某种关系，结合	6
7	联军	Di11	Ie09，连接，联合	DI11，军队	6
8	联盟	Di02	Ie09，连接，联合	Ed60，结拜的	6

---

① 中国社会科学院语言所词典室编：《现代汉语词典（1996 版）》，商务印书馆 1996 年版。

② 亢世勇主编：《新词语大词典》，上海辞书出版社 2003 年版。

③ 语义类代码采用《同义词词林》的代码。

续表

ID	合成词	合成词的语义类	前字	后字	字、词语义关系类型
9	联盟	Hi63	Ie09，连接，联合	Ed60，结拜的	6
10	联赛	Hh07	Ie09，连接，联合	Hh07，比赛	5
11	联系	Ie02	Ie09，连接，联合	Je01，联结，联系（多用于抽象的事物）	6
12	联想	Gb01	Ie09，连接，联合	Gb03，推测	6
13	联姻	Hj51	Ie09，连接，联合	Da01，婚姻	6
14	联翩	Ka11	Ie09，连接，联合	Fd01，很快地飞	4

三　字位在构词中的总体分布

经过对《汉语语义构词数据库》的统计，17430 个字位中约有 13972 个字位在双音合成词中出现，占 80.17%。这些字位对 5 万多个双音合成词的覆盖范围如下：

字位频度序列（从高到低）	100	500	1000	2000	3000	4000	5000	6000	7000	8000	9250
覆盖范围（%）	11.31	29.87	43.43	60.40	71.16	78.62	83.95	87.96	90.88	92.97	95.33

前 100 个字位是：子 Kd06、大 Ea03、人 Aa01、不 Ka18、心（心思）Df02、车 Bo21、事 Da01、水 Bg01、军 Dl11、白 Ec04、然 Kd06、小 Ea03、手 Bk08、酒 Br12、门 Bn04、身（身体）Bk01、体（身体）Bk01、火 Bg03、风 Bf02、家（家庭、家族）Dl05、电 Bg04、女 Eb35、长 Ea01、头（名词后缀、方位词后缀）Kd06、内 Cb05、眼 Bk03、口 Bk04、山 Be04、出 Hj64、地 Bn12、田 Bn12、草 Bh03、民 Aa01、无 Ka18、书 Dk20、道 Bn11、路 Bn11、儿（名词后缀，少数动词后缀）Kd06、春 Ca19、鱼 Bl14、国 Dl02、房 Bn01、船 Bo22、金（金属）Bm01、开（开始、开拨）Ig01、分 Hj30、场 Cb28、红 Ec01、兵 Ae10、冷 Eb26、文（文章）Dk19、老 Eb36、音 Bg07、物 Ba01、意（意思）Df12、初 Dn04、美 Eb30、处（地方）Cb08、色 Bg06、待 HI07、数 Dn03、话 Dk11、光 Bg03、力 De04、自（自己）Aa05、刀 Bo09、头 Bk02、别（分离）Ie09、级（等级）Dl16、病 Dl01、情（感情）Df04、灯 Bp01、衣 Bq03、地

（地面）Bn05、后（未来的）Ca12、油 Br08、查 Hc18、黄 Ec01、加 Ih05、江 Be05、水 Be05、大（程度深）Ka01、实 Ed01、价 Dj02、气（人的精神状态）De03、声 Bg07、年 Ca18、动 Ih01、工（工人、工程）Ae02、称（名字、名称）Dd15、定（确定）Ie06、花 Bh11、人 Hj64、传 Ie01、木 Bm03、石 Bm04、法（法律）DI25、死 Ib03、评 Hc20、天（天空）Cb07。

这些字位在构成 5 万多个双音合成词中出现的次数、数量与所占比例如下：

出现次数	627	458	318	213—268	100—193	90—99	80—89	70—79
字位数量	1	1	1	3	36	14	20	42
比例（%）	0.007	0.007	0.007	0.021	0.25	0.098	0.14	0.29
出现次数	60—69	50—59	40—49	30—39	20—29	10—19	9	8
字位数量	45	101	136	183	608	1641	296	365
比例（%）	0.32	0.71	0.95	1.28	4.26	11.51	2.08	2.56
出现次数	7	6	5	4	3	2	1	
字位数量	419	552	639	851	1135	2049	5010	
比例（%）	2.93	3.87	4.48	5.97	7.96	14.37	35.13	

出现在双音合成词前面的字位有 8931 个，出现在后面的字位有 10647 个，前后两个位置上都有的字位有 5606 个，只出现在前面的有 3325 个，只出现在后面的有 5041 个。可见大部分字位在构词时位置是比较固定的。这也可以作为未登录词识别的一个有利条件。

四 字义与词义关系类型

经过对《汉语语义构词数据库》中 5 万多个合成词的意义与构成合成词的两个字位的意义之间的关系的考察，我们把字义与词义的关系归纳为以下八种类型（此处 A、B 代表构成合成词中的前后两个字位）。

（1）A+B=A=B　　（2）A+B=A　　（3）A+B=B　　（4）A+B=C

（5）A+B=A+B　　（6）A+B=A+B+D　　（7）A+B=A+D　　（8）A+B=D+B

第一种方式是指 A、B 是同义的，词义就是其中的一个字位义，例如"门户""哄骗"；第二种方式是指词义只保留了字位 A 的意义，B 的意义已经不存在了，即带有后缀的词以及一些偏义复词，如"人物""质量""稻子"；第三种方式是指词义是字位 B 的意义，而字位 A 已经不存在了，即带有前缀的词，如"阿哥"；第四种是指词义和字位义之间没有任何明显的联系，AB 组合后产生了新的意义，词的引申义和比喻义也属于此类，如"爪牙、绿色（健康的、安全的）"；第五种是指词义是由 A、B 两个字位义相加而成，如"陪考""绿色"。第六种是指词义包含了 A、B 两个字位义，但是又加上了其他的意义（D），主要包括改变词性、前一个字位义与后一个字位义有领属关系、某个字位改变词性、带有某种陪义，如"冷眼""吉星"；第七种是指字位 B 的意义已经变成了其他意义（D），词义由 A、D 两个字位义构成，有的又加上了其他的意义，如"救星""舅妈"；第八种是指字位 A 的意义已经变成其他意义（D），词义由 D、B 两个字位义构成，有的又加上了其他的意义，如"走运"。

各种类型包含的合成词的数量与所占比例如下：

类型	1	2	3	4	5	6	7	8
合成词数量	4035	1031	297	4201	14455	23562	2780	1886
比例（%）	7.71	1.97	0.57	8.02	27.60	44.99	5.31	3.60

在这八种类型中只有第四种（A+B=C）看不出字义与词义的关系，其他 7 种字义与词义都有明显的关系，第四种只占 8.02%，而其他七种加起来占 91.98%，数据表明，字义与词义有密切的关系，可以由字义推知词义。造成每类当中 A、B 两个字位与词义关系的具体情况，我们将进一步研究。

五　双音合成词语义构词的具体规则

通过对《汉语语义构词数据库》的分类、归纳、统计，从语义大类着眼，初步归纳了汉语双音合成词语义构词的具体规则，并将这些规则进一步归纳为四个大的类型。下列规则中"A、B、C、D、E、F、G、H、I、J、K、L"为语义类大类的标记，具体规则中"AB"表示双音合成词中前一个字位的语义类为 A 类、后一个字位的语义类为 B 类，其他类推。

（一）同类规则

构成双音合成的两个字位属于同一个语义类，所构成的词的语义类与其基本相同。AA 的词义 100% 为 A 类，BB 的词义 88.89% 为 B 类，CC

的词义 83.82%为 C 类，DD 的词义 86.83%为 D 类，EE 的词义 84.98%为 E 类，FF 的词义 68.03%为 F 类，GG 的词义 84.5%为 G 类，HH 的词义 88.41%为 H 类，II 的词义 74.12%为 I 类，JJ 的词义 74.72%为 J 类，KK 的词义 82.08%为 K 类，LL 的词义 60%为 L 类。可见，除了 II、JJ、LL 三类外，其他类构成的词义与其同类的都在 80%以上。属于同类构成的双音合成词共有 17565 个，占 33.54%。

（二）后向型规则

构成双音合成词的两个字位属于不同的语义类，所构成的词的语义类与后一个字位的语义类相同。属于这一类的有（后面的数字为占该类的百分比）：AB 类 63.63%，AC 类 60%，AD 类 63.46%，AH 类 49.49%，BC 类 60.73%，BD 类 69.84%，BH 类 65.84%，BI 类 51.23%，BJ 类 48%，CA 类 79.07%，CB 类 71.95%，CD 类 65.77%，CH 类 62.33%，CI 类 41.43%，DA 类 88.22%，DB 类 62.54%，DC 类 56.18%，DH 类 50.13%，EA 类 91.08%，EB 类 77.30%，EC 类 72.2%，ED 类 71.6%，EF 类 52.09%，EH 类 56.05%，FA 类 74.47%，FH 类 55.93%，HA 类 59.55%，HD 类 51.16%，HE 类 53.49%，IA 类 58.2%，IH 类 57.6%，JG 类 51.06%，KA 类 73.27%，KE 类 56.54%，KG 类 54.29%，KH 类 57.27%，KI 类 52.73%，LE 类 50%，LH 类 71.43%。可见，这些类构成的词的语义类 50%以上的都与后一字位的语义类相同，多数在 60%以上。与后一字位语义类不同的那些词语多数分布在很多类中，但也有个别的几个类比例高达 20%。属于后向型规则构成的双音合成词共有 18020 个，占 34.41%。后向型的语义重点落在双音合成词的后一个字位上，主要包括语法构词上的两种形式即偏正式结构和加前缀式。

（三）前向型规则

构成双音合成词的两个字位属于不同的语义类，所构成的词语义类与前一个字位的语义类相同。属于这一类的有（后面的数字为占该类的百分比）：AE 类 59.15%，AF 类 75%，AG 类 56.25%，AK 类 87.5%，BA 类 86.25%，BK 类 85.46%，CK 类 72.38%，DK 类 65.68%，EK 类 47.23%，FJ 类 51.72%，FK 类 51.95%，GJ 类 50%，GK 类 54.46%，HF 类 60.22%，HG 类 53.97%，HJ 类 55.98%，HK 类 53.85%，HL 类 100%，IK 类 45.52%，JK 类 46.97%。可见，这些类构成的词的语义类 50%以上属于前一个字位的语义类，个别类的百分比在 50%以下，该类构成的其他词的语义类分布在比较多的类里，比例都很小。属于前向型构成的双音合成词共有 1984 个，占 0.39%。前向型的语义重点落在双音合成词的前一个字位上，主要原因是后一个字位是意义比较虚灵的后缀或类后缀，整个词语的意义由前一个具有实在意义的字位决定。

（四）无向型规则

构成双音合成词的两个字位的语义类不同，所构成的词的语义类比较多，但其中有一些主要的类比例比较高。这些类有：AI 类词义为 A、D、I 类的分别占 31.81%、22.73%、18.18%，BE 类词义为 B、E 类的分别占 35.60%、43.69%，BG 类词义为 A、D、G 类的分别占 10.71%、25%、39.29%，CE 类词义为 A、C、E 类的分别占 13.64%、27.28%、32.95%，CF 类词义为 C、F、H 类的分别占 11.76%、35.29%、35.29%，CG 类词义为 D、G 类的分别占 21.43%、42.86%，CJ 类词义为 C、D、E 类的分别占 25%、16.67%、16.67%，DE 类词义为 A、D、E 类的分别占 13.21%、39.15%、36.79%，DF 类词义为 D、F、H 类的分别占 28%、20%、28%，DG 类词义为 D、G 类的分别占 42.59%、39.81%，DI 类词义为 D、I 类分别占 35.54%、40.50%，DJ 类词义为 D、J 类的分别占 35.71%、28.57%，EG 类词义为 E、G 类的分别占 36.75%、43.59%，EI 类词义为 E、I 类的分别占 30.75%、48.06%，EJ 类词义为 E、J 类的分别占 40.23%、27.59%，FB 类词义为 B、F、H 类的分别占 27.71%、33.19%、22.34%，FC 类词义为 C、D、F 类的分别占 32%、20%、20%，FD 类词义为 D、F、H 的分别占 34.25%、19.34%、24.86%，FE 类词义为 E、F 类的分别占 26.67%、56%，FG 类词义为 F、G 类的分别占 34.69%、30.61%，FI 类词义为 F、I 类的分别占 46.56%、37.02%，GA 类词义为 A、E、G 的分别占 48.21%、21.43%、19.64%，GB 类词义为 B、G 类的分别占 37.88%、27.27%，GD 类词义为 D、G 类的分别占 37.99%、32.52%，GE 类词义为 E、G 类的分别占 42.11%、41.35%，GF 类词义为 F、G 类的分别占 40.98%、27.87%，GH 类词义为 G、H 类的分别占 30.28%、46.79%，GI 类词义为 G、I 类的分别占 27.72%、49.5%，HB 类词义为 B、H 类的分别占 34.27%、47%，HC 类词义为 C、H 类的分别占 28.3%、44.74%，HI 类词义为 H、I 类的分别占 48.37%、33.1%，IB 类词义为 B、I 类的分别占 37.1%、30.67%，IC 类词义为 C、I 类的分别占 32.18%、33.17%，ID 类词义为 D、H、I 类的分别占

35.82%、20.28%、31.84%，IE 类词义为 E、I 类的分别占 38.01%、41.58%，IF 类词义为 F、I 类的分别占 31.3%、41.3%，IG 类词义为 G、I 类的分别占 39.73%、23.29%，IJ 类词义为 I、J 类的分别占 42.14%、26.43%，JA 类词义为 A、J 类的分别占 38.71%、24.73%，JB 类词义为 B、H、J 类的分别占 16.49%、22.34%、23.37%，JC 类词义为 C、J 类的分别占 38.6%、18.81%，JD 类词义为 D、H、I、J 类的分别占 25.09%、15.57%、15.93%、14.84%，JE 类词义为 E、I、J 类的分别占 35.39%、21.93%、15.73%，JH 类词义为 H、J 类的分别占 49.36%、24.04%，JI 类词义为 I、J 类的分别占 45.57%、30.77%，KB 类词义为 B、K 类的分别占 37.25%、16.34%，KC 类词义为 C、K 类的分别占 37.58%、22.93%，KD 类词义为 D、K 的分别占 40.11%、21.39%，KF 类词义为 F、H 类的分别占 44.26%、14.75%，KJ 类词义为 J、K 类的分别占 49.26%、24.40%。由此可见，这些规则构成词的词义所属的语义类的确比较多，既有前向的，也有后向的，还有其他的，但仔细比较我们列出的类及其数据，不难发现，尽管这些类中词的义类比较多，但都和构成该词的前后两个字位密切相关，即和前后两个字位同类的最多，将与前后两个字位同类的加起来多数都在 60% 以上，有的能够达到 80% 以上。从这一点看，我们可以将这一类概括为前后向的，其中有的稍偏前向、有的稍偏后向、有的干脆是对半。属于无向型构成的双音合成词有 14797 个，占 28.27%。这一类具体规则最复杂，但构成的双音合成词相对较少。

六 汉语语义构词规则的特点

通过对具体规则的归纳统计，我们发现语义构词规则大致具有以下特点。

1. 以上四个类型的规则覆盖范围不同，大致构成如下不等式：后向型规则>同类规则>无向型规则>前向规则，后向型规则比例最高。这四个类型的规则在分布上是互补的。

2. 从这些具体规则，我们可以看到，尽管两个语义类的字位组合在一起构成的合成词语义类比较复杂，几乎每一种都可以构成多个语义类的词语，但我们也看到，其中数量最多的类还是和构成双音合成词的字位的语义类相同的语义类，即 AA 类全部为 A 类，AB 类最多的是 A 类、B 类，AD 类最多的是 A 类、D 类，等等。根据字位与词义的亲近度，四个类型的规则可以构成如下不等式：同类规则>后向型规则>前向规则>无向型规则。同类规则构成的词语义类和字位的语义类相同的最多。总之，四类规则共同的特点是词义都和前后两个字位有密切的关系，可以通过两个字位在一定程度上推出词的语义类，这个比例能够达到60%以上。

3. 语义构词规则从理论上来说应该有144种，实际只有130种，其中14种没有。这130种按实际包含词语数量构成了下列不等式，括号中为合成词的数量。

BB（5004）> HH（3509）> EE（2609）> DD（2556）> EB（2530）>ED（2105）> HD（1979）> HB（1381）> BD（1041）>IB（1026）> II（966）> FB（912）> DB（842）> EA（822）> EH（794）>ID（770）>CC（719）>IH（711）> AA（670）>HI（578）>CB（573）> BK（572）> GG（560）> JD（539）> KH（470）> DA（469）> BC（466）> HE（453）> HA（446）> CD（444）> FF（442）>EI（437）>FH（395）>IE（390）>HJ（389）>DH（377）>KD（375）> HC（365）> DC（344）> GD（331）> BE（309）> AD（301）>JB（289）>KE（284）>HF（279）>JK（279）>EC（272）> EK（267）> KK（264）> FI（263）> EL（262）> JJ（261）> HK（258）> BH（243）> BA（240）> HG（239）> EG（234）> IF（229）>GH（215）>KJ（208）>DE（208）>IC（203）>BI（203）>EF（202）>KI（199）>FD（179）>JE（175）>EJ（174）>JI（167）>KG（167）> DK（159）> KC（158）> FK（155）> KB（153）> FE（151）>CH（144）>IJ（138）>IK（134）>GE（130）>IA（121）>DI（120）>DG（108）>GK（107）>KA（102）>JC（100）>AH（99）> AB（99）>GI（95）>JG（93）>JA（91）>FJ（88）>CA（86）>CE（86）> AK（80）>FC（74）>IG（72）> AE（71）> CI（67）>GJ（66）>KF（64）>GB（64）>GA（56）>DH（55）>GF（54）> AC（50）>FG（48）>FA（46）>JF（40）>BG（28）>BJ（25）>DF（25）> CJ（24）> AI（23）> GC（19）> CF（17）> AG（16）、AJ（16）>CG（14）>LK（6）>LL（5）>LE（4）、HL（4）、AF（4）>LD（3）>KL（2）、LG（2）>GL（1）、LJ（1）、IL（1）、LI（1）。

可见，BB、HH、EE、DD构词能力最强，构成的词最多。

4. 每个义类的字位构词能力不尽相同，按照构词频率构成下列不等式，括号里的数字是频度。B 物（21189）>H 活动（17242）>D 抽象事物（16025）> E 特征（15685）>I 现象与状态（7928）> K 助语（5381）>C 时间与空间（5281）>A 人（4604）>F 动作（4223）>J 关联（3634）>G 心理活动（3339）>L 敬语（56），可见，这 12 类中，B 物类构词能力最强，L 敬语类构词能力最差。这个不等式序列和各类字位数量多少构成的不等式序列一致，说明每类构词能力的强弱决定于该类字位的多少。其更深层的原因是物体、活动是宇宙世界的主体，词汇是反映主客观世界的，由物体、活动产生的词汇占绝对多数。

5. 每个义类字位在双音合成词前后两个位置上出现的多少也不相同。出现在双音合成词前一个位置上的义类根据频度构成下列不等式，括号里的数字是频度。E 特征（10763）>H 活动（9928）>B 物（8267）>D 抽象事物（5325）>I 现象与状态（4788）>K 助语（2808）>F 动作（2750）>C 心理活动（2296）>J 关联（2176）>G 心理活动（1735）>A 人（1433）>L 敬语（37）。这个不等式和前述 4 的不等式不同，E 特征类由原来的第四位提前到第一位，这是因为汉语偏正式构词数量最多，E 特征类往往充当偏正式构词中偏的成分，所以出现在双音合成词前一个位置上的较多。出现在双音合成词后一个位置上的义类根据频度构成下列不等式，括号里的数字是频度。B 物（12916）>D 抽象事物（10697）>H 活动（7314）>E 特征（4918）>A 人（3167）>I 现象与状态（3139）>C 心理活动（2985）>K 助语（2573）>F 动作（1473）>J 关联（1458）>G 心理活动（1604）>L 敬语（19）。这个不等式序列和前述 4 里各义类构词频度构成的不等式序列大体是一致的，和前一个位置上义类构成的不等式序列形成一个互补。B 物、D 抽象事物、H 活动、E 特征、A 人在双音合成词后一个位置上出现的频率更高。这是我们从语义类上得出的结论。这个结论可以从注重形式的语法构词中得到验证。因为汉语构词中定中式偏正结构占 53% 以上、联合结构占 27% 以上、动宾结构占 13% 以上，这三种构词方式的总和在 92% 以上，而这些结构中处在后一个位置上的大多都是事物和人一类的，因为人和事物是宇宙世界的主体，其他都是由此而生发的，在词汇发展的过程中也遵循了以人和事物为中心附加其他属性而生成新词语的规则。

6. 几乎每一条规则都可以构成属于 A 类（人）的词语，说明了多数字位都与人相关。

第二章

基于数据库的双音合成词语义构词规则探究

本章将按照字义与词义的关系八种类型在《汉语语义构词数据库》的基础上进行双音合成词语义构词规则的统计分析。

第一节 a+b=a=b 类型的语义构词规则研究

在这一类型中，构词语素的意义相同或相近，而其构成的词的意义与其中一个语素义相同相近。属于本类型的词共有 3484 个，占总数的 7.2%。

一 a+b=a=b 类型的分类及研究

（一）词的义类为 A 类的词语

在这一类型中，选取两个语素构成的词的义类为 A 类的词语，共 124 个，占 3.6%。

1. 词义义类情况

构成 A 类词的方式只有一种，即 A+A→A，共有 124 个，占 100%，例如：帝王、爷爷、姥姥等。

2. 中类的构词情况

Aa+Ax 共有 12 个词语，这 12 个词语全部是 Aa+Aa，占 100%；而且构成 Aa 义类的词语数量最多，共有 11 个，占 91.7%，例如：人人、妾身等。

Ab+Ax 共有 21 个词语，这 21 个词语全部是 Ab+Ab，占 100%；而且构成 Ab 义类的词语数量最多，共有 20 个，占 95.2%，例如：婆娘、孩童等。

　　Ae+Ax 共有 6 个词语，这 6 个词语全部是 Ae+Ae，占 100%；而且构成 Ae 义类的词语数量最多，共有 6 个，占 100%，例如：工匠、将帅等。

　　Af+Ax 共有 17 个词语，这 17 个词语全部是 Af+Af，占 100%；而且构成 Af 义类的词语数量最多，共有 17 个，占 100%，例如：帝王、官僚等。

　　Ag+Ax 共有 1 个词语，这 1 个词语是"鳏嫠"：Ag03+Ag03→Ag03。

　　Ah+Ax 共有 31 个词语，其中 Ah+Ah 数量最多，共有 30 个，占 96.8%；而且构成 Ah 义类的词语数量最多，共有 28 个，占 90.3%，例如：爹爹、丈夫等，其次是 Ab 义类的词语有 3 个，占 9.7%，例如：爷爷、公公等。

　　Ai+Ax 共有 3 个词语，这 3 个词语全部是 Ai+Ai，占 100%；而且构成 Ai 义类的词语数量最多，共有 3 个，占 100%，例如：尊长、祖先、祖宗。

　　Aj+Ax 共有 15 个词语，这 15 个词语全部是 Aj+Aj，占 100%；而且构成 Aj 义类的词语数量最多，共有 15 个，占 100%，例如：朋友、伴侣等。

　　Ak+Ax 共有 2 个词语，这 2 个词语分别是"哲匠"：Ak03+Al03→Al03 和"圣哲"：Ak03+Ak03→Ak03。

　　Al+Ax 共有 7 个词语，这 7 个词语全部是 Al+Al，占 100%；而且构成 Al 义类的词语数量最多，共有 7 个，占 100%，例如：英豪、宗师等。

　　Am+Ax 共有 1 个词语，这 1 个词语是"尼姑"：Am01+Am01→Am01。

　　An+Ax 共有 7 个词语，这 7 个词语全部是 An+An，占 100%；而且构成 An 义类的词语数量最多，共有 7 个，占 100%，例如：傀儡、盗贼等。

　　3. 构词特点分析

　　①由以上中类构词情况我们可以发现，Ad 义类并未在两个语素位置上出现，而且也没有属于 Ad 义类的词语，这说明 Ad 义类不能和表示"人"的义类组合，在第一种类型中没有构词能力。

　　②通过对中类构词情况分析我们发现，前后两个语素义类中类相同的词语在此类中占绝对优势。例如：在 12 个 Aa+Ax 中，Aa+Aa 有 12 个，占 100%；31 个 Ah+Ax 中，Ah+Ah 有 30 个，占 96.8%。而且如果两个语素义类中类相同，那么构成与语素义类中类相同的词义义类占绝对优势。例如：在 21 个 Ab+Ab 中，构成 Ab 义类的词语有 20 个，占 95.2%；在 17 个 Af+Af 中，构成 Af 义类的词语有 17 个，占 100%。

③在这一类型中，有"爷爷、姥姥、爹爹、爸爸、妈妈、伯伯、叔叔、姑姑、舅舅、公公、婆婆、弟弟、哥哥"等 21 个重叠词，占总数的 16.9%。这 21 个重叠词的前后两个语素是同一个语素，意义相同，义位就是其中任何一个语素义；非重叠词共有 103 个，占总数的 83.1%。这 103 个词的前后两个语素虽然不是同一个字，但是它们为同义或近义的关系，构成词的义位与任何一个语素义相同或相近。

（二）词的义类为 B 类的词语

在这一类型中，选取两个语素构成的词的义类为 B 类的词语，共 412 个，占 11.8%。

1. 词义义类情况

构成 B 类词的方式只有一种，即 B+B→B，共有 412 个，占 100%，例如：器具、珍宝、气息等。

2. 构词特点分析

（1）通过对语料的分析我们发现，Bj 义类并未在两个语素位置上出现，而且也没有属于 Bj 义类的词语，这说明 Bj 义类不能和表示"物"的义类组合，在第一种类型中没有构词能力。

（2）在 Ba+Bp（1）、Bb+Bg（2）、Bc+Bq（1）、Bl+Bg（1）、Bm+Be（1）、Bn+Bo（1）、Bp+Bn（1）、Bp+Bh（1）中，全部构成与该词语第二个语素义类中类相同的词义类，均占该类的 100%。

（3）通过对语料的分析我们发现，前后两个语素义类中类相同的词语在此类中占绝对优势。例如：在 18 个 Be+Bx 中，Be+Be 有 18 个，占 100%；48 个 Bp+Bx 中，Bp+Bp 有 46 个，占 95.8%。而且如果两个语素义类中类相同，那么构成的词语的义类与语素义类中类相同。例如：在 50 个 Bh+Bh 中，构成 Bh 义类的词语有 50 个，占 100%；在 59 个 Bi+Bi 中，构成 Bi 义类的词语有 59 个，占 100%。

（4）在这一类型中，有"星星、霭霭、调调、秌秌、狒狒、猩猩、鹩鹩、蛛蛛、枀枀、馍馍、饽饽"等 11 个重叠词，占总数的 2.7%。这 11 个重叠词的前后两个语素是同一个语素，意义相同，义位就是其中任何一个语素义；非重叠词共有 401 个，占总数的 97.3%。这 401 个词的前后两个语素虽然不是同一个字，但是它们为同义或近义的关系，构成词的义位与任何一个语素义相同或相近。

（三）词的义类为 C 类的词语

在这一类型中，选取两个语素构成的词的义类为 C 类的词语，共 82

个，占总数的 2.4%。

1. 词义义类情况

构成 C 类词的方式只有一种，即 C+C→C，共有 82 个，占 100%，例如：朝代、苍天、地区等。

2. 构词特点分析

（1）在 Ca+Ca（25）、Cb+Cb（57）中，全部构成与两个语素义类中类相同的词义类，均占该类的 100%。

（2）通过对语料的分析我们发现，此类中的 82 个词语前后两个语素义类中类都相同。例如：在 25 个 Ca+Cx 中，Ca+Ca 有 25 个，占 100%；57 个 Cb+Cx 中，Cb+Cb 有 57 个，占 100%。而且如果两个语素义类中类相同，那么构成的词语的义类与语素义类中类相同。例如：在 25 个 Ca+Ca 中，构成 Ca 义类的词语有 25 个，占 100%；在 57 个 Cb+Cb 中，构成 Cb 义类的词语有 57 个，占 100%。

（3）通过对以上两条特点分析我们可以发现，此类中只有 Ca+Ca→Ca 和 Cb+Cb→Cb 两种方式，这说明了在第一种类型中，中类为时间类的语素只能和时间类的语素构成属于时间类的词语；中类为空间类的语素只能和空间类的语素构成属于空间类的词语。

（4）在 C 类词中，没有重叠词，82 个词语均是非重叠词。在 82 个词中，前后两个语素虽然不是同一个字，但是它们为同义或近义的关系，构成词的义位与任何一个语素义相同或相近。

（四）词的义类为 D 类的词语

在这一类型中，选取两个语素构成的词的义类为 D 类的词语，共 382 个，占 11%。

1. 词义义类情况

构成 D 类词的方式只有一种，即 D+D→D，共有 382 个，占 100%，例如：事务、恩泽、恩惠等。

2. 构词特点分析

（1）在 Da+Df（1）、Db+Da（1）、Db+Dd（1）、Db+Df（1）、Dc+Dk（1）、Dd+Db（1）、Dd+Dk（2）、Dd+Df（1）、De+Df（2）、Dj+Dd（1）、Dl+Di（1）中，全部构成与该词语第二个语素义类中类相同的词义类，均占该类的 100%。

（2）通过对语料的分析我们发现，前后两个语素义类中类相同的词语在此类中占绝对优势。例如：在 87 个 Da+Dx 中，Da+Da 有 86 个，占 98.9%；14 个 Db+Dx 中，Db+Db 有 11 个，占 78.6%。

（3）如果两个语素义类中类相同，那么构成的词语的义类与语素义类中类相同。例如：在 15 个 Dh+Dh 中，构成 Dh 义类的词语有 15 个，占 100%；在 51 个 Di+Di 中，构成 Di 义类的词语有 51 个，占 100%。

（4）在 D 类词中，没有重叠词，382 个词语均是非重叠词。在 382 个词中，前后两个语素虽然不是同一个字，但是它们为同义或近义的关系，构成词的义位与任何一个语素义相同或相近。

（五）词的义类为 E 类的词语

在这一类型中，选取两个语素构成的词的义类为 E 类的词语，共 631 个，占 18.1%。

1. 词义义类情况

构成 E 类词的方式只有一种，即 E+E→E，共有 631 个，占 100%，例如：修长、巍巍、纤微等。

2. 构词特点分析

（1）在 Ea+Ed（1）、Eb+Ea（2）、Eb+Ed（1）、Eb+Ef（1）、Ed+Eb（3）、Ed+Ee（1）、Ed+Ef（2）、Ee+Ed（3）、Ef+Ea（1）、Ef+Ed（1）中，全部构成与该词语第一个语素义类中类相同的词义类，均占该类的 100%。在 Ea+Ed（1）、Ea+Ee（1）、Eb+Ed（3）、Ed+Ea（1）、Ed+Eb（8）、Ed+Ee（4）、Ed+Ef（1）、Ee+Ed（2）、Ef+Ea（1）、Ef+Eb（2）、Ef+Ed（1）中，全部构成与该词语第二个语素义类中类相同的词义类，均占该类的 100%。

（2）通过对语料的分析我们发现，前后两个语素义类中类相同的词语在此类中占绝对优势。例如：在 51 个 Ea+Ex 中，Ea+Ea 有 48 个，占 94.1%；187 个 Eb+Ex 中，Eb+Eb 有 178 个，占 95.2%。而且如果两个语素义类中类相同，那么构成的词语的义类与语素义类中类相同。例如：在 117 个 Ed+Ed 中，构成 Ed 义类的词语有 117 个，占 100%；在 150 个 Ee+Ee 中，构成 Ee 义类的词语有 150 个，占 100%。

（3）在 1 个 Ed+Ee 中，前后两个中类不同的语素构成了词义类的中类属于 Eb 的词语；在 1 个 Ed+Ef 中，前后两个中类不同的语素构成了词义类的中类属于 Ec 的词语。

（4）在这一类型中，有"峞峞、崔崔、峨峨、巍巍、嵬嵬、屹屹、伈伈、滔滔、恢恢、荡荡、泱泱、汤汤"等 92 个重叠词,占总数的 14.6%。这 92 个重叠词的前后两个语素是同一个语素,意义相同,义位 就是其中任何一个语素义;非重叠词共有 539 个,占总数的 85.4%。这 539 个词的前后两个语素虽然不是同一个字,但是它们为同义或近义的关 系,构成词的义位与任何一个语素义相同或相近。

(六)词的义类为 F 类的词语

在这一类型中,选取两个语素构成的词的义类为 F 类的词语,共 154 个,占 4.4%。

1. 词义义类情况

构成 F 类词的方式只有一种,即 F+F→F,共有 153 个,占 100%,例 如:抽打、摩挲、揩拭等。

2. 构词特点分析

(1)在 Fa+Fa(71)、Fb+Fb(25)、Fc+Fc(36)、Fd+Fd(22)中, 全部构成与两个语素义类中类相同的词义类,均占该类的 100%。

(2)通过对语料的分析我们发现,前后两个语素义类中类相同的词 语在此类中占绝对优势。例如:在 71 个 Fa+Fx 中,Fa+Fa 有 71 个,占 100%;37 个 Fc+Fx 中,Fc+Fc 有 36 个,占 97.3%。

(3)如果两个语素义类中类相同,那么构成的词语的义类与语素义 类中类相同。例如:在 25 个 Fb+Fb 中,构成 Fb 义类的词语有 25 个,占 100%;在 22 个 Fd+Fd 中,构成 Fd 义类的词语有 22 个,占 100%。

(4)在这一类型中,有"蠕蠕、翩翩、哓哓、咄咄、唯唯、眈眈、 姗姗"等 7 个重叠词,占总数的 4.6%。这 7 个重叠词的前后两个语素是 同一个语素,意义相同,义位就是其中任何一个语素义;非重叠词共有 147 个,占总数的 95.4%。这 147 个词的前后两个语素虽然不是同一个 字,但是它们为同义或近义的关系,构成词的义位与任何一个语素义相同 或相近。

(七)词的义类为 G 类的词语

在这一类型中,选取两个语素构成的词的义类为 G 类的词语,共 230 个,占 6.6%。

1. 词义义类情况

构成 G 类词的方式只有一种,即 G+G→G,共有 230 个,占 100%, 例如:怆怆、欢喜、惧怕等。

2. 构词特点分析

（1）在 Ga+Ga（99）、Gb+Gb（120）、Gc+Gc（9）中，全部构成与两个语素义类中类相同的词义类，均占该类的 100%。

（2）通过对语料的分析我们发现，前后两个语素义类中类相同的词语在此类中占绝对优势。例如：在 100 个 Ga+Gx 中 Ga+Ga 有 99 个，占 99%；在 9 个 Gc+Gx 中，Gc+Gc 有 9 个，占 100%。而且如果两个语素义类中类相同，那么构成的词语的义类与语素义类中类相同。例如：在 99 个 Ga+Ga 中，构成 Ga 义类的词语有 99 个，占 100%；在 120 个 Gb+Gb 中，构成 Gb 义类的词语有 120 个，占 100%。

（3）在 1 个 Ga+Gb 中，前后两个中类不同的语素构成了词义类的中类属于 Ga 的词语；在 1 个 Gb+Ga 中，前后两个中类不同的语素构成了词义类的中类属于 Ga 的词语。

（4）在这一类型中，有"恻恻、怆怆、哀哀、陶陶、欣欣、凄凄、怛怛、快快、悒悒、忡忡、忿忿、愤愤、悻悻、怅怅、累累、恋恋、惶惶、了了"等 18 个重叠词，占总数的 7.8%。这 18 个重叠词的前后两个语素是同一个语素，意义相同，义位就是其中任何一个语素义；非重叠词共有 212 个，占总数的 92.2%。这 212 个词的前后两个语素虽然不是同一个字，但是它们为同义或近义的关系，构成词的义位与任何一个语素义相同或相近。

（八）词的义类为 H 类的词语

在这一类型中，选取两个语素构成的词的义类为 H 类的词语，共 860 个，占 24.7%。

1. 词义义类情况

构成 H 类词的方式只有一种，即 H+H→H，共有 860 个，占 100%，例如：反叛、攻击、管理等。

2. 构词特点分析

（1）在 Ha+Hb（1）、Ha+Hn（1）、Hb+Hi（2）、Hc+Hi（4）、Hc+Hj（2）、Hc+Hm（1）、Hd+Hc（2）、Hd+Hi（3）、Hd+Hj（2）、Hd+Hn（1）、He+Hi（1）、He+Hj（1）、Hg+Hc（1）、Hg+Hj（1）、Hi+Hb（1）、Hi+Hc（3）、Hi+Hj（2）、Hi+Hk（1）、Hj+Hc（2）、Hj+Hd（1）、Hj+Hf（1）、Hj+Hi（3）、Hm+Hi（1）、Hn+Hi（1）中，全部构成与该词语第一个语素义类中类相同的词义类，均占该类的 100%。在 Ha+Hb

（1）、Ha+Hn（1）、Hb+Hc（1）、Hb+Hh（1）、Hb+Hi（2）、Hc+Hb（1）、Hc+Hi（3）、Hc+Hm（5）、Hd+Hc（2）、He+Hi（1）、Hf+Hj（1）、Hg+Hf（2）、Hg+Hi（1）、Hg+Hj（2）、Hi+Hb（2）、Hi+Hj（5）、Hi+Hk（1）、Hj+Hc（4）、Hj+Hd（1）、Hj+Hg（1）、Hj+Hi（8）、Hm+Hc（1）中，全部构成与该词语第二个语素义类中类相同的词义类，均占该类的100%。

（2）通过对语料的分析我们发现，前后两个语素义类中类相同的词语在此类中占绝对优势。例如：在97个Hc+Hx中，Hc+Hc有81个，占83.5%；在57个Hd+Hx中，Hd+Hd有46个，占86.8%。而且如果两个语素义类中类相同，那么构成的词语的义类与语素义类中类相同。例如：在12个Hh+Hh中，构成Hh义类的词语有12个，占100%；在300个Hi+Hi中，构成Hi义类的词语有300个，占100%。

（3）在1个Hg+Hf中，前后两个中类不同的语素构成了词义类的中类属于Hc的词语。

（4）在这一类型中，有"靡靡、呶呶、叨叨、咧咧、嚷嚷、哝哝、絮絮、谢谢"等7个重叠词，占总数的0.8%。这7个重叠词的前后两个语素是同一个语素，意义相同，义位就是其中任何一个语素义；非重叠词共有853个，占总数的99.2%。这853个词的前后两个语素虽然不是同一个字，但是它们为同义或近义的关系，构成词的义位与任何一个语素义相同或相近。

（九）词的义类为I类的词语

在这一类型中，选取两个语素构成的词的义类为I类的词语，共284个，占8.2%。

1. 词义义类情况

构成I类词的方式只有一种，即I+I→I，共有284个，占100%，例如：融化、腐烂、蕃孳等。

2. 构词特点分析

（1）在Ib+Id（1）、Ib+Ig（1）、Id+Ie（1）、Id+If（1）、Id+Ih（3）、Ie+Ia（1）、Ie+If（1）、Ig+Ie（1）、Ih+Id（1）中，全部构成与该词语第一个语素义类中类相同的词义类，均占该类的100%。在Ia+Ie（1）、Id+Ib（1）、Id+If（1）、Id+Ih（1）、Ie+Ig（1）中，全部构成与该词语第二个语素义类中类相同的词义类，均占该类的100%。

（2）通过对语料的分析我们发现，前后两个语素义类中类相同的词语在此类中占绝对优势。例如：在 23 个 Ia+Ix 中，Ia+Ia 有 22 个，占 95.7%；44 个 Ib+Ix 中，Ib+Ib 有 42 个，占 95.5%。

（3）如果两个语素义类中类相同，那么构成的词语的义类与语素义类中类相同。例如：在 30 个 Ic+Ic 中，构成 Ic 义类的词语有 30 个，占 100%；在 25 个 Ie+Ie 中，构成 Ie 义类的词语有 25 个，占 100%。

（4）在这一类型中，有"飒飒、烁烁、痒痒、讪讪、昂昂、恹恹、蒙蒙、漾漾、袅袅"等 9 个重叠词，占总数的 3.2%。这 9 个重叠词的前后两个语素是同一个语素，意义相同，义位就是其中任何一个语素义；非重叠词共有 275 个，占总数的 96.8%。这 275 个词的前后两个语素虽然不是同一个字，但是它们为同义或近义的关系，构成词的义位与任何一个语素义相同或相近。

（十）词的义类为 J 类的词语

在这一类型中，选取两个语素构成的词的义类为 J 类的词语，共 148 个，占 4.3%。

1. 词义义类情况

构成 J 类词的方式只有一种，即 J+J→J，共有 148 个，占 100%，例如：比喻、符合、失去等。

2. 构词特点分析

（1）在 Jc+Je（1）、Jd+Je（1）、Je+Jb（1）中，全部构成与该词语第一个语素义类中类相同的词义类，均占该类的 100%。在 Jd+Ja（1）、Je+Jb（2）中，全部构成与该词语第二个语素义类中类相同的词义类，均占该类的 100%。

（2）通过对语料的分析我们发现，前后两个语素义类中类相同的词语在此类中占绝对优势。例如：在 6 个 Ja+Jx 中，Ja+Ja 有 6 个，占 100%；在 69 个 Jd+Jx 中，Jd+Jd 有 67 个，占 97.1%；在 55 个 Je+Jx 中，Je+Je 有 52 个，占 94.6%。

（3）如果两个语素义类中类相同，那么构成的词语的义类与语素义类中类相同。例如：在 12 个 Jb+Jb 中，构成 Jb 义类的词语有 12 个，占 100%；在 4 个 Jc+Jc 中，构成 Jc 义类的词语有 4 个，占 100%；在 67 个 Jd+Jd 中，构成 Jd 义类的词语有 67 个，占 100%

（4）在 J 类词中，没有重叠词，148 个词语均是非重叠词。在 148 个词中，前后两个语素虽然不是同一个字，但是它们为同义或近义的关系，构成词的义位与任何一个语素义相同或相近。

（十一）词的义类为 K 类的词语

在这一类型中，选取两个语素构成的词的义类为 K 类的词语，共 175 个，占 5%。

1. 词义义类情况

构成 K 类词的方式只有一种，即 K+K→K，共有 175 个，占 100%，例如：稍稍、将要、乒乓。

2. 构词特点分析

（1）在 Ka+Ka（67）、Kb+Kb（34）、Kc+Kc（16）、Kd+Kd（1）、Ke+Ke（12）、Kf+Kf（55）中，全部构成与两个语素义类中类相同的词义类，均占该类的 100%。

（2）通过对语料的分析我们发现，此类中的 82 个词语前后两个语素义类中类都相同。例如：在 67 个 Ka+Kx 中，Ka+Ka 有 67 个，占 100%；在 16 个 Kc+Kx 中，Kc+Kc 有 16 个，占 100%。

（3）如果两个语素义类中类相同，那么构成的词语的义类与语素义类中类相同。例如：在 12 个 Ke+Ke 中，构成 Ke 义类的词语有 12 个，占 100%；在 55 个 Kf+Kf 中，构成 Kf 义类的词语有 55 个，占 100%。

（4）在这一类型中，有"稍稍、仅仅、单单、慢慢、渐渐、常常、丁丁、铛铛、冬冬"等 63 个重叠词，占总数的 36%。这 63 个重叠词的前后两个语素是同一个语素，意义相同，义位就是其中任何一个语素义。而且在这 63 个重叠词中，有 37 个象声词，占这一类重叠词的 58.7%，一半以上的象声重叠词是这一类的特点；非重叠词共有 112 个，占总数的 64%，其中有象声词 10 个，占这一类非重叠词的 8.9%，例如：呼哧、嘎吱；叹词 11 个，占这一类非重叠词的 9.8%，例如：啊哈、哎呀。这 112 个词的前后两个语素虽然不是同一个字，但是它们为同义或近义的关系，构成词的义位与任何一个语素义相同或相近。

（十二）词的义类为 L 类的词语

在这一类型中，选取两个语素构成的词的义类为 L 类的词语，共 2 个，占 0.057%。

1. 词义义类情况

构成 L 类词的方式只有一种，即 L+L→L，共有 2 个，占 100%，它们分别是"劳烦"和"烦劳"。

2. 构词特点分析

（1）在L04+L04（2）中，全部构成与两个语素义类中类相同的词义类，均占该类的100%。

（2）通过对语料的分析我们发现，此类中的两个词语的语素义类和义位义类都相同，均是L04+L04→L04。

（3）在这一类词中，没有重叠词，2个词语均是非重叠词。这两个词语前后两个语素虽然不是同一个字，但是它们为同义或近义的关系，构成词的义位与任何一个语素义相同或相近。

二　a+b＝a＝b类型的构词规则的特点

通过对具体规则的归纳、统计，我们发现第一种类型的构词规则大致有以下特点。

（1）在第一种类型中，每个义类的语素构词能力不尽相同，按照构词频率构成下列不等式，括号里的数字是频度。H活动（1720）>E特征（1262）>B物（824）>D抽象事物（764）>I现象与状态（568）>G心理活动（460）>K助语（350）>F动作（308）>J关联（296）>A人（248）>C时间与空间（164）>L敬语（4）。由此我们可以看出有些语素义类出现次数较多，有些出现次数较少，这说明语素的构词能力强弱不同。出现次数较多的，说明语素构词能力较强，而出现次数较少的，说明语素构词能力较弱。因此，在这一类型中，十二种语素义类都有构词能力，其中构词能力最强的是H类，其余按数量的多少依次是：E、B、D、I、G、K、F、J、A、C、L。L类的语素构词能力最弱。

在第一种类型中，出现次数最多的各语素义类中类的统计如下（"\"前为中类的出现次数、后为中类在大类中所占的比例）：

Ah：60 \ 24.2%；Bi：118 \ 14.3%；Cb：114 \ 69.5%；Da：172 \ 22.5%；Eb：356 \ 28.2%；Fa：142 \ 46.1%；Gb：240 \ 52.2%；Hi：600 \ 34.9%；Id：166 \ 29.2%；Jd：134 \ 45.3%；Ka：134 \ 38.3%。

由数据可知，所列举的中类在其所属的大类中均为构词能力最强的。

（2）在属于第一类型的3000多个双音合成词中，12个大类包含的词语数量构成下列不等式，括号中为合成词的数量。H活动（860）>E特征（631）>B物（412）>D抽象事物（382）>I现象与状态（284）>G

心理活动（230）>K 助语（175）>F 动作（154）>J 关联（148）>A 人（124）>C 时间与空间（82）>L 敬语（2）。由此可以看出，在第一类型中，构成词的数量最多的是 H 义类，其余按数量的多少依次是：E、B、D、I、G、K、F、J、A、C、L。在第一个不等式中，作为语素出现次数较多的 E、B、D、I、G 义类同时也是构成词语数量较多的义类，这说明构词能力较强的语素所构成词的概率也相对较高；同样构词能力较弱的 C、L 义类语素，其构成词的概率也相对较低。

在第一种类型中，包含词语数量最多的各语素义类中类的统计如下（"\"前为所属中类的词的数量、后为构成词的数量最多的中类在大类中所占的比例）：

Ah：28 \ 22.6%；Bi：59 \ 14.3%；Cb：57 \ 69.5%；Da：87 \ 22.8%；Eb：198 \ 31.4%；Fa：71 \ 46.1%；Gb：122 \ 53.0%；Hi：318 \ 37.0%；Id：87 \ 30.6%；Jd：68 \ 46.0%；Ka：66 \ 37.7%。

以上列举的中类在其所属的大类中包含的双音合成词都是最多的。在这一类型中，出现次数最多的各语素义类中类与构成数量最多的词义类中类对应基本一致。这也进一步说明，无论是大类还是中类，构词能力较强的语素构成词的概率也相对较高，构词能力较弱的语素构成词的概率也相对较低。

（3）在第一种类型中，每一类都只有一种构成方式，分布见表 2.1。

表 2.1　　　　　　　　义位义类的主要构成方式的统计

义位义类	A	B	C	D	E	F	G	H	I	J	K	L
构成方式	A+A	B+B	C+C	D+D	E+E	F+F	G+G	H+H	I+I	J+J	K+K	L+L
数量（个）	124	412	82	382	631	154	230	860	284	148	175	2
比例（%）	100	100	100	100	100	100	100	100	100	100	100	100

由表 2.1 我们可以看出，在第一类型中，义位保留了语素义，义位就是语素义本身，义位与语素义同属于一个义类。

（4）通过对语料的分析我们发现，前后两个语素义类中类相同的词语在此类中占绝对优势。例如：48 个 Bp+Bx 中，Bp+Bp 有 46 个，占 95.8%；在 100 个 Ga+Gx 中 Ga+Ga 有 99 个，占 99%。

如果两个语素义类中类相同，那么构成的词语的义类与语素义类中类相同。例如：在 150 个 Ee+Ee 中，构成 Ee 义类的词语有 150 个，占

100%；在 300 个 Hi+Hi 中，构成 Hi 义类的词语有 300 个，占 100%。

（5）这一类型中，同义语素构成词有两种情况，一种是两个语素是同一个字，即重叠词，它在此类词中共有 228 个，占总数的 6.5%；另一种是两个语素是不同形的语素，但是它们在意义上是相同或相近的，即非重叠词，它们共有 3256 个，占总数的 93.5%。由上我们发现这一类型中，同语素重叠成词的比例远没有同义语素并列成词的比例高，这说明同一语素重叠的构词方式远不如同义语素的构词方式成词数量多。

从义类来看，两个构词语素义类与义位义类一致，即同向型，这是这一类型的一个显著特点；而从意义上来看，两个语素为同义或近义的关系，它们构成的词语的意义与任何一个语素义相同或相近。可由语素义直接理解、说明词义。在很大程度上这是单音词双音化后的结果。

第二节　a+b＝a 类型的语义构词规则研究

在这一类型中，义位主要由前一个语素义承担，而后一个语素义失落或表义功能较弱。属于第二种类型的词共有 1004 个，占总数的 2.1%。

一　a+b＝a 类型的分类及研究

（一）词的义类为 A 类的词语

在这一类型中，选取两个语素构成的词的义类为 A 类的词语，共 59 个，占 5.9%。

1. 词义义类情况

表 2.2　　　　　　　　　构成词义义类为 A 类的情况

语素义类 1	语素义类 2	词义义类	数量	百分比	举例
A	A	A	8	13.6%	医生、俺们
	B		2	3.4%	萱堂、痄棍
	C		1	1.7%	青年
	D		5	8.5%	单于、董事
	E		2	3.4%	娘亲、萱亲
	K		41	69.5%	丫头、妃子

由表 2.2 可以看出，在语素义类 1 和词义义类均为表示"人"的词语当中，语素义类 2 是 K 类的词语占绝对优势，有 41 个，占 69.5%，而在语素义类 2 位置上没有出现 F、G、H、I、J、L 类。

2. 构词特点分析：

（1）组成词义义类 A 的方式共有 6 种，其中 A+K 方式数量最多，共 41 个，是 A 类词中最主要的构成方式，而这 41 个全部是带后缀的词。

（2）Ax+Kd 类共有 41 个，其中 Ab+Kd 和 Ah+Kd 数量最多，都是 12 个；其次是 Af，有 5 个，Ae 有 4 个，An 和 Aa 分别有 3 个和 2 个，Aj、Ak、Al 各有 1 个，同时第一语素位置上没有出现 Ac、Ad、Ag、Ai、Am 义类；而且构成 Ab 和 Ah 义类的词语数量最多，各有 12 个，占该类的 29.3%。

（3）在此类中，有 8 个词语的义位义类与两个语素义类大类一致，占总数的 13.6%，如：医生、奴婢，但是这 8 个词语的义类与第一个语素义类中类相同。在这一类型中，所有词语的义类与该词语第一个语素义类中类相同。例如：在 12 个 Ab+Kd 中，构成 Ab 义类的有 12 个，占 100%；在 4 个 Ae+Kd 中，构成 Ae 义类的有 4 个，占 100%。

（4）通过对 A+K→A 方式进行分析发现，在原有单音词的基础上，加上语言中习用的虚化成分——后缀，从而形成双音节的词，而后缀只标明词的表义范围、类别，有时也附带一些感情、形象色彩或其他功用，但不表示具体、实在的意义，所以义位与前一个语素义完全相同。例如："贩子""侄儿"中的"子"和"儿"只标明该词所属的是表示人的词，而对词义起决定作用的是表示具体、实在意义的"贩"和"侄"。

（5）对其他方式进行考察发现，每个义位的重心都落在前一个语素义上，后一个语素义不是后缀，但在构成义位时不占主要位置。偏义复词就属于其中一种。在偏义复词中，只有一个语素的意义代表这个复合词的意义，另一个语素只起陪衬作用，其中起陪衬作用的语素也不是可有可无的，它对另一个表义语素起显示和限制的作用，使其意义具有单一性和鲜明性。例如："痞棍"，词义只是"痞"的语素义，而"棍"的意义已经失落。

（二）词的义类为 B 类的词语

在这一类型中，选取两个语素构成的词的义类为 B 类的词语，共 470 个，占 46.8%。

1. 词义义类情况

表 2.3 构成词义义类为 B 类的情况

语素义类 1	语素义类 2	词义义类	数量	百分比	举例
B	B	B	52	11.1%	菠萝、柴火
	C		5	1.1%	尺中、坟茔
	D		7	1.5%	点心
	E		4	0.85%	牌九、蜗牛
	F		1	0.21%	裆褙
	H		1	0.21%	毛发
	I		2	0.43%	眉头
	K		398	84.7%	帘子、骨头

由表 2.3 可以看出，在语素义类 1 和词义义类均为表示"物"的词语当中，语素义类 2 是 K 类的词语占绝对优势，有 398 个，占 84.7%，其次是语素义类 2 是 B 类的有 52 个，占 11.1%，而在语素义类 2 位置上没有出现 A、G、J、L 类。

2. 构词特点分析

（1）组成词义义类 B 的方式共有 8 种，其中 B+K 方式数量最多，共 398 个，是 B 类词中最主要的构成方式，而这 398 个全部是带后缀的词。

（2）Bx+Kd 类共有 398 个，其中 Bp+Kd 数量最多有 98 个。B 义类的 18 个中类在第一语素位置上出现的次数按多少排列构成如下不等式，括号中表示该语素出现的次数：Bp（98）> Bo（61）> Bh（43）> Bk（38）> Bi（36）> Bn（29）> Bq（17）> Bb（14）> Br（12）> Bg、Bm（10）> Bc（9）> Ba（8）> Be（6）> Bf（4）> Bl（2）> Bd（1）。在第一语素位置上没有出现 Bj 义类。

（3）在此类中，有 52 个词语的义位义类与两个语素义类大类一致，占总数的 11.1%，如：柴火、荔枝，但是这 52 个词语的义类与第一个语素义类中类相同。在这一类型中，构成与词语第一个语素义类中类相同的词义义类占绝对优势。例如：在 98 个 Bp+Kd 中，构成 Bp 义类的有 96 个，占 98%；在 38 个 Bk+Kd 中，构成 Bk 义类的有 38 个，占 100%。

（4）通过对 B+K→B 方式进行分析发现，每个义位的重点都落在前一个语素义上，而后一个语素则是一个后缀，所以义位与前一个语素义完全相同。

例如："柱子"、"驹儿"和"骨头"中,对词义起决定作用的是表示具体、实在意义的"柱"、"驹"和"骨","子"、"儿"和"头"就是后缀。

(5) 对其他方式进行考察发现,每个义位的重心都落在前一个语素义上,后一个语素义不是后缀,但在构成义位时不占主要位置。这些义位中存在 A 类词中的两种情况。

(三) 词的义类为 C 类的词语

在这一类型中,选取两个语素构成的词的义类为 C 类的词语,共 69 个,占 6.9%。

1. 词义义类情况

表 2.4　　　　　　　　　　　构成词义义类为 C 类的情况

语素义类 1	语素义类 2	词义义类	数量	百分比	举例
C	B	C	5	7.3%	边缘、边沿
	C		9	13%	时候、前方
	D		2	2.9%	界限、乡国
	E		1	1.5%	南部
	K		52	75.4%	前面、北边

由表 2.4 可以看出,在语素义类 1 和词义义类均为表示"时间与空间"的词语当中,语素义类 2 是 K 类的词语占绝对优势,有 52 个,占 75.4%,而在语素义类 2 位置上除了 B、C、D、E、K 类之外,没有出现其他类。

2. 构词特点分析

(1) 组成词义义类 C 的方式共有 5 种,其中 C+K 方式数量最多,共 52 个,是 C 类词中最主要的构成方式,而这 52 个全部是带后缀的词。

(2) Cx+Kd 类共有 52 个,其中 Ca+Kd 有 12 个,Cb+Kd 数量最多有 40 个。在 12 个 Ca+Kd 中,第二个语素有 11 个是名词后缀,例如:儿、子、头,构成 Ca 义类的有 12 个,占 100%;在 40 个 Cb+Kd 中,第二个语素是名词后缀和方位词后缀,例如:儿、头、子、面、边,构成 Cb 义类的有 40 个,占 100%。

(3) 在此类中,有 9 个词语的义位义类与两个语素义类大类一致,占总数的 13%,如:时节、场地,但是这 9 个词语的义类与第一个语素义类中类相同。在这一类型中,所有词语的义类与该词语第一个语素义类中类相同。例如：在 12 个 Ca+Kd 中，构成 Ca 义类的有 12 个，占 100%；在 2 个 Cb+Bc 中，构成 Cb 义类的有 2 个，占 100%。

（4）通过对 C+K→C 方式进行分析发现，每个义位的重点都落在前一个语素义上，而后一个语素则是一个后缀，所以义位与前一个语素义完全相同。例如："里边"、"昨儿"和"下头"中，对词义起决定作用的是表示具体、实在意义的"里"、"昨"和"下"，"边"、"儿"和"头"就是后缀。

（5）对其他方式进行考察发现，每个义位的重心都落在前一个语素义上，后一个语素义不是后缀，但在构成义位时不占主要位置。这些义位中存在 A 类词中的两种情况。

（四）词的义类为 D 类的词语

在这一类型中，选取两个语素构成的词的义类为 D 类的词语，共 120 个，占 12%。

1. 词义义类情况

表 2.5　　　　　　　　　构成词义义类为 D 类的情况

语素义类 1	语素义类 2	词义义类	数量	百分比	举例
D	A	D	2	1.7%	仙子、户口
	B		6	5%	踪迹、颜面
	C		1	0.83%	京城
	D		26	21.7%	事变、罪过
	G		3	2.5%	感觉、仇恨
	H		1	0.83%	标号
	I		3	2.5%	成就、文化
	K		78	65%	名头、样子

由表 2.5 可以看出，在语素义类 1 和词义义类均为表示"抽象事物"的词语当中，语素义类 2 是 K 类的词语占优势，有 78 个，占 65%，其次是语素义类 2 是 D 类的有 26 个，占 21.7%，而在语素义类 2 位置上没有出现 E、F、J、L 类。

2. 构词特点分析

（1）组成词义义类 D 的方式共有 8 种，其中 D+K 方式数量最多，共 78 个，是 D 类词中最主要的构成方式，而这 78 个全部是带后缀的词。

（2）Dx+Kd 类共有 78 个，其中 Dk+Kd 数量最多有 17 个。D 义类的 14 个中类在第一语素位置上出现的次数按多少排列构成如下不等式，括号中表示该语素出现的次数：Dk（17）>Dl（8）>Da、Dm、Dn（7）>Dc、Dd、Dj（6）>Db、Df（4）>Di（3）>De（2）>Dg（1）。在第一语素位置上没有出现 Dh 义类。

（3）在此类中，有 26 个词语的义位义类与两个语素义类大类一致，占总数的 21.7%，如：仪容、活计，但是这 26 个词语的义类与第一个语素义类中类相同。在这一类型中，所有词语的义类与该词语第一个语素义类中类相同。例如：在 3 个 Da+Db 中，构成 Da 义类的有 3 个，占 100%；在 17 个 Dk+Kd 中，构成 Dk 义类的有 17 个，占 100%。

（4）通过对 D+K→D 方式进行分析发现，每个义位的重点都落在前一个语素义上，而后一个语素则是一个后缀，所以义位与前一个语素义完全相同。例如："档子"、"谜儿"和"衔头"中，对词义起决定作用的是表示具体、实在意义的"档"、"谜"和"衔"，"子"、"儿"和"头"就是后缀。

（5）对其他方式进行考察发现，每个义位的重心都落在前一个语素义上，后一个语素义不是后缀，但在构成义位时不占主要位置。这些义位中存在 A 类词中的两种情况。

（五）词的义类为 E 类的词语

在这一类型中，选取两个语素构成的词的义类为 E 类的词语，共 91个，占 9.1%。

1. 词义义类情况

表 2.6　　　　　　　　　　构成词义义类为 E 类的情况

语素义类 1	语素义类 2	词义义类	数量	百分比	举例
E	B	E	2	2.2%	彩色、单调
	D		1	1.1%	单面
	E		23	25.3%	湫隘、纯净
	G		5	5.5%	惨痛、惨苦
	H		1	1.1%	果断
	I		4	4.4%	密切、纯化
	J		1	1.1%	拘束
	K		54	59.3%	岸然、易于

　　由表 2.6 可以看出，在语素义类 1 和词义义类均为表示"特征"的词语当中，语素义类 2 是 K 类的词语占优势，有 54 个，占 59.3%，其次是语素义类 2 是 E 类的有 23 个，占 25.3%，而在语素义类 2 位置上没有出现 A、C、F、L 类。

　　2. 构词特点分析

　　(1) 组成词义义类 E 的方式共有 8 种，其中 E+K 方式数量最多，共 54 个，是 E 类词中最主要的构成方式，而这 54 个全部是带后缀的词。

　　(2) Ex+Kd 类共有 54 个，其中 Eb+Kd 数量最多有 14 个。B 义类的 6 个中类在第一语素位置上出现的次数按多少排列构成如下不等式，括号中表示该语素出现的次数 Eb（14）>Ed（12）>Ee（11）>Ef（10）>Ea（7）。在第一语素位置上没有出现 Ec 义类。

　　(3) 在此类中，有 23 个词语的义位义类与两个语素义类大类一致，占总数的 25.3%，如：纯净、猥劣，但是这 23 个词语的义类与第一个语素义类中类相同。在这一类型中，构成与词语第一个语素义类中类相同的词义义类占绝对优势。例如：在 14 个 Eb+Kd 中，构成 Eb 义类的有 13 个，占 92.9%；在 11 个 Ee+Kd 中，构成 Ee 义类的有 11 个，占 100%。

　　(4) 通过对 E+K→E 方式进行分析发现，每个义位的重点都落在前一个语素义上，而后一个语素则是一个后缀，所以义位与前一个语素义完全相同。例如："傲然"和"全乎"中，词义起决定作用的是表示具体、实在意义的"傲"和"全"，"然"和"乎"就是后缀。

　　(5) 对其他方式进行考察发现，每个义位的重心都落在前一个语素义上，后一个语素不是后缀，但在构成义位时不占主要位置。这些义位中存在 A 类词中的两种情况。

　　(六) 词的义类为 F 的词语

　　在这一类型中，选取两个语素构成的词的义类为 F 类的词语，共 19 个，占 1.9%。

　　1. 词义义类情况

表 2.7　　　　　　　　　　　构成词义义类为 F 类的情况

语素义类 1	语素义类 2	词义义类	数量	百分比	举例
F	B	F	2	10.5%	眯眼、猫腰
	E		1	5.3%	搭错

续表

语素义类1	语素义类2	词义义类	数量	百分比	举例
F	F	F	4	21.1%	捧上
	I		4	21.1%	呼号、冲泡
	J		1	5.3%	打非
	K		7	36.8%	按着、扣头

由表 2.7 可以看出，在语素义类 1 和词义义类均为表示"动作"的词语当中，语素义类 2 是 K 类的词语占优势，有 7 个，占 36.8%，而在语素义类 2 位置上没有出现 A、C、D、G、H、L 类。

2. 构词特点分析

（1）组成词义义类 F 的方式共有 6 种，其中 F+K 方式数量最多，共7 个，是 F 类词中最主要的构成方式，而这 7 个全部是带后缀的词。

（2）Fx+Kd 类共有 7 个，其中 Fa+Kd 有 5 个，Fb+Kd 和 Fd+Kd 各有1 个。在 5 个 Fa+Kd 中，构成 Fa 义类的有 5 个，占 100%。

（3）在此类中，有 4 个词语的义位义类与两个语素义类大类一致，占总数的 21.1%，如：蹀躞、捧上，但是这 4 个词语的义类与第一个语素义类中类相同。在这一类型中，所有词语的义类与该词语第一个语素义类中类相同。例如：在 5 个 Fa+Kd 中，构成 Fa 义类的有 5 个，占 100%；在 2 个 Fa+Id 中，构成 Fa 义类的有 2 个，占 100%。

（4）通过对 F+K→F 方式进行分析发现，每个义位的重点都落在前一个语素义上，而后一个语素则是一个后缀，所以义位与前一个语素义完全相同。例如："捧着"和"颠儿"中，对词义起决定作用的是表示具体、实在意义的"捧"和"颠"，"着"和"儿"就是后缀。

（5）对其他方式进行考察发现，每个义位的重心都落在前一个语素义上，后一个语素义不是后缀，但在构成义位时不占主要位置。这些义位中存在 A 类词中的两种情况。

（七）词的义类为 G 类的词语

在这一类型中，选取两个语素构成的词的义类为 G 类的词语，共 25个，占 2.5%。

1. 词义义类情况

表 2.8　　　　　　　　　　构成词义义类为 G 类的情况

语素义类 1	语素义类 2	词义义类	数量	百分比	举例
G	E	G	1	4%	苦涩
	K		24	96%	欣然、怵头

由表 2.8 可以看出，在语素义类 1 和词义义类均为表示"心理活动"的词语当中，语素义类 2 是 K 类的词语占绝对优势，有 24 个，占 96%，而在语素义类 2 位置上除了 E、K 类，没有出现其他类。

2. 构词特点分析

（1）组成词义义类 G 的方式共有 2 种，其中 G+K 方式数量最多，共24 个，是 G 类词中最主要的构成方式，而这 24 个全部是带后缀的词。

（2）Gx+Kd 类共有 24 个，其中 Ga+Kd 数量最多，共有 21 个，Gb+Kd 和 Gc+Kd 分别有 2 个和 1 个。在 21 个 Ga+Kd 中，第二个语素绝大多数是副词或形容词后缀"然"，构成 Ga 义类的有 21 个，占 100%。

（3）在这一类型中，所有词语的义类与该词语第一个语素义类中类相同。例如：在 21 个 Ga+Kd 中，构成 Ga 义类的有 21 个，占 100%；在 2个 Gb+Kd 中，构成 Gb 义类的有 2 个，占 100%。

（4）通过对 G+K→G 方式进行分析发现，每个义位的重点都落在前一个语素义上，而后一个语素则是一个后缀，所以义位与前一个语素义完全相同。例如："怵然"和"欣然"中，对词义起决定作用的是表示具体、实在意义的"怵"和"欣"，"然"就是后缀。

（5）对其他方式进行考察发现，每个义位的重心都落在前一个语素义上，后一个语素义不是后缀，但在构成义位时不占主要位置。这些义位中存在 A 类词中的两种情况。

（八）词的义类为 H 类的词语

在这一类型中，选取两个语素构成的词的义类为 H 类的词语，共 36个，占 3.4%。

1. 词义义类情况

表 2.9　　　　　　　　　　构成词义义类为 H 类的情况

语素义类 1	语素义类 2	词义义类	数量	百分比	举例
H	B	H	3	8.3%	染色、涂鸦
	D		3	8.3%	读书、惩创

续表

语素义类1	语素义类2	词义义类	数量	百分比	举例
H	E	H	2	5.6%	漂白
	F		5	13.9%	缉拿、拘捕
	G		1	2.8%	恋爱
	H		5	13.9%	栽培、演奏
	I		3	8.3%	熔化、破坏
	J		5	13.9%	验证、投合
	K		9	25%	看头

由表 2.9 可以看出，在语素义类 1 和词义义类均为表示"活动"的词语当中，语素义类 2 是 K 类的词语占优势，有 9 个，占 26.5%，而在语素义类 2 位置上没有出现 A、C、L 类。

2. 构词特点分析

（1）组成词义义类 H 的方式共有 9 种，其中 H+K 方式数量最多，共9 个，是 H 类词中最主要的构成方式，而这 9 个全部是带后缀的词。

（2）Hx+Kd 类共有 9 个，其中 Hj+Kd 数量最多，共有 4 个，Hd、He、Hg、Hh、Hi 在第一个语素位置上各有 1 个。在 4 个 Hj+Kd 中，构成Hj 义类的有 4 个，占 100%。

（3）在此类中，有 5 个词语的义位义类与两个语素义类大类一致，占总数的 14.7%，如：点播、坑害，但是这 5 个词语的义类与第一个语素义类中类相同。在这一类型中，构成与词语第一个语素义类中类相同的词义义类占绝对优势。例如：在 3 个 Hm+Fa 中，构成 Hm 义类的有 3 个，占 100%；在 4 个 Hj+Kd 中，构成 Hj 义类的有 4 个，占 100%。

（4）通过对 H+K→H 方式进行分析发现，每个义位的重点都落在前一个语素义上，而后一个语素则是一个后缀，所以义位与前一个语素义完全相同。例如："忙乎"和"盹儿"中，词义起决定作用的是表示具体、实在意义的"忙"和"盹"，"乎"和"儿"就是后缀。

（5）对其他方式进行考察发现，这些义位中，构成义位的后一个语素类似羡余成分，它的意义与义位有一定的联系，但是义位却与前一个语素义相当，后一个语素义在表示义位方面可有可无。例如："投合"和"搅和"中的"合"和"和"。

（九）词的义类为 I 类的词语

在这一类型中，选取两个语素构成的词的义类为 I 类的词语，共 38
个，占 3.8%。

1. 词义义类情况

表 2.10　　　　　　　　　构成词义义类为 I 类的情况

语素义类 1	语素义类 2	词义义类	数量	百分比	举例
I	B	I	3	7.9%	溺水、碰面
	E		2	5.9%	伸长、延迟
	F		6	17.7%	覆盖、颠簸
	G		1	2.9%	划算
	H		6	17.7%	传扬、生产
	I		5	13.2%	疲弱、缠绕
	J		1	2.9%	刺激
	K		14	36.8%	近乎、飘然

由表 2.10 可以看出，在语素义类 1 和词义义类均为表示"现象与状
态"的词语当中，语素义类 2 是 K 类的词语占优势，有 14 个，占
36.8%，其次是语素义类 2 是 F 类和 H 类各有 6 个，占 17.7%，而在语素
义类 2 位置上没有出现 A、C、D、L 类。

2. 构词特点分析

（1）组成词义义类 I 的方式共有 8 种，其中 I+K 方式数量最多，共
14 个，是 I 类词中最主要的构成方式，而这 14 个全部是带后缀的词。

（2）Ix+Kd 类共有 11 个，其中 Ic+Kd 数量最多，共有 6 个，Id+Kd 和
Ie+Kd 分别有 4 个和 1 个。在 6 个 Ic+Kd 中，第二个语素绝大多数是副词或
形容词后缀，例如："然"和"尔"，构成 Ic 义类的有 6 个，占 100%。

（3）在此类中，有 5 个词语的义位义类与两个语素义类大类一致，
占总数的 13.2%，如：迫临、缠绕，但是这 5 个词语的义类与第一个语素
义类中类相同。在这一类型中，所有词语的义类与该词语第一个语素义类
中类相同。例如：在 6 个 Ic+Kd 中，构成 Ic 义类的有 6 个，占 100%；在
5 个 Id+Fa 中，构成 Id 义类的有 5 个，占 100%。

（4）通过对 I+K→I 方式进行分析发现，每个义位的重点都落在前一
个语素义上，而后一个语素则是一个后缀，所以义位与前一个语素义完全

相同。例如："莞尔"和"昂然"中，对词义起决定作用的是表示具体、实在意义的"莞"和"昂"，"尔"和"然"就是后缀。

（5）对其他方式进行考察发现，每个义位的重心都落在前一个语素义上，后一个语素义不是后缀，但在构成义位时不占主要位置。这些义位中，除了有偏义复词和羡余成分之外，又出现了另一种情况，即义位中后一语素意义模糊，不能说它的意义和词义无关，可究竟什么关系，却难以说清楚，例如："解手"中的"手"意义模糊。

（十）词的义类为 J 类的词语

在这一类型中，选取两个语素构成的词的义类为 J 类的词语，共 21 个，占 2.1%。

1. 词义义类情况

表 2.11　　　　　　　　　构成词义义类为 J 类的情况

语素义类 1	语素义类 2	词义义类	数量	百分比	举例
J	C	J	1	4.8%	逆向
	E		2	9.5%	充满、对劲
	G		1	4.8%	抑止
	H		2	9.5%	推进、残害
	I		2	9.5%	复苏、当行
	K		13	61.9%	合乎、俨然

由表 2.11 可以看出，在语素义类 1 和词义义类均为表示"关联"的词语当中，语素义类 2 是 K 类的词语占优势，有 13 个，占 61.9%，而在语素义类 2 位置上没有出现 A、B、D、F、H、J、L 类。

2. 构词特点分析

（1）组成词义义类 J 的方式共有 7 种，其中 J+K 方式数量最多，共13 个，是 J 类词中最主要的构成方式，而这 13 个全部是带后缀的词。

（2）Jx+Kd 类共有 12 个，其中 Jb+Kd 数量最多有 4 个。J 义类的 5 个中类在第一语素位置上出现的次数按多少排列构成如下不等式，括号中表示该语素出现的次数 Jb（4）>Jd（3）>Ja、Jc（2）>Je（1）。在 4 个 Jb+Kd 中，构成 Jb 义类的有 4 个，占 100%。

（3）在此类中，有 1 个词语的义位义类与两个语素义类都不相同，占总数的 4.8%，即介乎。在这一类型中，构成与词语第一个语素义类中类相同的词义义类占绝对优势。例如：在 4 个 Jb+Kd 中，构成 Jb 义类的有 4 个，占 100%。

（4）通过对 J+K→J 方式进行分析发现，每个义位的重点都落在前一个语素义上，而后一个语素则是一个后缀，所以义位与前一个语素义完全相同。例如："关乎"和"宛然"中的"乎"和"然"。

（5）对其他方式进行考察发现，每个义位的重心都落在前一个语素义上，后一个语素义不是后缀，但在构成义位时不占主要位置。这些义位中存在 I 类词中的三种情况。

（十一）词的义类为 K 类的词语

在这一类型中，选取两个语素构成的词的义类为 K 类的词语，共 60 个，占 5.8%。

1. 词义义类情况

表 2.12　　　　　　　　　　构成词义义类为 K 类的情况

语素义类 1	语素义类 2	词义义类	数量	百分比	举例
K	A	K	4	6.7%	亲身、独自
	B		2	3.3%	亲眼、凭藉
	C		2	3.3%	顿时、首先
	D		2	3.3%	那末、多半
	E		1	1.7%	哧溜
	G		2	3.3%	宁肯、宁愿
	H		1	1.7%	无论
	I		1	1.7%	连续
	J		1	1.7%	只有
	K		44	73%	蓦然、定然

由表 2.12 可以看出，在语素义类 1 和词义义类均为表示"助语"的词语当中，语素义类 2 是 K 类的词语占绝对优势，有 44 个，占 75.9%，而在语素义类 2 位置上没有出现 F、L 类。

2. 构词特点分析

（1）组成词义义类 K 的方式共有 10 种，其中 K+K 方式数量最多，共 44 个，是 K 类词中最主要的构成方式，而这 44 个全部是带后缀的词。

（2）Kx+Kd 类共有 40 个，其中 Ka+Kd 数量最多，共有 32 个，其次是 Kc+Kd 有 6 个，Kb+Kd 和 Kf+Kd 各有 1 个。在 32 个 Ka+Kd 中，构成 Ka 义类的有 32 个，占 100%。在第一个语素位置上没有出现 Kd 义类。

（3）在此类中，有 44 个词语的义位义类与两个语素义类大类一致，占总数的 75.9%，如：断乎、定然，但是这 44 个词语的义类与第一个语素义类中类相同。在这一类型中，构成与词语第一个语素义类中类相同的词义义类占绝对优势。例如：在 6 个 Kc+Kd 中，构成 Kc 义类的有 6 个，占 100%。

（4）通过对 K+K→K 方式进行分析发现，每个义位的重点都落在前一个语素义上，而后一个语素则是一个后缀，所以义位与前一个语素义完全相同。例如："果然"和"偶尔"中的"然"和"尔"。

（5）对其他方式进行考察发现，每个义位的重心都落在前一个语素义上，后一个语素义不是后缀，但在构成义位时不占主要位置。这些义位中存在 A 类词中的两种情况。

二 a+b=a 类型的构词规则的特点

通过对具体规则的归纳、统计，我们发现第二种类型的构词规则大致有以下特点。

（1）在第二种类型中，每个义类的语素构词能力不尽相同，按照构词频率构成下列不等式，括号里的数字是频度。K 助语（805）>B 物（548）>D 抽象事物（169）>E 特征（133）>C 时间与空间（88）>A 人（73）>I 现象与状态（57）>H 活动（54）>G 心理活动（40）>F 动作（39）>J 关联（32）。由此我们可以看出，有些语素义类出现次数较多，有些出现次数较少，这说明语素的构词能力强弱不同。出现次数较多的，说明语素构词能力较强，而出现次数较少的，说明语素构词能力较弱。因此，我们可以发现，构词能力最强的是 K 类，其余按数量的多少依次是：B、D、E、C、A、I、H、G、F、J。J 类的语素构词能力最弱。

在第二种类型中，出现次数最多的各语素义类中类的统计如下（"\"前为中类的出现次数、后为中类在大类中所占的比例）：

Ah：18 \ 24.7%；Bp：111 \ 20.3%；Cb：66 \ 75.0%；Df：25 \ 15.0%；Ed：41 \ 31.5%；Fa：25 \ 62.5%；Ga：27 \ 71.1%；Hc：12 \ 23.1%；Id：27 \ 43.6%；Jd：9 \ 30.0%；Kd：730 \ 92.1%。

由数据可知，所列举的中类在其所属的大类中均为构词能力最强的。

（2）在属于第二种类型的 1000 多个双音合成词中，12 个大类包含的词语数量构成下列不等式，括号中为合成词的数量。B 物（470）>D 抽象事物（120）>E 特征（91）>C 时间与空间（69）>A 人（59）>K 助语（58）>I 现象与状态（38）>H 活动（34）>G 心理活动（25）>J 关联（21）>F 动作（19）。由此可以看出，在第二种类型中，构成词的数量最多的是 B 义类，其余按数量的多少依次是：D、E、C、A、K、I、H、G、J、F。在第一个不等式中，作为语素出现次数较多的 B、D、E、C、A 义类同时也是构成词语数量较多的义类，这说明构词能力较强的语素构成词的概率也相对较高；同样构词能力较弱的 G、F、J 义类语素，其构成词的概率也相对较低。

在第二种类型中，包含词语数量最多的各语素义类中类的统计如下（"\"前为所属中类的词的数量、后为构成词的数量最多的中类在大类中所占的比例）：

Ah：17 \ 28.8%；Bh：106 \ 22.6%；Cb：53 \ 76.8%；Dk：23 \ 19.2%；Ed：26 \ 28.6%；Fa：12 \ 63.2%；Ga：22 \ 88.0%；Hi：8 \ 23.5%；Id：19 \ 50.0%；Je：7 \ 33.3%；Ka：50 \ 86.2%。

以上列举的中类在其所属的大类中包含的双音合成词都是最多的。

（3）在第二种类型中，由两种或两种以上的构词方式占领先地位的现象明显，而且这两种方式中 X+K 的方式数量最多，其次就是两个语素义类相同的方式。例如：B 类中，B+K 有 398 个，占 84.7%，B+B 有 52 个，占 11.1%。在各类中，凡是第二个语素义类是 K 类的，都在各类中占很大比例，分布见表 2.13。

表 2.13　　　　　　　　义位义类的主要构成方式的统计

义位义类	A	B	C	D	E	F	G	H	I	J	K
构成方式	A+K	B+K	C+K	D+K	E+K	F+K	E+K	H+K	I+K	H+K	K+K
数量（个）	41	398	52	78	54	7	24	9	14	13	44
比例（%）	69.5	84.7	75.4	65	59.3	36.8	96	26.5	36.8	61.9	75.9

由表 2.13 我们可以看出，带后缀的词共 734 个，占总数的 73.1%。同时我们看到，在这一类型中，义位都保留了前一个语素义，前一个构词语素基本承担了表达词义的主要功能，后一个构词语素意义失落，或者表义功能较弱，这说明在这一类型中，义位是在语素义的整合上形成的，义

位离不开语素义。

在第二种类型中，构成词语的义类没有出现属于 L 类的，也没有出现属于 L 类的语素义，这说明了在第二种类型中，L 类的语素没有构词能力。

（4）通过对语料的分析我们发现，构成与词语第一个语素义类中类相同的词义义类占绝对优势。例如：在 98 个 Bp+Kd 中，构成 Bp 义类的有 96 个，占 98%；在 6 个 Kc+Kd 中，构成 Kc 义类的有 6 个，占 100%。

（5）这一类型中，词语的前一个语素义基本承担了表达词义的主要功能，后一个构词语素意义失落，或者表义功能较弱，在义位的形成中几乎不起或很少起作用。从意义方面进行考察，有以下三种情况：①一些词加了后缀，后一个语素就是语言中常用的虚语素，它只标明词的表义范围、类别，有时也附带一些感情及形象色彩，但不表示实在的意义，从而形成的双音节词，新词的意义和原单音词的意义完全相同。②有些义位的前一个语素形式上保留，但语素义完全失落，义位落在了后一个语素义上，这就是偏义复词。③有些义位的前一个语素意义模糊，不能说它的意义和词义无关，可究竟什么关系，却难以说清楚。在这三种情况中，属于第一种也就是后缀式的义位数量最多，共有 734 个，占总数的 73.1%，属于其他两种情况的义位共有 270 个，占 26.9%。

从义类来看，有下列三种类型：①前向型。有 827 个词语，占总数的82.4%，如：果断、毛发、文化、长辈等。②同向型。有 176 个词语，占17.5%，如：弟兄、低矮、翻搅、惊惧等。两个构词语素之间多为同位关系。③无向型。有 1 个词语，占总数的 0.1%，即介乎。通过对这三种类型的考察，我们发现这一类型中，义位义类与前一个语素义类一致。

第三节　a+b＝b 类型的语义构词规则研究

在这一类型中，义位主要由后一个语素义承担，而前一个语素义失落或表义功能较弱。属于第三种类型的词共有 315 个，占总数的 0.6%。

一　a+b＝b 类型的分类及研究

（一）词的义类为 A 类的词语

在这一类型中，选取两个语素构成的词的义类为 A 类的词语，共 39

个，占 12.2%。

1. 词义义类情况

表 2.14　　　　　　　　　　构成词义义类为 A 类的情况

语素义类 1	语素义类 2	词义义类	数量	百分比	举例
A			1	2.6%	子嗣
B			1	2.6%	虎贲
D			2	5.1%	家室、士绅
E	A	A	1	2.6%	顽敌
H			2	5.1%	流氓、奶娃
I			1	2.6%	连襟
K			31	79.5%	阿公、阿奶

由表 2.14 可以看出，在语素义类 2 和词义义类均为表示"人"的词语当中，语素义类 1 是 K 类的词语占绝对优势，有 31 个，占 79.5%，而在语素义类 1 位置上没有出现 C、F、G、J、L 类。

2. 构词特点分析

（1）组成词义义类 A 的方式共有 7 种，其中 K+A 方式数量最多，共 31 个，是 A 类词中最主要的构成方式，而这 31 个全部是带后缀的词。

（2）Kd+Ax 类共有 31 个，其中 Kd+Ah 数量最多 16 个，其次是 Ab 和 Af 各有 4 个，An 有 3 个，Ai、Aj、Am 各有 1 个，同时第二语素位置上没有出现 Aa、Ac、Ad、Ae、Ag、Ak、Al 义类，而且构成 Ah 义类的词语数量最多 20 个，占该类的 64.52%。

（3）在此类中，有 1 个词语的义位义类与两个语素义类一致，占总数的 2.6%，即子嗣。通过考察发现，这一类的 39 个词的义类与该词语第二个语素义类中类完全相同，甚至小类都相同。例如：老板：Kd06＋Af04→Af04。

（4）通过对 K+A→A 方式进行分析发现，每个义位的重心都落在后一个语素义上，前一个语素是语言中常用的虚语素，也就是我们常说的前缀，它只标明词的表义范围、类别，有时也附带一些感情及形象色彩，但不表示实在的意义，从而形成的双音节词，新词的意义和原单音词的意义完全相同。例如：老板、阿公。

（5）有些义位的前一个语素意义模糊，不能说它的意义和词义无关，可究竟是什么关系，却难以说清楚，例如："士绅"中的"士"意义模糊。

（二）词的义类为 B 类的词语

在这一类型中，选取两个语素构成的词的义类为 B 类的词语，共 99 个，占 31.4%。

1. 词义义类情况

表 2.15　　　　　　　　　构成词义义类为 B 类的情况

语素义类 1	语素义类 2	词义义类	数量	百分比	举例
B			57	57.6%	萝卜、芝麻
C			6	6.1%	南瓜、内府
D			8	8.1%	踪迹、凤蝶
E			19	19.2%	太阳、彩色
G	B	B	1	1.0%	喜鹊
H			2	2.0%	凫茈、挠钩
I			1	1.0%	飞蓬
K			5	5.1%	老虎、老鹰

由表 2.15 可以看出，在语素义类 2 和词义义类均为表示"物"的词语当中，语素义类 1 是 B 类的词语最多，有 57 个，占 57.6%，其次是语素义类 1 是 E 类的有 19 个，占 19.2%，而在语素义类 1 位置上没有出现 A、F、J 类。

2. 构词特点分析

（1）组成词义义类 B 的方式共有 8 种，其中 B+B 方式数量最多，共 57 个，是 B 类词中最主要的构成方式。

（2）Bh+Bx 共有 17 个，其中 Bh+Bh 数量最多，有 15 个，同时第二个语素位置上除了 Bh、Bi、Br 之外，其他语素义类均没有出现，构成 Bh 义类的词语最多，有 15 个，占 88.2%，Bi+Bx 共有 10 个，其中 Bi+Bi 数量最多，有 8 个，同时第二个语素位置上除了 Bh、Bi、Bm 之外，其他语素义类均没有出现，构成 Bh 义类的词语最多，有 8 个，占 80%。

（3）在此类中，有 57 个词语的义位义类与两个语素义类大类一致，占总数的 57.6%，如：珠兰、门扉，但是这 57 个词语的义类与第一个语素义类中类相同。在这一类型中，所有词语的义类与该词语第二个语素义类中类相同。例如：在 4 个 Ec+Bi 中，构成 Bi 的有 4 个；在 3 个 Bm+Bh

中，构成 Bh 的有 3 个。

（4）对 8 种构词方式进行考察我们发现，每个义位的重心都落在后一个语素义上，前一个语素义不一定都是前缀，但其构成义位时不占主要位置。这包括了几种情况，一是羡余成分。构成词的两个语素中，前一个语素类似所谓的羡余成分，B+B→B、C+B→B、D+B→B、E+B→B 方式中的词就属于这种情况。例如："芝麻"中的"芝"，"香橼"中的"香"。二是偏义复词。前一个语素形式上保留，但语素义完全失落，义位落在了后一个语素义上，这就是偏义复词。G+B→B 方式中的"喜鹊"和 I+B→B 方式中的"飞蓬"就属于这种情况。三是带前缀的词。前一个语素是虚语素，义位由后一个语素承担，这个虚语素只起标示词性的作用，并不表示词义。K+B→B 方式中的词就属于这种情况。例如：老虎、老鼠等。四是后一个语素已完整表达出义位，两个构词语素之间是修饰关系，前一个语素是将义位所含的特征加以强调。例如：白带、斑鸠、板栗。

（5）B 类词中前一个语素是羡余成分的词数量最多，共有 87 个，占 B 类词总数的 90%。

（三）词的义类为 C 类的词语

在这一类型中，选取两个语素构成的词的义类为 C 类的词语，共 9 个，占 3.2%。

1. 词义义类情况

表 2.16　　　　　　　　　构成词义义类为 C 类的情况

语素义类 1	语素义类 2	词义义类	数量	百分比	举例
B			3	33.3%	鸟巢、鼻孔
C	C	C	4	44.4%	边际、边陲
E			2	22.2%	苍莽、险隘

其中语素义类 1 为 C 类的占优势，共有 4 个，占 40%，而在语素义类 1 位置上除了 B、C、E 类，没有出现其他义类。

2. 构词特点分析

（1）组成词义义类 C 的方式共有 3 种，其中 C+C 方式数量最多，共 4 个，是 C 类词中最主要的构成方式。在语素义类和义位义类位置上只出现了 Cb 类，没有出现 Ca 类。

（2）3 个 Bx+Cx，分别是：Bi+Cb、Bk+Cb 和 Bn+Cb，全部构成 Cb；

2 个 Ex+Cx，分别是：Ec+Cb 和 Ed+Cb，全部构成 Cb。4 个 Cx+Cx，全部是 Cb+Cb，构成 Cb 的有 4 个。

（3）在此类中，有 4 个词语的义位义类与两个语素义类大类一致，占总数的40%，如：边际、边陲，但是这 4 个词语的义类与第一个语素义类中类相同。

（4）通过对这 3 种方式的考察我们发现，构成词的两个语素中，前一个语素类似所谓的羡余成分，它的意义与义位有一定的联系，但是义位却与后一个语素义相当，羡余成分在表示义位方面可有可无。

（5）C 类词中前一个语素是羡余成分的词数量最多，共有 8 个，占总数的80%。

（四）词的义类为 D 类的词语

在这一类型中，选取两个语素构成的词的义类为 D 类的词语，共 35 个，占11.4%。

1. 词义义类情况

表 2.17　　　　　　　　　　构成词义义类为 D 类的情况

语素义类 1	语素义类 2	词义义类	数量	百分比	举例
B			11	31.4%	物事、皮影
C			2	5.7%	南蛮、界限
D	D	D	15	42.9%	风致、等次
E			2	5.7%	旱魃、飞钱
K			5	14.3%	多半、老大

其中语素义类 1 为 D 类的占优势，共有 15 个，占41.7%，其次是 B 类的，共有 11 个，占30.6%，而在语素义类 1 位置上除了 B、C、D、E、K 类，没有出现其他义类。

2. 构词特点分析

（1）组成词义义类 D 的方式共有 5 种，其中 D+D 方式数量最多，共 15 个，是 D 类词中最主要的构成方式。

（2）D 义类的 14 个中类在第二语素位置上出现的次数按多少排列构成如下不等式，括号中表示该语素出现的次数：Dn（7）>Da、Dd（5）>Di（3）>Db、Dc、Df（2）>Dh、Dj、Dl、Dm（1）>De、Dg（0）。在第二语素位置上没有出现 De、Dg 中类。

（3）在此类中，有 15 个词语的义位义类与两个语素义类大类一致，占总数的 41.7%，如：事变、罪愆，但是这 15 个词语的义类与第一个语素义类中类相同。在这一类型中，所有词语的义类与该词语第二个语素义类中类相同。例如：在 3 个 Di+Da 中，构成 Da 的有 3 个；在 4 个 Kd+Dn 中，构成 Dn 的有 4 个。

（4）从意义上看，有三种情况：一种是像 B+D→D 方式中的词，是偏义复词。例如：物事、表面等。一种是像 C+D→D、D+D→D、E+D→D 方式中的词，构成词的两个语素中，前一个语素类似所谓的羡余成分，它的意义与义位有一定的联系，但是义位却与后一个语素义相当，羡余成分在表示义位方面可有可无。一种是带前缀的词。前一个语素是虚语素，义位由后一个语素承担，这个虚语素只起标示词性的作用，并不表示词义。例如：K+D→D 方式中的"老大""老二""老三""老四"。

（5）D 类词中前一个语素是羡余成分的词数量最多，共有 21 个，占总数的 58.3%。

（五）词的义类为 E 类的词语

在这一类型中，选取两个语素构成的词的义类为 E 类的词语，共 30 个，占 9.5%。

1. 词义义类情况

表 2.18　　　　　　　　　　构成词义义类为 E 类的情况

语素义类 1	语素义类 2	词义义类	数量	百分比	举例
B			1	3.3%	斑斓
C			2	6.7%	年幼、年青
D			2	6.7%	心窄、容易
E	E	E	19	63.3%	平缓、紧紧
G			1	3.3%	苦涩
H			2	6.7%	破陋、卤莽
K			3	10%	方便、无赖

其中语素义类 1 为 E 类的占绝对优势，共有 19 个，占 63.3%，而在语素义类 1 位置上没有出现 A、F、I、J、L 义类。

2. 构词特点分析

（1）组成词义义类 E 的方式共有 7 种，其中 E+E 方式数量最多，共

19 个，是 E 类词中最主要的构成方式。

（2）E 义类的 6 个中类在第二语素位置上出现的次数按多少排列构成如下不等式，括号中表示该语素出现的次数：Ed（14）＞Eb（10）＞Ee（3）＞Ec（2）＞Ef（1）＞Ea（0）。在第二语素位置上没有出现 Ea 义类。E 义类的 6 个中类作为词义义类出现的次数按多少排列构成如下不等式，括号中表示该语素出现的次数：Ed（14）＞Eb（10）＞Ee（3）＞Ec（2）＞Ef（1）＞Ea（0）。

（3）在此类中，有 19 个词语的义位义类与两个语素义类大类一致，占总数的 63.3%，如：粗重、灵便，但是这 19 个词语的义类与第一个语素义类中类相同。在这一类型中，所有词语的义类与该词语第二个语素义类中类相同。例如：在 4 个 Eb+Ed 中，构成 Ed 的有 4 个；在 2 个 Ee+Ed 中，构成 Ed 的有 2 个。

（4）从意义上看，有两种情况：一种是有些义位的前一个语素意义模糊，不能说它的意义和词义无关，可究竟什么关系，却难以说清楚，例如："无赖"中的"无"意义模糊。一种是构成词的两个语素中，前一个语素类似所谓的羡余成分，它的意义与义位有一定的联系，但是义位却与后一个语素义相当，羡余成分在表示义位方面可有可无。例如："方便"中的"方"。

（5）E 类词中前一个语素是羡余成分的词数量最多，共有 24 个，占总数的 80%。

（六）词的义类为 F 的词语

在这一类型中，选取两个语素构成的词的义类为 F 类的词语，共 12个，占 4.1%。

1. 词义义类情况

表 2.19　　　　　　　　　构成词义义类为 F 类的情况

语素义类 1	语素义类 2	词义义类	数量	百分比	举例
F			4	33.3%	抛闪、蹀躞
H	F	F	4	33.3%	还击、叱喝
I			4	33.3%	覆盖、堆叠

其中语素义类 1 为 F、H、I 类的，各有 4 个，各占 33.3%，而在语素义类 1 位置上除了 F、H、I 类，没有出现其他义类。

2. 构词特点分析

（1）组成词义义类 F 的方式共有 3 种，这 3 种构词方式各有 4 个词语。

（2）F 义类的 4 个中类在第二语素位置上出现的次数按多少排列构成如下不等式，括号中表示该语素出现的次数：Fa（6）>Fc（3）>Fd（2）>Fb（1）。F 义类的 4 个中类作为词义义类出现的次数按多少排列构成如下不等式，括号中表示该语素出现的次数：Fa（6）>Fc（3）>Fd（2）>Fb（1）。

（3）在此类中，有 4 个词语的义位义类与两个语素义类大类一致，占总数的 33.3%，如：蹁跹、抛闪，但是这 4 个词语的义类与第一个语素义类中类相同。在这一类型中，所有词语的义类与该词语第二个语素义类中类相同。例如：在 2 个 Hi+Fc 中，构成 Fc 的有 2 个；在 3 个 Id+Fa 中，构成 Fa 的有 3 个。

（4）从意义上看，有两种情况：一种是构成词的两个语素中，前一个语素类似所谓的羡余成分，它的意义与义位有一定的联系，但是义位却与后一个语素义相当，羡余成分在表示义位方面可有可无。例如："叱喝"、"叱咄"中的"叱"。一种是有些义位的前一个语素意义模糊，不能说它的意义和词义无关，可究竟什么关系，却难以说清楚，例如："喷吐"中的"喷"意义模糊。

（5）F 类词中前一个语素是羡余成分的词数量最多，共有 13 个，占总数的 100%。

（七）词的义类为 G 类的词语

在这一类型中，选取两个语素构成的词的义类为 G 类的词语，共 14 个，占 4.4%。

1. 词义义类情况

表 2.20　　　　　　　　　构成词义义类为 G 类的情况

语素义类 1	语素义类 2	词义义类	数量	百分比	举例
D			2	14.3%	仇恨、怨恨
E			6	42.9%	反悔、腻烦
G	G	G	2	14.3%	打算、怀恋
H			1	7.1%	恋爱
I			1	7.1%	激动
J			2	14.3%	彷徨、抑止

其中语素义类 1 为 E 类的占优势，共有 6 个，占 42.9%，而在语素义类 1 位置上没有出现 A、B、C、F、K、L 义类。

2. 构词特点分析

（1）组成词义义类 G 的方式共有 6 种，其中 E+G 方式数量最多，共 6 个，是 G 类词中最主要的构成方式。

（2）G 义类的 3 个中类在第二语素位置上出现的次数按多少排列构成如下不等式，括号中表示该语素出现的次数：Gb（8）>Ga（6）>Gc（0）。在第二语素位置上没有出现 Gc 义类。G 义类的 3 个中类作为词义义类出现的次数按多少排列构成如下不等式，括号中表示该语素出现的次数：Gb（8）>Ga（6）>Gc（0）。

（3）在此类中，有 2 个词语的义位义类与两个语素义类大类一致，占总数的 14.3%，如：打算、怀恋，但是这 2 个词语的义类与第一个语素义类中类相同。在这一类型中，所有词语的义类与该词语第二个语素义类中类相同。例如：在 2 个 Ed+Gb 中，构成 Gb 的有 2 个；在 2 个 Ef+Ga 中，构成 Ga 的有 2 个。

（4）从意义上看，有两种情况：一种是构成词的两个语素中，前一个语素类似所谓的羡余成分，它的意义与义位有一定的联系，但是义位却与后一个语素义相当，羡余成分在表示义位方面可有可无。例如："怨恨""仇恨"中的"怨""仇"。一种是有些义位的前一个语素意义模糊，不能说它的意义和词义无关，可究竟什么关系，却难以说清楚，例如："打算"中的"打"意义模糊。

（5）G 类词中前一个语素是羡余成分的词数量最多，共有 9 个，占总数的 64.3%。

（八）词的义类为 H 类的词语

在这一类型中，选取两个语素构成的词的义类为 H 类的词语，共 31 个，占 9.8%。

1. 词义义类情况

表 2.21 构成词义义类为 H 类的情况

语素义类 1	语素义类 2	词义义类	数量	百分比	举例
D			1	3.2%	标号
G	H	H	2	6.5%	决定、烦扰
H			21	67.7%	保佑、修改

语素义类1	语素义类2	词义义类	数量	百分比	举例
I	H	H	6	19.4%	跑回、布置
J			1	3.2%	推进

其中语素义类1为H类的占绝对优势，共有21个，占67.7%，其次是I类的，共有6个，占19.4%，而在语素义类1位置上除了D、G、H、I、J类，没有出现其他义类。

2. 构词特点分析

(1) 组成词义义类H的方式共有5种，其中H+H方式数量最多，共21个，是H类词中最主要的构成方式。

(2) H义类的14个中类在第二语素位置上出现的次数按多少排列构成如下不等式，括号中表示该语素出现的次数：Hi（10）>Hn（3）>Hd、Hg、Hh（2）>Hj、Hl（1）。在第二语素位置上没有出现Ha、Hb、Hc、He、Hf、Hk、Hm义类。H义类的14个中类作为词义义类出现的次数按多少排列构成如下不等式，括号中表示该语素出现的次数：Hi（10）>Hn（3）>Hd、Hg、Hh（2）>Hj、Hl（1）。

(3) 在此类中，有21个词语的义位义类与两个语素义类大类一致，占总数的67.7%，如：保佑、修改，但是这21个词语的义类与第一个语素义类中类相同。在这一类型中，所有词语的义类与该词语第二个语素义类中类相同。例如：在3个Hc+Hi中，构成Hi的有3个。

(4) 对这5种方式进行考察我们发现，构成词的两个语素中，前一个语素类似所谓的羡余成分，它的意义与义位有一定的联系，但是义位却与后一个语素义相当，羡余成分在表示义位方面可有可无。例如："回禀"、"修改"中的"回"、"修"。

(5) H类词中前一个语素是羡余成分的词数量最多，共有31个，占总数的100%。

(九) 词的义类为I类的词语

在这一类型中，选取两个语素构成的词的义类为I类的词语，共16个，占5.1%。

1. 词义义类情况

表 2.22 构成词义义类为 I 类的情况

语素义类 1	语素义类 2	词义义类	数量	百分比	举例
D			1	6.3%	成就
E			1	6.3%	接触
F			3	18.8%	拍定、掺杂
H	I	I	3	18.8%	平息、破坏
I			6	37.5%	跑反、凋敝
J			1	6.3%	偏离
K			1	6.3%	连续

其中语素义类 1 为 I 类的占优势，共有 6 个，占 37.5%，而在语素义类 1 位置上没有出现 A、B、C、G、L 义类。

2. 构词特点分析

（1）组成词义义类 I 的方式共有 7 种，其中 I+I 方式数量最多，共 6 个，是 I 类词中最主要的构成方式。

（2）I 义类的 8 个中类在第二语素位置上出现的次数按多少排列构成如下不等式，括号中表示该语素出现的次数：Id（5）>Ie、Ih（3）>Ig（2）>Ib、Ic、If（1）。在第二语素位置上没有出现 Ia 义类。I 义类的 8 个中类作为词义义类出现的次数按多少排列构成如下不等式，括号中表示该语素出现的次数：Id（5）>Ie、Ih（3）>Ig（2）>Ib、Ic、If（1）。

（3）在此类中，有 6 个词语的义位义类与两个语素义类大类一致，占总数的 37.5%，如：跑反、凋敝，但是这 6 个词语的义类与第一个语素义类中类相同。在这一类型中，所有词语的义类与该词语第二个语素义类中类相同。例如：Eb+Id（1）→Id（1）；Ia+Ih（1）→Ih（1）。

（4）对这 7 种方式进行考察我们发现，构成词的两个语素中，前一个语素类似所谓的羡余成分，它的意义与义位有一定的联系，但是义位却与后一个语素义相当，羡余成分在表示义位方面可有可无。例如："喷嚏"、"成就"中的"喷"、"成"。

（5）I 类词中前一个语素是羡余成分的词数量最多，共有 16 个，占总数的 100%。

（十）词的义类为 J 类的词语

在这一类型中，选取两个语素构成的词的义类为 J 类的词语，共 11 个，占 3.5%。

1. 词义义类情况

表 2.23　　　　　　　　　　构成词义义类为 J 类的情况

语素义类 1	语素义类 2	词义义类	数量	百分比	举例
E			1	9.1%	拘束
H			7	63.6%	解除、打比
I	J	J	1	9.1%	刺激
J			1	9.1%	譬犹
K			1	9.1%	相当

其中语素义类 1 为 H 类的占绝对优势，共有 7 个，占 63.6%，而在语素义类 1 位置上除了 E、H、I、J、K 之外没有出现其他义类。

2. 构词特点分析

（1）组成词义义类 J 的方式共有 5 种，其中 H+J 方式数量最多，共 7 个，是 J 类词中最主要的构成方式。

（2）J 义类的 5 个中类在第二语素位置上出现的次数按多少排列构成如下不等式，括号中表示该语素出现的次数：Jb、Je（3）＞Ja、Jd（2）＞Jc（1）。J 义类的 5 个中类作为词义义类出现的次数按多少排列构成如下不等式，括号中表示该语素出现的次数：Jb、Je（3）＞Ja、Jd（2）＞Jc（1）。

（3）在此类中，有 1 个词语的义位义类与两个语素义类大类一致，占总数的 9.1%，即譬犹，但是这个词语的义类与第一个语素义类中类相同。在这一类型中，所有词语的义类与该词语第二个语素义类中类相同。例如：Ee+Je（1）→Je（1）；Hi+Jc（1）→Jc（1）。

（4）对这 5 种方式进行考察我们发现，构成词的两个语素中，前一个语素类似所谓的羡余成分，它的意义与义位有一定的联系，但是义位却与后一个语素义相当，羡余成分在表示义位方面可有可无。例如："打比"、"相当"中的"打"、"相"。

（5）J 类词中前一个语素是羡余成分的词数量最多，共有 11 个，占总数的 100%。

（十一）词的义类为 K 类的词语

在这一类型中，选取两个语素构成的词的义类为 K 类的词语，共 15 个，占 5.1%。

1. 词义义类情况

表 2.24　　　　　　　　　构成词义义类为 K 类的情况

语素义类 1	语素义类 2	词义义类	数量	百分比	举例
D			2	12.5%	端的
E			4	25%	大多、大约
H	K	K	1	6.3%	努力
J			1	6.3%	当即
K			7	43.8%	可巧、多亏

其中语素义类 1 为 K 类的占优势，共有 7 个，占 43.8%，其次是 E 类的，共有 4 个，占 25%，而在语素义类 1 位置上除了 D、E、H、J、K，没有出现其他义类。

2. 构词特点分析

（1）组成词义义类 K 的方式共有 5 种，其中 K+K 方式数量最多，共 7 个，是 K 类词中最主要的构成方式。

（2）Kx+Kd 类共有 40 个，其中 Ka+Kd 数量最多，共有 32 个，其次是 Kc+Kd 有 6 个，Kb+Kd 义类的 6 个中类在第二语素位置上出现的次数按多少排列构成如下不等式，括号中表示该语素出现的次数：Ka（10）>Kc（2）>Ke、Kf（1）。在第二语素位置上没有出现 Kb、Kd 义类。K 义类的 6 个中类作为词义义类出现的次数按多少排列构成如下不等式，括号中表示该语素出现的次数：Ka（10）>Kc（2）>Ke、Kf（1）。

（3）在此类中，有 7 个词语的义位义类与两个语素义类大类一致，占总数的 43.8%，如：可巧、多亏，但是这 7 个词语的义类与第一个语素义类中类相同。在这一类型中，所有词语的义类与该词语第二个语素义类中类相同。例如：在 2 个 Db+Ka 中，构成 Ka 的有 2 个；在 3 个 Ea+Ka 中，构成 Ka 的有 3 个。

（4）对这 5 种方式进行考察我们发现，构成词的两个语素中，前一个语素类似所谓的羡余成分，它的意义与义位有一定的联系，但是义位却与后一个语素义相当，羡余成分在表示义位方面可有可无。例如："大多"、"大略"中的"大"。

（5）K类词中前一个语素是羡余成分的词数量最多，共有16个，占总数的100%。

二 a+b=b类型的构词规则的特点

通过对具体规则的归纳、统计，我们发现第三种类型的构词规则大致有以下特点。

（1）在第三种类型中，每个义类的语素构词能力不尽相同，按照构词频率构成下列不等式，括号里的数字是频度。B物（217）>E特征（116）>D抽象事物（106）>H活动（105）>K助语（83）>A人（79）>I现象与状态（52）>G心理活动（34）>F动作（33）>C时间与空间（32）>J关联（29）。由此我们可以看出有些语素义类出现次数较多，有些出现次数较少，这说明语素的构词能力强弱不同。出现次数较多的，说明语素构词能力较强，而出现次数较少的，说明语素构词能力较弱。我们可以发现，构词能力最强的是B类，其余按数量的多少依次是：E、D、H、K、A、I、G、F、C、J。J类的语素构词能力最弱。

在第三种类型中，出现次数最多的各语素义类中类的统计如下（"＼"前为中类的出现次数、后为中类在大类中所占的比例）：

Ah：40＼50.6%；Bh：98＼45.2%；Cb：28＼87.5%；Da：16＼15.1%；Ed：43＼37.1%；Fa：15＼45.5%；Gb：20＼58.8%；Hi：41＼39.1%；Id：20＼38.5%；Je：9＼31%；Kd：41＼49.4%。

由数据可知，所列举的中类在其所属的大类中均为构词能力最强的。

（2）在属于第三类型的300多个双音合成词中，12个大类包含的词语数量构成下列不等式，括号中为合成词的数量。B物（99）>A人（39）>D抽象事物（36）>H活动（31）>E特征、F动作（30）>I现象与状态、K助语（16）>G心理活动（14）>J关联（11）>C时间与空间（10）。由此可以看出，在第三类型中，构成词的数量最多的是B义类，其余按数量的多少依次是：A、D、H、E、I、K、G、F、J、C。在第一个不等式中，作为语素出现次数较多的B、E、D、H、A义类同时也是构成词语数量较多的义类，这说明构词能力较强的语素构词的概率也相对较高；同样构词能力较弱的C、J义类语素，其构成词的概率也相对较低。

在第三种类型中，包含词语数量最多的各语素义类中类的统计如下（"＼"前为所属中类的词的数量、后为构成词的数量最多的中类在大类中所占的比例）：

Ah：22＼56.4%；Bh：41＼41.4%；Cb：10＼100%；Dn：7＼19.5%；Ed：12＼40%；Fa：6＼46.2%；Gb：8＼57.1%；Hi：12＼38.7%；Id：5＼31.3%；Je：3＼27.3%；Kd：12＼75%。

在这一类型中，除了D义类的中类之外，出现次数最多的各语素义类中类与构成数量最多的词义类中类对应完全一致。这也进一步说明，无论是大类还是中类，构词能力较强的语素构成词的概率也相对较高，构词能力较弱的语素构成词的概率也相对较低。

（3）在第三种类型中，义类的大类有63种构词方式，由于词条较少，所以每一种构词方式数量都不是很多，但是由一种方式占优势的现象十分明显，分布见表2.25。

表 2.25　　　　　　　　　　义位义类的主要构成方式的统计

义位义类	A	B	C	D	E	F	G	H	I	J	K
构成方式	K+A	B+B	C+C	D+D	E+E	F+F	E+G	H+H	I+I	H+J	K+K
数量（个）	31	57	4	15	19	4	6	21	6	7	7
比例（%）	79.5	57.6	40	41.7	63.3	30.8	42.9	67.7	37.5	63.6	43.8

由表2.25我们可以看出，在这11种占优势的构词方式中，有8种是前后两个语素义类相同的，只有3种是前后两个语素义类不同。在这3种前后两个语素义类不同的方式中，义位义类与后一个语素义类大类相同。

在第三种类型中，构成词语的义类没有出现属于L类的，也没有出现属于L类的语素义，这说明了在第三种类型中，L类的语素没有构词能力。

（4）在这一类型中，所有词语的义类与该词语第二个语素义类中类相同。例如：在4个Ec+Bi中，构成Bi的有4个；在3个Hc+Hi中，构成Hi的有3个。

（5）这一类型中，词语的后一个语素义基本承担了表达词义的主要功能，前一个语素义失落或者虚化，表达词义功能较弱，在义位的形成中几乎不起或很少起作用。从意义方面进行考察，有以下五种情况：①一些词加了前缀，前一个语素就是语言中常用的虚语素，它只标明词的表义范围、类别，有时也附带一些感情及形象色彩，但不表示实在的意义，从而形成的双音节词，新词的意义和原单音词的意义完全相同。例如：阿弟、阿妹、老师。②两个构词语素的前一个语素为"羡余成分"，它的意义与义位有一定的联系，但义位与后一个语素义相当，"羡余成分"在表示义位方面可有可无。例如：连襟、方便、大多。③有些义位的前一个语素形式上保留，但语素义完全失落，义位落在了后一个语素义上，这就是偏义复词。例如：喜鹊、飞蓬。④有些义位的前一个语素意义模糊，不能说它的意义和词义无关，可究竟什么关系，却难以说清楚。例如：无赖、喷吐。⑤后一个语素已完整表达出义位，两个构词语素之间是修饰关系，前一个语素是将义位所含的特征加以强调。例如：白带、斑鸠、板栗。在这五种情况中，属于第二种也就是前一个语素是羡余成分的义位数量最多，共有 240 个，占总数的 76.2%，属于其他四种情况的义位共有 75 个，占 23.8%。

从义类来看，有下列三种类型：①后向型。有 175 个词语，占总数的 55.6%，如：阿公、喜鹊、堆叠、激动等。②同向型；③有 137 个词语，占 43.5%，如：弟兄、低矮、翻搅、惊惧等。两个构词语素之间多为同位关系。在第三种类型中，义位义类与后一个语素义类中类相同。

第四节　a+b=c 类型的语义构词规则研究

这一类型中两个构词语素的意义和词的义位之间没有明显的联系，不可能仅仅通过语素义直接推知词义。属于第四种类型的词共有 4366 个，占总数的 8.9%。

一　a+b=c 类型的分类及研究

（一）词的义类为 A 类的词语

在这一类型中，选取两个语素构成的词的义类为 A 类的词语，共 240 个，占 12.7%。

1. 词义义类情况

表 2.26　　　　　　　　　　**构成词义义类为 A 类的情况**

语素义类 1	语素义类 2	词义义类	数量	百分比	举例
A	A		20	3.6%	相公、首相
B	B		73	13.1%	骨干、鹰犬
C	B		15	2.7%	外宅、中堂
D	D		27	4.8%	妖精、冤家
E	B		51	9.2%	废物、活宝
F	B	A	10	1.8%	走狗、支柱
G	D		3	0.5%	哀鸿、忘八
H	H		14	2.5%	帮办、书记
I	B		14	2.5%	探花、联袂
J	B		5	0.9%	偏房、同道
K	B		8	1.4%	泰斗、靠山

由表 2.26 可以看出，语素义类 2 是 B 类的词语占优势，有 221 个，占总数的 39.9%。

2. 构词特点分析

（1）组成词义义类 A 的方式共有 89 种，其中 B+B 方式数量最多，共 73 个，而第一个语素位置上没有出现 L 义类。

（2）Af+Ax 共有 7 个词语，其中 Af+Ab 数量最多，共有 4 个，占 57.1%，而且构成 Ah 义类的词语数量最多，共有 3 个，占 42.9%，例如：姆姆、相公等；Ah+Ax 共有 8 个词语，其中 Ah+Ah 数量最多，共有 5 个，占 62.5%，而且构成 Ah 义类的词语数量最多，共有 3 个，占 37.5%，例如：婆姨、姑爷等。

（3）从义类来看，构词语素义类与义位义类有很强的规则性。有 20 个词语的义位义类与两个语素义类大类一致，占总数的 3.6%，如：姑娘（A+A→A）、首相（A+A→A），两个语素之间的关系多是平等并列的，多为同位关系；有 3 个词语的义位义类与前一个语素义类一致，占总数的 0.5%，如：刍荛（A+B→A）、郎中（A+E→A）；有 31 个词语的义位义类与后一个语素义类一致，占总数的 5.6%，如：初民（E+A→A）、法老（D+A→A），词语的两个素义之间多为限定关系；有 500 个词语的义位义类与两个语素义类均不相同，占总数的 90.3%，如：手足（B+B→A）、大腕（E+B→A），词语的两个素义之间多为同位和限定关系。

（4）从意义来看，这一类型中两个构词语素的意义和词的意义之间已经没有明显的联系，义位不包含语素的原义，语素义在形成义位时都发生了变化，不可能仅仅依照语素意义直接推求词义。在 A 类词中具体表现有这样几种情况：①两个语素义与词义的关系较模糊或难以考证，或者说这一类词构词理据较为模糊，它们之间没有什么必然的联系，如：小开、破鞋等。②各种修辞方法的运用，使词的字面意思发生转变，且本义与转义联系较为隐晦。一种是义位是语素义的比喻义，如：泰山、走狗等。一种是义位是语素义的借代义，如：方丈、巾帼等。③一些典故、古代诗词、文化民俗、制度等，在其中凝结而成有所指，如：公主、知音、状元等。④还有一些方言词、古语词（书面词）、一些谦称和对人的尊称，这些词将其语素义直接组合也难以或不可以得出正确的义位，如：大老、阁下、足下等。⑤构词语素重叠后，意义发生改变，且与原语素义无关，如：宝宝、乖乖等。

（二）词的义类为 B 类的词语

在这一类型中，选取两个语素构成的词的义类为 B 类的词语，共 589 个，占 13.5%。

1. 词义义类情况

表 2.27　　　　　　　　　　构成词义义类为 B 类的情况

语素义类 1	语素义类 2	词义义类	数量	百分比	举例
A	A		6	1%	文旦、家伙
B	B		112	19%	山药、龙井
C	B		20	3.4%	津梁、西宫
D	B		21	3.6%	代沟、佛桑
E	B		89	1.5%	寒玉、低谷
F	B	B	14	2.4%	插座、披风
G	B		1	0.2%	耻骨
H	B		7	1.2%	累卵、余味
I	B		10	1.7%	复壁、拖把
J	D		2	0.3%	舍利、下流
K	K		7	1.2%	附子、匹头

表2.27可以看出，语素义类2是B类的词语占优势，有274个，占总数的46.5%。

2. 构词特点分析

（1）组成词义义类B的方式共有85种，其中B+B方式数量最多，共112个，而第一个语素位置上没有出现L义类。

（2）B义类的18个中类在第一语素位置上出现的次数按多少排列构成如下不等式，括号中表示该语素出现的次数：Bi（30）>Bh（29）>Bk（21）>Bm（15）>Bo（14）>Bn（12）>Bg（11）>Bb、Bp（10）>Be、Bl（8）>Ba、Bc（7）>Bf（6）>Br、Bd（1）。第一个语素位置上没有出现Bj、Bq义类。

（3）从义类来看，构词语素义类与义位义类有很强的规则性。有112个词语的义位义类与两个语素义类大类一致，占总数的19%，如：地瓜（B+B→B）、蟾蜍（B+B→B），词语的两个语素义之间多为限定和同位关系；有78个词语的义位义类与前一个语素义类大类一致，占总数的13.2%，如：鸡眼（B+C→B）、鸟语（B+D→B），词语的两个语素义之间多为限定关系；有170个词语的义位义类与后一个语素义类大类一致，占总数的28.9%，如：春牛（C+B→B）、空竹（E+B→B），词语的两个语素义之间多为限定关系；有229个词语的义位义类与两个语素义类均不相同，占总数的38.9%，如：标志（D+D→B）、草莽（E+E→B），词语的两个语素义之间多为限定和同位关系。

（4）从意义来看，同A类词一样，这一类型中两个构词语素的意义和词的意义之间已经没有明显的联系，不可能仅仅依照语素意义直接推求词义。在B类词中具体表现有这样几种情况：①一些动植物的名称，如：冬青、百合、乌贼、知了等；②取物之形象或动作之特征对词义进行概括，如：地衣、木耳、龙眼、鸡眼等；③一些典故、古代诗词、文化民俗、制度等，在其中凝结而成有所指，如：西宫、孔府、太阿等；④各种修辞方法的运用，使词的字面意思发生转变，且本义与转义联系较为隐晦。一种是义位是语素义的比喻义，如：鸡肋、虎口等。一种是义位是语素义的借代义，如：火烧、沙场等；⑤构词语素重叠后，意义发生改变，且与原语素义无关，如：蔻蔻、寇寇、道道等；⑥两个语素义与词义的关系较模糊或难以考证，或者说这一类词构词理据较为模糊，它们之间没有什么必然的联系，如：麻将、信水、顾兔等。

（三）词的义类为 C 类的词语

在这一类型中，选取两个语素构成的词的义类为 C 类的词语，共 214 个，占 4.9%。

1. 词义义类情况

表 2.28　　　　　　　　　　　　构成词义义类为 C 类的情况

语素义类 1	语素义类 2	词义义类	数量	百分比	举例
B	B		25	11.7%	雨水、日月
C	C		14	6.5%	中秋、春秋
D	D		10	4.7%	方面、四序
E	B		10	4.7%	玄月、寒露
F	C	C	5	2.3%	立春、立冬
H	B		4	1.9%	破瓜、总角
I	B		6	2.8%	重阳、重霄
J	E		3	1.4%	处暑、居诸
K	E		6	2.8%	大寒、大暑

由表 2.28 可以看出，语素义类 2 是 B 类的词语占优势，有 36 个，占总数的 16.8%。

2. 构词特点分析

（1）组成词义义类 C 的方式共有 56 种，其中 B+B 方式数量最多，共 25 个，而在这一类中，第一个语素位置上没有出现 A、G、L 义类。

（2）C 义类的两个中类在第一语素位置上出现的次数分别是 Ca15 次和 Cb13 次；Ca+Cx 共有 10 个，其中 Ca+Ca 数量最多，共有 10 个，占 100%；Cb+Bx 共有 5 个，其中 Cb+Bk 数量最多，共有 2 个，占 40%。

（3）从义类来看，构词语素义类与义位义类有很强的规则性。有 14 个词语的义位义类与两个语素义类大类一致，占总数的 6.5%，如：陇中（C+C→C）天涯（C+C→C），两个语素之间的关系多是限定关系；有 14 个词语的义位义类与前一个语素义类大类一致，占总数的 6.5%，如：下处（C+D→C）、夏至（C+K→C）；有 40 个词语的义位义类与后一个语素义类大类一致，占总数的 18.7%，如：虎穴（B+C→C）、牛市（B+C→C），词语的两个语素义之间多为限定关系；有 146 个词语的义位义类与两个语素义类均不相同，占总数的 68.2%，如：桑榆（B+B→C）、大雪

（K+B→C），词语的两个素义之间多为同位和限定关系。

（4）从意义来看，这一类型中两个构词语素的意义和词的意义之间已经没有明显的联系，不可能仅仅依照语素意义直接推求词义。在 C 类词中具体表现有这样几种情况：①一些节气的名称，如：春分、冬至、小雪等；②一些表示时间的词，如：前天、黎明、破晓等；③一些节日的名称，如：中秋、清明、重午等；④一些典故、古代诗词、文化民俗、制度等，在其中凝结而成有所指，如：太宁、花甲等；⑤各种修辞方法的运用，使词的字面意思发生转变，且本义与转义联系较为隐晦。一种是义位是语素义的比喻义，如：桑榆、金瓯、雷池等。一种是义位是语素义的借代义，如：桑梓、垂髫等；⑥构词语素重叠后，意义发生改变，且与原语素义无关，如：在在。

（四）词的义类为 D 类的词语

在这一类型中，选取两个语素构成的词的义类为 D 类的词语，共 919 个，占 21.1%。

1. 词义义类情况

表 2.29　　　　　　　　　构成词义义类为 D 类的情况

语素义类1	语素义类2	词义义类	数量	百分比	举例
A	A		6	0.7%	丁口、根苗
B	B		161	17.5%	江山、桂冠
C	B		22	2.3%	春晖、末路
D	D		72	7.8%	京白、分量
E	B		72	7.8%	沧桑、魔掌
F	B	D	12	1.3%	行路、走绳
G	B		2	0.2%	爱河、堪舆
H	D		21	2.3%	当局、营生
I	B		15	1.6%	结晶、起首
J	D		4	0.4%	遗产、成分
K	D		14	1.5%	本事、单利

由表 2.29 可以看出，语素义类 2 是 B 类的词语占优势，有 284 个，占总数的 70%。

2. 构词特点分析

（1）组成词义义类 D 的方式共有 86 种，其中 B+B 方式数量最多，共 161 个，而在这一类中，第一个语素位置上没有出现 L 义类。

（2）D 义类的 14 个中类在第一语素位置上出现的次数按多少排列构成如下不等式，括号中表示该语素出现的次数：Dn（33）>Dd（25）>Di（22）>Da（13）>Dk（11）>Db（10）>Dh、Dl（7）>De、Df（6）>Dm（4）>Dc、Dj（3）>Dg（1）。

（3）从义类来看，构词语素义类与义位义类有很强的规则性。有 72 个词语的义位义类与两个语素义类大类一致，占总数的 7.8%，如：基因（D+D→D）、朝纲（D+D→D），词语的两个语素义之间多为限定关系；有 79 个词语的义位义类与前一个语素义类大类一致，占总数的 8.6%，如：经部（D+E→D）、行止（D+I→D），词语的两个语素义之间多为限定和支配关系；有 150 个词语的义位义类与后一个语素义类大类一致，占总数的 16.3%，如：卵形（B+D→D）、代数（H+D→D），词语的两个语素义之间多为限定和支配关系；有 618 个词语的义位义类与两个语素义类均不相同，占总数的 67.2%，如：主流（E+B→D）、结晶（I+B→D），词语的两个语素义之间多为限定和支配关系。

（4）从意义来看，这一类型中两个构词语素的意义和词的意义之间已经没有明显的联系，不可能仅仅依照语素意义直接推求词义。在 D 类词中具体表现有这样几种情况：①一些疾病的名称和与疾病相关的病症的名称，如：梅毒、霍乱、粉刺、结核等；②一些数量单位的名称以及与数量单位相关的词语，如：分贝、分厘、子儿；③一些与文学、艺术相关的词语，如：演义、本纪、梆子、二黄等；④一些典故、神话传说、文化民俗等，在其中凝结而成有所指，如：阎王、撒旦、画皮、地府等；⑤各种修辞方法的运用，使词的字面意思发生转变，且本义与转义联系较为隐晦。一种是义位是语素义的比喻义，如：鸿毛、丝萝、桎梏等。一种是义位是语素义的借代义，如：身手、红颜等；⑥构词语素重叠后，意义发生改变，且与原语素义无关，如：框框、套套等。

（五）词的义类为 E 类的词语

在这一类型中，选取两个语素构成的词的义类为 E 类的词语，共 650 个，占 14.9%。

1. 词义义类情况

表 2.30　　　　　　　　　　构成词义义类为 E 类的情况

语素义类 1	语素义类 2	词义义类	数量	百分比	举例
A	D		5	0.8%	其次、客气
B	B		47	7.2%	金玉、华颠
C	C		8	1.2%	宵旰、午午
D	D		29	4.4%	景气、标致
E	E	E	97	14.9%	狭隘、玲珑
F	B		13	2%	含糊、捧腹
G	E		5	0.8%	坦荡、委曲
H	H		11	1.7%	盘错、消极
I	I		24	3.9%	浮漂、郁郁
J	H		9	1.4%	超脱、有为
K	K		15	2.3%	从容、铿锵

由表 2.30 可以看出，语素义类 2 是 E 类的词语占优势，有 102 个，占总数的 15.7%。

2. 构词特点分析

（1）组成词义义类 E 的方式共有 90 种，其中 E+E 方式数量最多，共 97 个，而在这一类中，第一个语素位置上没有出现 L 义类。

（2）E 义类的 6 个中类在第一语素位置上出现的次数按多少排列构成如下不等式，括号中表示该语素出现的次数：Eb、Ed（48）＞Ee（28）＞Ea（27）＞Ec、Ef（14）。

（3）从义类来看，构词语素义类与义位义类有很强的规则性。有 97 个词语的义位义类与两个语素义类大类一致，占总数的 14.9%，如：幺么（E+E→E）、矫健（E+E→E），两个语素之间的关系多是平等并列的，多为同位关系；有 81 个词语的义位义类与前一个语素义类大类一致，占总数的 12.5%，如：金枝（E+B→E）、灵性（E+D→E），两个语素之间多为限定关系；有 65 个词语的义位义类与后一个语素义类大类一致，占总数的 10%，如：架空（F+E→E）、结实（I+E→E），两个语素之间多为支配关系；有 407 个词语的义位义类与两个语素义类均不相同，占总数的 62.6%，如：秋毫（C+B→E）、识相（G+D→E），两个构词语素之间的关系是非常复杂的，有限定关系（羊肠）、同位关系（陂陀）、支配关系（伏地）和判断关系（眼看）。

（4）从意义来看，这一类型中两个构词语素的意义和词的意义之间已经没有明显的联系，不可能仅仅依照语素意义直接推求词义。在 E 类词中具体表现有这样几种情况：①构词语素重叠后，意义发生改变，且与原语素义无关，如：芸芸、喟喟、亭亭等；②两个语素义与词义的关系较模糊或难以考证，或者说这一类词构词理据较为模糊，它们之间没有什么必然的联系，如：打短、顺溜、造次等。

（六）词的义类为 F 的词语

在这一类型中，选取两个语素构成的词的义类为 F 类的词语，共 98个，占 2.2%。

1. 词义义类情况

表 2.31　　　　　　　　构成词义义类为 F 类的情况

语素义类 1	语素义类 2	词义义类	数量	百分比	举例
A	A		1	1%	厥角
B	B		3	3%	把臂、兜风
C	H		2	2%	伏阙、溜达
D	F		1	1%	蹉跌
E	H	F	2	2%	低回、调弄
F	B		17	17.3%	打瓜、拱手
H	H		7	7.1%	灌溉、叱咤
I	B		10	10%	垂首、动手
J	B		1	1%	跳脚
K	K		2	2%	吧唧、吧嗒

由表 2.31 可以看出，语素义类 2 是 F 类的词语占优势，有 37 个，占总数的 37.8%。

2. 构词特点分析

（1）组成词义类 F 的方式共有 38 种，其中 F+B 方式数量最多，共17 个，而在这一类中，第一个语素位置上没有出现 G、L 义类。

（2）F 义类的 4 个中类在第一语素位置上出现的次数按多少排列构成如下不等式，括号中表示该语素出现的次数：Fa（30）>Fb（9）>Fd

（2） >Fc（1）。

（3）从义类来看，构词语素义类与义位义类有很强的规则性。有4个词语的义位义类与两个语素义类大类一致，占总数的6.1%，如：鼓捣（F+F→F）、扑扇（F+F→F），两个语素之间的关系为同位关系；有38个词语的义位义类与前一个语素义类大类一致，占总数的38.8%，如：举头（F+B→F）、登天（F+D→F），两个语素之间多为支配关系；有9个词语的义位义类与后一个语素义类大类一致，占总数的9.2%，如：倒插（H+F→F）、相视（K+F→F），两个语素之间多为限定关系；有47个词语的义位义类与两个语素义类均不相同，占总数的48.0%，如：毛腰（I+B→F）、浇灌（H+H→F），两个语素之间多为支配和同位关系。

（4）从意义来看，这一类型中两个构词语素的意义和词的意义之间已经没有明显的联系，不可能仅仅依照语素意义直接推求词义。在F类词中具体表现有这样几种情况：①构词语素重叠后，意义发生改变，且与原语素义无关，如：戛戛、嚷嚷等；②两个语素义与词义的关系较模糊或难以考证，或者说这一类词构词理据较为模糊，它们之间没有什么必然的联系，如：兜风、溜达等；③各种修辞方法的运用，使词的字面意思发生转变，且本义与转义联系较为隐晦。义位是语素义的借代义，如：出圈、动手等。

（七）词的义类为 G 类的词语

在这一类型中，选取两个语素构成的词的义类为 G 类的词语，共 122个，占 2.8%。

1. 词义义类情况

表 2.32　　　　　　　　　　构成词义义类为 G 类的情况

语素义类 1	语素义类 2	词义义类	数量	百分比	举例
B	H		2	1.6%	擘画、掌握
C	B		2	1.6%	周章
D	D		4	3.2%	生法、仓皇
E	E		7	5.7%	敞亮、清爽
F	B		6	4.9%	摸头、担心
G	K	G	3	2.5%	沉着、认为
H	B		5	6.1%	脱身、酝酿
I	D		5	6.1%	失神、悬念
J	D		6	4.9%	超生、同情
K	D		2	1.6%	小心、托大

由表 2.32 可以看出，语素义类 2 是 D 类的词语占优势，有 17 个，占总数的 40.5%。

2. 构词特点分析

（1）组成词义义类 G 的方式共有 57 种，其中 E+E 方式数量最多，共 7 个，而在这一类中，第一个语素位置上没有出现 A、L 义类。

（2）G 义类的 3 个中类在第一语素位置上出现的次数分别是 Ga 3 次和 Gb 3 次，没有出现 Gc 类。

（3）从义类来看，构词语素义类与义位义类有很强的规则性。有 6 个词语的义位义类与前一个语素义类大类一致，占总数的 4.9%，如：热中（G+K→G）、认为（G+K→G）；有 3 个词语的义位义类与后一个语素义类大类一致，占总数的 2.5%，如：徘徊（F+G→G）、消沉（H+G→G）；有 113 个词语的义位义类与两个语素义类均不相同，占总数的 92.6%，如：接头（E+B→G）、瞩目（F+F→G）。从语义来看，两个语素之间多为支配和同位关系。在此类中没有词语的义位义类与两个语素义类一致。

（4）从意义来看，这一类型中两个构词语素的意义和词的意义之间已经没有明显的联系，不可能仅仅依照语素意义直接推求词义。在 G 类词中具体表现有这样几种情况：①构词语素重叠后，意义发生改变，且与原语素义无关，如：汲汲、蹒跚等；②两个语素义与词义的关系较模糊或难以考证，或者说这一类词构词理据较为模糊，它们之间没有什么必然的联系，如：定弦、托大等；③各种修辞方法的运用，使词的字面意思发生转变，且本义与转义联系较为隐晦。义位是语素义的借代义，如：汗颜、包容等。

（八）词的义类为 H 类的词语

在这一类型中，选取两个语素构成的词的义类为 H 类的词语，共 560 个，占 12.8%。

1. 词义义类情况

表 2.33　　　　　　　　　构成词义义类为 H 类的情况

语素义类 1	语素义类 2	词义义类	数量	百分比	举例
A	D	H	2	0.4%	宰制、祖帐
B	B		12	2.1%	口舌、舟车
C	H		6	1%	垄断、外出
D	D		9	1.6	标点、乡试

语素义类1	语素义类2	词义义类	数量	百分比	举例
E	B		13	2.3%	黄牛、粉墨
F	B		40	7.1%	拆台、牵线
G	G		3	0.5%	追溯、坦白
H	H	H	46	8.2%	打诨、出脱
I	B		34	6%	悬梁、续弦
J	H		11	2%	洗尘、出台
K	K		9	1.6%	保管、因仍

由表 2.33 可以看出，语素义类 2 是 B 类的词语占优势，有 99 个，占总数的 53.5%。

2. 构词特点分析

（1）组成词义义类 H 的方式共有 86 种，其中 H+H 方式数量最多，共 46 个，而在这一类中，第一个语素位置上没有出现 L 义类。

（2）H 义类的 14 个中类在第一语素位置上出现的次数按多少排列构成如下不等式，括号中表示该语素出现的次数：Hj（56）>Hi（51）>Hc（19）>Hg（9）>Hb（8）>Hd（7）>Hf（5）>He、Hh（2）>Ha、Hk（1）。在第一语素位置上没有出现 Hl、Hm、Hn 义类。

（3）从义类来看，构词语素义类与义位义类有很强的规则性。有 46 个词语的义位义类与两个语素义类大类一致，占总数的 8.2%，如：突击（H+H→H）、教授（H+H→H），两个语素之间的关系多是平等并列的，多为同位关系；有 115 个词语的义位义类与前一个语素义类大类一致，占总数的 20.5%，如：修己（H+A→H）、打倒（H+I→H），两个语素之间多为支配关系；有 58 个词语的义位义类与后一个语素义类大类一致，占总数的 10.4%，如：速写（E+H→H）、初亏（D+H→H），两个语素之间多为限定关系；有 341 个词语的义位义类与两个语素义类均不相同，占总数的 60.9%，如：践踏（F+F→H）、抽丁（I+A→H），两个语素之间多为同位和支配关系。

（4）从意义来看，这一类型中两个构词语素的意义和词的意义之间已经没有明显的联系，不可能仅仅依照语素意义直接推求词义。在 H 类词中具体表现有这样几种情况：①构词语素重叠后，意义发生改变，且与原语素义无关，如：喳喳；②两个语素义与词义的关系较模糊或难以考证，或者说这一类词构词理据较为模糊，它们之间没有什么必然的联系，如：下海、传真、人流等；③一些典故、古代诗词、文化民俗、制度等，在其中凝结而成有所指，如：车裂、乡试、朝奉等；④各种修辞方法的运用，使词的字面意思发生转变，且本义与转义联系较为隐晦。义位是语素义的借代义，如：汗青、同窗等；⑤一些方言用语，如：开涮、左右等。

（九）词的义类为 I 类的词语

在这一类型中，选取两个语素构成的词的义类为 I 类的词语，共 345 个，占 7.9%。

1. 词义义类情况

表 2.34　　　　　　　　　　构成词义义类为 I 类的情况

语素义类 1	语素义类 2	词义义类	数量	百分比	举例
B	B		7	2%	栓塞、澜澜
C	D		2	0.5%	下痿
D	D		4	1.6%	人道、运道
E	I		9	2.6%	寸阴、永诀
F	B	I	19	5.5%	垫背、挂彩
G	I		2	0.6%	沉浮、能动
H	B		16	4.6%	弄瓦、出手
I	B		30	8.7%	苏息、折桂
J	B		7	2%	抛锚、征兰
K	B		5	1.4%	太息、附骥

由表 2.34 可以看出，语素义类 2 是 B 类的词语占优势，有 84 个，占总数的 83.1%。

2. 构词特点分析

（1）组成词义义类 I 的方式共有 78 种，其中 I+B 方式数量最多，共 30 个，而在这一类中，第一个语素位置上没有出现 A、L 义类。

（2）I 义类的 8 个中类在第一语素位置上出现的次数按多少排列构成如下不等式，括号中表示该语素出现的次数：Id（42）>Ih（16）>If（9）>Ie、Ig（6）>Ib（5）>Ia（3）。在第一语素位置上没有出现 Ic 义类。

（3）从义类来看，构词语素义类与义位义类有很强的规则性。有 7 个词语的义位义类与两个语素义类大类一致，占总数的 2.0%，如：展开（I+I→I）、凋谢（I+I→I），两个语素之间的关系多是平等并列的，多为同位关系；有 80 个词语的义位义类与前一个语素义类大类一致，占总数的 23.2%，如：折桂（I+B→I）、丢脸（I+D→I），两个语素之间多为支配关系；有 33 个词语的义位义类与后一个语素义类大类一致，占总数的 9.6%，如：潮涌（B+I→I）、癃闭（D+I→I），两个构词语素之间的关系是非常复杂的，有限定关系（永别）、同位关系（抽搭）、支配关系（冲扩）和判断关系（肚痛）；有 255 个词语的义位义类与两个语素义类均不相同，占总数的 73.9%，如：披拂（F+F→I）、撤瑟（H+B→I），两个构词语素之间的关系是非常复杂的，有限定关系（红潮）、同位关系（支解）、支配关系（放炮）和判断关系（乌合）。

（4）从意义来看，这一类型中两个构词语素的意义和词的意义之间已经没有明显的联系，不可能仅仅依照语素意义直接推求词义。在 I 类词中具体表现有这样几种情况：①构词语素重叠后，意义发生改变，且与原语素义无关，如：霍霍、习习、冲冲等；②两个语素义与词义的关系较模糊或难以考证，或者说这一类词构词理据较为模糊，它们之间没有什么必然的联系，如：拔白、权舆、弄瓦等；③一些典故、古代诗词、文化民俗、制度等，在其中凝结而成有所指，如：薄命、染指、先鞭等；④一些表示委婉的词语，如：圆寂、归天、谢世；⑤各种修辞方法的运用，使词的字面意思发生转变，且本义与转义联系较为隐晦。义位是语素义的比喻义，如：泡汤、鼎足、落马等。

（十）词的义类为 J 类的词语

在这一类型中，选取两个语素构成的词的义类为 J 类的词语，共 26 个，占 1.5%。

1. 词义义类情况

表 2.35　　　　　　　　构成词义义类为 J 类的情况

语素义类 1	语素义类 2	词义义类	数量	百分比	举例
A	D	J	1	1.5%	宰制
B	B		2	3%	矛盾、枘凿
C	B		1	1.5%	凿枘
D	D		2	3%	龃龉、一例

续表

语素义类1	语素义类2	词义义类	数量	百分比	举例
E	I		3	4.5%	沉浸、洋溢
F	H		2	3.0%	葬送、操纵
G	H		3	4.5%	决定、贯穿
H	H	J	6	9%	代表、支应
I	I		2	3%	滋生、陷落
J	B		2	3%	充血、出水
K	K		2	3%	就是、在乎

由表 2.35 可以看出，语素义类 2 是 H 类的词语占优势，有 11 个，占总数的 42.3%。

2. 构词特点分析

（1）组成词义义类 J 的方式共有 45 种，其中 H+H 方式数量最多，共 6 个，而在这一类中，第一个语素位置上没有出现 L 义类。

（2）J 义类的 5 个中类在第一语素位置上只出现 Ja 和 Jd 类，分别出现了 1 次和 3 次。在第一语素位置上没有出现 Jb、Je 和 Jc 义类。

（3）从义类来看，构词语素义类与义位义类有很强的规则性。有 4 个词语的义位义类与前一个语素义类大类一致，占总数的 6.0%，如：出水（J+B→J）、充血（J+B→J），两个语素之间的关系为支配关系；有 3 个词语的义位义类与后一个语素义类大类一致，占总数的 4.5%，如：顿挫（I+J→J）、莫逆（K+J→J）；有 60 个词语的义位义类与两个语素义类均不相同，占总数的 89.5%，如：矛盾（B+B→J）、解决（H+G→J），两个语素之间的关系多为同位和支配关系。此类中没有词语的义类与两个语素义类一致。

（4）从意义来看，这一类型中两个构词语素的意义和词的意义之间已经没有明显的联系，不可能仅仅依照语素意义直接推求词义。在 J 类词中具体表现有这样几种情况：①两个语素义与词义的关系较模糊或难以考证，或者说这一类词构词理据较为模糊，它们之间没有什么必然的联系，如：投分、来电、投机等；②一些典故、古代诗词、文化民俗、制度等，在其中凝结而成有所指，如：宰制、株连等；③各种修辞方法的运用，使词的字面意思发生转变，且本义与转义联系较为隐晦。义位是语素义的比喻义，如：矛盾、牢笼、枘凿等。

（十一）词的义类为 K 类的词语

在这一类型中，选取两个语素构成的词的义类为 K 类的词语，共 93 个，占 5.4%。

1. 词义义类情况

表 2.36　　　　　　　　　构成词义义类为 K 类的情况

语素义类 1	语素义类 2	词义义类	数量	百分比	举例
B	B		5	2.1%	身上、牙牙
C	C		8	3.4%	即刻、当时
D	D		7	3%	源源、基本
E	E		19	8.1%	迟早、卓绝
F	F		5	2.1%	扑腾、沙沙
G	G	K	1	0.4%	累累
H	H		10	4.3%	难道、比较
I	I		5	2.1%	活活、垂垂
J	J		3	1.3%	如若、过逾
K	K		33	14%	未尝、甚或

由表 2.36 可以看出，语素义类 2 是 K 类的词语占优势，有 33 个，占总数的 22.1%。

2. 构词特点分析

（1）组成词义义类 K 的方式共有 66 种，其中 K+K 方式数量最多，共 33 个，而在这一类中，第一个语素位置上没有出现 A、L 义类。

（2）K 义类的 6 个中类在第一语素位置上出现的次数按多少排列构成如下不等式，括号中表示该语素出现的次数：Ka（48）>Kb（13）>Kf（10）>Kc（7）>Kd（5）>Ke（1）。

（3）从义类来看，构词语素义类与义位义类有很强的规则性。有 33 个词语的义位义类与两个语素义类一致，占总数的 14%，如：刷拉（K+K→K）、甚或（K+K→K）；有 51 个词语的义位义类与前一个语素义类一致，占总数的 21.7%，如：趁手（K+B→K）、无朋（K+A→K）。从语义来看，一部分词语的两个语素之间的关系为支配关系，有 19 个词语的义位义类与后一个语素义类一致，占总数的 8.1%，如：着哩（D+K→K）、好不（G+K→K）；有 132 个词语的义位义类与两个语素义类均不相同，占总数的 56.2%，如：一并（J+H→K）、就中（I+C→K）。从语义来看，两个构词语素之间的关系是非常复杂的，有限定关系（假托）、同位关系（早晚）、支配关系（拨剌）和判断关系（背靠）。

（4）从意义来看，这一类型中两个构词语素的意义和词的意义之间已经没有明显的联系，不可能仅仅依照语素意义直接推求词义。在 K 类词中具体表现有这样几种情况：①构词语素重叠后，意义发生改变，且与原语素义无关，如：万万、累累、垂垂等；②两个语素义与词义的关系较模糊或难以考证，或者说这一类词构词理据较为模糊，它们之间没有什么必然的联系，如：未始、马上、正点等；③一些拟声的词语，如：吧嗒、啪哒、扑通等等。

（十二）词的义类为 L 类的词语

在这一类型中，选取两个语素构成的词的义类为 L 类的词语，共 7 个，占 0.3%。

1. 词义义类情况

表 2.37　　　　　　　　　　构成词义义类为 L 类的情况

语素义类 1	语素义类 2	词义义类	数量	百分比	举例
C	E	L	1	7.7%	晚安
E	E		1	7.7%	怠慢
F	H		1	7.7%	打搅
G	E		1	7.7%	赏光
H	H		2	15.4%	打扰、难为
K	E		1	7.7%	借光

由表 2.37 可以看出，语素义类 2 是 E 类的词语占优势，有 4 个，占总数的 30.8%。

2. 构词特点分析

（1）组成词义义类 L 的方式共有 12 种，其中 H+H 方式数量最多，共 2 个，而在这一类中，第一个语素位置上没有出现 A、B、D、J、L 义类。

（2）从义类来看，构词语素义类与义位义类有很强的规则性。有 1 个词语的义位义类与后一个语素义类大类一致，占总数的 7.7%，即和相（I+L→L）；有 7 个词语的义位义类与两个语素义类均不相同，占总数的

87.5%，如：打搅（F+H→K）、借光（K+B→L），两个构词语素之间的关系多为支配关系。在此类中没有词语的义位义类与两个语素义类一致，也没有与前一个语素义类一致。

（3）从意义来看，这一类型中两个构词语素的意义和词的意义之间已经没有明显的联系，不可能仅仅依照语素意义直接推求词义。在 L 类词中具体表现有 1 种情况，这些词语大多数是敬语，而两个语素义与词义的关系较模糊或难以考证，或者说这一类词构词理据较为模糊，它们之间没有什么必然的联系，如：借光、打扰、赏脸等。

二　a+b=c 类型的构词规则的特点

通过对具体规则的归纳、统计，我们发现第四种类型的构词规则大致有以下特点：

（1）在第四种类型中，每个义类的语素构词能力不尽相同，按照构词频率构成下列不等式，括号里的数字是频度。B 物（2162）>E 特征（1294）>D 抽象事物（1137）>H 活动（946）>K 助语（726）>I 现象与状态（707）>C 时间与空间（606）>F 动作（551）>J 关联（269）>A 人（219）>G 心理活动（147）>L 敬语（13）。由此我们可以看出有些语素义类出现次数较多，有些出现次数较少，这说明语素的构词能力强弱不同。出现次数较多的，说明语素构词能力较强，而出现次数较少的，说明语素构词能力较弱。因此，我们可以发现，构词能力最强的是 B 类，其余按数量的多少依次是：E、D、H、K、I、C、F、J、A、G、L。L 类的语素构词能力最弱。

在第四种类型中，出现次数最多的各语素义类中类的统计如下（"\"前为中类的出现次数、后为中类在大类中所占的比例）：

Aa：55 \ 25.1%；Bk：466 \ 21.6%；Cb：401 \ 66.2%；Dn：212 \ 18.7%；Ed：363 \ 28.1%；Fa：346 \ 62.8%；Gb：84 \ 57.1%；Hj：322 \ 34.0%；Id：285 \ 40.3%；Jd：97 \ 36.1%；Kd：295 \ 40.6%。

由数据可知，所列举的中类在其所属的大类中均为构词能力最强的。

（2）在属于第四类型的 4000 多个双音合成词中，12 个大类包含的词语数量构成下列不等式，括号中为合成词的数量。D 抽象事物（919）>E 特征（650）>B 物（589）>H 活动（560）>A 人（554）>I 现象与状态（345）>K 助语（235）>C 时间与空间（214）>G 心理活动（122）>F

动作（98）>J 关联（67）>L 敬语（13）。由此可以看出，在第四类型中，构成词的数量最多的是 D 义类，其余按数量的多少依次是：E、B、H、A、I、K、C、G、F、J、L。在第一个不等式中，作为语素出现次数较多的 B、E、D、H 义类同时也是构成词语数量较多的义类，这说明构词能力较强的语素构成词的概率也相对较高；同样构词能力较弱的 F、J、G、L 义类语素，其构成词的概率也相对较低。

在第四种类型中，包含词语数量最多的各语素义类中类的统计如下（"\"前为所属中类的词的数量、后为构成词的数量最多的中类在大类中所占的比例）：

Ah：87 \ 15.7%；Bh：93 \ 15.8%；Ca：130 \ 60.8%；Da：212 \ 23.1%；Ed：225 \ 34.6%；Fa：47 \ 48.0%；Ga：70 \ 57.4%；Hi：153 \ 27.3%；Ib：98 \ 28.4%；Jd：19 \ 28.4%；Ka：151 \ 64.3%。

在 L 义类的 1 个中类中，La 类构成词，共有 13 个，占总数的 100%。以上列举的中类在其所属的大类中包含的双音合成词都是最多的。

（3）在第四种类型中，从构词方式来看，由于词的数量的增加，相应地，各类的构词方式也有所增加，而且各类的构词种类大致一样，基本上各种语素义和语素义结合的方式都有了。在各类的构词方式中，由与词义义类相同类的语素义类和其他语素义类构成的方式并不都是占主导地位的，每类中占优势的构词方式分布见表 2.38。

表 2.38　　　　　　　　　　义位义类的主要构成方式的统计

义位义类	A	B	C	D	E	F	G	H	I	J	K	L
构成方式	B+B	B+B	B+B	B+B	E+E	F+B	E+E	H+H	I+B	H+H	K+K	H+H
数量（个）	73	112	25	161	97	17	7	46	30	6	33	2
比例（%）	13.2	19.0	11.7	17.5	14.9	17.4	5.7	8.2	8.7	9.0	14.0	15.4

由表 2.38 我们可以看出，大部分的义位义类都是由不同于义位义类的语素义类形成的。因此，这一类型中，义位与语素义之间没有必然的联系。

（4）从意义来看，这一类型中两个构词语素的意义和词的意义之间已经没有明显的联系，义位不包含语素的原义，语素义在形成义位时都发生了变化，不可能仅仅依照语素意义直接推求词义。通过对意义方面进行考察，得出具体表现主要集中在这几种情况：①两个语素义与词义的关系较模糊或难以考证，或者说这一类词构词理据较为模糊，它们之间没有什么必然的联系，如：拿手、信水、捉摸、造次等；②各种修辞方法的运用，使词的字面意思发生转变，且本义与转义联系较为隐晦。一种是义位是语素义的比喻义，如：泰山、鸡肋、王牌、走狗等。一种是义位是语素义的借代义，如：方丈、同窗、眼目、巾帼等；③一些典故、古代诗词、文化民俗、制度等，在其中凝结而成有所指，如：探花、左祖、知音、状元等；④还有一些方言词、古语词（书面词）、一些通称和俗称及专业术语，这些词将其语素义直接组合也难以或不可以得出正确的义位，如：棒子、开涮、周章、坠地、头里、质子等；⑤构词语素重叠后，构成的重叠式合成词词性和意义发生了变化，而且其中一些词带有了某种陪义，感情色彩发生变化，如：岩是指岩石，而岩岩是高大、高耸的意思，岩石是中性词，而岩岩就带有了褒义的感情色彩；衮是指古代君王等的礼服，而衮衮是指连续不断，重多；澜是指大波浪，而澜澜是流貌的意思；牙是指牙齿，形状象牙齿的东西，而牙牙是指龇牙咧嘴貌，牙齿是中性词，而牙牙就带有了贬义的感情色彩。方言词、古语词（书面词）以及两个语素义与义位没有联系的这几种情况，语素义与义位没有必然的联系，语素义完全脱落，义位的形成只是人们的一种习惯而已。义位是语素义的借代义和比喻义这两种情况，是由于人们对词的语义特征的抽象概括以及根据事物之间的相似性、相关性产生丰富的联想，会将指称一事物现象的词用于指称另一个事物，从而在语素义原义的基础上产生新的意义，所以就不能从义位直接推求语素义了。而那些出于典故、古代诗词、文化民俗、制度的词，不需要类比联想，只需要了解典故、古诗文以及古代文化常识就能理解义位了，而且也不能直接由语素义推求义位。

从义类分析来看，两个构词语素义类与义位义类有很强的对应关系。有下列四种类型：①前向型。有 545 个词语，占总数的 12.5%，如：举头、代数、修己、折桂等，两个构词语素之间多为支配关系，语义重心落在前一个语素上；②后向型。有 582 个词语，占 13.3%，如：初亏、倒插、永别、卵形等，两个构词语素之间多为限定关系；③同向型。有 405 个词语，占 9.3%，如：丈夫、教授、展开、扑扇等，两个构词语素之间多为同位关系。而在词义义类为 G、J、L 类中，没有词语是属于同向型的；④无向型。有 2860 个词语，占总数的 65.5%，如：草莽、毛腰、矛盾、瞩目等，这个类型中的两个构词语素之间的关系是非常复杂的，有限定关系（红潮）、同位关系（早晚）、支配关系（抽丁）和判断关系（背靠）。通过对这四种类型考察我们发现，在这四种类型中无向型的词的数量最多，所占比例最大，而同向型是最少的，而且有三个词义义类当中没有属于同向型的词语，这也证明了这一类型中的语素义类与义位义类之间的关系较为复杂，不像前三种类型那样规则性强。因为语素义与义位联系不像前三种类型那样简单、直接，而较为隐晦，所以自然很难从语素义直接推知义位义类。

第五节　a+b=a+b 类型的语义构词规则研究

这一类型中，义位是由两个语素义相加而成，由两个语素义直接结合即可推知词义。属于第五种类型的词共有 17892 个，占总数的 36.8%。

一　a+b=a+b 类型的分类及研究

（一）词的义类为 A 类的词语

在这一类型中，选取两个语素构成的词的义类为 A 类的词语，共 855 个，占 5.3%。

1. 词义义类情况

表 2.39　　　　　　　　　　构成词义义类为 A 类的情况

语素义类 1	语素义类 2	词义义类	数量	百分比	举例
A			219	23.1%	亲家、臣民
B			39	4.1%	房东、路霸
C			26	2.7%	村长、后裔
D			100	10.5%	法师、家贼
E			375	39.5%	名儒、主犯
F	A	A	3	0.3%	步兵、吃主
G			6	0.6%	哀兵、毛贼
H			49	5.2%	赌客、叛贼
I			9	0.9%	盲童、亡妻
J			2	0.2%	益友、得主
K			9	0.9%	宿敌、常客

由表 2.39 可以看出，语素义类 2 是 A 类的词语占优势，有 837 个，占总数的 88.2%。

2. 构词特点分析：

(1) 组成词义义类 A 的方式共有 39 种，其中 E+A 方式数量最多，共 375 个，而第一个语素位置上没有出现 L 义类

(2) 在此类中，有 219 个词语的义位义类与两个语素义类大类一致，占总数的 23.1%，如：弟兄（A+A→A）、僧尼（A+A→A），两个语素之间的关系多是平等并列的，多为同位关系。由中类构词情况我们可以发现，Ac 义类并未在两个语素位置上出现，这说明 Ac 义类在此类中不能和表示"人"的义类以及其他义类组合成词。通过对 A+A 类的中类构词情况分析我们发现，前后两个语素义类中类相同的词语在此类中占绝对优势。例如：在 30 个 Aa+Ax 中，Aa+Aa 有 19 个，占 63.3%；82 个 Ah+Ax 中，Ah+Ah 有 55 个，占 67.1%。而且如果两个语素义类中类相同，那么构成与语素义类中类相同的词义义类占绝对优势。例如：在 19 个 Aa+Aa 中，构成 Aa 义类的词语有 19 个，占 100%；在 11 个 Af+Af 中，构成 Af 义类的词语有 11 个，占 100%。除了 A+A 类之外，义位义类与前一个语素义类大类一致，共有 22 个，占总数的 2.3%，如：反党（A+D→A）、岳父（A+H→A）等，词语的两个语素义之间多为修饰与被修饰的关系。

(3) 通过对以上数据的分析我们发现，在这一类型中，词义义类为 A 的大多数词语的义类与后一个语素义类大类一致。除了 A+X 类之外，剩余的词语中，有 613 个词语的义类与后一个语素义类相同，占总数的 64.6%，如：菜商（B+A→A）、前夫（C+A→A）、主犯（E+A→A）、盲童（I+A→A）等。通过对这些词语的考察发现，两个语素之间的关系多为修饰与被修饰的关系。如前面举的例子"菜商"，即卖菜的商贩，"菜"与"商"之间是一种修饰与被修饰的关系；"美男"，即美丽的男子，"美"与"男"之间也是一种修饰与被修饰的关系。

(4) 在这一类型中，有 90 个词语的义类与两个语素义类均不同，占总数的 9.5%，如：名模（E+B→A）、猛士（K+D→A）等，两个语素之间多为修饰与被修饰的关系。

(二) 词的义类为 B 类的词语

在这一类型中，选取两个语素构成的词的义类为 B 类的词语，共 3714 个，占 20.8%。

1. 词义义类情况

表 2.40　　　　　　　　　　**构成词义义类为 B 类的情况**

语素义类 1	语素义类 2	词义义类	数量	百分比	举例
A			19	0.5%	媒体、客船
B			1648	44.4%	米醋、啤酒
C			166	4.5%	后台、上颚
D			167	4.5%	方药、礼炮
E			1075	28.9%	单褂、粗粮
F	B	B	45	1.2%	爬梯、拉锁
G			9	0.2%	宠物、忙音
H			143	3.9%	祭酒、卧室
I			132	3.6%	飞镖、滴灌
J			14	0.4%	超声、益虫
K			20	0.5%	至宝、本色

由表 2.40 可以看出，语素义类 2 是 B 类的词语占优势，有 3438 个，占总数的 92.6%。

2. 构词特点分析

（1）组成词义义类 B 的方式共有 53 种，其中 B+B 方式数量最多，共 1648 个，而第一个语素位置上没有出现 L 义类。

（2）在此类中，有 1648 个词语的义位义类与后一个语素义类大类一致，占总数的 44.4%，如：江河（B+B→B）、衣领（B+B→B），两个语素之间的关系多为同位和限定关系。通过对 B+B 类的中类构词情况分析我们发现，前后两个语素义类中类相同的词语在此类中占绝对优势。例如：265 个 Bh+Bx 中，Bh+Bh 有 134 个，占 50.6%；160 个 Bk+Bx 中，Bk+Bk 有 97 个，占 60.6%。而且如果两个语素义类中类相同，那么构成与语素义类中类相同的词义义类占绝对优势。例如：在 75 个 Bi+Bi 中，构成 Bi 义类的词语有 75 个，占 100%；在 97 个 Bk+Bk 中，构成 Bk 义类的词语有 97 个，占 100%。除了 B+B 类之外，义位义类与前一个语素义类大类一致，共有 197 个，占总数的 5.3%，如：蜡人（B+A→B）、布匹（B+D→B）等，词语的两个语素义之间多为修饰与被修饰的关系。

（3）在此类中，有 1770 个词语的义位义类与后一个语素义类大类一致，占总数的 47.7%，如：警服（A+B→B）、毒虫（D+B→B）、利器（E+B→B）、立柱（I+B→B）。通过对这些词语的考察发现，两个语素之间的关系多为修饰与被修饰的关系。如前面举的例子"警服"，即警察的服装，"警"与"服"之间是一种修饰与被修饰的关系；"益虫"，即有益的虫子，"益"与"虫"之间也是一种修饰与被修饰的关系。

（4）在这一类型中，有 79 个词语的义类与两个语素义类均不同，占总数的 2.1%，如：警徽（A+D→B）、短发（E+H→B）等，词语的两个语素义之间多为修饰与被修饰的关系。

（三）词的义类为 C 类的词语

在这一类型中，选取两个语素构成的词的义类为 C 类的词语，共 892 个，占 5.0%。

1. 词义义类情况

表 2.41　　　　　　　　构成词义义类为 C 类的情况

语素义类 1	语素义类 2	词义义类	数量	百分比	举例
A			13	1.5%	敌后、匪巢
B			133	14.9%	地缝、坑口
C			259	29.0%	明晚、丑时
D			79	8.9%	三伏、元辰
E			174	19.5%	长夜、部位
F	C	C	2	0.2%	插空、餐位
G			1	0.1%	苦夏
H			35	3.9%	考期、封疆
I			15	1.7%	隔日、盲区
J			8	0.9%	得闲、超期
K			27	3.0%	太古、历年

由表 2.41 可以看出，语素义类 2 是 C 类的词语占优势，有 746 个，占总数的 83.6%。

2. 构词特点分析

（1）组成词义义类 C 的方式共有 43 种，其中 C+C 方式数量最多，共 259 个，而第一个语素位置上没有出现 L 义类。

（2）在此类中，有 259 个词语的义位义类与两个语素义类大类一致，占总数的 29.0%，如：年代（C+C→C）、村口（C+C→C），两个语素之间的关系多为同位和限定关系。通过对 C+C 类的中类构词情况分析我们发现，前后两个语素义类中类相同的词语在此类中占绝对优势。例如：在 162 个 Ca+Cx 中，Ca+Ca 有 143 个，占 88.3%；97 个 Cb+Cx 中，Cb+Cb 有 93 个，占 95.9%。而且如果两个语素义类中类相同，那么构成与语素义类中类相同的词义义类占绝对优势。例如：在 143 个 Ca+Ca 中，构成 Ca 义类的词语有 143 个，占 100%；在 93 个 Cb+Cb 中，构成 Cb 义类的词语有 93 个，占 100%。除了 C+C 类之外，义位义类与前一个语素义类大类一致，共有 52 个，占总数的 5.8%，如：村头（C+B→C）、课后（C+D→C）等，两个语素之间多为修饰与被修饰的关系。

（3）在此类中，有 487 个词语的义位义类与后一语素义类大类一致，占总数的 54.6%，如：弹道（B+C→C）、军区（D+C→C）、荒村（E+C→C）、聘期（H+C→C）。通过对这些词语的考察发现，两个语素之间的关系多为修饰与被修饰的关系。如前面举的例子"荒村"，即荒芜的村庄，"荒"与"村"之间是一种修饰与被修饰的关系；"匪穴"，即强盗的老窝，"匪"与"穴"之间也是一种修饰与被修饰的关系。

（4）在这一类型中，有 94 个词语的义类与两个语素义类均不同，占总数的 10.5%，如：菜摊（B+D→C）、险路（E+B→C）等，两个语素之间多为修饰与被修饰的关系。

（四）词的义类为 D 类的词语

在这一类型中，选取两个语素构成的词的义类为 D 类的词语，共 2683 个，占 15.0%。

1. 词义义类情况

表 2.42　　　　　　　　　构成词义义类为 D 类的情况

语素义类 1	语素义类 2	词义义类	数量	百分比	举例
A			71	2.6%	警纪、童谣
B			235	8.8%	茶庄、刀伤
C			95	3.5%	方言、楚歌
D	D	D	790	29.4%	兵祸、性命
E			793	29.6%	错版、惨剧
F			19	0.7%	插队、跌伤
G			39	1.5%	愁绪、苦役

语素义类 1	语素义类 2	词义义类	数量	百分比	举例
H			171	6.4%	计件、打法
I	D	D	84	3.1%	疯话、默剧
J			37	1.4%	领馆、等温
K			65	2.4%	共性、公德

由表 2.42 可以看出，语素义类 2 是 D 类的词语占优势，有 2399 个，占总数的 89.4%。

2. 构词特点分析

（1）组成词义义类 D 的方式共有 79 种，其中 E+D 方式数量最多，共 793 个，而第一个语素位置上没有出现 L 义类。

（2）在此类中，有 790 个词语的义位义类与两个语素义类大类一致，占总数的 29.4%，如：福运（D+D→D）、国情（D+D→D），两个语素之间的关系多为同位和限定关系。通过对 D+D 类的中类构词情况分析我们发现，前后两个语素义类中类相同的词语在此类中占绝对优势。例如：在 217 个 Di+Dx 中，Di+Di 有 92 个，占 42.4%；146 个 Dk+Dx 中，Dk+Dk 有 91 个，占 62.3%。而且如果两个语素义类中类相同，那么构成与语素义类中类相同的词义义类占绝对优势。例如：在 92 个 Di+Di 中，构成 Di 义类的词语有 87 个，占 94.6%；在 91 个 Dk+Dk 中，构成 Dk 义类的词语有 90 个，占 98.9%。除了 D+D 类之外，义位义类与前一个语素义类大类一致，共有 93 个，占总数的 3.5%，如：书脊（D+B→D）、短处（D+C→D）等，两个语素之间多为修饰与被修饰的关系。

（3）在此类中，有 1609 个词语的义位义类与后一个语素义类大类一致，占总数的 60%，如：货样（B+D→D）、秋景（C+D→D）、近景（E+D→D）、发型（H+D→D）。通过对这些词语的考察发现，两个语素之间的关系多为修饰与被修饰的关系。如前面举的例子"秋景"，即秋天的景致，"秋"与"景"之间是一种修饰与被修饰的关系；"官职"，即官员的职位，"官"与"职"之间也是一种修饰与被修饰的关系。

（4）在这一类型中，有 191 个词语的义类与两个语素义类均不同，占总数的 7.1%，如：午餐（C+B→D）、川地（C+C→D）等，两个语素之间多为修饰与被修饰的关系。

（五）词的义类为 E 类的词语

在这一类型中，选取两个语素构成的词的义类为 E 类的词语，共 1301 个，占 7.3%。

1. 词义义类情况

表 2.43　　　　　　　　　构成词义义类为 E 类的情况

语素义类 1	语素义类 2	词义义类	数量	百分比	举例
A	E	E	2	0.2%	自谦、客满
B			34	2.6%	菜香、面嫩
C			6	0.5%	年少、冬寒
D			20	1.5%	胆大、首要
E			701	53.9%	安适、清幽
F			10	0.8%	鸣响、关紧
G			11	0.9%	发紧、可悲
H			41	3.2%	破旧、短浅
I			41	3.2%	动粗、枯干
J			23	1.8%	合宜、同胞
K			79	6.1%	精忠、死寂

由表 2.43 可以看出，语素义类 2 是 E 类的词语占优势，有 968 个，占总数的 74.4%。

2. 构词特点分析

（1）组成词义义类 E 的方式共有 69 种，其中 E+E 方式数量最多，共 701 个，而第一个语素位置上没有出现 L 义类。

（2）在此类中，有 701 个词语的义位义类与两个语素义类大类一致，占总数的 53.9%，如：低矮（E+E→E）、肥壮（E+E→E），两个语素之间的关系多是平等并列的，多为同位关系。通过对 E+E 类的中类构词情况分析我们发现，前后两个语素义类中类相同的词语在此类中占优势。例如：在 171 个 Eb+Ex 中，Eb+Eb 有 80 个，占 46.8%；在 149 个 Ed+Ex 中，Ed+Ed 有 52 个，占 34.9%。而且如果两个语素义类中类相同，那么构成与语素义类中类相同的词义义类占绝对优势。例如：在 80 个 Eb+Eb 中，构成 Eb 义类的词语有 72 个，占 90%；在 52 个 Ed+Ed 中，构成 Ed 义类的词语有 49 个，占 94.2%。除了 E+E 类之外，义位义类与前一个语素义类大类一致,共有 207 个,占总数的 20.1%,如:臭气(E+B→E)、定点(E+C→E)等,两个语素之间多为修饰与被修饰的关系。

(3)在此类中,有 266 个词语的义类与后一个语素义类相同,占总数的 20.5%,如:面嫩(B+E→E)、性急(D+E→E)、关紧(F+E→E)、泡软(I+E→E)。通过对这些词语的考察发现,两个语素之间的关系多为支配和判断关系。如前面举的例子"性急",说明了"性子是急的"就是一个判断;"关紧"是由于"关"的动作行为而造成"紧"起来的情况。

(4)在这一类型中,有 127 个词语的义类与两个语素义类均不同,占总数的 9.8%,如:吹灯(F+B→E)、敬老(G+A→E)等,两个语素之间多为支配与被支配的关系。

(六)词的义类为 F 的词语

在这一类型中,选取两个语素构成的词的义类为 F 类的词语,共 985 个,占 5.5%。

1. 词义义类情况

表 2.44　　　　　　　　构成词义义类为 F 类的情况

语素义类 1	语素义类 2	词义义类	数量	百分比	举例
B			12	1.2%	兜捕、袋装
C			5	0.5%	空投、纵观
D			2	0.2%	怒吼、批捕
E			79	8.0%	飞跑、反绑
G	F	F	19	1.9%	惊呼、发掘
H			33	3.4%	平视、陪饮
I			43	4.4%	仰视、环顾
J			4	0.4%	等压、弄开
K			19	1.9%	清扫、对坐
F	B	F	197	20%	拍球、擂鼓

由表 2.44 可以看出,语素义类 2 是 F 类的词语占优势,有 318 个,占总数的 32.3%。

2. 构词特点分析

(1)组成词义义类 F 的方式共有 53 种,其中 F+B 方式数量最多,共 197 个,而第一个语素位置上没有出现 A、L 义类。

（2）在此类中，有 103 个词语的义位义类与两个语素义类大类一致，占总数的 10.5%，如：叩击（F+F→F）、翻搅（F+F→F），两个语素之间的关系多是平等并列的，多为同位关系。通过对 F+F 类的中类构词情况分析我们发现，前后两个语素义类中类相同的词语在此类中占优势。例如：在 57 个 Fa+Fx 中，Fa+Fa 有 51 个，占 89.5%；在 19 个 Fc+Fx 中，Fc+Fc 有 18 个，占 94.7%。而且如果两个语素义类中类相同，那么构成与语素义类中类相同的词义义类占绝对优势。例如：在 51 个 Fa+Fa 中，构成 Fa 义类的词语有 51 个，占 100%；在 18 个 Fc+Fc 中，构成 Fc 义类的词语有 18 个，占 100%。除了 F+F 类之外，义位义类与前一个语素义类大类一致，共有 553 个，占总数的 56.1%，如：抹粉（F+B→F）、捣碎（F+E→F）等，两个语素之间多为支配与被支配的关系。

（3）在此类中，有 216 个词语的义类与后一个语素义类相同，占总数的 21.9%，如：短跑（E+F→F）、静听（G+F→F）。通过对这些词语的考察发现，两个语素之间的关系多为修饰与被修饰关系。如前面举的例子“短跑”，即“短距离的跑步”，“短”与“跑”之间是一种修饰与被修饰的关系；“哀呼”，即悲伤地呼喊，“哀”与“呼”之间也是一种修饰与被修饰的关系。

（4）在这一类型中，有 114 个词语的义类与两个语素义类均不同，占总数的 11.6%，如：揣上（H+K→F）、抿嘴（I+B→F）等，两个语素之间多为支配与被支配的关系。

（七）词的义类为 G 类的词语

在这一类型中，选取两个语素构成的词的义类为 G 类的词语，共 597 个，占 3.3%。

1. 词义义类情况

表 2.45　　　　　　　　　构成词义义类为 G 类的情况

语素义类 1	语素义类 2	词义义类	数量	百分比	举例
A			4	0.7%	自愿、母爱
C			3	0.5%	内心、内倾
D	G	G	6	1.0%	初识、理当
E			60	10.0%	偏爱、沉迷
F			3	0.5%	开怀、听信
G			169	28.3%	宠信、顾惜

语素义类 1	语素义类 2	词义义类	数量	百分比	举例
H			28	4.7%	反思、点醒
I	G	G	17	2.8%	郁闷、断想
J			24	4.0%	受惊、生疑
K			64	10.7%	酷爱、不甘

由表 2.45 可以看出，语素义类 2 是 G 类的词语占优势，有 378 个，占总数的 63.3%。

2. 构词特点分析

（1）组成词义义类 G 的方式共有 53 种，其中 G+G 方式数量最多，共 169 个，而第一个语素位置上没有出现 B、L 义类。

（2）在此类中，有 169 个词语的义位义类与两个语素义类大类一致，占总数的 28.3%，如：快悦（G+G→G）、惊惧（G+G→G），两个语素之间的关系多是平等并列的，多为同位关系。通过对 G+G 类的中类构词情况分析我们发现，前后两个语素义类中类相同的词语在此类中占优势。例如：在 85 个 Ga+Gx 中，Ga+Ga 有 48 个，占 56.5%；在 77 个 Gb+Gx 中，Gb+Gb 有 56 个，占 72.7%。而且如果两个语素义类中类相同，那么构成与语素义类中类相同的词义义类占绝对优势。例如：在 48 个 Ga+Ga 中，构成 Ga 义类的词语有 47 个，占 97.9%；在 56 个 Gb+Gb 中，构成 Gb 义类的词语有 55 个，占 98.2%。除了 G+G 类之外，义位义类与前一个语素义类大类一致，共有 155 个，占总数的 25.9%，如：爱民（G+A→G）、思乡（G+C→G）等，两个语素之间多为支配与被支配的关系。

（3）在此类中，有 209 个词语的义类与后一个语素义类相同，占总数的 35.0%，如：坚信（E+G→G）、深通（K+G→G）。通过对这些词语的考察发现，两个语素之间的关系多为修饰与被修饰关系。如前面举的例子"坚信"，即"坚定地相信"，"坚"与"信"之间是一种修饰与被修饰的关系；"酷爱"，即非常喜爱，"酷"与"爱"之间也是一种修饰与被修饰的关系。

（4）在这一类型中，有 64 个词语的义类与两个语素义类均不同，占总数的 10.7%，如：漠视（E+H→G）、丧胆（J+D→G）等，两个语素之间多为限定和支配关系。

（八）词的义类为 H 类的词语

在这一类型中，选取两个语素构成的词的义类为 H 类的词语，共 4278 个，占 23.9%。

1. 词义义类情况

表 2.46　　　　　　　　　构成词义义类为 H 类的情况

语素义类 1	语素义类 2	词义义类	数量	百分比	举例
A			27	0.6%	民建、自责
B			37	0.9%	舰载、蜡染
C			45	1.1%	冬训、南音
D			90	2.1%	纷争、例行
E			267	6.2%	暂居、面议
F	H	H	91	2.1%	凭吊、拷问
G			56	1.3%	恫吓、盲从
H			1277	29.9%	背叛、拼杀
I			214	5.0%	默祷、开赴
J			59	1.4%	保藏、致谢
K			180	4.2%	再嫁、并进
L			11	0.3%	承迎、奉陪

由表 2.46 可以看出，语素义类 2 是 H 类的词语占优势，有 2354 个，占总数 55%。

2. 构词特点分析

（1）组成词义义类 H 的方式共有 83 种，其中 H+H 方式数量最多，共 1277 个。

（2）在此类中，有 1277 个词语的义位义类与两个语素义类大类一致，占总数的 29.9%，如：竞争（H+H→H）、回禀（H+H→H），两个语素之间的关系多是平等并列的，多为同位关系。通过对 H+H 类的中类构词情况分析我们发现，前后两个语素义类中类相同的词语在此类中占优势。例如：在 223 个 Hc+Hx 中，Hc+Hc 有 69 个，占 30.9%；在 374 个 Hi+Hx 中，Hi+Hi 有 177 个，占 47.3%。而且如果两个语素义类中类相同，那么构成与语素义类中类相同的词义义类占绝对优势。例如：在 69 个 Hc+Hc 中，构成 Hc 义类的词语有 62 个，占 89.9%；在 83 个 Hj+Hj 中，构成 Hj 义类的词语有 77 个，占 92.8%。除了 H+H 类之外，义位义类与前一个语素义类大类一致，共有 1559 个，占总数的 36.4%，如：派兵（H+A→H）、理发（H+B→H）等，两个语素之间多为支配与被支配的关系。

（3）在此类中，有 1077 个词语的义类与后一个语素义类相同，占总数的 25.2%，如：自夸（A+H→H）、假睡（E+H→H）。通过对这些词语的考察发现，两个语素之间的关系多为判断和限定关系。如前面举的例子"自夸"，即"自己夸大"，"自"与"夸"表示的概念能够充当判断中的主项和谓项，并因此而构成了一个判断；"假睡"，即假装睡觉，"假"与"睡"之间是一种修饰与被修饰的关系。

（4）在这一类型中，有 365 个词语的义类与两个语素义类均不同，占总数的 8.5%，如：劲舞（E+D→H）、凑钱（I+D→H）等，两个语素之间多为限定和支配关系。

（九）词的义类为 I 类的词语

在这一类型中，选取两个语素构成的词的义类为 I 类的词语，共 1532 个，占 8.6%。

1. 词义义类情况

表 2.47　　　　　　　　　　构成词义义类为 I 类的情况

语素义类 1	语素义类 2	词义义类	数量	百分比	举例
A			3	0.2%	自燃、儿化
B			36	2.4%	地陷、口吃
C			16	1.0%	阵痛、科第
D			20	1.3%	谣传、病愈
E			123	8.0%	飞涨、大捷
F	I	I	43	2.8%	蜷缩、击沉
G			28	1.8%	欢笑、静默
H			107	7.0%	逗笑、剪成
I			242	15.8%	凋萎、腐败
J			45	2.9%	呈祥、得逞
K			73	4.8%	递降、重逢

由表 2.47 可以看出，语素义类 2 是 I 类的词语占优势，有 734 个，占总数 47.9%。

2. 构词特点分析

（1）组成词义义类 I 的方式共有 77 种，其中 I+I 方式数量最多，共 242 个。

（2）在此类中，有 242 个词语的义位义类与两个语素义类大类一致，占总数的 15.8%，如：耽延（I+I→I）、完毕（I+I→I），两个语素之间的关系多是平等并列的，多为同位关系。而有的两个语素之间的关系是对立关系，这样的词数量较少，如：升降、成败等。通过对 I+I 类的中类构词情况分析我们发现，前后两个语素义类中类相同的词语在此类中占优势。例如：在 97 个 Id+Ix 中，Id+Id 有 45 个，占 67.2%；在 36 个 Ie+Ix 中，Ie+Ie 有 11 个，占 30.6%。而且如果两个语素义类中类相同，那么构成与语素义类中类相同的词义义类占绝对优势。例如：在 45 个 Id+Id 中，构成 Id 义类的词语有 44 个，占 97.8%；在 11 个 Ie+Ie 中，构成 Ie 义类的词语有 11 个，占 100%。除了 I+I 类之外，义位义类与前一个语素义类大类一致，共有 559 个，占总数的 36.5%，如：裁员（I+A→I）、提高（I+E→I）等，两个语素之间多为支配与被支配的关系。

（3）在此类中，有 492 个词语的义类与后一个语素义类相同，占总数的 32.1%，如：地陷（B+I→I）、大捷（E+I→I）。通过对这些词语的考察发现，两个语素之间的关系多为判断和限定关系。如前面举的例子"地陷"，即"大地下陷"，"地"与"陷"表示的概念能够充当判断中的主项和谓项，并因此而构成了一个判断；"大捷"，即重大的胜利，"大"与"捷"之间是一种修饰与被修饰的关系。

（4）在这一类型中，有 239 个词语的义类与两个语素义类均不同，占总数的 15.6%，如：麦浪（B+B→I）、拉伤（F+D→I）等，两个语素之间多为限定和支配关系。

（十）词的义类为 J 类的词语

在这一类型中，选取两个语素构成的词的义类为 J 类的词语，共 608 个，占 3.4%。

1. 词义义类情况

表 2.48　　　　　　　　构成词义义类为 J 类的情况

语素义类 1	语素义类 2	词义义类	数量	百分比	举例
A			2	0.3%	民防、自称
B			4	0.6%	门限、票证
C			1	0.2%	地处
D			10	1.6%	貌似、错失
E	J	J	28	4.6%	暗合、谨防
F			13	2.1%	抛掉、捡到
G			7	1.2%	含蓄、堪称
H			68	11.2%	分享、遏制
I			17	2.8%	化除、割舍
K			65	10.7%	清除、突发
J	D	J	60	9.9%	达标、复原

由表 2.48 可以看出，语素义类 2 是 J 类的词语占优势，有 263 个，占总数 43.3%。

2. 构词特点分析

（1）组成词义义类 J 的方式共有 61 种，其中 H+J 方式数量最多，共 68 个。

（2）在此类中，有 44 个词语的义位义类与两个语素义类大类一致，占总数的 7.2%，如：类同（J+J→J）、契合（J+J→J），两个语素之间的关系多是平等并列的，多为同位关系。通过对 J+J 类的中类构词情况分析我们发现，前后两个语素义类中类相同的词语在此类中占优势。例如：在 16 个 Jd+Jx 中，Jd+Jd 有 12 个，占 75%；在 14 个 Je+Jx 中，Je+Je 有 10 个，占 71.4%。而且如果两个语素义类中类相同，那么构成与语素义类中类相同的词义义类占绝对优势。例如：在 12 个 Jd+Jd 中，构成 Jd 义类的词语有 12 个，占 100%；在 10 个 Je+Je 中，构成 Je 义类的词语有 10 个，占 100%。除了 J+J 类之外，义位义类与前一个语素义类大类一致，共有 246 个，占总数的 40.5%，如：同岁（J+C→J）、夺冠（J+D→J）等，两个语素之间多为限定和支配关系。

（3）在此类中，有 219 个词语的义类与后一个语素义类相同，占总

数的 36.0%，如：荣获（B+J→J）、捡到（E+I→I）。通过对这些词语的
考察发现，两个语素之间的关系多为限定和支配关系。如前面举的例子
"荣获"，即"光荣地得到"，"荣"与"获"之间是一种修饰与被修饰的
关系；"捡到"是由于"捡"的动作行为而造成"到"的情况，虽然谓
词性的语素所涉及的不是它所支配的事物，但是它却涉及着由它造成的情
况，因此后面的情况仍然是受着前面动作的支配和影响。

（4）在这一类型中，有 99 个词语的义类与两个语素义类均不同，占
总数的 16.3%，如：扣分（D+D→J）、排忧（F+G→J）等，两个语素之
间多为支配关系。

（十一）词的义类为 K 类的词语

在这一类型中，选取两个语素构成的词的义类为 K 类的词语，共 344
个，占 1.9%。

1. 词义义类情况

表 2.49　　　　　　　　　构成词义义类为 K 类的情况

语素义类 1	语素义类 2	词义义类	数量	百分比	举例
A			1	0.3%	将才
B			1	0.3%	茶子
C			1	0.3%	南沿
D			3	0.9%	郎当、几曾
E			10	2.9%	早已、多于
F	K	K	8	2.3%	抵靠、冲到
G			4	1.2%	谅必、当然
H			11	3.2%	奋然、寄至
I			9	2.6%	轮到、噼啪
J			4	1.2%	非特、加以
K			147	42.7%	砰然、罢了

由表 2.49 可以看出，语素义类 2 是 K 类的词语占优势，有 198 个，
占总数 57.6%。

2. 构词特点分析

（1）组成词义义类 K 的方式共有 45 种，其中 K+K 方式数量最多，
共 147 个。

（2）在此类中，有147个词语的义位义类与两个语素义类大类一致，占总数的42.7%，如：或者（K+K→K）、叽咕（K+K→K），两个语素之间的关系多是平等并列的，多为同位关系。通过对K+K类的中类构词情况分析我们发现，前后两个语素义类中类相同的词语在此类中占优势。例如：在102个Ka+Kx中，Ka+Ka有66个，占64.7%；在19个Kf+Kx中，Kf+Kf有15个，占78.9%。而且如果两个语素义类中类相同，那么构成与语素义类中类相同的词义义类占绝对优势。例如：在66个Ka+Ka中，构成Ka义类的词语有58个，占87.9%；在15个Kf+Kf中，构成Kf义类的词语有15个，占100%。除了K+K类之外，义位义类与前一个语素义类大类一致，共有104个，占总数的30.2%，如：趁机（K+D→K）、极度（K+D→K）等，两个语素之间多为支配和限定关系。

（3）在此类中，有51个词语的义类与后一个语素义类相同，占总数的14.8%，如：大肆（E+K→K）、撑死（I+K→K）。通过对这些词语的考察发现，两个语素之间的关系多为限定和支配关系。

（4）在这一类型中，有42个词语的义类与两个语素义类均不同，占总数的12.2%，如：空漠（E+B→K）、上紧（H+E→K）等，两个语素之间多为限定和支配关系。

（十二）词的义类为L类的词语

在这一类型中，选取两个语素构成的词的义类为L类的词语，共9个，占0.05%。

1. 词义义类情况

表2.50　　　　　　　　　构成词义义类为L类的情况

语素义类1	语素义类2	词义义类	数量	百分比	举例
A			1	11.1%	您早
E	L	L	1	11.1%	敬请
K			1	11.1%	何敢
L			1	11.1%	烦请

由表2.50可以看出，语素义类2是L类的词语占优势，有4个，占总数44.4%。

2. 构词特点分析

（1）组成词义义类L的方式共有9种，在语素义类1位置上出现最多的是 E 和 K 义类，各出现 3 次。

（2）在此类中，有 1 个词语的义位义类与两个语素义类大类一致，即烦请（L+L→L），两个语素之间的关系是平等并列的，为同位关系。有 3 个词语的义类与后一个语素义类相同，占总数的 33.3%，如：您早（A+L→L）、敬请（E+L→L）。有 5 个词语的义类与两个语素义类均不同，占总数的 55.6%，如：赐教（E+H→L）、不谢（K+H→L）等。

二　a+b=a+b 类型的构词规则的特点

通过对具体规则的归纳、统计，我们发现第五种类型的构词规则大致有以下特点：

（1）在第五种类型中，每个义类的语素构词能力不尽相同，按照构词频率构成下列不等式，括号里的数字是频度。B 物（7016）>H 活动（6601）>E 特征（5634）>D 抽象事物（5232）>I 现象与状态（2757）>C 时间与空间（1767）>F 动作（1502）>K 助语（1473）>A 人（1412）>J 关联（1222）>G 心理活动（1151）>L 敬语（19）。由此我们可以看出有些语素义类出现次数较多，有些出现次数较少，这说明语素的构词能力强弱不同。出现次数较多的，说明语素构词能力较强，而出现次数较少的，说明语素构词能力较弱。因此，我们可以发现，构词能力最强的是 B 类，其余按数量的多少依次是：H、E、D、I、C、F、K、A、J、G、L。L 类的语素构词能力最弱。

在第五种类型中，出现次数最多的各语素义类中类的统计如下（"\"前为中类的出现次数、后为中类在大类中所占的比例）：

Aa：314 \ 22.2%；Bn：801 \ 11.4%；Cb：998 \ 56.5%；Di：1052 \ 20.1%；Ed：1858 \ 33.0%；Fa：904 \ 60.2%；Gb：674 \ 58.6%；Hi：1696 \ 25.7%；Id：799 \ 29.0%；Jd：486 \ 39.8%；Kd：938 \ 63.7%。

由数据可知，所列举的中类在其所属的大类中均为构词能力最强的。

（2）在属于第五类型的 17000 多个双音合成词中，12 个大类包含的词语数量构成下列不等式，括号中为合成词的数量。H 活动（4278）>B 物（3714）>D 抽象事物（2683）>I 现象与状态（1532）>E 特征（1301）>F 动作（985）>A 人（949）>C 时间与空间（892）>J 关联（608）>G 心理活动（597）>K 助语（344）>L 敬语（9）。由此可以看出，在第五类型中，构成词的数量最多的是 H 义类，其余按数量的多少依次是：B、D、I、E、F、A、C、J、G、K、L。在第一个不等式中，作为语素出现次数较多的B、H、E、D、I义类同时也是所构成词语数量较多的义类，这说明构词能力较强的语素构成词的概率也相对较高；同样构词能力较弱的J、G、L义类语素，其构成词的概率也相对较低。

在第五种类型中，包含词语数量最多的各语素义类中类的统计如下（"\"前为所属中类的词的数量、后为构成词的数量最多的中类在大类中所占的比例）：

Ah：199 \ 21.0%；Bp：417 \ 11.2%；Cb：521 \ 58.4%；Dk：519 \ 19.3%；Ed：331 \ 25.4%；Fa：592 \ 60.1%；Gb：353 \ 59.1%；Hi：1097 \ 25.6%；Id：369 \ 24.1%；Jd：252 \ 41.5%；Ka：218 \ 63.4%。

以上列举的中类在其所属的大类中包含的双音合成词都是最多的。

（3）在第五种类型中，从构词方式来看，由于词的数量的增加，相应地，各类的构词方式也有所增加，而且各类的构词种类大致一样，基本上各种语素义和语素义结合的方式都有了。每类中占优势的构词方式分布见表2.51。

表 2.51　　　　　　　　　义位义类的主要构成方式的统计

义位义类	A	B	C	D	E	F	G	H	I	J	K	L
构成方式	E+A	B+B	C+C	E+D	E+E	F+B	G+G	H+H	I+I	H+J	K+K	L+L
数量（个）	375	1648	25	793	701	197	169	1277	242	68	147	1
比例（%）	39.5	44.4	29.0	29.6	53.9	20	28.3	29.9	15.8	11.2	42.7	11.1

由表2.51我们可以看出，在各类的构词方式中，由与义位义类相同的前后两个语素义类构成的方式占主导地位。在占优势的构词方式中，有的构词方式的义位义类与前一个或后一个的语素义类相同。而对这些构成方式的考察发现，义位也是在语素义的基础上整合而成的，义位与构成它的语素义是密切联系的。

（4）在这一类型中，构成义位的两个语素义各不相同，有的彼此有联系，有的没有联系，但是义位是两个构词语素的简单相加，语素义与义位的联系直接而紧密。义位义类与语素义类又有很强的对应关系。有下列四种类型：①前向型。有3747个词语，占总数的20.9%，如：布匹、提高、臭气、思乡等。两个构词语素之间多为限定和支配关系。②后向型。有7012个词语，占39.3%，如：利器、书脊、性急、地陷等。两个构词语素之间多为限定和判断关系。③同向型。有5600个词语，占31.4%，如：弟兄、低矮、翻搅、惊惧等。两个构词语素之间多为同位关系。④无向型。有 1509 个词语，占总数的 8.4%，如：午餐、麦浪、吹灯、抿嘴等。两个构词语素之间多为限定和支配关系。通过对这四种类型考察我们发现，义位义类与后一个语素义类相同的词语所占的比例高于其他三种类型，而且 A 人、B 物、D 抽象事物这三类与其他义类相比在双音合成词的后一个位置上出现的频率更高。这说明这些结构中处在后一个位置上的大多是事物和人一类的，因为人和事物是宇宙世界的主体，其他都是由此而生发的，在词汇发展的过程中也遵循了以人和事物为中心附加其他属性而生成新词语的规则。

第六节　a+b=a+b+d 类型的语义构词规则研究

这一类型中，义位不是简单的等于两个语素义之和，而是增加了一些为表达所需的内容或发掘义位表层所蕴含的内容。属于第六种类型的词共有 17696 个，占总数的 36.4%。

一　a+b=a+b+d 类型的分类及研究

（一）词的义类为 A 类的词语

在这一类型中，选取两个语素构成的词的义类为 A 类的词语，共 1981 个，占 11.2%。

1. 词义义类情况

表 2.52　　　　　　　　　　　构成词义义类为 A 类的情况

语素义类 1	语素义类 2	词义义类	数量	百分比	举例
A			250	12.6%	霸主、宗师
B			136	6.9%	水师、马贼
C			32	1.6%	后妈、寨主
D	A	A	282	14.2%	罪犯、财迷
E			301	15.2%	巨匠、高士
F			22	1.1%	听众、刨工
G			21	1.1%	快婿、惯犯
H			198	10.0%	赌棍、逃犯

续表

语素义类 1	语素义类 2	词义义类	数量	百分比	举例
I			50	2.5%	败将、死囚
J	A	A	33	1.7%	损友、同僚
K			24	1.2%	阿公、专人

由表 2.52 可以看出，语素义类 2 是 A 类的词语占优势，有 1349 个，占总数的 68.1%。

2. 构词特点分析：

（1）组成词义义类 A 的方式共有 88 种，其中 E+A 方式数量最多，共 301 个，而第一个语素位置上没有出现 L 义类。

（2）从义类来看，构词语素义类与义位义类有很强的规则性。有 250 个词语的义位义类与两个语素义类大类一致，占总数的 12.6%，如：人犯（A+A→A）、逆贼（A+A→A）；有 111 个词语的义位义类与前一个语素义类大类一致，占总数的 5.6%，如：丐户（A+D→A）、侨胞（A+E→A）；有 1099 个词语的义位义类与后一个语素义类大类一致，占总数的 55.5%，如：山寇（B+A→A）、党员（D+A→A）；有 521 个词语的义位义类与两个语素义类均不相同，占总数的 26.3%，如：羽士（B+D→A）、元老（C+E→A）。

（3）从意义来看，义位不是两个语素义的简单相加，而是除了语素义之外还包含了其他的意义，义位所包含的内容比两个语素义所表示的内容有所增加。有以下几种情况：①表示动作的两个语素构成的词语表示人的意义，而义位所表示的人是动作的发出者，如"裁缝"是"以做衣服为职业的人"，"指挥"是"发令调度的人"，义位不只是两个语素义的简单相加，而是增加了表示人的意义；②某个语素改变了词性，如"弃儿"是"被父母遗弃的孩子"，"遗老"是"改朝换代后仍然效忠前一个朝代的老臣子"，"弃"和"遗"在这里由一个动词性的语素变成了一个修饰人的形容词性的语素；③前一个语素是经过比较的结果，如上官、中尉、下人等。特别是对等级的高低（上士、中士、下士）加以区别，方便使用；④两个构词语素组合成词后增加了某种陪义，如"宫女"指的是"被征选在皇廷里服役的女子"，这个意思在现代不通用了，只有叙写古代社会生活时才用得着，因此"宫女"带有时代陪义，"公使"是一个外交领域的名词，带有语域陪义。

（二）词的义类为 B 类的词语

在这一类型中，选取两个语素构成的词的义类为 B 类的词语，共 3929 个，占 22.2%。

1. 词义义类情况

表 2.53　　　　　　　　　　构成词义义类为 B 类的情况

语素义类 1	语素义类 2	词义义类	数量	百分比	举例
A			36	0.9%	人参、民房
B			1780	45.3%	蔗糖、纸烟
C			172	4.4%	蜀绣、外衣
D			255	6.5%	喜酒、军帽
E			479	12.2%	绿茶、黄油
F	B	B	171	4.4%	挂钟、跑鞋
G			5	0.1%	惊雷、热货
H			280	7.1%	游艇、话筒
I			198	5.0%	风筝、摇椅
J			30	0.8%	跳棋、存单
K			14	0.4%	凭据、对襟

由表 2.53 可以看出，语素义类 2 是 B 类的词语占优势，有 3420 个，占总数的 87.1%。

2. 构词特点分析

（1）组成词义义类 B 的方式共有 79 种，其中 B+B 方式数量最多，共 1780 个，而第一个语素位置上没有出现 L 义类。

（2）从义类来看，构词语素义类与义位义类有很强的规则性。有 1780 个词语的义位义类与两个语素义类大类一致，占总数的 45.3%，如：毒品（B+B→B）、纸烟（B+B→B）；有 254 个词语的义位义类与前一个语素义类大类一致，占总数的 6.5%，如：山君（B+A→B）、心里（B+C→B）；有 1640 个词语的义位义类与后一个语素义类大类一致，占总数的 41.7%，如：商品（D+B→B）、特产（E+B→B）；有 254 个词语的义位义类与两个语素义类均不相同，占总数的 6.5%，如：寒带（E+C→B）、大客（E+A→B）。

（3）从意义来看，义位所包含的内容比两个语素义所表示的内容有所增加。如以下四种情况：①前一个语素指明主体特征，如"绿茶"不是"绿色的茶"，直接简单地加以组合并不能直接得出准确的义位，因为"绿"只是"绿茶"的一个典型特征，需两个语素结合起来再加入其他意义才能准确得出义位，它是更偏重从工序上与其他类茶叶相区别的。②表示动作的两个语素构成的词语表示物的意义，而义位所表示的物是动作所涉及的对象，如"披挂"是"穿戴的盔甲"，"摆设"是"摆设的东西（多指供欣赏的艺术品）"，义位不只是两个语素义的简单相加，而是增加了表示物的意义；③前一个语素义与后一个语素义有领属关系，如"玉石"中的"玉"也属于石头的一种，因此"玉"和"石"有领属关系；④两个构词语素组合成词后增加了某种陪义，如"梯田"指的是"形状像楼梯，沿着山坡开辟的一级一级的农田"，这个词语刻画出了事物的形态形象，因此"梯田"带有形象陪义，"林海"常用在一些文学创作中，属于书面语体中的文学语体，带有语体陪义。

（三）词的义类为 C 类的词语

在这一类型中，选取两个语素构成的词的义类为 C 类的词语，共 914 个，占 5.2%。

1. 词义义类情况

表 2.54　　　　　　　　　　　构成词义义类为 C 类的情况

语素义类 1	语素义类 2	词义义类	数量	百分比	举例
A			9	1.0%	王朝、客场
B			98	10.7%	林场、汛期
C			183	20.0%	边寨、天际
D			79	8.6%	军港、灾区
E			101	11.1%	异域、永夜
F	C	C	13	1.4%	拂晓、码头
G			2	0.2%	畏途、颓龄
H			61	6.7%	流年、战地
I			42	4.6%	凌晨、屯落
J			24	2.6%	当日、领域
K			21	2.3%	从前、沿线

由表 2. 54 可以看出，语素义类 2 是 C 类的词语占优势，有 633 个，占总数的 69. 3%。

2. 构词特点分析

（1）组成词义义类 C 的方式共有 65 种，其中 C+C 方式数量最多，共 183 个，而第一个语素位置上没有出现 L 义类。

（2）从义类来看，构词语素义类与义位义类有很强的规则性。有 183 个词语的义位义类与两个语素义类大类一致，占总数的 20. 0%，如：晚年（C+C→C）、疆场（C+C→C）；有 87 个词语的义位义类与前一个语素义类大类一致，占总数的 9. 5%，如：终生（C+D→C）、岁暮（C+E→C）；有 435 个词语的义位义类与后一个语素义类大类一致，占总数的 47. 6%，如：耄期（A+C→C）、禁区（H+C→C）；有 194 个词语的义位义类与两个语素义类均不相同，占总数的 21. 2%，如：星霜（B+B→C）、险要（E+E→C）。

（3）从意义来看，义位所包含的内容比两个语素义所表示的内容有所增加。有以下两种情况：①不表示时间义和空间义的两个语素构成的词语增加了时间义和空间义，如"晦"指"昏暗"，"明"指"明亮"，"晦明"的意思是"夜间和白天"，"航"指"航行"，"道"指"道路"，"航道"的意思是"船舶或飞机安全航行的通道"。②两个构词语素组合成词后增加了某种陪义，如"法场"指的是"旧时执行死刑的地方"，这个意思在现代不通用了，因此"法场"带有时代陪义，"商场"是一个商业领域的名词，带有语域陪义。

（四）词的义类为 D 类的词语

在这一类型中，选取两个语素构成的词的义类为 D 类的词语，共 3720 个，占 21. 0%。

1. 词义义类情况

表 2. 55　　　　　　　　　构成词义义类为 D 类的情况

语素义类 1	语素义类 2	词义义类	数量	百分比	举例
A			89	2. 4%	儿歌、自传
B			329	8. 8%	金疮、酒令
C	D	D	137	3. 7%	空缺、夜校
D			729	19. 6%	银行、党校
E			494	13. 3%	私塾、魔术

续表

语素义类 1	语素义类 2	词义义类	数量	百分比	举例
F			35	0.9%	行程、见识
G			69	1.9%	信念、敬辞
H	D	D	396	10.7%	牧歌、话剧
I			150	4.0%	集刊、盈余
J			78	2.1%	寓言、限额
K			46	1.2%	手稿、协会

由表 2.55 可以看出，语素义类 2 是 D 类的词语占优势，有 2542 个，占总数的 68.3%。

2. 构词特点分析

（1）组成词义义类 D 的方式共有 110 种，其中 D+D 方式数量最多，共 729 个，而第一个语素位置上没有出现 L 义类。

（2）从义类来看，构词语素义类与义位义类有很强的规则性。有 729 个词语的义位义类与两个语素义类大类一致，占总数的 19.6%，如：列传（D+D→D）、法事（D+D→D）；有 273 个词语的义位义类与前一个语素义类大类一致，占总数的 7.3%，如：国秉（D+H→D）、藩属（D+J→D）；有 1813 个词语的义位义类与后一个语素义类大类一致，占总数的 48.7%，如：堂威（B+D→D）、金婚（E+D→D）；有 905 个词语的义位义类与两个语素义类均不相同，占总数的 24.3%，如：破体（H+B→D）、默契（I+J→D）。

（3）从意义来看，义位所包含的内容比两个语素义所表示的内容有所增加。有以下三种情况：①增加了表示物的意义，两个不表示物义的语素构成的词语表示物的意义，如"遭遇"是指"遇到的事情"，"保证"是指"作为担保的事物"；②两个构词语素中有一个语素义是敬称或谦称，这一类词包含着丰富的文化内涵和社会信息，如寒舍、敝舍；③两个构词语素组合成词后增加了某种陪义，如"水师"指的是"旧时的海军"，这个意思在现代不通用了，因此"水师"带有时代陪义，"噱头"最早是某个地方的方言词，是进入民族共同语时间较短的义位，带有方言陪义。

（五）词的义类为 E 类的词语

在这一类型中，选取两个语素构成的词的义类为 E 类的词语，共

316530 个，占 9.3%。

1. 词义义类情况

表 2.56 构成词义义类为 E 类的情况

语素义类 1	语素义类 2	词义义类	数量	百分比	举例
A	E		14	0.9%	自卑、英武
B	E		60	4.8%	芳菲、手勤
C	E		14	0.9%	科甲、乡僻
D	B		85	8.1%	极品、尖端
E	E		406	24.6%	雄厚、虔诚
F	B	E	7	0.4%	扎眼、下饭
G	D		21	1.3%	倾心、惬意
H	H		30	1.8%	矜夸、谲诈
I	E		49	3.0%	失实、凌厉
J	D		46	2.8%	偏心、趁钱
K	D		32	1.9%	无极、擅权

由上表可以看出，语素义类 2 是 E 类的词语占优势，有 543 个。

2. 构词特点分析

（1）组成词义义类 E 的方式共有 103 种，其中 E+E 方式数量最多，共 406 个，而第一个语素位置上没有出现 L 义类。

（2）从义类来看，构词语素义类与义位义类有很强的规则性。有 406 个词语的义位义类与两个语素义类大类一致，占总数的 24.6%，如：繁芜（E+E→E）、简短（E+E→E）；有 403 个词语的义位义类与前一个语素义类大类一致，占总数的 24.4%，如：微型（E+B→E）、高档（E+D→E）；有 255 个词语的义位义类与后一个语素义类大类一致，占总数的 15.4%，如：笔挺（B+E→E）、边远（C+E→E）；有 589 个词语的义位义类与两个语素义类均不相同，占总数的 35.6%，如：驼色（B+B→E）、落寞（H+C→E）。

（3）从意义来看，义位所包含的内容比两个语素义所表示的内容有所增加。有以下三种情况：①当两个构词语素组合成词以后，其中某个语素的词性发生了变化，一般是名词性变为形容词性，因而合成词的词义增加了其他的意义。如："牙色"中的"牙"特指象牙，"色"的意思是颜色，而"牙色"的意思是与象牙类似的淡黄色，"牙"的词性由名词变为形容词；②前一个语素是经过比较的结果，如中型、中等等。在此类中对一事物按照容量的大小（大型、中型、小型）、等级的高低（上等、中等、下等），加以等级或词序的区别，方便使用；③两个构词语素组合成词后增加了某种陪义，如"羞耻"带有庄严、郑重的附属义，因此"羞耻"带有风格陪义。

（六）词的义类为 F 的词语

在这一类型中，选取两个语素构成的词的义类为 F 类的词语，共 288个，占 1.6%。

1. 词义义类情况

表 2.57 　　　　　　　　　**构成词义义类为 F 类的情况**

语素义类 1	语素义类 2	词义义类	数量	百分比	举例
B	F	F	13	4.5%	鱼跃、牛饮
C	H		1	0.4%	内顾
D	D		1	0.4%	步履
E	F		14	4.9%	慢走、长跪
F	B		40	13.9%	振臂、开工
G	I		2	0.7%	哀号、哀鸣
H	F		19	6.6%	安放、倒嚼
I	B		21	7.3%	回眸、盘腿
J	B		4	1.4%	发声、去冠
K	F		2	0.7%	对视、依偎

由表 2.57 可以看出，语素义类 2 是 B 类的词语占优势，有 65 个。

2. 构词特点分析

（1）组成词义义类 F 的方式共有 50 种，其中 F+B 方式数量最多，共40 个，而第一个语素位置上没有出现 A、L 义类。

（2）从义类来看，构词语素义类与义位义类有很强的规则性。有 17个词语的义位义类与两个语素义类大类一致，占总数的 5.9%，如：投放（F+F→F）、披挂（F+F→F）；有 75 个词语的义位义类与前一个语素义类大类一致，占总数的 26.0%，如：拉手（F+B→F）、拧断（F+I→F）；有66 个词语的义位义类与后一个语素义类大类一致，占总数的 22.9%，如：

豪饮（E+F→F）、张贴（I+F→F）；有 130 个词语的义位义类与两个语素
义类均不相同，占总数的 48.1%，如：回头（I+B→F）、起立（I+I→F）。

（3）从意义来看，义位所包含的内容比两个语素义所表示的内容有
所增加。有以下三种情况：①前一个语素是表示动作的，后一个语素补出
动作涉及的对象，如挑脚、跑马等；②后一个语素是表示动作的，前一个
语素是动作的发出者或发生的方式，如鱼跃、游逛等；③两个构词语素组
合成词后增加了某种陪义，如"坐禅"是佛教用语，属于宗教语言，因
此"坐禅"带有语域陪义。

（七）词的义类为 G 类的词语

在这一类型中，选取两个语素构成的词的义类为 G 类的词语，共 518
个，占 2.9%。

1. 词义义类情况

表 2.58　　　　　　　　　　　　构成词义义类为 G 类的情况

语素义类 1	语素义类 2	词义义类	数量	百分比	举例
A	H		4	0.8%	自许、自问
B	G		6	1.2%	心疼、眼馋
C	G		1	0.2%	后怕
D	G		27	5.2%	心急、嫌疑
E	G		21	4.1%	宽慰、遐想
F	F	G	5	1.0%	窥见、趑趄
G	G		48	9.3%	眷恋、体谅
H	G		30	5.8%	回溯、翻悔
I	D		16	3.1%	息怒、成瘾
J	D		26	5.0%	领情、可意
K	G		11	2.1%	向慕、切记

由表 2.58 可以看出，语素义类 2 是 G 类的词语占优势，有 144 个。

2. 构词特点分析

（1）组成词义义类 G 的方式共有 78 种，其中 G+G 方式数量最多，
共 48 个，而第一个语素位置上没有出现 L 义类。

（2）从义类来看，构词语素义类与义位义类有很强的规则性。有 48
个词语的义位义类与两个语素义类大类一致，占总数的 9.3%，如：震悚

（G+G→G）、体恤（G+G→G）；有 113 个词语的义位义类与前一个语素义类大类一致，占总数的 21.8%，如：铭心（G+B→G）、蕲求（G+H→G）；有 124 个词语的义位义类与后一个语素义类大类一致，占总数的 23.9%，如：气馁（D+G→G）、无奈（K+G→G）；有 233 个词语的义位义类与两个语素义类均不相同，占总数的 45.0%，如：霁颜（I+B→G）、泄劲（B+D→G）。

（3）从意义来看，义位所包含的内容比两个语素义所表示的内容有所增加。有以下两种情况：①由词组乃至句子紧缩凝结后形成双音复合词，往往表达比较复杂的关系，蕴含比较丰富的语义，如"追悔"这个词中的两个语素之间有承接关系；②两个构词语素组合成词后增加了某种陪义，如"傲睨"和"睥睨"，基义（这里指的主要是理性义素）相同，都是眼睛斜着看。而"傲睨"还有次要理性义素——因骄傲而致，因此"傲睨"带有属性陪义。

（八）词的义类为 H 类的词语

在这一类型中，选取两个语素构成的词的义类为 H 类的词语，共 2906 个，占 16.4%。

1. 词义义类情况

表 2.59　　　　　　　　　　构成词义义类为 H 类的情况

语素义类 1	语素义类 2	词义义类	数量	百分比	举例
A			16	0.6%	客运、君临
B			88	3.0%	枪毙、肩负
C			29	1.0%	郊游、空袭
D			69	2.4%	礼让、法办
E			109	3.8%	特赦、漫游
G	H	H	28	1.0%	干谒、慰唁
H			524	18.0%	呈正、免刑
I			119	4.1%	离异、转嫁
J			60	2.1%	超脱、克扣
K			38	1.3%	预赛、交易
L			1	0.03%	劳驾
F	B	H	113	3.9%	穿孝、吃斋

由表 2.59 可以看出，语素义类 2 是 H 类的词语占优势，有 1081 个。

2. 构词特点分析

（1）组成词义义类 H 的方式共有 116 种，其中 H+H 方式数量最多，共 524 个。

（2）从义类来看，构词语素义类与义位义类有很强的规则性。有 524 个词语的义位义类与两个语素义类大类一致，占总数的 18.0%，如：绥靖（H+H→H）、探勘（H+H→H）；有 900 个词语的义位义类与前一个语素义类大类一致，占总数的 31.0%，如：莅官（H+A→H）、朝贡（H+B→H）；有 611 个词语的义位义类与后一个语素义类大类一致，占总数的 21.0%，如：自伐（A+H→H）、改篡（I+H→H）；有 871 个词语的义位义类与两个语素义类均不相同，占总数的 30.0%，如：屈驾（D+A→H）、切脉（I+B→H）。

（3）从意义来看，义位所包含的内容比两个语素义所表示的内容有所增加。有以下三种情况：①某个语素改变了词性，如"替工"是"代替别人上班的工人"，"铸工"是"铸造器物的技术工人"，"替"和"铸"在这里由一个动词性的语素变成了一个修饰人的形容词性的语素；②前一个语素是表示动作的，后一个语素补出动作涉及的对象，如骑马、刨茬、登陆等；③两个构词语素组合成词后增加了某种陪义，如"朝贡"指的是"君主时代藩国或外国的使臣朝见君主时，敬献礼物"，其所指早已消亡，后无义位取而代之，因此"朝贡"带有时代陪义。"把脉"是医学领域的术语，因此带有语域陪义。

（九）词的义类为 I 类的词语

在这一类型中，选取两个语素构成的词的义类为 I 类的词语，共 1148 个，占 6.5%。

1. 词义义类情况

表 2.60　　　　　　　　　构成词义义类为 I 类的情况

语素义类 1	语素义类 2	词义义类	数量	百分比	举例
A			1	0.09%	祖传
B			52	4.5%	辐辏、硫化
C	I	I	10	0.9%	荫翳、上涨
D			16	1.4%	风瘫、量变
E			43	3.8%	浮动、漫衍

续表

语素义类 1	语素义类 2	词义义类	数量	百分比	举例
F			21	1.8%	抽泣、奔泻
G			8	0.7%	苦笑、委顿
H	I	I	44	3.8%	战败、违误
I			106	9.2%	连亘、谪降
J	D	I	49	4.3%	称意、罹病
K	H	I	13	1.1%	对换、在押

由表 2.60 可以看出，语素义类 2 是 I 类的词语占优势，有 301 个。

2. 构词特点分析

(1) 组成词义义类 I 的方式共有 88 种，其中 I+I 方式数量最多，共 106 个，而第一个语素位置上没有出现 L 义类。

(2) 从义类来看，构词语素义类与义位义类有很强的规则性。有 106 个词语的义位义类与两个语素义类大类一致，占总数的 9.2%，如：再生 (I+I→I)、衍续 (I+I→I)；有 324 个词语的义位义类与前一个语素义类大类一致，占总数的 28.2%，如：凌霄 (I+B→I)、驰誉 (I+D→I)；有 233 个词语的义位义类与后一个语素义类大类一致，占总数的 20.3%，如：中殇 (C+I→I)、丰登 (E+I→I)；有 485 个词语的义位义类与两个语素义类均不相同，占总数的 42.3%，如：年馑 (D+D→I)、解体 (F+B→I)。

(3) 从意义来看，义位所包含的内容比两个语素义所表示的内容有所增加。有以下两种情况：①词性的改变会引起词义的转移或增加，如："涓涓"中"涓"的意思是细小的流水，词性是名词，而"涓涓"的意思是细水漫流的样子，词性是形容词；②两个构词语素组合成词后增加了某种陪义，如"殉职"和"殉国"，基义（这里指的主要是理性义素）相同，都是因公而牺牲生命。而"殉国"还有次要理性义素——为国家利益而牺牲，因此"殉国"带有属性陪义。"开盘"是房地产领域的术语，因此带有语域陪义。

（十）词的义类为 J 类的词语

在这一类型中，选取两个语素构成的词的义类为 J 类的词语，共 275 个，占 1.6%。

1. 词义义类情况

表 2.61 构成词义义类为 J 类的情况

语素义类 1	语素义类 2	词义义类	数量	百分比	举例
A	J		2	0.7%	自命、人垄
B	J		2	0.7%	影射、囊括
C	K		1	0.4%	位于
D	D		5	1.8%	象征、福利
E	J		7	2.6%	适应、总括
F	F		6	2.2%	牵掣、系缚
G	J	J	3	1.1%	认作、相左
H	J		18	6.6%	役属、攘除
I	H		10	3.6%	浸染、熏陶
J	H		15	5.5%	受降、连坐
K	J		12	4.4%	渐灭、以致
L	K		1	0.4%	有赖

由表 2.61 可以看出，语素义类 2 是 J 类的词语占优势，有 44 个。

2. 构词特点分析

（1）组成词义义类 J 的方式共有 68 种，其中 H+J 方式数量最多，共 18 个。

（2）从义类来看，构词语素义类与义位义类有很强的规则性。有 12 个词语的义位义类与两个语素义类大类一致，占总数的 4.4%，如：泯灭（J+J→J）、牵连（J+J→J）；有 63 个词语的义位义类与前一个语素义类大类一致，占总数的 22.9%，如：同僚（J+A→J）、罄尽（J+K→J）；有 58 个词语的义位义类与后一个语素义类大类一致，占总数的 21.1%，如：影射（B+J→J）、赢得（I+J→J）；有 142 个词语的义位义类与两个语素义类均不相同，占总数的 51.6%，如：龃谢（K+H→J）、抵牾（H+H→J）。

（3）从意义来看，义位所包含的内容比两个语素义所表示的内容有所增加。有以下两种情况：①由词组乃至句子紧缩凝结后形成双音复合词，往往表达比较复杂的关系，蕴含比较丰富的语义，如"推动"和"扭转"这两个词中的两个语素之间有因果关系和承接关系；②两个构词语素组合成词后增加了某种陪义,如"博得"和"赢得",基义(这里指的主要是理性义素)相同,都是取得(好感、同情、赞誉等)。而"赢得"还有次要理性义素——胜利而得,因此"赢得"带有属性陪义。

(十一)词的义类为 K 类的词语

在这一类型中,选取两个语素构成的词的义类为 K 类的词语,共 309个,占 1.8%。

1. 词义义类情况

表 2.62　　　　　　　　　　　**构成词义义类为 K 类的情况**

语素义类 1	语素义类 2	词义义类	数量	百分比	举例
A	G		1	0.3%	谁知
B	K		1	0.3%	面对
C	K		3	1.0%	日渐、日趋
D	D		4	1.3%	八成、次第
E	E		12	3.9%	通统、萧萧
F	B	K	9	2.9%	劈头、迎面
G	D		4	1.3%	专力、敢情
H	D		17	5.5%	任性、援例
I	I		12	3.9%	绵绵、相继
J	D		8	2.6%	拼命、有心
K	K		58	18.8%	嘎嘎、咿呀

由表 2.62 可以看出,语素义类 2 是 K 类的词语占优势,有 62 个。

2. 构词特点分析

(1)组成词义义类 K 的方式共有 62 种,其中 K+K 方式数量最多,共 58 个,而第一个语素位置上没有出现 L 义类。

(2)从义类来看,构词语素义类与义位义类有很强的规则性。有 58个词语的义位义类与两个语素义类大类一致,占总数的 18.8%,如:咔嚓(K+K→K)、不止(K+K→K);有 87 个词语的义位义类与前一个语素义类大类一致,占总数的 28.2%,如:连日(K+C→K)、不料(K+G→K);有 24 个词语的义位义类与后一个语素义类大类一致,占总数的7.8%,如:大概(E+K→K)、截然(H+K→K);有 140 个词语的义位义类与两个语素义类均不相同,占总数的 45.3%,如:飒飒(I+I→K)、如斯（J+E→K）。

（3）从意义来看，义位所包含的内容比两个语素义所表示的内容有所增加。有以下情况：两个构词语素组合成词后增加了某种陪义，如"咕咚""霈霈"等象声词表现了声音形象，因此它们带有形象陪义。

（十二）词的义类为 L 类的词语

在这一类型中，选取两个语素构成的词的义类为 L 类的词语，共 57个，占 0.3%。

1. 词义义类情况

表 2.63　　　　　　　　构成词义义类为 L 类的情况

语素义类 1	语素义类 2	词义义类	数量	百分比	举例
A	E		1	1.8%	自便
E	H		4	7.0%	拜辞、恭贺
F	H		1	1.8%	聆教
G	D		1	1.8%	敬辞
H	D	L	8	14.0%	费心、失礼
I	H		2	3.5%	回见、失迓
J	H		4	7.0%	承教、失陪
K	H		6	10.5%	再会、不送
L	H		5	8.8%	请回、叨教

由表 2.63 可以看出，语素义类 2 是 H 类的词语占优势，有 22 个。

2. 构词特点分析

（1）组成词义义类 L 的方式共有 23 种，其中 H+D 方式数量最多，共 8 个，而第一个语素位置上没有出现 B、C、D 义类。

（2）从义类来看，构词语素义类与义位义类有很强的规则性。有 1个词语的义位义类与两个语素义类大类一致，占总数的 1.8%，如：有劳（L+L→L）；有 9 个词语的义位义类与前一个语素义类大类一致，占总数的 15.8%，如：请便（L+E→L）、劳驾（L+H→L）；有 47 个词语的义位义类与两个语素义类均不相同，占总数的 82.5%，如：失礼（H+D→L）、失陪（J+H→L）。在此类中，没有词语的义位义类与后一个语素义类大类一致。

（3）从意义来看，义位所包含的内容比两个语素义所表示的内容有所增加。有以下情况：两个构词语素组合成词后增加了某种陪义，如"请问""失陪"等词语表示尊敬和客套的态度，因此它们带有情态陪义。

二　a+b=a+b+d 类型的构词规则的特点

通过对具体规则的归纳、统计，我们发现第六种类型的构词规则大致有以下特点：

（1）在第六种类型中，每个义类的语素构词能力不尽相同，按照构词频率构成下列不等式，括号里的数字是频度。B 物（7934）>D 抽象事物（6495）>H 活动（5288）>E 特征（4537）>I 现象与状态（2574）>A 人（2169）>C 时间与空间（1941）>J 关联（1214）>K 助语（1140）>F 动作（1120）>G 心理活动（957）>L 敬语（21）。由此我们可以看出有些语素义类出现次数较多，有些出现次数较少，这说明语素的构词能力强弱不同。出现次数较多的，说明语素构词能力较强，而出现次数较少的，说明语素构词能力较弱。因此，我们可以发现，构词能力最强的是 B 类，其余按数量的多少依次是：D、H、E、I、A、C、J、K、F、G、L。L 类的语素构词能力最弱。

在第六种类型中，出现次数最多的各语素义类中类的统计如下（"＼"前为中类的出现次数、后为中类在大类中所占的比例）：

Aa：561 ＼ 25.9%；Bk：921 ＼ 11.6%；Cb：996 ＼ 51.3%；Dk：1249 ＼ 19.2%；Ed：1660 ＼ 36.6%；Fa：665 ＼ 59.4%；Gb：598 ＼ 62.5%；Hi：1419 ＼ 26.8%；Id：626 ＼ 24.3%；Jd：496 ＼ 40.9%；Ka：633 ＼ 55.5%。

由数据可知，所列举的中类在其所属的大类中均为构词能力最强的。

（2）在属于第六类型的 17000 多个双音合成词中，12 个大类包含的词语数量构成下列不等式，括号中为合成词的数量。B 物（3929）>D 抽象事物（3720）>H 活动（2906）>A 人（1981）>E 特征（1653）>I 现象与状态（1148）>C 时间与空间（914）>G 心理活动（518）>K 助语（309）>F 动作（288）>J 关联（275）>L 敬语（57）。由此可以看出，在第六类型中，构成词的数量最多的是 B 义类，其余按数量的多少依次是：D、H、A、E、I、C、G、K、F、J、L。在上面的统计结果中，作为语素出现次数较多的 B、D、H、E、I 义类同时也是构成词语数量较多的义类，这说明构词能力较强的语素构成词的概率也相对较高；同样构词能力较弱的 J、K、F、G、L 义类语素,其构成词的概率也相对较低。

在第六种类型中,包含词语数量最多的各语素义类中类的统计如下("\"前为所属中类的词的数量、后为构成词的数量最多的中类在大类中所占的比例):

Ae:464 \ 23.4%;Bp:804 \ 20.5%;Ca:462 \ 50.5%;Dk:1058 \ 28.4%;Ed:578 \ 35.0%;Fa:96 \ 33.3%;Gb:280 \ 54.1%;Hj:676 \ 23.3%;Ib:215 \ 18.7%;Jd:93 \ 33.8%;Ka:234 \ 75.7%。

以上列举的中类在其所属的大类中包含的双音合成词都是最多的。

(3)在第六种类型中,从构词方式来看,由于词的数量的增加,相应地,各类的构词方式也有所增加,而且各类的构词种类大致一样,基本上各种语素义和语素义结合的方式都有了。每类中占优势的构词方式分布见表 2.64。

表 2.64　　　　　　　　义位义类的主要构成方式的统计

义位义类	A	B	C	D	E	F	G	H	I	J	K	L
构成方式	E+A	B+B	C+C	D+D	E+E	F+B	G+G	H+H	I+I	H+J	K+K	H+D
数量(个)	301	1780	183	729	406	40	48	524	106	18	58	8
比例(%)	15.2	45.3	20.0	19.6	24.6	13.9	9.3	18.0	9.2	6.6	18.8	14.0

由表 2.64 我们可以看出,在各类的构词方式中,由与义位义类相同的前后两个语素义类构成的方式占主导地位。在占优势的构词方式中,有的构词方式的义位义类与前一个或后一个的语素义类相同。而我们对这些构成方式的考察发现,义位是在两个语素义之和的基础上,加上一些为表达所需要的内容,义位与构成它的语素义是有联系的。

(4)在这一类型中,义位不是两个语素义的简单相加,而是除了语素义之外还包含了其他的意义,义位所包含的内容比两个语素义所表示的内容有所增加,增加了一些为表达所需的内容或发掘义位表层所蕴含的内容。这一类型的词共有 17696 个,这与现代汉语词汇中,义位等于语素义之和加上其他内容的情况是最常见、也是最多的这一情况是一致的。随着社会生活的发展,新事物、新现象出现的越来越多,人们在认识的基础上,紧扣住两个语素义,通过推演并在释义中增加一些语素义本身没有的内容,以便更完整地理解某种事物或现象。

从意义来看，义位所包含的内容比两个语素义所表示的内容有所增加。主要有以下三种情况：①某个语素改变了词性，如"弃儿"是"被父母遗弃的孩子"，"遗老"是"改朝换代后仍然效忠前一个朝代的老臣子"，"弃"和"遗"在这里由一个动词性的语素变成了一个修饰人的形容词性的语素。②两个构词语素组合成词后增加了某种陪义，如"博得"和"赢得"，基义（这里指的主要是理性义）相同，都是取得（好感、同情、赞誉等）。而"赢得"还有次要理性义素—胜利而得，因此"赢得"带有属性陪义。这里所说的陪义是义位的附属意义、附属语义特征、附属义值、补充义值，是"一个词的基本意义之外的含义"。张志毅、张庆云两位老师在诸家成果基础上，提出了"九元论"，把陪义分为：属性陪义、情态陪义、形象陪义、风格陪义、语体陪义、时代陪义、方言陪义、语域陪义、外来陪义。③义位不是简单地等于两个语素义之和，而是增加了一些为表达所需的内容或发掘义位表层所蕴含的内容，这里所说的增加的内容包括符淮青先生提出的"词义的暗内容""为表述需要补充的内容""知识性附加内容"以及这三种内容和语素义交叉的情况。

从义类分析来看，两个构词语素义类与义位义类有很强的对应关系。有下列四种类型：①前向型。有 2699 个词语，占总数的 15.3%，如：朝贡、驰誉、铭心、馨尽等。②后向型。有 6358 个词语，占 35.9%，如：特产、气馁、豪饮、山寇等。而在词义义类为 L 类中，没有词语是属于后向型的。③同向型。有 4114 个词语，占 23.3%，如：晚年、毒品、绥靖、再生等。④无向型。有 4511 个词语，占总数的 25.5%，如：寒带、默契、切脉、牙色等。考察了以上四种类型的词语，我们发现两个构词语素之间的关系是非常复杂的，有限定关系（绿茶）、同位关系（庄园）、支配关系（拉钩）和判断关系（地震），但无一例外，义位并非是两个语素义的简单相加而是在两个语素义之外还加入其他内容。

第七节　a+b＝a+d 类型的语义构词规则研究

这一类型中，后一个语素义已经变成了其他意义，或者完全失落，义位是前一个语素的语素义加上一个新的语素义。属于第七种类型的词共有 2336 个，占总数的 4.8%。

一　a+b＝a+d 类型的分类及研究

（一）词的义类为 A 类的词语

在这一类型中，选取两个语素构成的词的义类为 A 类的词语，共 64 个。

1. 词义义类情况

表 2.65　　　　　　　　　　　构成词义义类为 A 类的情况

语素义类 1	语素义类 2	词义义类	数量	百分比	举例
A	D		18	10.7%	英华、瘪三
B	H		1	0.6%	酒保
C	H		3	1.8%	前驱、后学
D	A		5	3.0%	文丐、学长
E	B	A	26	15.5%	懒虫、混蛋
F	E		1	0.6%	捕快
H	B		5	3.0%	姘头、陪房
I	I		1	0.6%	哑巴
J	B		2	0.9%	搭档、同袍
K	H		2	1.2%	老总、专使

由表 2.65 可以看出，语素义类 2 是 B 类的词语占优势，有 33 个。

2. 构词特点分析：

（1）组成词义义类 A 的方式共有 38 种，其中 E+B 方式数量最多，共 26 个，而第一个语素位置上没有出现 G、L 义类。

（2）从义类来看，构词语素义类与义位义类有很强的规则性。有 17 个词语的义位义类与两个语素义类大类一致，占总数的 10.1%，如：先公（A+A→A）、舅妈（A+A→A），两个语素之间多为限定关系；有 57 个词语的义位义类与前一个语素义类大类一致，占总数的 33.9%，如：使节（A+D→A）、将领（A+H→A），两个语素之间多为限定和判断关系；有 10 个词语的义位义类与后一个语素义类大类一致，占总数的 6.0%，如：古董（E+A→A）、家长（D+A→A），两个语素之间多为限定关系；有 84 个词语的义位义类与两个语素义类均不相同，占总数的 50%，如：笨蛋（E+B→A）、搭档（J+B→A），两个语素之间多为限定关系。

（3）从意义来看，有以下三种情况：①后一个语素义失落，它和义位之间没有必然的联系，义位增加新义，如"病号"的意思是"部队、学校、机关等集体中的病人"。"号"的意义在这里已经失落，而增添了"人"义，这种情况居多。②通过修辞手法，后一个语素义转化为新义。一种是通过借代转化的义，如"首领"意思是"某些集团的领导人"，"领"没有"人"的意义，借"领"指"人"。一种是通过比喻转化的义，如"瘦猴"的意思是"身体瘦弱的人"，这里把"猴"比作"人"，是因为一般的猴子都很瘦小。还有一种是通过假借转化的义，如"同仁"，在现汉中的解释为"同'同人'"，"同人"的意思是"在同一单位工作的人或同行业的人"，"仁"没有"人"的意义，这里被借指"人"。③后一个语素义有着特定的区域或文化内涵，如果不属于此方言区或不熟悉古代文化常识就很难从字面上直接推求义位，如瘪三、储宫、阉寺等。

（二）词的义类为 B 类的词语

在这一类型中，选取两个语素构成的词的义类为 B 类的词语，共128 个。

1. 词义义类情况

表 2.66　　　　　　　　　　构成词义义类为 B 类的情况

语素义类 1	语素义类 2	词义义类	数量	百分比	举例
B	B	B	86	34.0%	喉结、坳堂
C			2	0.8%	前身、营盘
D			8	3.2%	商风、后尾
E			13	5.1%	膏泽、青黛
F			1	0.4%	拂尘
I			3	1.2%	屏风、浮土
K			1	0.4%	重明
H	H	B	1	0.4%	装置

由表 2.66 可以看出，语素义类 2 是 B 类的词语占优势，有 127 个。

2. 构词特点分析

（1）组成词义义类 B 的方式共有 40 种，其中 B+B 方式数量最多，共86 个，而第一个语素位置上没有出现 A、G、J、L 义类。

（2）从义类来看，构词语素义类与义位义类有很强的规则性。有86个词语的义位义类与两个语素义类大类一致，占总数的34.0%，如：海米（B+B→B）、木鱼（B+B→B），两个语素之间多为限定关系；有102个词语的义位义类与前一个语素义类大类一致，占总数的40.3%，如：石坎（B+C→B）、印信（B+D→B），两个语素之间多为限定关系；有28个词语的义位义类与后一个语素义类大类一致，占总数的11.1%，如：寿木（D+B→B）、乌金（E+B→B），两个语素之间多为限定关系；有37个词语的义位义类与两个语素义类均不相同，占总数的14.6%，如：夜宵（C+C→B）、契约（D+D→B），两个语素之间多为限定关系。

（3）从意义来看，有以下两种情况：①后一个语素义失落，它和义位之间没有必然的联系，义位增加新义，如"白干"的意思是"白酒，因无色、含水分少而得名"，"干"的意义在这里已经失落，而增添了"酒"义，这种情况居多；②后一个语素义通过借代转化为新义，如"青丝"意思是"黑发，多指女子的头发"，"丝"没有"头发"的意义，但头发和丝的形状相似，用"丝"借指"头发"。

（三）词的义类为 C 类的词语

在这一类型中，选取两个语素构成的词的义类为 C 类的词语，共31个，占3.6%。

1. 词义义类情况

表 2.67　　　　　　　　　构成词义义类为 C 类的情况

语素义类1	语素义类2	词义义类	数量	百分比	举例
A	I		1	1.2%	孩提
B	B		6	7.1%	日侧、茶座
C	B		13	15.3%	周缘、地点
D	B	C	1	1.2%	三元
E	B		7	8.2%	韶光、荒丘
I	D		2	2.4%	重九、壮室
J	D		1	1.2%	逝波

由表 2.67 可以看出，语素义类 2 是 B 类的词语占优势，有27个。

2. 构词特点分析

（1）组成词义义类 C 的方式共有 25 种，其中 C+B 方式数量最多，共

13 个，而在这一类中，第一个语素位置上没有出现 F、G、H、K、L 义类。

（2）从义类来看，构词语素义类与义位义类有很强的规则性。有 7 个词语的义位义类与两个语素义类大类一致，占总数的 8.2%，如：时分（C+C→C）巢穴（C+C→C），两个语素之间的关系多是平等并列的，多为同位关系；有 44 个词语的义位义类与前一个语素义类大类一致，占总数的 51.8%，如：中期（C+D→C）、年华（C+E→C），两个语素之间多为限定关系；有 1 个词语的义位义类与后一个语素义类大类一致，占总数的 1.2%，即蒲月（B+C→C）；有 33 个词语的义位义类与两个语素义类均不相同，占总数的 38.8%，如：楼座（B+B→C）、险厄（E+D→C），两个语素之间多为限定和支配关系。

（3）从意义来看，有以下三种情况：①后一个语素义失落，它和义位之间没有必然的联系，义位增加新义，如"要害"的意思是"比喻重要的部分或军事上重要的地点"，"害"的意义在这里已经失落，而增添了"部分""地点"的意义，这种情况居多。②通过修辞手法，后一个语素义转化为新义。一种是通过借代转化的义，如"故园"意思是"故乡"，"园"虽没有"家乡"的意义，但是有"种蔬菜、花果、树木的地方"的意义，借"园"指代"家乡"。一种是通过比喻转化的义，如"逝川"的意思是"岁月流逝"，"川"没有"岁月"的意思，这里把流水的逝去比作岁月的逝去。③异形字，如"重五"，"五"是"重午"的"午"的异形字，两者无语源关系，"重午"为规范用法。

（四）词的义类为 D 类的词语

在这一类型中，选取两个语素构成的词的义类为 D 类的词语，共 135 个。

1. 词义义类情况

表 2.68　　　　　　　　　构成词义义类为 D 类的情况

语素义类 1	语素义类 2	词义义类	数量	百分比	举例
A	B		4	0.9%	人寰、宦海
B	D		14	3.3%	音品、身段
C	B		5	1.2%	末梢、寿筵
D	D	D	74	17.4%	勋业、行道
E	D		18	4.2%	怪象、阴功
F	H		1	0.2%	履历

语素义类 1	语素义类 2	词义义类	数量	百分比	举例
G	B		2	0.4%	薄厚、愁云
H	B		8	1.9%	出头、话锋
I	B	D	3	0.7%	集体、亡灵
J	H		4	0.9%	存照
K	D		2	0.4%	本相、本色

由表 2.68 可以看出，语素义类 2 是 D 类的词语占优势，有 108 个，占总数的 27.9%。其次是 B 类的词语，有 18 个。

2. 构词特点分析

（1）组成词义义类 D 的方式共有 69 种，其中 D+D 方式数量最多，共 74 个，而在这一类中，第一个语素位置上没有出现 L 义类。

（2）从义类来看，构词语素义类与义位义类有很强的规则性。有 74 个词语的义位义类与两个语素义类大类一致，占总数的 17.4%，如：成果（D+D→D）、经典（D+D→D），两个语素之间多为限定关系；有 191 个词语的义位义类与前一个语素义类大类一致，占总数的 44.8%，如：潮流（D+I→D）、心怀（D+J→D），两个语素之间多为限定和判断关系；有 45 个词语的义位义类与后一个语素义类大类一致，占总数的 10.6%，如：音量（B+D→D）、难题（E+D→D），两个语素之间多为限定关系；有 116 个词语的义位义类与两个语素义类均不相同，占总数的 27.2%，如：宦海（A+B→D）、语气（H+B→D），两个语素之间多为限定和支配关系。

（3）从意义来看，有以下三种情况：①后一个语素义失落，它和义位之间没有必然的联系，义位增加新义，如"怨艾"的意思是"怨恨"，"艾"的意义在这里已经失落，而增添了"恨"的意义，这种情况居多。②通过修辞手法，后一个语素义转化为新义。一种是通过借代转化的义，如"本色"意思是"本来面貌"，"色"没有"面貌"的意义，它有"脸上表现的神情"之义，借"色"的此义指代"面貌"。一种是通过比喻转化的义，如"前程"的意思是"比喻将来的光景"，"程"没有"光景"的意义，这里把"程"的"道路"之义比作"光景"。还有一种是通过假借转化的义，如"女红"，在现汉中的解释为"同'女工'"，"女工"

的意思是"旧时指女子所做的纺织、缝纫、刺绣等工作和这些工作的成品，也作女红"，"红"没有"工作"的意义，这里被借指"工"。③后一个语素义有着特定的文化内涵，如果不熟悉古代文化常识就很难从字面上直接推求其义位，如八股、四库等。

（五）词的义类为 E 类的词语

在这一类型中，选取两个语素构成的词的义类为 E 类的词语，共216 个。

1. 词义义类情况

表 2.69　　　　　　　　　构成词义义类为 E 类的情况

语素义类 1	语素义类 2	词义义类	数量	百分比	举例
A	H	E	3	0.6%	自负、自居
B	H		1	0.2%	精审
C	G		1	0.2%	年尊
D	E		29	5.7%	艰涩、文明
E	E		162	32.0%	严谨、浮嚣
F	B		1	0.2%	斜楞
G	H		3	0.6%	应分、谙练
H	H		4	0.8%	扰攘、挥斥
I	E		5	1.0%	瘫软、腼腆
J	D		3	0.6%	逾常、合度
K	B		4	0.8%	专檀、全盘

由表 2.69 可以看出，语素义类 2 是 E 类的词语占优势，有 196 个。

2. 构词特点分析

（1）组成词义义类 E 的方式共有 56 种，其中 E+E 方式数量最多，共162 个，而在这一类中，第一个语素位置上没有出现 L 义类。

（2）从义类来看，构词语素义类与义位义类有很强的规则性。有 162个词语的义位义类与两个语素义类大类一致，占总数的 32.0%，如：忠诚（E+E→E）、弱小（E+E→E），两个语素之间的关系多是平等并列的，为同位关系；有 259 个词语的义位义类与前一个语素义类大类一致，占总数的 51.1%，如：微末（E+B→E）、瘦削（E+F→E），两个语素之间多为限定和支配关系；有 11 个词语的义位义类与后一个语素义类大类一致，占总数的 2.2%，如：艰涩（D+E→E）、文明（D+E→E），两个语素之间多为判断关系；有 75 个词语的义位义类与两个语素义类均不相同，占总数的 14.8%，如：驼色（B+B→E）、落寞（H+C→E），两个语素之间多为判断和支配关系。

（3）从意义来看，有以下两种情况：①后一个语素义失落，它和义位之间没有必然的联系，义位增加新义，如"顶牛"的意思是"比喻争持不下或相互冲突"，"牛"没有与之相关的意义，在这里已经失落，这种情况居多；②后一个语素义通过借代转化为新义，如"顺溜"意思是"通畅顺当，没有阻拦"，"溜"没有"阻拦"的意义，但它有"光滑、平滑"之义，借"溜"的此义指代"没有阻拦"。

（六）词的义类为 F 的词语

在这一类型中，选取两个语素构成的词的义类为 F 类的词语，共 11 个。

1. 词义义类情况

表 2.70　　　　　　　　　构成词义义类为 F 类的情况

语素义类 1	语素义类 2	词义义类	数量	百分比	举例
F	H		9	21.4%	奔逸、栽交
H	H	F	1	2.4%	问讯
I	H		1	2.4%	抢嘴

由表 2.70 可以看出，语素义类 2 是 H 类的词语占优势，有 11 个，占总数的 26.2%。

2. 构词特点分析

（1）组成词义义类 F 的方式共有 15 种，其中 F+H 方式数量最多，共 9 个，而在这一类中，第一个语素位置上除了 F、H、I 之外，没有出现其他义类。

（2）从意义来看，构词语素义类与义位义类有很强的规则性。有 4 个词语的义位义类与两个语素义类大类一致，占总数的 9.5%，如：扶掖（F+F→F）、跌摔（F+F→F），两个语素之间的关系多是平等并列的，多为同位关系；有 34 个词语的义位义类与前一个语素义类大类一致，占总数的 81.0%，如：掌嘴（F+B→F）、冲凉（F+I→F），两个语素之间多为支配关系；有 4 个词语的义位义类与两个语素义类均不相同，占总数的

9.5%，如：抢嘴（I+H→F）、问讯（H+H→F），两个语素之间多为支配和同位关系。在此类中没有词语的义位义类与后一个语素义类大类一致。

（3）从意义来看，有以下两种情况：①后一个语素义失落，它和义位之间没有必然的联系，义位增加新义，如"冲凉"的意思是"洗澡"，"凉"没有与之相关的意义，在这里已经失落，这种情况居多；②后一个语素义通过借代转化为新义，如"抢嘴"意思是"抢着说话"，"嘴"没有"说话"的意义，但"话"都是用"嘴"说的，因此借"嘴"指代"说话"。

（七）词的义类为 G 类的词语

在这一类型中，选取两个语素构成的词的义类为 G 类的词语，共37 个。

1. 词义义类情况

表 2.71　　　　　　　　　构成词义义类为 G 类的情况

语素义类 1	语素义类 2	词义义类	数量	百分比	举例
A	G		1	0.8%	自慰
B	E		2	1.6%	眼红
D	I		1	0.8%	心折
E	E		3	2.5%	垂青、惕厉
F	J		1	0.8%	吐弃
G	H	G	19	15.6%	估摸、焦灼
H	F		3	2.5%	掂掇、掂对
I	D		2	1.6%	注意、疯魔
J	D		2	1.6%	伤气、着魔
K	I		2	1.6%	不兴、姑息
L	H		1	0.8%	承望

由表 2.71 可以看出，语素义类 2 是 H 类的词语占优势，有 20 个。

2. 构词特点分析

（1）组成词义义类 G 的方式共有 36 种，其中 G+H 方式数量最多，共 19 个，而在这一类中，第一个语素位置上没有出现 C 义类。

（2）从义类来看，构词语素义类与义位义类有很强的规则性。有 9 个词语的义位义类与两个语素义类大类一致，占总数的 7.4%，如：爱慕

（G+G→G）、理会（G+G→G），两个语素之间的关系多是平等并列的，多为同位关系；有71个词语的义位义类与前一个语素义类大类一致，占总数的58.7%，如：窝囊（G+B→G）、思考（G+H→G），两个语素之间多为同位和支配关系；有3个词语的义位义类与后一个语素义类大类一致，占总数的2.5%，如：自慰（A+G→G）、感铭（H+G→G），两个语素之间为判断和支配关系；有38个词语的义位义类与两个语素义类均不相同，占总数的31.4%，如：眼红（B+E→G）、伤气（J+D→G），两个语素之间多为判断和支配关系。

（3）从意义来看，后一个语素义失落，它和义位之间没有必然的联系，义位增加新义，如"自在"的意思是"自由，不受拘束"，"在"没有与之相关的意义，在这里已经失落。

（八）词的义类为 H 类的词语

在这一类型中，选取两个语素构成的词的义类为 H 类的词语，共116个。

1. 词义义类情况

表 2.72　　　　　　　　　　构成词义义类为 H 类的情况

语素义类 1	语素义类 2	词义义类	数量	百分比	举例
A	H		3	0.8%	自遣、自鬻
B	H		1	0.3%	风挡
C	D		1	0.3%	先容
D	A		2	0.5%	会东、节烈
E	H		3	0.8%	严守、总揽
F	H	H	4	1.1%	插播、操纵
G	F		2	0.5%	服帖、慰藉
H	H		91	23.9%	看承、处分
I	H		5	1.3%	补报、布施
J	H		1	0.3%	承揽
K	H		3	0.8%	照搬、保送

由表 2.72 可以看出，语素义类 2 是 H 类的词语占优势，有 111 个。

2. 构词特点分析

（1）组成词义义类 H 的方式共有 55 种，其中 H+H 方式数量最多，共91个，而在这一类中，第一个语素位置上没有出现L义类。

（2）从义类来看，构词语素义类与义位义类有很强的规则性。有91个词语的义位义类与两个语素义类大类一致，占总数的23.9%，如：处治（H+H→H）、置备（H+H→H），两个语素之间的关系多是平等并列的，多为同位关系；有218个词语的义位义类与前一个语素义类大类一致，占总数的57.4%，如：对簿（H+B→H）、辞别（H+I→H），两个语素之间多为支配和同位关系；有21个词语的义位义类与后一个语素义类大类一致，占总数的5.5%，如：插播（F+H→H）、承揽（J+H→H），两个语素之间多为同位关系；有50个词语的义位义类与两个语素义类均不相同，占总数的13.2%，如：自立（A+J→H）、抹面（F+B→H），两个语素之间多为判断和支配关系。

（3）从意义来看，后一个语素义失落，它和义位之间没有必然的联系，义位增加新义，如"生色"的意思是"增添光彩"，"色"没有"光彩"的意义，"色"的意义在这里已经失落。

（九）词的义类为I类的词语

在这一类型中，选取两个语素构成的词的义类为I类的词语，共52个。

1. 词义义类情况

表2.73　　　　　　　　　　构成词义义类为I类的情况

语素义类1	语素义类2	词义义类	数量	百分比	举例
B	I		1	0.6%	尸解
C	H		1	0.6%	世袭
D	I		2	1.1%	感冒、挫折
E	H		4	2.2%	虚脱、哀歇
F	H		1	0.6%	坐困
G	H	I	2	1.1%	哀叹、颓唐
H	B		3	1.7%	判袂、迷糊
I	E		28	15.6%	衰老、润滑
J	E		7	3.9%	充实、露白
K	B		2	1.1%	阑珊、临盆
L	G		1	0.6%	有幸

由表 2.73 可以看出, 语素义类 2 是 E 类的词语占优势, 有 35 个。

2. 构词特点分析

(1) 组成词义义类 I 的方式共有 42 种, 其中 I+E 方式数量最多, 共 28 个, 而在这一类中, 第一个语素位置上没有出现 A 义类。

(2) 从义类来看, 构词语素义类与义位义类有很强的规则性。有 17 个词语的义位义类与两个语素义类大类一致, 占总数的 9.4%, 如: 衰朽 (I+I→I)、夭亡 (I+I→I), 两个语素之间的关系多是平等并列的, 多为同位关系; 有 120 个词语的义位义类与前一个语素义类大类一致, 占总数的 66.7%, 如: 装蒜 (I+B→I)、陈放 (I+F→I), 两个语素之间多为支配和同位关系; 有 4 个词语的义位义类与后一个语素义类大类一致, 占总数的 2.2%, 如: 尸解 (B+I→I)、挫折 (D+I→I); 有 39 个词语的义位义类与两个语素义类均不相同, 占总数的 21.7%, 如: 扭捏 (F+F→I)、出头 (H+B→I), 两个语素之间多为同位和支配关系。

(3) 从意义来看, 有以下两种情况: ①后一个语素义失落, 它和义位之间没有必然的联系, 义位增加新义, 如 "装蒜" 的意思是 "装糊涂, 装腔作势", "蒜" 没有 "糊涂" 的意义, 在这里已经失落, 这种情况居多; ②后一个语素义通过借代转化为新义, 如 "停口" 意思是 "停止说话", "话" 都是用 "口" 说的, 因此借 "口" 指代 "说话"。

(十) 词的义类为 J 类的词语

在这一类型中, 选取两个语素构成的词的义类为 J 类的词语, 共 20 个。

1. 词义义类情况

表 2.74　　　　　　　　　　构成词义义类为 J 类的情况

语素义类 1	语素义类 2	词义义类	数量	百分比	举例
D	B		1	2.0%	意味
E	H		1	2.0%	暗射
G	J		1	2.0%	忍受
H	I	J	1	2.0%	挑起
I	H		2	4.1%	遇合、凌驾
J	H		11	22.5%	围狙、羁绊
K	K		3	6.1%	不等、相反

由表 2.74 可以看出，语素义类 2 是 H 类的词语占优势，有 14 个。

2. 构词特点分析

（1）组成词义义类 J 的方式共有 22 种，其中 J+H 方式数量最多，共 11 个，而在这一类中，第一个语素位置上没有出现 A、B、C、F、L 义类。

（2）从义类来看，构词语素义类与义位义类有很强的规则性。有 30 个词语的义位义类与前一个语素义类大类一致，占总数的 61.2%，如：包藏（J+H→J）、防止（J+I→J），两个语素之间的关系多是平等并列的，多为同位关系；有 2 个词语的义位义类与后一个语素义类大类一致，占总数的 4.1%，如：忍受（G+J→J）、一律（K+J→J）；有 17 个词语的义位义类与两个语素义类均不相同，占总数的 34.7%，如：寄托（H+K→J）、飘溢（I+I→J），两个语素之间的关系多是平等并列的，多为同位关系。此类中没有词语的义类与两个语素义类大类一致。

（3）从意义来看，后一个语素义失落，它和义位之间没有必然的联系，义位增加新义，如"牵扯"的意思是"牵连，有联系"，"扯"没有"联系"的意义，"扯"的意义在这里已经失落。

（十一）词的义类为 K 类的词语

在这一类型中，选取两个语素构成的词的义类为 K 类的词语，共 25 个。

1. 词义义类情况

表 2.75　　　　　　　　构成词义义类为 K 类的情况

语素义类 1	语素义类 2	词义义类	数量	百分比	举例
D	D		1	0.8%	些许
E	B		2	1.6%	绝顶、萧瑟
H	D	K	1	0.8%	累次
I	B		1	0.8%	轮流
J	D		1	0.8%	一起
K	D		19	15.5%	专程、错非

由表 2.75 可以看出，语素义类 2 是 D 类的词语占优势，有 22 个。

2. 构词特点分析

（1）组成词义义类 K 的方式共有 24 种，其中 K+D 方式数量最多，共 19 个，而在这一类中，第一个语素位置上没有出现 A、B、C、F、G、L 义类。

（2）从义类来看，构词语素义类与义位义类有很强的规则性。有 11 个词语的义位义类与两个语素义类大类一致，占总数的 8.9%，如：即若（K+K→K）、庶几（K+K→K）；有 98 个词语的义位义类与前一个语素义类大类一致，占总数的 79.7%，如：立时（K+C→K）、依凭（K+F→K），一部分词语的两个语素之间的关系是平等并列的，多为同位关系；有 14 个词语的义位义类与两个语素义类均不相同，占总数的 11.4%，如：实际（D+K→K）、绝顶（E+B→K），一部分词语的两个语素之间是限定关系。在此类中没有词语的义位义类与后一个语素义类大类一致。

（3）从意义来看，有以下两种情况：①后一个语素义失落，它和义位之间没有必然的联系，义位增加新义，如"特意"的意思是"特地"，"意"没有相关的意义，"意"的意义在这里已经失落，这种情况居多。②异形字，如"够呛"，"呛"是"够戗"的"戗"的异形字，两者无语源关系，"够呛"为规范用法。

二　a+b=a+d 类型的构词规则的特点

通过对具体规则的归纳、统计，我们发现第七种类型的构词规则大致有以下特点：

（1）在第七种类型中，每个义类的语素构词能力不尽相同，按照构词频率构成下列不等式，（括号里的数字是频度。）E 特征（953）>H 活动（745）>D 抽象事物（698）>B 物（684）>I 现象与状态（381）>K 助语（285）>G 心理活动（197）>J 关联（194）>C 时间与空间（193）>F 动作（182）>A 人（153）。由此我们可以看出有些语素义类出现次数较多，有些出现次数较少，这说明语素的构词能力强弱不同。出现次数较多的，说明语素构词能力较强，而出现次数较少的，说明语素构词能力较弱。因此，我们可以发现，构词能力最强的是 E 类，其余按数量的多少依次是：H、D、B、I、K、G、J、C、F、A。A 类的语素构词能力最弱。

在第七种类型中，出现次数最多的各语素义类中类的统计如下（"\"前为中类的出现次数、后为中类在大类中所占的比例）：

Aa：39 \ 25.5%；Bk：111 \ 16.2%；Cb：105 \ 54.4%；Da：113 \

16.2%；Ed：317 \ 33.3%；Fa：102 \ 56.0%；Gb：101 \ 51.3%；Hi：252 \ 33.8%；Id：114 \ 29.9%；Je：71 \ 36.6%；Ka：184 \ 64.6%。

由数据可知，所列举的中类在其所属的大类中均为构词能力最强的。

（2）在属于第七类型的 2000 多个双音合成词中，12 个大类包含的词语数量构成下列不等式，（括号中为合成词的数量。）E 特征（507）>D 抽象事物（426）> H 活动（380）> B 物（253）> I 现象与状态（180）>A 人（168）>K 助语（123）>G 心理活动（121）>C 时间与空间（86）>J 关联（49）>F 动作（42）。由此可以看出，在第七类型中，构成词的数量最多的是 E 义类，其余按数量的多少依次是：D、H、B、I、A、K、G、C、J、F。在上面的统计结果中，作为语素出现次数较多的 E、H、D、B、I 义类同时也是所构成词语数量较多的义类，这说明构词能力较强的语素构成词的概率也相对较高；同样构词能力较弱的 J、C、F 义类语素，其构成词的概率也相对较低。

在第七种类型中，包含词语数量最多的各语素义类中类的统计如下（"\"前为所属中类的词的数量、后为构成词的数量最多的中类在大类中所占的比例）：

Ah：28 \ 16.7%；Bk：43 \ 17.0%；Ca：47 \ 54.7%；Da：102 \ 23.9%；Ee：144 \ 28.4%；Fa：18 \ 42.9%；Gb：62 \ 51.2%；Hi：144 \ 37.9%；Ib：42 \ 23.3%；Je：16 \ 32.7%；Ka：85 \ 69.1%。

以上列举的中类在其所属的大类中包含的双音合成词都是最多的。

（3）在第七种类型的各类的构词方式中，由与词义义类相同类的语素义类和其他语素义类构成的方式主导地位。每类中占优势的构词方式分布见表 2.76。

表 2.76　　　　　　　　　义位义类的主要构成方式的统计

义位义类	A	B	C	D	E	F	G	H	I	J	K
构成方式	E+B	B+B	C+B	D+D	E+E	F+H	G+H	H+H	I+E	J+H	K+D
数量（个）	26	86	13	74	162	9	19	91	28	11	19
比例（%）	15.5	34.0	15.3	17.4	32.0	21.4	15.6	23.9	15.6	22.5	15.5

由表 2.76 我们可以看出，在各类的构词方式中，由义位义类与前一个语素义类相同的方式占主导地位。在占优势的构词方式中，没有义位义类与后一个语素义类相同的构词方式。这说明在这一类型中，后一个语素

义已经失落或者发生变化，但是前一个语素义还是保留了下来，义位义类多与前一个语素义的义类相同。

（4）在这一类型中，义位保留了前一个语素义，后一个语素义已经变成了其他意义，或者完全失落，在后一个语素义发生变化的同时，义位也增加了一个新的语素义。从意义分析来看，通过对义位的考察，我们发现了以下几种情况：①后一个语素义失落，它和义位之间没有必然的联系，义位增加新义，如"白干"的意思是"白酒，因无色、含水分少而得名。""干"的意义在这里已经失落，而增添了"酒"义，这种情况居多。②通过修辞手法，后一个语素义转化为新义。一种是通过借代转化的义，如"首领"意思是"某些集团的领导人"，"领"没有"人"的意义，借"领"指"人"。一种是通过比喻转化的义，如"前程"的意思是"比喻将来的光景"，"程"没有"光景"的意义，这里把"程"的"道路"之义比作"光景"。还有一种是通过假借转化的义，如"女红"，在现汉中的解释为"同'女工'"，"女工"的意思是"旧时指女子所做的纺织、缝纫、刺绣等工作和这些工作的成品，也作女红"，"红"没有"工作"的意义，这里被借指"工"。③后一个语素义有着特定的区域或文化内涵，如果不属于此方言区或不熟悉古代文化常识就很难从字面上直接推求义位，如瘪三、八股、阉寺等。④异形字，如"重五"，"五"是"重午"的"午"的异形字，两者无语源关系，"重午"为规范用法。

从义类分析来看，两个构词语素义类与义位义类有很强的对应关系。有下列四种类型：①前向型。有 1224 个词语，占总数的 52.4%，如：将领、掌嘴、对簿、专程等。两个构词语素之间多为限定和支配关系，语义重心落在前一个语素上。②后向型。有 125 个词语，占 5.4%，如：乌金、古董、寿木、艰涩等。两个构词语素之间多为限定关系。而在词义义类为 F 类和 K 类中，没有词语是属于后向型的。③同向型。有 478 个词语，占 20.5%，如：时分、扶掖、衰朽、壮实等。两个构词语素之间多为同位关系，后一个语素义有所变化，转化至与前一个语素同属一个语义场。而在词义义类为 J 类中，没有词语是属于同向型的。④无向型。有 507 个词语，占总数的 21.7%，如：主脑、眼红、抹面、横披等。两个构词语素之间多为限定和支配关系。通过对这四种类型考察我们发现，在这四种类型中前向型的词数量最多，所占比例最大，而后向型是最少的，而且有两个词义义类当中没有属于后向型的词语，这也证明了在第七种类型中，后一个语义已经转化或者失落，而义位保留了前一个语素义，同时又增加了一个新的意义。

第八节　a+b=b+d 类型的语义构词规则研究

这一类型中，义位是后一个语素的语素义加上一个新的语素义，前一个语素义转化或者失落。属于第八种类型的词共有 1562 个，占总数的 3.2%。

一　a+b=b+d 类型的分类及研究

（一）词的义类为 A 类的词语

在这一类型中，选取两个语素构成的词的义类为 A 类的词语，共82 个。

1. 词义义类情况

表 2.77　　　　　　　　　构成词义义类为 A 类的情况

语素义类1	语素义类2	词义义类	数量	百分比	举例
A			4	4.1%	姆妈、娘子
B			18	18.4%	园丁、镖师
C			4	4.1%	中人、市侩
D			9	9.2%	兆民、顾主
E	A	A	19	19.4%	少校、玄孙
F			3	3.1%	坐商、绑匪
H			7	7.1%	保姆、乘警
I			10	10.2%	继母、重孙
K			6	6.1%	胡匪、匹偶
J	D	A	2	2.0%	处士、遗士

由表 2.77 可以看出，语素义类 2 是 A 类的词语占优势，有 80 个。

2. 构词特点分析

（1）组成词义义类 A 的方式共有 20 种，其中 E+A 方式数量最多，共 19 个，而第一个语素位置上没有出现 G、L 义类。

（2）从义类来看，构词语素义类与义位义类有很强的规则性。有 4

个词语的义位义类与两个语素义类大类一致，占总数的 4.1%，如：娘子（A+A→A）、姆妈（A+A→A）；有 77 个词语的义位义类与后一个语素义类大类一致，占总数的 78.6%，如：素将（E+A→A）、顾主（D+A→A），两个语素之间多为修饰与被修饰的关系；有 17 个词语的义位义类与两个语素义类均不相同，占总数的 17.3%，如：茂士（E+D→A）、继父（I+H→A），两个语素之间多为修饰与被修饰的关系。此类中没有词语的义位义类与前一个语素义类大类一致。

（3）从意义来看，有以下三种情况：①前一个语素义失落，它和义位之间没有必然的联系，义位增加新义，如"鼠辈"的意思是"微不足道的人"，"鼠"的意义在这里已经失落，而增添了"微不足道"的意义，这种情况居多；②前一个语素义通过比喻转化为新义，如"蟊贼"的意思是"危害人民或国家的人"，"蟊"的意思是"吃苗根的害虫"，把它比作"有危害的人"，因为都有危害性这一特征；③前一个语素义有着特定的文化内涵，如果不熟悉古代文化常识就很难从字面上直接推求义位，如"发妻"的意思是"第一次娶的妻子"，它源于一句古诗"结发为夫妻"，结发指初成年。

（二）词的义类为 B 类的词语

在这一类型中，选取两个语素构成的词的义类为 B 类的词语，共 291 个，占 19.5%。

1. 词义义类情况

表 2.78　　　　　　　　　　构成词义义类为 B 类的情况

语素义类 1	语素义类 2	词义义类	数量	百分比	举例
A			6	2.0%	兵蚁、郎猫
B			79	25.9%	梅雨、牛蛙
C			26	8.5%	内陆、春饼
D			30	9.8%	龙骨、鬼火
E	B	B	90	29.5%	洋缎、寒蜩
F			11	3.6%	搪瓷、窝棚
G			5	1.6	苦雨、焦雷
H			16	5.3%	卫星、庆云
I			19	6.2%	复音、哑铃
K			9	3.0%	直裰、匹鸟

由表 2.78 可以看出,语素义类 2 是 B 类的词语占优势,有 291 个,占总数的 96.1%。

2. 构词特点分析

(1) 组成词义义类 B 的方式共有 18 种,其中 E+B 方式数量最多,共 90 个,而第一个语素位置上没有出现 J、L 义类。

(2) 从义类来看,构词语素义类与义位义类有很强的规则性。有 79 个词语的义位义类与两个语素义类大类一致,占总数的 25.9%,如:木星 (B+B→B)、章鱼 (B+B→B),两个语素之间多为修饰与被修饰的关系;有 214 个词语的义位义类与后一个语素义类大类一致,占总数的 70.2%,如:鬼火 (D+B→B)、大麦 (E+B→B),两个语素之间多为修饰与被修饰的关系;有 12 个词语的义位义类与两个语素义类均不相同,占总数的 3.9%,如:平版 (E+D→B)、小吃 (E+F→B),两个语素之间多为修饰与被修饰的关系。此类中没有词语的义位义类与前一个语素义类大类一致。

(3) 从意义来看,有以下两种情况:①前一个语素义失落,它和义位之间没有必然的联系,义位增加新义,如"小吃"的意思是"饮食行业中出售的年糕、粽子、油茶等食品的统称","小"没有与之相关的意义,它的意义在这里已经失落,这种情况居多。②通过修辞手法,前一个语素义发生转化,如"卵石"意思是"卵形或接近卵形的石块,是天然建筑材料","卵"的意义由一个名词义转化为一个形容词义。③前一个语素义有着特定的区域内涵,如果不属于此方言区就很难从字面上直接推求义位,如"沱茶"的意思是"一种压成碗形的成块的茶,产于云南、四川",而"沱"的意思是"可以停船的水湾,多用于地名,是一个方言词",没有与之相关的意义。④异形字,如"霉雨","霉"是"梅雨"的"梅"的异形字,两者无语源关系,"梅雨"为规范用法。

(三) 词的义类为 C 类的词语

在这一类型中,选取两个语素构成的词的义类为 C 类的词语,共 57 个,占 3.6%。

1. 词义义类情况

表 2.79　　　　　　　　构成词义义类为 C 类的情况

语素义类 1	语素义类 2	词义义类	数量	百分比	举例
A			2	3.5%	皇天、后土
B			8	14.0%	皋月、腹地
C			3	5.3%	春节、陬月
D			6	10.5%	端月、奥区
E	C	C	14	24.6%	平生、雄关
F			3	5.3%	打春、破晓
H			3	5.3%	余年、到处
I			2	3.5%	投暮、相月
J			6	10.5%	除夕、忌日
K			3	5.3%	向日、巧月

由表 2.79 可以看出,语素义类 2 是 C 类的词语占优势,有 50 个,占总数的 87.7%。

2. 构词特点分析

(1) 组成词义义类 C 的方式共有 17 种,其中 E+C 方式数量最多,共 14 个,而在这一类中,第一个语素位置上没有出现 G、L 义类。

(2) 从义类来看,构词语素义类与义位义类有很强的规则性。有 3 个词语的义位义类与两个语素义类大类一致,占总数的 5.3%,如:陬月 (C+C→C)、春节 (C+C→C),两个语素之间为修饰与被修饰的关系;有 47 个词语的义位义类与后一个语素义类大类一致,占总数的 82.5%,如:清世 (E+C→C)、忌辰 (J+C→C),两个语素之间为修饰与被修饰的关系;有 7 个词语的义位义类与两个语素义类均不相同,占总数的 12.3%,如:钝角 (E+B→C)、小寒 (E+E→C),两个语素之间多为修饰与被修饰关系。此类中没有词语的义位义类与前一个语素义类大类一致。

(3) 从意义来看,前一个语素义失落,它和义位之间没有必然的联系,义位增加新义,如"除夕"的意思是"一年最后一天的夜晚","除"没有与之相关的意义,它的意义在这里已经失落。

(四) 词的义类为 D 类的词语

在这一类型中,选取两个语素构成的词的义类为 D 类的词语,共 248

个,占 15.9%。

1. 词义义类情况

表 2.80　　　　　　　　　　构成词义义类为 D 类的情况

语素义类 1	语素义类 2	词义义类	数量	百分比	举例
A			3	1.2%	匠心、其次
B			33	13.3%	月宫、金文
C			16	6.5%	春联、年级
D			38	15.3%	基金、京剧
E			60	24.2%	馨德、大势
F	D	D	6	2.4%	拆息、揭帖
G			6	2.4%	疏失、苦衷
H			16	6.5%	寄籍、合约
I			19	7.7%	成色、复句
J			9	3.6%	禀性、偏旁
K			7	2.8%	原由、顺序

由表 2.80 可以看出,语素义类 2 是 D 类的词语占优势,有 213 个,占总数的 85.9%。

2. 构词特点分析

(1)组成词义义类 D 的方式共有 36 种,其中 E+D 方式数量最多,共 60 个,而在这一类中,第一个语素位置上没有出现 L 义类。

(2)从义类来看,构词语素义类与义位义类有很强的规则性。有 38 个词语的义位义类与两个语素义类大类一致,占总数的 15.3%,如:形势(D+D→D)、态度(D+D→D),两个语素之间多为同位关系;有 4 个词语的义位义类与前一个语素义类大类一致,占总数的 1.6%,如:题目(D+B→D)、天良(D+E→D);有 175 个词语的义位义类与后一个语素义类大类一致,占总数的 70.6%,如:金文(B+D→D)、白契(E+D→D),两个语素之间多为修饰与被修饰的关系;有 31 个词语的义位义类与两个语素义类均不相同,占总数的 12.5%,如:开间(H+B→D)、滋味(I+B→D),两个语素之间多为支配关系。

(3)从意义来看,有以下两种情况:①前一个语素义失落,它和义位之间没有必然的联系,义位增加新义,如"匠心"的意思是"巧妙的心思"，"匠"的意义在这里已经失落，而增添了"巧妙"的意义，这种情况居多；②异形字，如"倒帐"的"帐"是"倒账"的"账"的异形字，两者无语源关系，"倒账"为规范用法。

（五）词的义类为 E 类的词语

在这一类型中，选取两个语素构成的词的义类为 E 类的词语，共 269 个，占 17.2%。

1. 词义义类情况

表 2.81　　　　　　　　　　　构成词义义类为 E 类的情况

语素义类 1	语素义类 2	词义义类	数量	百分比	举例
A	E	E	4	1.5%	伶俜、子虚
B			22	8.2%	水绿、狼藉
C			5	1.9%	坎坷、古板
D			9	3.3%	寥廓、藏青
E			87	32.3%	高傲、周正
F			10	3.7%	把牢、刷白
G			15	5.6%	求实、沉稳
H			23	8.6%	品蓝、勉强
I			24	8.9%	羸弱、木讷
J			10	3.7%	高洁、强横
K			15	5.6%	铮亮、正黄

由表 2.81 可以看出，语素义类 2 是 E 类的词语占优势，有 224 个，占总数的 83.3%。

2. 构词特点分析

（1）组成词义义类 E 的方式共有 43 种，其中 E+E 方式数量最多，共 87 个，而在这一类中，第一个语素位置上没有出现 L 义类。

（2）从义类来看，构词语素义类与义位义类有很强的规则性。有 87 个词语的义位义类与两个语素义类大类一致，占总数的 32.3%，如：清新（E+E→E）、峻刻（E+E→E），两个语素之间的关系多是平等并列的，多为同位关系；有 19 个词的义位义类与前一个语素义类大类一致，占总数的 7.1%，如：温情（E+D→E）、幽咽（E+I→E），两个语素之间多为修饰与被修饰的关系；有 137 个词语的义位义类与后一个语素义类大类一致，占总数的 50.9%，如：刷白（F+E→E）、混乱（K+E→E），两个语素之间多为同位和支配关系；有 26 个词语的义位义类与两个语素义类均不相同，占总数的 9.7%，如：叫座（F+C→E）、来劲（J+D→E），两个语素之间多为支配关系。

（3）从意义来看，有以下三种情况：①前一个语素义失落，它和义位之间没有必然的联系，义位增加新义，如"旷世"的意思是"当代没有能相比的"，"旷"没有与之相关的意义，在这里已经失落，这种情况居多；②前一个语素义有着特定的区域或文化内涵，如果不属于此方言区或不熟悉古代文化常识就很难从字面上直接推求义位，如陵替、有顷等。③异形字，如"椎鲁"的"椎"是"槌"的异形字，两者无语源关系，"槌鲁"为规范用法。

（六）词的义类为 F 的词语

在这一类型中，选取两个语素构成的词的义类为 F 类的词语，共 29 个，占 2.8%。

1. 词义义类情况

表 2.82　　　　　　　　构成词义义类为 F 类的情况

语素义类 1	语素义类 2	词义义类	数量	百分比	举例
B	F		3	6.8%	鸟瞰、蒿呼
C	B		1	2.3%	下脚
D	F		2	4.5%	面缚、四顾
E	F		3	6.8%	正视、浏览
F	B	F	6	13.6%	举目、锁眉
H	F		3	6.8%	欢呼、拉扯
I	B		3	6.8%	飞眼、打扇
J	F		5	11.4%	高喊、发颤
K	F		3	6.8%	倾听、亲吻

由表 2.82 可以看出，语素义类 2 是 F 类的词语占优势，有 19 个。

2. 构词特点分析

（1）组成词义义类 F 的方式共有 18 种，其中 F+B 方式数量最多，共 6 个，而在这一类中，第一个语素位置上没有出现 A、G、L 类。

（2）从义类来看，构词语素义类与义位义类有很强的规则性。有 3

个词语的义位义类与两个语素义类大类一致，占总数的 6.8%，如：打捞（F+F→F）、腾挪（F+F→F），两个语素之间的关系为同位关系；有 21 个词语的义位义类与后一个语素义类大类一致，占总数的 47.7%，如：正视（E+F→F）、高呼（J+F→F），两个语素之间多为修饰与被修饰的关系。在此类中没有词语的义位义类与后一个语素义类大类一致。此类中没有词语的义位义类与前一个语素义类大类一致，也没有与两个语素义类均不相同的情况。

（3）从意义来看，有以下两种情况：①前一个语素义失落，它和义位之间没有必然的联系，义位增加新义，如"膜拜"的意思是"跪在地上举两手虔诚地行礼"，"膜"没有与之相关的意义，在这里已经失落，这种情况居多；②前一个语素义有着特定的区域或文化内涵，如果不属于此方言区或不熟悉古代文化常识就很难从字面上直接推求义位，如万福、蒿呼等。

（七）词的义类为 G 类的词语

在这一类型中，选取两个语素构成的词的义类为 G 类的词语，共 88 个，占 5.6%。

1. 词义义类情况

表 2.83　　　　　　　　　　构成词义义类为 G 类的情况

语素义类 1	语素义类 2	词义义类	数量	百分比	举例
B			2	2.3%	杌陧、体会
C			3	3.4%	内疚、后悔
D			3	3.4%	仓皇、情知
E			10	11.4%	宽畅、缅怀
F			6	6.8%	斟酌、置疑
G	G	G	2	2.3%	理会、热爱
H			11	12.5%	寻思、盘算
I			4	4.6%	迷惑、打量
J			8	9.1%	出气、关怀
K			1	1.1%	依恋

由表 2.83 可以看出，语素义类 2 是 G 类的词语占优势，有 50 个，占总数的 55.7%。

2. 构词特点分析

（1）组成词义义类 G 的方式共有 35 种，其中 H+G 方式数量最多，共 11 个，而在这一类中，第一个语素位置上没有出现 A、L 义类。

（2）从义类来看，构词语素义类与义位义类有很强的规则性。有 2 个词语的义位义类与两个语素义类大类一致，占总数的 2.3%，如：理会（G+G→G）、热爱（G+G→G）；有 3 个词语的义位义类与前一个语素义类大类一致，占总数的 3.4%，如：苦心（G+D→G）、欣赏（G+H→G）；有 47 个词语的义位义类与后一个语素义类大类一致，占总数的 53.4%，如：吃醋（F+G→G）、关怀（J+G→G），两个语素之间为支配和同位关系；有 36 个词语的义位义类与两个语素义类均不相同，占总数的 4.1%，如：锐意（E+D→G）、分心（H+D→G），两个语素之间多为限定和支配关系。

（3）从意义来看，有以下两种情况：①前一个语素义失落，它和义位之间没有必然的联系，义位增加新义，如"开恩"的意思是"请求人宽恕或施与恩惠的用语"，"开"没有与之相关的意义，在这里已经失落，这种情况居多；②前一个语素义有着特定的区域或文化内涵，如果不属于此方言区或不熟悉古代文化常识就很难从字面上直接推求义位，如失慎、杌陧等。

（八）词的义类为 H 类的词语

在这一类型中，选取两个语素构成的词的义类为 H 类的词语，共 285 个，占 18.3%。

1. 词义义类情况

表 2.84　　　　　　　　　　构成词义义类为 H 类的情况

语素义类 1	语素义类 2	词义义类	数量	百分比	举例
B			10	3.5%	掌握、兜揽
C			2	0.7%	尾随、尾追
D			3	1.1%	叙用、词讼
E			23	8.1%	接洽、软禁
F			25	8.8%	绑架、拆借
G	H	H	3	1.1%	推究、怂恿
H			63	22.1%	教唆、入赘
I			26	9.1%	包庇、盘踞
J			18	6.3%	关照、杜撰
K			8	2.8%	然诺、咕哝
L			2	0.7%	仰药、仰毒

由表 2.84 可以看出，语素义类 2 是 H 类的词语占优势，有 183 个，占总数的 64.2%。

2. 构词特点分析

（1）组成词义类 H 的方式共有 51 种，其中 H+H 方式数量最多，共 63 个，而在这一类中，第一个语素位置上没有出现 A 义类。

（2）从义类来看，构词语素义类与义位义类有很强的规则性。有 63 个词语的义位义类与两个语素义类大类一致，占总数的 22.1%，如：引诱（H+H→H）、接济（H+H→H），两个语素之间的关系多是同位和支配关系；有 31 个词语的义位义类与前一个语素义类大类一致，占总数的 10.9%，如：作声（H+B→H）、点名（H+D→H），两个语素之间多为支配关系；有 120 个词语的义位义类与后一个语素义类大类一致，占总数的 42.1%，如：推究（G+H→H）、鼓励（I+H→H），两个语素之间多为同位关系；有 71 个词语的义位义类与两个语素义类均不相同，占总数的 24.9%，如：打价（G+D→H）、得罪（J+D→H），两个语素之间多为支配关系。

（3）从意义来看，有以下两种情况：①前一个语素义失落，它和义位之间没有必然的联系，义位增加新义，如"仰药"的意思是"吃药"，"仰"没有"吃"的意义，"仰"的意义在这里已经失落，这种情况居多；②前一个语素义有着特定的区域或文化内涵，如果不属于此方言区或不熟悉古代文化常识就很难从字面上直接推求义位，如兜翻、叙用、仰毒等。

（九）词的义类为 I 类的词语

在这一类型中，选取两个语素构成的词的义类为 I 类的词语，共 92 个，占 5.9%。

1. 词义义类情况

表 2.85　　　　　　　　　　构成词义义类为 I 类的情况

语素义类 1	语素义类 2	词义义类	数量	百分比	举例
B			5	5.4%	驾崩、蝉联
C			1	1.1%	中止
D	I	I	2	2.2%	仙逝、式微
E			14	15.2%	娇羞、阔别
F			2	2.2%	戁铄、颤悠

语素义类1	语素义类2	词义义类	数量	百分比	举例
G			2	2.2%	抱病、惜别
H			12	13.0%	咨嗟、蹉跎
I	I	I	7	7.6%	落生、蜕变
J			2	2.2%	登第、为止
K			3	3.3%	忽悠、循环

由表2.85可以看出，语素义类2是I类的词语占优势，有50个，占总数的54.4%。

2. 构词特点分析

（1）组成词义义类I的方式共有36种，其中E+I方式数量最多，共14个，而在这一类中，第一个语素位置上没有出现A、L义类。

（2）从义类来看，构词语素义类与义位义类有很强的规则性。有7个词语的义位义类与两个语素义类大类一致，占总数的7.6%，如：放晴（I+I→I）、没落（I+I→I），两个语素之间的关系多为同位关系和支配关系；有10个词语的义位义类与前一个语素义类大类一致，占总数的10.9%，如：上手（I+B→I）、失事（I+D→I），两个语素之间多为支配关系；有43个词语的义位义类与后一个语素义类大类一致，占总数的46.7%，如：偏瘫（E+I→I）、阳狂（E+I→I），两个语素之间多为限定关系；有32个词语的义位义类与两个语素义类均不相同，占总数的34.8%，如：吞声（F+B→I）、盗汗（H+B→I），两个语素之间多为支配关系。

（3）从意义来看，有以下两种情况：①前一个语素义失落，它和义位之间没有必然的联系，义位增加新义，如"荏苒"的意思是"渐渐过去"，"荏"没有与之相关的意义，在这里已经失落，这种情况居多；②前一个语素义通过假借转化为新义，如"阳狂"解释为"同'佯狂'"，"佯狂"的意思是"假装疯癫"，"阳"没有表示"假装"的意义，被借指为"假装"的意义。

（十）词的义类为J类的词语

在这一类型中，选取两个语素构成的词的义类为J类的词语，共36个，占2.3%。

1. 词义义类情况

表 2.86　　　　　　　　　　**构成词义义类为 J 类的情况**

语素义类 1	语素义类 2	词义义类	数量	百分比	举例
B			2	5.6%	体现、雷同
D			1	2.8%	感染
E			3	8.3%	恢复、诸如
F			4	11.1	排除、吻合
G	J	J	1	2.8%	规复
H			6	16.7%	秉承、流露
I			5	13.9%	撑持、放弃
J			1	2.8%	譬如
K			2	5.6%	连贯、带累

由表 2.86 可以看出，语素义类 2 是 J 类的词语占优势，有 25 个。

2. 构词特点分析

（1）组成词义义类 J 的方式共有 19 种，其中 H+J 方式数量最多，共 6 个，而在这一类中，第一个语素位置上没有出现 A、C、L 义类。

（2）从义类来看，构词语素义类与义位义类有很强的规则性。有 1 个词语的义位义类与两个语素义类大类一致，占总数的 2.8%，如：譬如（J+J→J）；有 1 个词语的义位义类与前一个语素义类大类一致，占总数的 2.8%，如：贯注（J+I→J）；有 23 个词语的义位义类与后一个语素义类大类一致，占总数的 63.9%，如：排除（F+J→J）、消受（H+J→J），两个语素之间多为同位关系；有 11 个词语的义位义类与两个语素义类均不相同，占总数的 30.6%，如：投缘（H+D→J）、提神（I+D→J），两个语素之间多为支配关系。

（3）从意义来看，后一个语素义失落，它和义位之间没有必然的联系，义位增加新义，如"吻合"的意思是"完全符合"，"吻"没有"完全"的意义，"吻"义在这已经失落。

（十一）词的义类为 K 类的词语

在这一类型中，选取两个语素构成的词的义类为 K 类的词语，共 38 个，占 2.4%。

1. 词义义类情况

表 2.87　　　　　　　　　　构成词义义类为 K 类的情况

语素义类 1	语素义类 2	词义义类	数量	百分比	举例
B			1	2.6%	针对
E			5	13.2%	暂且、平素
F			2	5.3%	哼哧、扑哧
G			2	5.3%	决然、想必
H	K	K	8	21.1%	担保、比照
I			5	13.2%	赶巧、交互
J			4	10.5%	容或、一概
K			7	18.4%	以至、向使

由表 2.87 可以看出，语素义类 2 是 K 类的词语占优势，有 34 个，占总数的 89.5%。

2. 构词特点分析

（1）组成词义义类 K 的方式共有 12 种，其中 H+K 方式数量最多，共 8 个，而在这一类中，第一个语素位置上没有出现 A、C、D、L 义类。

（2）从义类来看，构词语素义类与义位义类有很强的规则性。有 7 个词语的义位义类与两个语素义类大类一致，占总数的 18.4%，如：乃至（K+K→K）、向使（K+K→K）；有 27 个词语的义位义类与后一个语素义类大类一致，占总数的 75%，如：比照（H+K→K）、担保（H+K→K），一部分词语的两个语素之间为同位关系；有 4 个词语的义位义类与两个语素义类均不相同，占总数的 10.5%，如：着实（J+E→K）、顶风（F+B→K），两个语素之间为支配关系。在此类中没有词语的义位义类与前一个语素义类大类一致。

（3）从意义来看，前一个语素义失落，它和义位之间没有必然的联系，义位增加新义，如"针对"的意思是"对准"，"针"没有相关的意义，它的意义在这里已经失落。

二　a+b=b+d 类型的构词规则的特点

通过对具体规则的归纳、统计，我们发现第八种类型的构词规则大致有以下特点：

（1）在第八种类型中，每个义类的语素构词能力不尽相同，按照构词频率构成下列不等式（括号里的数字是频度）。E 特征（638）>B 物（563）>H 活动（458）>D 抽象事物（432）>I 现象与状态（254）>F 动作（150）>C 时间与空间（145）>J 关联（140）>K 助语（119）>G 心理活动（112）>A 人（111）>L 敬称（2）。由此我们可以看出有些语素义类出现次数较多，有些出现次数较少，这说明语素的构词能力强弱不同。出现次数较多的，说明语素构词能力较强，而出现次数较少的，说明语素构词能力较弱。因此，我们可以发现，构词能力最强的是 E 类，其余按数量的多少依次是：B、H、D、I、F、C、J、K、G、A、L。L 类的语素构词能力最弱。

在第八种类型中，出现次数最多的各语素义类中类的统计如下（"\"前为中类的出现次数、后为中类在大类中所占的比例）：

Aa：26 \ 23.4%；Bk：76 \ 13.5%；Ca：74 \ 51.0%；Dk：88 \ 15.6%；Ed：178 \ 27.9%；Fa：84 \ 56.0%；Gb：64 \ 57.1%；Hi：159 \ 34.7%；Id：78 \ 30.7%；Jd：46 \ 32.9%；Ka：72 \ 60.5%。

由数据可知，所列举的中类在其所属的大类中均为构词能力最强的。

（2）在属于第八类型的 1000 多个双音合成词中，12 个大类包含的词语数量构成下列不等式，括号中为合成词的数量。B 物（305）>H 活动（285）>E 特征（269）>D 抽象事物（248）>A 人（98）>I 现象与状态（92）>G 心理活动（88）>C 时间与空间（57）>F 动作（44）>K 助语（38）>J 关联（36）。由此可以看出，在第八类型中，构成词的数量最多的是 B 义类，其余按数量的多少依次是：H、E、D、A、I、G、C、F、K、J。在上面的统计结果中，作为语素出现次数较多的 E、H、D、B、I 义类同时也是所构成词语数量较多的义类，这说明构词能力较强的语素所构成词的概率也相对较高；同样构词能力较弱的 F、C、J、K 义类语素，其所构成词的概率也相对较低。

在第八种类型中，包含词语数量最多的各语素义类中类的统计如下（"\"前为所属中类的词的数量、后为构成词的数量最多的中类在大类中所占的比例）：

Ah：24 \ 24.5%；Bh：37 \ 12.1%；Ca：37 \ 64.9%；Dk：67 \ 27.0%；Ed：79 \ 29.4%；Fc：22 \ 50%；Gb：55 \ 62.5%；Hi：101 \ 35.4%；Ib：18 \ 19.6%；Je：13 \ 36.1%；Ka：26 \ 68.4%。

以上列举的中类在其所属的大类中包含的双音合成词都是最多的。

（3）在第八种类型的各类的构词方式中，由与词义义类相同类的语素义类和其他语素义类构成的方式占主导地位。每类中占优势的构词方式分布见表2.88。

表2.88　　　　　　　　　义位义类的主要构成方式的统计

义位义类	A	B	C	D	E	F	G	H	I	J	K
构成方式	E+A	E+B	E+C	E+D	E+E	F+B	H+G	H+H	E+I	H+J	H+K
数量（个）	19	90	14	60	87	6	11	63	14	6	8
比例（%）	19.4	29.5	24.6	24.2	32.3	13.6	12.5	22.1	15.2	16.7	21.1

由表2.88我们可以看出，在各类的构词方式中，由义位义类与后一个语素义类相同的方式占主导地位。这说明在这一类型中，前一个语素义已经失落或者发生变化，但是后一个语素义还是保留了下来，义位义类多与后一个语素义的义类相同。同时我们发现在占优势的11种构词方式中，有6种的前一个语素义类为E类，这说明义位义类与后一个语素义类相同的方式的两个构词语素之间多为限定关系，也就是语法构词中的偏正结构。

（4）这一类型中，义位是后一个语素的语素义加上一个新的语素义，前一个语素义转化或者失落。从意义分析来看，通过对义位的考察，我们发现了以下几种情况：①前一个语素义失落，它和义位之间没有必然的联系，义位增加新义，如"鼠辈"的意思是"微不足道的人"，"鼠"的意义在这里已经失落，而增添了"微不足道"的意义，这种情况居多；②通过修辞手法，后一个语素义转化为新义。前一个语素义通过比喻转化为新义，如"蟊贼"的意思是"危害人民或国家的人"，"蟊"的意思是"吃苗根的害虫"，把它比作"有危害的人"，因为都有危害性这一特征。还有一种是通过假借转化的义，如"阳狂"解释为"同'佯狂'"，"佯狂"的意思是"假装疯癫"，"阳"没有表示"假装"的意义，被借为指"假装"的意义；③前一个语素义有着特定的区域或文化内涵，如果不属于此方言区或不熟悉古代文化常识就很难从字面上直接推求义位，如沱茶、陵替、万福等；④异形字，如"霉雨"，"霉"是"梅雨"的"梅"的异形字，两者无语源关系，"梅雨"为规范用法；⑤不是通过修辞手法，前一个素义发生转化，如"卵石"意思是"卵形或接近卵形的石块，是天然建筑材料","卵"的意义由一个名词义转化为一个形容词义。

从义类分析来看,两个构词语素义类与义位义类有很强的对应关系。有下列四种类型:①前向型。有 68 个词语,占总数的 4.4%,如:点名、上手、苦心、天良等。而在词义义类 A、B、C、F、K 类中,没有词语是属于前向型的。②后向型。有 931 个词语,占 59.7%,如:大麦、阳狂、金文、忌辰等。两个构词语素之间多为限定关系。③同向型。有 294 个词语,占 18.9%,如:引诱、打捞、清新、形势等。两个构词语素之间多为同位关系,前一个语素义有所变化,转化至与前一个语素同属一个语义场。④无向型。有 247 个词语,占总数的 15.8%,如:开间、叫座、打价、吞声等。两个构词语素之间多为支配关系。而在词义义类 F 类中,没有词语是属于无向型的。通过对这四种类型考察我们发现,在这四种类型中后向型的词语数量最多,所占比例最大,而前向型是最少的,而且有 5 个词义义类当中没有属于前向型的词语,这也证明了在第八种类型中,前一个语义已经转化或者失落,而义位保留了后一个语素义,同时又增加了一个新的意义。这和第七种类型的情况正好相反。

第三章

双音节合成词新词语语义构词规则研究

随着信息时代的到来，现代汉语词汇迅速发展，"新词"激增，但"汉字"却未增，也就是说尽管未登录词是通过各种途径产生的，具有原有词汇所没有的新形式、新意义或新用法，但构成新词语的材料还是旧有的。这就需要我们弄清语素义和词义之间的关系。因此，本书拟采用机器学习的方法，试图把语素义经过整合转化为词义的构词规律"教"给计算机，让计算机运用"学"到的语义构词规则进行未登录词的识别和理解。

本章在广泛收集 1978 年以来的新词语的基础上，采用梅家驹《同义词词林》中的义类分类体系，结合亢世勇主编的《汉字义类信息库》对收集的 17395 个双音节新词语每个字进行了语义标注，在此基础上建立了《新词语语义构词规则数据库》。对语料库中的大规模语料进行分类，然后分析归纳各种类型的语义构词规则，并寻求其合理性与应用价值。

第一节　新词语语义构词规则数据库的研究与实现

一　新词语的界定

新词语的界定问题是研究新词语的基础。王铁琨认为，"新词语是指一个新创造的或从其他语言中、从本民族语言的方言词、古语词和行业语中新借用过来的词语，也指一个产生了新语义、新用法的固有词语"①。可见，笔者对于"新"的概念有点模糊，新词语具体是从什么时候开始

---

① 王铁琨：《十年来的汉语新词语研究综述》，《语文研究》1991 年第 1 期。

的，作者没有明确的界定。张志毅、张庆云（2012）把新词语定义为"指进入民族共同语的具有稳定性和规范性的词和短语"①，这种说法显然夸大了新词语的稳定性和规范性，把一些初显状态的新词语排除在外，这是一种狭义的概念。亢世勇等的《新词语大词典》前言将新词语定义为："1978年以来通过各种途径产生的、具有现代汉语常用词汇所没有的新形式、新意义或新用法的词。"② 1978年改革开放以来，中国发生了翻天覆地的变化，同时也出现了大量反映科技、日常生活变化的新词语。我们这里采用亢世勇教授关于新词语的定义，选取的词语是从1978年改革开放以后出现的新词语。

二　新词语数据库的语料标注

（一）本书的语料来源及收词原则

本书的语料来源是《新词语大词典》《中学生新词新语词典》《新词语100条》等多部新词语词典及相关新词语语料库。我们从中选取了19395个新词语。对于收词原则，我们做了如下几点说明：（1）尽管新词语中多音节趋向明显，但双音节词仍占主流地位，因此，本书只研究新词语中的双音节合成词的语素义与义位的关系类型，对于三音节及三音节以上新词语不涉及；（2）由于字母词在《汉字义类信息库》中无法找到相应的义类标注，我们对于字母词不做处理；（3）如果词语的两个语素中，有一个语素是音译过来的，有一个语素是汉语原有的语素，如"铁丁"，"铁"是汉语固有语素义，"丁"是Dink（丁克）的音译，"铁丁"符合汉语的构词规则，我们收录了这样的词；（4）对于两个语素全部是音译过来的词，我们不做处理，因为这类词是作为一个整体音译过来的，两个语素之间不可拆分，归为单纯词，如：沙发、的士、咖啡等；（5）大量缩略语的产生是新词语的一个显著特点，我们对于缩略语的处理原则是对于一些缩略不当和临时简称的词，不做处理。

（二）语料标注

本书以《同义词词林》为基础，从亢世勇等的《新词语大词典》中及相关语料库中选取了17395个新词语双音合成词。按照《汉字义类信息

---

① 张志毅、张庆云：《词汇语义学》，商务印书馆2012年版。
② 亢世勇等：《新词语大词典（1978—2018）》，上海辞书出版社2018年版。

库》确立的字位，利用计算机编程给 17395 个新词语的每一个字进行语义标注，并进行人工校对。在校对过程中，我们发现已有的《汉字义类信息库》不能满足新词语新增义素的需求，所以我们把出现频率高，构词能力强的新增义素，添加到《汉字义类信息库》中，以适应不断增加的新词语出现的新义素，同时也实现了《汉字义类信息库》的与时俱进。

（三）语素义与义位关系类型

对两个语素义和义位的关系进行分析，我们发现双音节新词语语素义和词义关系类型，还是之前我们总结出来的八种类型（此处 a、b 代表构成合成词的前后两个语素，区别于 A+B→A，它表示词的义类等于前一个语素所属的义类）：

（1）a+b=a=b　（2）a+b=a　（3）a+b=b　（4）a+b=c

（5）a+b=a+b　（6）a+b=a+b+d　（7）a+b=a+d　（8）a+b=d+b

本书依然按照这八种类型进行考察分析。

三　数据库的实现

（一）数据库属性的建立

把标注完成的语料导入到 ACCESS 当中，建立一个新词语语义构词规则数据库。在数据库的基础上，采用定性和定量相结合的研究方法，分析语素义和义位的关系，对各类型的语义构词情况进行详尽地描写，对语义构词规则进行分析和归纳，并进一步解释原因。数据库的属性主要包括：

（1）词　　　语　　　　　所收录的双音节新词语

（2）语素义类 1　　　　　前一个语素所属的义类及其释义

（3）语素义类 2　　　　　后一个语素所属的义类及其释义

（4）义位义类　　　　　　新词语义位所属的义类

（5）构词方式　　　　　　新词语语素义与义位的关系类型

（二）新词语语义构词数据库样例

词语	义素 1	义素 2	义类	构词方式
阿混	Kd06 前缀	Hj03 苟且地生活	An04	6
啊呸	Ke03 叹词	Ke01 叹词	Ke03	1
哀吊	Gb06 悼念	Hj53 对遭到丧事的人家给予慰问	Gb17	6
哀歌	Ga01 悲伤，悲痛	Dk28 歌曲	Dk28	5

词语	义素 1	义素 2	义类	构词方式
哀歌	Ga01 悲伤，悲痛	Dk28 歌曲	Hh04	6
哀恳	Ga01 悲伤，悲痛	Hi25 请求	Hi25	5
哀哭	Ga01 悲伤，悲痛	Ic01 流泪	Ic01	5
哀泣	Ga01 悲伤，悲痛	Ic01 小声哭	Ic01	5
哀啼	Ga01 悲伤，悲痛	Ic01 啼哭	Ic01	5
哀惜	Gb28 怜悯	Gb17 爱惜	Gb17	1
挨斗	Je13，遭受，忍受	Ha02，斗争	If04	6
挨度	Kb02 顺着（次序）	Hj03 过（指时间）	If04	8
挨蒙	Je13 遭受，忍受	Hi49 欺骗	If02	6
挨宰	Je13 遭受，忍受	He02 向买东西的人索取高价	If02	6
班子	Dl09 为了工作或学习而编成的组织	Kd06 名词后缀	Di09	2
灿然	Eb18 光彩耀眼	Kd06，副词或形容词后缀	Eb18	2
老板	Kd06 前缀，用于称人	Af04 老板	Af04	3
老农	Kd06 前缀，用于称人	Ae07 农民	Ae07	3
安睡	Ef01 安定	Hj32 睡觉	Ib04	4
白领	Ec04 跟"黑"相对	Bq04 领子	Ae02	4
癌灶	Dl03 肿瘤	Bo19 生火做饭的设备	Dl01	7
出血	He10，支付	Bk18 体内循环系统中的液体组织	He13	7

第二节　a+b=a=b 类型的语义构词规则研究

在这一类型中，构词语素的意义相同或相近，而其构成的词的意义与其中任何一个语素义相同或相近。虽然构词的语素不是同一个字，但它们是同义或近义的关系，单个语素义可以代表整个词义。当我们不知道某个字位的意思时，可"望文生义"，根据已知的字位意思大胆推测新词语的整体意思。属于第一种类型的新词语共有 412 个，占总词语的 2.4%。

一　a+b=a=b 类型的分类及研究

（一）新词语的语义类为 A 类

词的义类为 A 类的词语，只有"伴侣、宾朋、朋侣、友伴"4 个词语，占1%，构成A类词的方式只有一种，即A+A→A。通过分析资料，我们发现构成词语的前后两个语素的义类的大类、中类完全相同，构成的新词语的义类也和每个语素的大类、中类完全相同。可见，构成词语的两个语素是同义语素。

（二）新词语的语义类为B类

词的义类为B类的词语有11个，占2.7%。构成B类词的方式只有一种，即B+B→B，例如：船艇、垃圾、楼宇等。通过分析资料，我们发现构成词语的前后两个语素的义类的大类、中类完全相同，构成的新词语的义类也和每个语素的大类、中类完全相同。可见，构成词语的两个语素是完全的同义语素。

（三）新词语的语义类为C类

词的义类为C类的词语有5个，分别是"边线、村寨、地区、都市、路线"占此类型的1.2%。构成C类词的方式只有一种，即C+C→C。通过分析资料，我们发现构成词语的前后两个语素的义类的大类、中类完全相同，构成的新词语的义类也和每个语素的义类完全相同。可见，构词词语的两个语素是完全的同义语素。

（四）新词语的语义类为D类

词的义类为D类的词语有35个，占8.5%。构成D类词的方式只有一种，即D+D→D，例如：摊铺、薪酬、讯息等。通过分析资料，我们发现构成词语的前后两个语素的义类的大类完全相同，中类相同的比例占94%以上，构成的新词语的义类也和每个语素的义类完全相同。可见，构词词语的两个语素是同义语素或近义语素。

（五）新词语的语义类为E类

词的义类为E类的词语有70个，占17%。构成E类词的方式只有一种，即E+E→E，例如：融谐、爽挚、伪假等。通过分析语料，我们得知构成词语的前后两个语素大类完全相同、中类义类相同的语素比例占97%，构成新词语的义类和其中一个构词语素义的大类、中类完全相同。可见，构词语素是同义语素或近义语素。

（六）新词语的语义类为F类

词的义类为F类的词语有62个，占此类型的15%。构成F类词的方式只有一种，即F+F→F，例如：揆挽、点击、漂洗。通过分析资料，我们得知构成词语的前后两个语素大类完全相同，中类基本相同，只有

"踞伏"中类不同，中类相同的比例达到98%以上，构成新词语的义类和其中一个构词语素义的大类、中类完全相同。可见，构词语素是同义语素或近义语素。

（七）新词语的语义类为 G 类

词的义类为 G 类的词语有 51 个，占 12.4%。构成 G 类词的方式只有一种，即 G+G→G，例如：祈冀、憎厌、歉疚等。经分析，我们得知构成词语的前后两个语素大类完全相同，中类基本相同，除了"迷茫"中类不同，中类相同的比例达到 98%以上，构成新词语的义类和其中一个构词语素义的大类、中类完全相同。可见，构词语素是同义语素或近义语素。

（八）新词语的语义类为 H 类

词的义类为 H 类的词语有 110 个，占 26.7%。构成 H 类词的方式只有一种，即 H+H→H，例如：泊驻、炒买、存储等。构成语素的义类大类完全相同，中类相同的占绝对优势，除了"安置、泊驻"外，其他都相同，中类相同的比例达到 98%。构成新词语的义类和其中一个构词语素义的大类、中类完全相同。可见，构词语素是同义语素或近义语素。

（九）新词语的语义类为 I 类

词的义类为 I 类的词语有 31 个，占 7.5%。构成 I 类词的方式只有一种，即 I+I→I，例如：泡浸、袒裸、悬吊等。构成词语的前后两个语素大类、中类分类完全相同，构成新词语的义类和其中一个构词语素义的大类、中类完全相同。可见，构词语素是同义语素。

（十）新词语的语义类为 J 类

词的义类为 J 类的词语有 17 个，占 4.1%，例如：框束、牵系、蕴含等。构成 J 类词的方式只有一种，即 J+J→J 方式。在 J+J→J 方式中，构成词语的前后两个语素大类、中类分类完全相同，构成新词语的义类和其中一个构词语素义大类、中类完全相同。可见，构词语素是同义语素。

（十一）新词语的语义类为 K 类

词的义类为 K 类的词语有 16 个，占 3.9%。构成 K 类词的方式只有一种，即 K+K→K，例如：凭靠、呵呵、协同等。构成词语的前后两个语素大类和中类分类完全相同，构成新词语的义类和语素义的大类、中类相同。可见，构词语素是同义语素。

二　a+b=a=b 类型的构词规则的特点

通过对具体规则的分析、归纳，我们发现 a+b=a=b 类型的构词规则大致有以下特点：

（1）在此类型中，每个义类的语素构词能力不尽相同，按照构词频率统计如下，括号里的数字表示频度。H 活动（218）>E 特征（144）>F 动作（122）>G 心理活动（100）>D 抽象事物（70）>I 现象与状态（62）>J 关联（34）>K 助语（32）>B 物（22）>C 时间与空间（10）>A 人（8）。由此我们可以看出有些语素义类出现次数较多，有些出现次数较少，这说明语素的构词能力强弱不同。出现次数较多的，说明语素构词能力较强，而出现次数较少的，说明语素构词能力较弱。因此，在这一类型中，十二种语素义类都有构词能力，其中构词能力最强的是 H 类，其余按数量的多少依次是：E、F、G、D、I、J、K、B、C、A。没有出现属于 L 类的语素义。

（2）在属于此类的 412 个新词语中，12 个大类包含的词语数量构成下列不等式，括号中为新词语双音合成词的数量。H 活动（110）>E 特征（70）>F 动作（62）>G 心理活动（51）>D 抽象事物（35）>I 现象与状态（31）>J 关联（17）>K 助语（16）>B 物（11）>C 时间与空间（5）>A 人（4）。由此可以看出，在第一类型中，构成词的数量最多的是 H 义类，其余按数量的多少依次是：E、F、G、D、I、J、K、B、C、A。在第一个不等式中，作为语素出现次数较多的 E、B、D、I、G 义类同时也是所构成词语数量较多的义类，这说明构词能力较强的语素所构成词的概率也相对较高；同样构词能力较弱的 C、A 义类语素，其所构成词的概率也相对较低。构成词语的义类没有出现属于 L 类的语素义。

（3）在第一种类型中，每一类都只有一种构成方式，分布见表 3.1。

表 3.1　　　　　　　义位义类的主要构成方式的统计

义类	A	B	C	D	E	F	G	H	I	J	K
构词方式	A+A	B+B	C+C	D+D	E+E	F+F	G+G	H+H	I+I	J+J	K+K
数量（个）	4	11	5	35	72	61	50	109	31	17	16
比例（%）	100	100	100	100	100	100	100	100	100	100	100

由表 3.1 我们可以看出，在第一类型中，义位保留了语素义，义位就

是语素义本身，义位与语素义同属于一个义类。

（4）在我们统计的 412 个词语中，中类相同的词有 405 个，仅有 7 个词中类不同，前后两个语素义类中类相同的词语在此类中占绝对优势。我们可以推测出：新词语的构词方式中，如果两个语素义类中类相同，那么构成的词语的义类与语素义类中类相同。

（5）此类型中，两个语素义基本相同，词义和任一语素义相同或相近，但是重叠词很少，在我们统计的 412 个词语中，只有 5 个词语是重叠词，同一语素重叠的构词方式远不如同义、近义语素并列构词方式构成词数量多。

（6）从义类来看，两个构词语素义类与义位义类一致，即同向型，这是这一类型的一个显著特点；而从意义上来看，两个语素为同义或近义的关系，它们构成的词语的意义与任何一个语素义相同或相近，可由语素义直接理解、说明词义。

第三节　a+b＝a 类型的语义构词规则研究

在这一类型中，词义只保留了语素 a 的意义，语素 b 的意义已经不存在了，即带有后缀的词以及一些偏义复词。属于此类型的新词语共有 84 个，占总数的 0.48%。

一　a+b＝a 类型的分类及研究

（一）新词语的语义类为 A 类

词的前后两个语素构成词的义类为 A 类的词有 14 个，占 16.7%。构成 A 类词的方式有 3 种，即

A+K→A，6 个，如：商家、托儿

A+A→A，6 个，如：警哥、警姐

A+D→A，2 个，有：董事、特务

（1）A+K 方式和 A+A 方式是 A 类最主要的构词方式。

（2）通过对 A+K→A 方式进行分析发现，每个义位的重点都落在前一个语素义上，而后一个语素则是一个虚化成分——后缀，所以义位与前一个语素义完全相同。后缀只标明词的表义范围、类别，有时也附带一些

感情、形象色彩或其他功用，但不表示具体、实在的意义。例如"托儿"中的"儿"只起衬托音节的作用，而对词义起决定作用的是表示具体、实在意义的"托"。

（3）通过对其他方式考察，我们发现有两种情况：一种是偏义复词，只有一个语素的意义代表这个复合词的意义，另一个语素只起陪衬作用，它对另一个表义语素起限制的作用，例如"警哥"和"警姐"都是警察，"哥"和"姐"只起到一种标识性别作用；第二种是语素类似所谓的羡余成分，它的意义和词义有一定的联系，但是词义却与前一语素相当，后一语素在表示词义方面的作用可有可无，如"董事"。

（二）新词语的语义类为 B 类

词的前后两个语素构成词的义类为 B 类的词有 19 个，占 22.6%。构成 B 类词的方式有两种，即

B+K→B，16 个，如：棋子、模子

B+B→B，3 个，如：裤装、粉底

（1）B+K 方式是 B 类最主要的构词方式。

（2）通过对 B+K→B 方式进行分析发现，每个义位的重点都落在前一个语素义上，而后一个语素则是一个后缀，所以义位与前一个语素义完全相同，例如"票子""砖头"等。通过添加后缀来构成新词语是 B 类词语最主要的特征。

（3）对 B+B→B 方式进行分析发现，每个义位的重心都落在前一个语素义上，后一个语素义不是后缀，但在构成义位时也不占主要位置，如"裤装"中"裤"指"裤子"，"装"指大类"服装"的意思，词的整体意思落在"裤"上，"装"只起陪衬音节的作用，类似所谓的羡余成分。

（三）新词语的语义类为 C 类

词的前后两个语素构成词的义类为 C 类的词有 2 个，占 2.4%。构成 C 类词的方式只有一种，即

C+K→C，2 个，日子、上头

由此可见，属于 C 义类的新词语全部是通过添加后缀的形式形成的。词语意思和前一语素相同，后一语素只起到衬托作用。

（四）新词语的语义类为 D 类

词的前后两个语素构成词的义类为 D 类的词有 15 个，占 17.8%。构成 D 类词的方式有四种，即

D+K→D，12 个，如：班子、票子

D+D→D，1 个，癌魔

D+C→D，1 个，京城

D+A→D，1 个，卫生

（1）D+K 方式是 D 类最主要的构词方式。

（2）通过对 D+K→D 方式进行分析发现，每个义位的重点都落在前一个语素义上，义位与前一个语素义完全相同，后一个语素则是一个后缀。通过添加后缀来构成新词语是 D 类词语最主要的特征。

（3）对其他方式进行考察发现，每个义位的重心都落在前一个语素义上，后一个语素义不是后缀，但在构成义位时也不占主要位置。如"京城"中的"京"是"京城"，"城"是"城市"的意思，显然"城"是"京"的大类，类似所谓的羡余成分；"癌魔"中的"魔"意思只起修饰作用，是偏义复词。

（五）新词语的语义类为 E 类

词的前后两个语素构成词的义类为 E 类的词有 17 个，占 20.2%。构成 E 类词的方式有两种，即

E+I→E，13 个，如：固化、残断

E+K→E，4 个，如：灿然、憨然

（1）E+I 方式是 E 类最主要的构词方式。

（2）对 E+I→E 方式进行分析，我们发现每个义位的重点都落在前一个语素义上，义位与前一个语素义完全相同。在这 13 个词中，有 10 个词的最后一个语素都是后缀"化"，只有 3 个是偏义复词，可见，通过后缀的形式构成新词语在此种类型中仍占绝对优势。

（3）对 E+K→E 方式的两个词进行分析，每个义位的重点都落在前一个语素义上，义位与前一个语素义完全相同，后一个语素全部是后缀。

（六）新词语的语义类为 F 类

词的前后两个语素构成词的义类为 F 类的词有 2 个，占 2.4%。构成 F 类词的方式有两种，即

F+B→F，1 个，抖瑟

F+D→F，1 个，抖战

通过分析发现，这两个词语全都是偏义复词。后一语素修饰限制前一语素，前一语素在整个词义中占绝对优势。整个词义意思和前一语素义完

全相同。

（七）新词语的语义类为 G 类

词的前后两个语素构成词的义类为 G 类的词有 4 个，占 4.8%。构成 E 类词的方式有三种，即

G+E→G，2 个，有：爱昵、悲怆

G+H→G，1 个，决定

G+J→G，1 个，悲催

分析发现，这四个词语全都属于偏义复词，词义和前一语素义完全相同，后一语素的意义在整个词语意义中所起到的作用可有可无，构词方式没有通过后缀的形式构成新词。

（八）新词语的语义类为 H 类

词的前后两个语素构成词的义类为 H 类的词有 7 个，占 8.3%。构成 H 类词的方式有四种，即

H+B→H，2 个，有：倒阁、侃山

H+I→H，2 个，有：美化、分化

H+K→H，2 个，有：踩咕、煽呼

H+C→H，1 个，奔向

（1）H+B、H+I 和 H+K 方式是 H 类最主要的构词方式。

（2）通过对 H+K→H 和 H+I→H 方式进行分析发现，每个义位的重点都落在前一个语素义上，义位与前一个语素义完全相同，后一个语素则是一个后缀。

（3）对其他方式进行分析发现，其他方式构成的新词语都是偏义复词，每个义位的重心都落在前一个语素义上，后一个语素义不是后缀，但在构成义位时意义所起的作用微乎其微。

（九）新词语的语义类为 I 类

词的前后两个语素构成词的义类为 I 类的词有 3 个，占 3.6%。构成 I 类词的方式有两种，即

I+I→I，2 个，有：膨化、殒化

I+B→I，1 个，倒灶

通过分析发现，每个义位的重点都落在前一个语素义上，义位与前一个语素义完全相同。有两种情况，通过对 I+I→I 分析，发现"膨化"、"殒化"中的"化"表示动词词性的后缀，整个词语的意义落在前一语素

上；分析 I+B→I 类型，发现"倒灶"词义落在"倒"上，是偏义复词。

（十）新词语的语义类为 J 类

词的前后两个语素构成词的义类为 J 类的词有 1 个，占 1.2%。构成 J 类词的方式只有一种，即

J+I→J，1 个，异化

通过分析发现，义位的重点落在前一个语素义上，后一个语素则是一个后缀，义位与前一个语素义完全相同。

二　a+b=a 类型的构词规则的特点

通过对具体规则的分析、归纳，我们发现 a+b=a 类型的构词规则大致有以下特点：

（1）此类型中，对构词语素统计如下，（括号里的数字是频度。）K 助语（40）>B 物（24）>A 人（21）>D 抽象事物（19）>E 特征 = I 现象与状态（17）>H 活动（8）>C 时间与空间 = G 心理活动（4）>F 动作 = J 关联（2）。可以看出有些语素出现次数较多，有些语素出现次数较少，这说明语素的构词能力强弱不同。出现次数较多的语素，说明构词能力较强，而出现次数较少的语素，说明构词能力较弱。由此，我们发现，构词能力最强的语素属于 K 类，其余按数量的多少依次是：B、A、D、E、I、H、C、G、F、J。没有出现 L 类语素。

（2）此类型中，构成新词语的 12 个大类包含的词语数量构成下列不等式，（括号中为新词语的数量。）B 物（19）>E 特征（17）>D 抽象事物（15）>A 人（14）>H 活动（7）>G 心理活动（4）>I 现象与状态（3）>C 时间与空间 = F 动作（2）>J 关联（1）。由此可以看出，在第二种类型中，构成词的数量最多的是 B 义类，其余按数量的多少依次是：E、D、A、H、G、I、C、F、J。没有出现没有属于 K、L 义类的新词语。

（3）在第二种类型中，每一类都有两种及以上构成方式，主要构词方式见表 3.2。

表 3.2   义位义类的主要构成方式的统计

义类	A	B	C	D	E	F	G	H	I	J
主要构词方式	A+A A+A	B+K	C+K	D+K	E+I	F+B F+D	G+E	H+B/H+I H+K	I+I	J+I
数量（个）	6	16	2	12	13	1	2	2	2	1

续表

义类	A	B	C	D	E	F	G	H	I	J
比例（%）	43	84	100	80	76	50	50	29	67	100

由表 3.2 我们可以看出，主要构词方式中，义位都保留了前一个语素义，前一个构词语素基本承担了表达词义的主要功能，后一个构词语素意义失落，或者表义功能较弱。

（4）这一类型中，前一个语素义承担了词义的主要功能，后一个语素意义失落，或者表义功能较弱，在义位的形成中起到的作用可忽略不计。有以下三种情况：①通过附加后缀形式形成新词语。后缀只标明词的表义范围、类别，有时也附带一些感情及形象色彩，但不表示实在的意义。通过对此类型的 84 个新词语进行分析，我们发现带后缀的词语共有 60 个，占总数的 71.5%；②有些义位的后一个语素形式上保留，但语素义完全失落，义位落在了前一个语素义上，这就是偏义复词，如：痞棍、贼公等；③构成词的两个语素中，后一个语素意义与义位有一定的联系，但是义位却与前一个语素义相当，"多余语素"在表示义位方面可有可无，如：裤装、媳妇等。属于后两种的词有 24 个，占 28.5%。

（5）从义类来看，有两种类型：①前向型，有 72 个词语，占总数的 85.7%，如：劣化、美化、票子等；②同向型，有 12 个词语，占 14.3%，如：警姐、癌魔、痞棍等。通过对这两种类型的考察，我们发现，义位义类与前一个语素义类一致的占绝对优势。

第四节　a+b＝b 类型的语义构词规则研究

在这一类型中，词义只保留了语素 b 的意义，a 的意义已经不存在了，即带有前缀的词以及一些偏义复词。属于此类型的新词语共有 42 个，占总数的 0.24%。

一　a+b＝b 类型的分类及研究

（一）新词语的语义类为 A 类

在这一类型中，选取两个语素构成的词的义类为 A 类的词语，共 11

个，占 26.2%。构成 A 类词的方式有 3 种，即

K+A→A，9 个，如：老警、老农

A+A→A，1 个，人犯

D+A→A，1 个，案犯

（1）K+A→A 方式是 A 类最主要的构词方式。

（2）通过对 K+A→A 方式进行分析，发现每个义位的重心都落在后一个语素义上，前一个语素是我们常说的前缀，它只标明词义的范围、类别，有时也附带一些感情色彩及形象色彩，但不表示实在的意义。新词的意义和后一语素意义完全相同。

（3）对其他方式进行分析，发现每个义位的重心都落在后一个语素义上，前一个语素义构成义位时不起主要作用，也就是我们所说的偏义复词。

（二）新词语的语义类为 B 类

在这一类型中，选取两个语素构成的词的义类为 B 类的词语，共 8 个，占 19%。构成 B 类词的方式有 4 种，即

G+B→B，3 个，如：爱车、爱物

B+B→B，2 个，有：冰毒、芝麻

K+B→B，2 个，有：老虎、老鼠

E+B→B，1 个，大堂

（1）G+B→B 方式是 B 类最主要的构词方式。

（2）通过对 G+B→B 方式进行分析，我们发现此种构词方式构成的三个词语全部是偏义复词，前一语素修饰后一语素，后一语素在词义形成中起决定作用。

（3）对其他构词方式进行考察，我们发现每个义位的重心都落在后一个语素义上，这其中包括前缀形式，即 K+B→B，前一语素不表示任何实在意义，只起到一种标识作用；一种是偏义复词，后一个语素已完整表达出义位，两个构词语素之间是修饰关系，前一个语素是将义位所含的特征加以强调，如：冰毒、芝麻。

（三）新词语的语义类为 D 类

在这一类型中，选取两个语素构成的词的义类为 D 类的词语，共 6 个，占 14.3%。构成 D 类词的方式有 4 种，即

K+D→D，2 个，有：力著、力作

B+D→D，2 个，有：粉瘤、猴痘

C+D→D，1 个，后勤

D+D→D，1 个，文件

（1）K+D→D 和 B+D→D 方式是 D 类最主要的构词方式。

（2）对 4 种构词方式进行考察，我们发现所有的义位义类和后一语素义类完全相同，每个义位的重心都落在后一个语素义上，前一语素构成义位时不起主要作用。

（3）从意义看，有以下几种情况，一种是带前缀的词，前一个语素是虚语素，只起标示词性的作用，并不表示词义，义位由后一个语素承担，K+D→D 方式中的词就属于这种情况；一种是羡余成分，构成词的两个语素中，前一个语素类似所谓的羡余成分，例如"后勤"中的"后"，"文件"中的"文"；一种是偏义复词，前一语素修饰、限制后一语素，如"猴痘"是由猴类携带病毒引起的一种疾病。

（四）新词语的语义类为 E 类

在这一类型中，选取两个语素构成的词的义类为 E 类的词语，共 7 个，占 16.7%。构成 E 类词的方式有 4 种，即

B+E→E，3 个，如：梆硬、瓦蓝

I+E→E，2 个，有：昏糊、凝翠

E+E→E，1 个，孤直

K+E→E，1 个，方便

（1）B+E→E 方式是 E 类最主要的构词方式。

（2）对以上四种构词方式进行考察，我们发现所有的义位义类和后一语素义类完全相同，每个义位的重心都落在后一个语素义上，前一语素构成义位时不起主要作用。

（3）从意义上看，包括了几种情况，一种是构成词的两个语素中，前一个语素类似所谓的羡余成分，它的意义与义位有一定的联系，但是义位却与后一个语素义相当，如：孤直、凝翠等；一种是偏义复词，前一语素修饰限制后一语素，例如："瓦蓝"是"蔚蓝色"的意思，因为古代的"瓦"蓝色的，所以，"瓦蓝"就是说瓦片那种蓝色。

（五）新词语的语义类为 F 类

两个语素构成的词的义类为 F 类的词语，共 1 个，占 2.4%。构成 F 类词的方式有一种，即

H+F→F，1个，打抖

我们分析发现，义位义类和后一语素义类完全相同，词语的整个意义落在"抖"上，"打"表示身体发出的某种动作，不表示实在意义，如"打哈欠""打手势"。

（六）新词语的语义类为 G 类

两个语素构成的词的义类为 G 类的词语，共 3 个，占 7.1%。构成 G 类词的方式有两种，即

H+G→G，2个，打怵、等靠

I+G→G，1个，倍感

（1）H+G→G 方式是 G 类最主要的构词方式。

（2）分析发现，后一语素义类和整个义位义类完全相同，每个义位的重心都落在后一个语素义上。

（3）从意义上看有两种情况，一种是偏义复词，前一个语素义在构成义位时起到修饰、强调作用，如：倍感；一种是前一语素意义虚化，不表示实在的意义，如：打怵。

（七）新词语的语义类为 H 类

两个语素构成的词的义类为 H 类的词语，共 1 个，占 2.4%。构成 H 类词的方式有一种，即

H+H→H，1个，打理

分析发现，后一语素义类和整个义位义类完全相同，词语的整个意义落在"理"上，"打"只表示发生于人交涉的行为，在整个词语意思中不占主要位置。

（八）新词语的语义类为 I 类

两个语素构成的词的义类为 I 类的词语，共 4 个，占 9.5%。构成 I 类词的方式有两种，即

E+I→I，2个，安死、残断

F+I→I，2个，奔涌、冲减

（1）分析发现，后一语素义类和整个义位义类完全相同，每个义位的重心都落在后一个语素义上。

（2）从意义上看，有两种情况，一种是前一语素类似所谓的羡余成分，如：残断、奔涌、冲减；一种是偏义复词，每个义位的重心都落在后一个语素义上，前一个语素义在构成义位时起到修饰、强调作用，如：

安死。

（九）新词语的语义类为 J 类

两个语素构成的词的义类为 J 类的词语，共 1 个，占 2.4%。构成 J 类词的方式有一种，即

H+J→J，1 个，斥弃

可以看出，义位义类和后一语素义类相同，词语的整个意义落在后一语素"弃"上。"斥"有排斥，使离开的意思，"斥"和"弃"的意思有一定的重合，"斥"就是我们所说的羡余成分。

二 a+b=b 类型的构词规则的特点

通过对具体规则的统计，我们发现第 a+b=b 类型的构词规则大致有以下特点：

（1）在 a+b=b 类型中，对出现的所有语素义类进行统计，按照构词频率构成下列不等式，括号里的数字是频度。B 物（15）>K 助语（14）>A 人（12）>E 特征（11）>D 抽象事物（8）>I 现象与状态（7）>G 心理活动＝H 活动（6）>F 动作（3）>C 时间与空间＝J 关联（1）。由此我们可以看出有些语素义类出现次数较多，有些语素出现次数较少，这说明语素的构词能力强弱不同。出现次数较多的语素，说明构词能力较强；而出现次数较少的语素，说明构词能力较弱。因此，我们可以发现，构词能力最强的是 B 类，其余按数量的多少依次是：K、A、E、D、I、H、G、F、C、J，没有出现 L 类语素。

（2）在属于 a+b=b 类型的 42 个新词语中，按照义位义类构成下列不等式，括号中为双音节新词语的数量。A 人（11）>B 物（8）>E 特征（7）>D 抽象事物（6）>I 现象与状态（4）>G 心理活动（3）>H 活动＝F 动作＝J 关联（1）。由此可以看出，构成词的数量最多的是 A 义类，其余按数量的多少依次是：B、E、D、I、G、F、J、H。构成新词语的义类没有出现属于 C、K、L 类。在第一个不等式中，作为语素出现次数较多的 B、E、D、A 义类同时也是所构成词语数量较多的义类，这说明构词能力较强的语素所构成词的概率也相对较高。

（3）在 a+b=b 类型中，由于词条较少，所以每一种构词方式数量都不是很多，但是由一种方式独占领先地位的现象依然占主导地位，分布如表 3.3：

表 3.3 　　　　　　　　　　义位义类的主要构成方式的统计

类型	A	B	D	E	F	G	H	I	J
构成方式	K+A	G+B	K+D B+D	B+E	H+F	H+G	H+H	E+I F+I	H+J
数量（个）	9	3	2	3	1	2	1	2	1
比例（%）	82	38	33	43	100	67	100	50	100

通过表 3.3 我们可以看出，在 a+b=b 类型中，义位都保留了后一个语素义，后一语素义类和整个词语义类完全一致。第一个语素义属于 K 义类的构词方式不占优势，只在 A、D 义类中占了优势地位，其他类型中占优势地位的方式都没有 K 类的语素义参加。可见，通过附加前缀构成新词语不占优势，偏义复词和羡余成分组成的复合词是此种类型最主要的构词方式。

（4）此类型中，词语的后一个语素义基本承担了表达词义的主要功能，前一个语素表义功能较弱，在义位的形成中几乎不起作用。通过从意义方面进行考察，有以下三种情况：①两个构词语素的前一个语素为"羡余成分"，它的意义与义位有一定的联系，但义位与后一个语素义相当，如：后勤、文件等；②偏义复词，有些义位的前一个语素形式上保留，但语素义表义功能失落，如：打扰、孤直等；③一些词加了前缀，它只标明词义范围、类别，有时也附带一些感情及形象色彩，但不表示实在的意义，是一种虚语素，如：老姐、力著等。

（5）从义类来看，有下列两种类型：①后向型，有 36 个词语，占总数的 85.7%，如：爱机、梆硬、后勤等；②同向型，有 6 个词语，占14.3%，如：人犯、冰毒、文件等，两个构词语素之间多为同位关系。通过对这两种类型的考察，我们发现，义位义类与后一个语素义类一致的占绝对优势。

第五节　a+b=c 类型的语义构词规则研究

这一类型中两个构词语素的意义和词的义位之间没有明显的联系，不可能仅仅通过语素义直接推知词义，构成词义的形式包括词语的借代、比喻、引申，还包括一些谐音新词语。属于第四种类型的词共有 1139 个，占总数的 6.5%。

一　a+b=c 类型的分类及研究

（一）新词语的语义类为 A 类①

在这一类型中，选取两个语素构成新词语义类为 A 类的词语，共 202 个，占 17.7%。主要构词方式如下：

E+B→A，36 个，如：青蛙、金领等

B+B→A，23 个，如：菜鸟、银领等

B+A→A，20 个，如：脖主、蛙人等

B+K→A，12 个，如：马子、腕儿等

D+D→A，9 个，如：三八、标王等

E+A→A，7 个，如：健将、红客等

D+B→A，7 个，如：校树、国脚等

E+D→A，6 个，如：铁磁、小三等

E+E→A，6 个，如：蓝蓝、棒棒等

D+A→A，5 个，如：面霸、基奴等

（1）组成 A 类新词的方式共有 49 种，其中 E+B 方式构词数量最多，共 36 个。

（2）从义类来看，有 159 个词语的义位义类与两个语素义类均不相同，占总数的 78.7%，如：小三（E+D→A）、国脚（D+B→A），这符合此种类型的构词特点，义位义不能通过语素义直接推知；有 38 个词语的义位义类与后一个语素义类一致，占总数的 18.8%，如：国手（D+A→A）、吃货（F+A→A）；有 5 个词语的义位义类与前一个语素义类一致，占总数的 2.5%，如：人梯（A+B→A）、人球（A+C→A）。此类中，没有词语义位义类和两个语素义类一致的。

（3）对 A 类新词语进行考察，我们发现语素义在构成新词语时都发生了变化，语素义与词语义虽然有联系，但是这种联系已非常隐晦，有的变化根本无规律可循。具体表现为以下几种情况：①义位是语素义的借代义，如脑力劳动者因工作环境优异，衣着比较整洁、干净，故用"白领"代指"从事脑力劳动的工作人员"；②义位是语素义的比喻义，如"菜

---

① 由于构词方式数量较多，篇幅有限，只列举出构词方式最多的类型及词语相关信息。

鸟"比喻对所从事的工作反应迟钝，不入流；③由于求异心理，网络上出现了很多谐音词，半音译词，如，"斑竹"是"版主"的谐音，"铁丁"中"丁"是音译词；④还有一些方言词、古语词重新流行，但意思发生变化，如，"老豆"本是广东人称自己父亲的习惯口头用语，后扩大到全国，"天王"现多形容歌唱家演员等；⑤构词语素重叠后，意义发生改变，如"棒棒""蓝蓝"都是代指工人。

（二）新词语的语义类为 B 类

在这一类型中，选取两个语素构成新词语义类为 B 类的词语，共 78 个，占 6.8%。主要构词方式如下：

E+B→B，15 个，如：热狗、绿肺等

B+B→B，14 个，如：斑竹、光脑等

C+C→B，3 个，如：宵夜、外线等

E+A→B，3 个，如：伟哥、伟姐等

E+E→B，3 个，如：干红、绿甜等

E+F→B，3 个，如：老抽、大奔等

（1）组成 B 类新词的方式共有 34 种，其中 E+B 方式构词数量最多，共 15 个。

（2）从义类来看，有 34 个词语的义位义类与两个语素义类均不相同，占总数的 43.6%，如：国娃（D+A→B）、宵夜（C+C→B），两个语素义之间多为限定关系；有 22 个词语的义位义类与后一个语素义类大类一致，占总数的 28.2%，如：滑鼠（I+B→B）、闪盘（J+B→B），两个语素义之间多为限定关系；有 14 个词语的义位义类与两个语素义类大类一致，占总数的 17.9%，如：光脑（B+B→B）、鼻影（B+B→B），词语的两个语素义之间多为限定和同位关系；有 8 个词语的义位义类与前一个语素义类大类一致，占总数的 10.3%，如：鼠标（B+H→B）、鸟巢（B+C→B），两个语素义之间多为限定关系。

（3）对此类型新词语进行考察，我们发现语素义在形成义位时都发生了变化。在 B 类型中具体为：①义位是语素义的借代义，有的是部分代整体，有的是典型特征代替某个事物，还有的是功能代指事物，如"面包车"因其形状酷似"面包"，故取名为"面包车"；②随着社会的发展，一些植物、动物的名称赋予新的时代意义，这些词有些是通过谐音形式发展过来的，有的则是因其动物特征符合新出现的事物，为了事物名称形象生动，如"滑鼠"是计算机输入设备的简称，因其形状酷似老鼠，所有命名为"滑鼠"；"慢猫"意思为调制解调器，是 Modulator（调制器）与 Demodulator（解调器）的简称。根据 Modem 的谐音，亲昵地称为"猫"；③缩略语，"耳麦"是耳机和麦克风的整合体，缩略为"耳麦"，体现了新词语造词的简洁、经济原则。

（三）新词语的语义类为 C 类

在这一类型中，选取两个语素构成的词新词语为 C 类的词语，共 13 个，占 1.1%。构词方式如下：

B+B→C，4 个，如：瓶颈、光谷等

B+C→C，2 个，有：窗口、雷区等

A+D→C，1 个，婆家

B+D→C，1 个，焦点

C+C→C，1 个，南北

G+B→C，1 个，爱窝

H+C→C，1 个，赛期

I+B→C，1 个，摇篮

I+C→C，1 个，胜机

（1）组成 C 类新词的方式全部列举如上共有 9 种，构词方式比较分散，其中 B+B 方式构词数量最多，共 4 个。

（2）从义类来看，有 8 个词语的义位义类与两个语素义类均不相同，占总数的 61.5%，如：爱窝（G+B→C）、摇篮（I+B→C），词语的两个语素义之间多为限定关系；有 4 个词语的义位义类与后一个语素义类大类一致，占总数的 30.8%，如：赛期（H+C→C）、雷区（B+C→C），词语的两个语素义之间多为限定关系；有 1 个新词的义位义类与两个语素义类大类一致，即南北（C+C→C），占总数的 7.7%，两个语素之间的是同位关系。此类中，没有词语的义位义类和前一语素义类相同。

（3）对这些方式进行考察，我们发现义位不包含语素的原义，语素义在形成义位时发生了变化。在 C 类词中具体表现有四种情况：①某些表示地方的专有名词，如光谷、硅谷等；②词语义是语素义的比喻义，如"窗口"比喻同外界联系的部门或者地区，"瓶颈"比喻事业发展中遇到的停滞不前的状态；③词语义是语素义的引申义，如"雷区"引申为危险的应该避免的地区或情形；④旧有词语随着时代发展，赋予新的时代意义，如随着计算机的普及，"窗口"一词广泛流行，赋予表示微机系统的一种操作环境的意义，微机显示屏幕上出现的很多框框，被形象地称为"窗口"。

（四）新词语的语义类为 D 类

在这一类型中，选取两个语素构成新词语义类为 D 类的词语，共 291 个，占 25.5%。主要构词方式如下：

E+B→D，49 个，如：绿灯、红线等

B+B→D，47 个，如：火花、板砖等

E+D→D，17 个，如：巨龙、蓝图等

D+B→D，13 个，如：标杆、龙头等

H+B→D，13 个，如：通路、漏柜等

B+K→D，12 个，如：盘子、靶子等

B+D→D，8 个，如：漏斗、奶酪等

C+B→D，8 个，如：瓶颈、光谷等

D+D→D，8 个，如：圈圈、银根等

（1）组成 D 类新词的方式共有 65 种，其中 E+B 方式构词数量最多，共有 49 个。

（2）从义类来看，有 217 个词语的义位义类与两个语素义类均不相同，占总数的 74.6%，如：尾巴（B+B→D）、断层（I+E→D），这类词占绝对优势；有 42 个词语的义位义类与后一个语素义类大类一致，占总数的 14.4%，如：黑道（E+D→D）、硬伤（E+D→D），词语的两个语素义之间多为限定关系；有 24 个词语的义位义类与前一个语素义类大类一致，占总数的 8.2%，如：口子（D+K→D）、职高（D+E→D），两语素义之间多为限定关系；有 8 个词语的义位义类与两个语素义类大类一致，占总数的 2.7%，如：圈圈（D+D→D）、条条（D+D→D），两个语素义之间多为同位关系。

（3）对 D 类新词语进行考察，我们发现义位是语素义通过各种方式产生的。具体表现：①通过谐音的形式构成新词语，如"杯具"是"悲剧"的谐音，"洗具"是"喜剧"的谐音等；②新词语词义是语素义的借代义，如"红底"代指 100 元人民币；③新词语词义是语素义的比喻义，如"红灯"表示禁止，"奶酪"比喻某种利益、好处等；④词语是两个语素义的缩略语，如：普高、职高等；⑤两个语素重叠后意义发生变化，

如：圈圈、条条等

（五）新词语的语义类为 E 类

在这一类型中，选取两个语素构成的新词语义类为 E 类的词语，共 94 个，占 8.3%。构词方式如下：

E+B→E，16 个，如：黄牛、臭脚等

B+B→E，7 个，如：铁牛、机车等

B+E→E，5 个，如：腿短、梆硬等

E+F→E，5 个，如：近视、安卧等

D+B→E，4 个，如：八卦、宝器等

E+D→E，4 个，如：假仙、乌龙等

H+B→E，4 个，如：下道、上道等

（1）组成 E 类新词的方式共有 37 种，其中 E+B 方式构词数量最多，共有 16 个。

（2）从义类来看，有 49 个词语的义位义类与两个语素义类均不相同，占总数的 62.6%，如：标杆（D+B→E）、阳光（B+B→E），两个构词语素之间的关系非常复杂，有限定、同位、支配和判断关系，这类词占绝对优势；有 33 个词语的义位义类与前一个语素义类大类一致，占总数的 12.5%，如：红旗（E+B→E）、乌龙（E+D→E），两个语素之间多为限定关系；有 9 个词语的义位义类与后一个语素义类大类一致，占总数的 10%，如：疲软（I+E→E）、顶尖（B+E→E），两个语素之间多为支配关系；有 3 个词语的义位义类与两个语素义类大类一致，占总数的 14.9%，如：舒缓（E+E→E）、温冷（E+E→E），两个语素之间的关系多是平等并列的关系。

（3）对 E 类新词进行考察，我们发现具体表现有四种情况：①新词语意义是构成语素义的象征义，如"绿色"象征环保，"白纸"象征纯洁无瑕等；②新词语意义是构成语素义相加的比喻义，如"近视"比喻人目光短浅，"青涩"原指果子未熟时的苦涩味，后比喻涉世未深的年轻人身上所表现出来处事不成熟的羞涩；③新词语意义是构成语素义相加的引申义，"朝阳"的本义是早上初升的太阳，后引申为一切美好的事物，"雷人"本义是云层放电时击倒某人，现在流行的网络用语"雷人"是出人意料且令人格外震惊，很无语的意思，有时也引申为因为事物的某些属性而使看到的人产生无限热爱的一种情况；④源于方言词，后经互联网宣传,得到大范围传播,如"给力"本是方言词汇,在不同方言区,意义也有差别。在 2010 年世界杯期间,"给力"表示"加油""很带劲"的意思迅速传播开来,开始成为网络热门词。

(六) 新词语的语义类为 G 类

在这一类型中,选取两个语素构成的新词语义类为 G 类的词语,共34 个,占 3%。构词方式如下:

B+G→G,3 个,如:眼热、鼻酸

I+B→G,3 个,如:回头、倒胃

B+I→G,2 个,有:头痛、头疼

H+H→G,2 个,有:编织、亏欠

I+D→G,2 个,有:变色、默神

J+I→G,2 个,有:发烧、抑郁

(1) 组成 G 类新词的方式共有 26 种,其中 B+G→G 和 I+B→G 方式构词数量最多,各有 3 个代表词语。

(2) 从义类来看,有 31 个词语的义位义类与两个语素义类均不相同,占总数的 91.2%,如:没戏 (J+D→G)、编织 (H+H→G);有 3 个词语的义位义类与后一个语素义类大类一致,占总数的 8.8%,如:鼻酸 (B+G→G)、眼热 (B+G→G)。在此类中没有词语的义位义类和两个语素义类一致,也没有词语的义位义类和前一语素义相同的词语。

(3) 对此类型词条进行考察,我们发现义位不包含语素的原义。在 G 类词中具体表现有这么几种情况:①义位是语素义的引申义,如"编织"本义为把细长的东西交叉组织起来,现引申指酝酿思想、构思意境等思维活动;②义位是语素义的比喻义,如"发烧"比喻对事物热爱的程度非常深;③求异心理,赋予一些组合新的意义,如"我倒"在网络上表示佩服或出人意料的意思。

(七) 新词语的语义类为 H 类

在这一类型中,选取两个语素构成的新词语义类为 H 类的词语,共254 个,占 22.3%。构词方式如下:

F+B→H,52 个,如:泼污、插足等

H+B→H,33 个,如:灌水、输血等

I+B→H,20 个,如:换血、坍台等

H+H→H,16 个,如:酿造、铸炼等

E+I→H，8 个，如：矮化、暖化等

F+E→H，7 个，如：碰硬、抹黑等

H+D→H，7 个，如：洗货、煲网等

I+F→H，7 个，如：倒挂、裸奔等

（1）组成 H 类词的方式共有 49 种，其中 F+B 方式构词数量最多，共有 52 个词语。

（2）从义类来看，有 156 个词语的义位义类与两个语素义类均不相同，占总数的 61.4%，如：叫板（F+B→H）、触电（I+B→H），两个语素之间多为同位和支配关系；有 61 个词语的义位义类与前一个语素义类大类一致，占总数的 24%，如：割肉（H+B→H）、煲网（H+D→H），两个语素之间多为支配关系；有 21 个词语的义位义类与后一个语素义类大类一致，占总数的 8.3%，如：联婚（I+H→H）、秒杀（D+H→H），两个语素之间多为限定关系；有 16 个词语的义位义类与两个语素义类大类一致，占总数的 6.3%，如：锻造（H+H→H）、播种（H+H→H），两个语素之间的关系多是并列的关系。

（3）对此类型词条进行考察，我们发现义位不包含语素的原义。在 H 类词中具体表现有这么几种情况：①义位是语素义的比喻义，如："跳槽"原指牲口离开所在的槽头到别的槽头去吃食，现比喻人离开原来的工作，另谋高就；②义位是语素义的借代义，如"拍板"借指做决定；③新事物、新现象出现，原有词语有了新搭配、新的时代意义，如"灌水"原义为向容器里注水，进入互联网时代，表示向论坛中发大量无意义的帖子，又如"煲网"也是随着互联网出现，产生的新的词语搭配，"煲"原义为用煲长时间煮或者熬，常用组合为"煲粥"，喻指长时间聊天，后因互联网出现，产生新的搭配"煲网"，喻指长时间上网聊天。

（八）新词语的语义类为 I 类

在这一类型中，选取两个语素构成的新词语义类为 I 类的词语，共 145 个，占 12.7%。构词方式如下：

I+B→I，23 个，如：扩脑、换血等

H+B→I，20 个，如：收竿、烫手等

F+B→I，16 个，如：翻身、摘金等

E+I→I，7 个，如：毒化、直落等

I+I→I，5 个，如：爆炸、崩溃等

（1）组成 I 类词的方式共有 45 种，其中 I+B 方式数量最多，共 23 个。

（2）从义类来看，有 84 个词语的义位义类与两个语素义类均不相同，占总数的 57.9%，如：收杆（H+B→I）、巅峰（B+B→I），两个构词语素之间有限定、同位关系、支配和判断关系；有 38 个词语的义位义类与前一个语素义类大类一致，占总数的 26.2%，如：换脑（I+B→I）、腾飞（I+F→I），两个语素之间多为支配关系；有 17 个词语的义位义类与后一个语素义类大类一致，占总数的 11.7%，如：蹿红（H+I→I）、老化（E+I→I）；有 6 个词语的义位义类与两个语素义类大类一致，占总数的 4.1%，如：爆炸（I+I→I）、腐败（I+I→I），两个语素之间的关系多是同位关系。

（3）对这些方式进行考察，我们发现构词语素的意义和词的意义之间已经没有明显联系，不能依照语素义直接推求词义，在 I 类词中具体表现有这么几种情况：①义位是语素义的比喻义，如"收杆"比喻事情结束或到收尾阶段；②一些委婉的说法，如用"安睡"形容人去世；③义位是语素义的象征义，如"巅峰"象征事物发展的顶峰，"摘桂"象征夺冠；④义位是语素义的引申义，如"歇菜"本意打住，停住，后被引申没戏，下台等意思。

（九）新词语的语义类为 J 类

在这一类型中，选取两个语素构成的新词语义类为 I 类的词语，共 18 个，占 1.6%。构词方式如下：

F+F→J，5 个，如：打压、咬啮等

J+I→J，2 个，有：复苏、引爆

B+H→J，1 个，枪毙

E+I→J，1 个，净化

I+J→J，1 个，蒸发

（1）组成 J 类词的方式共有 12 种，其中 F+F 方式构词数量最多，共 5 个。

（2）从义类来看，有 14 个词语的义位义类与两个语素义类均不相同，占总数的 89.5%，如：枪毙（B+H→J）、卡死（I+I→J）；有 4 个词语的义位义类与前一个语素义类大类一致，占总数的 6.0%，如：失根（J+D→J）、复苏（J+I→J），两个语素之间的关系为支配关系；有 1 个词

语的义位义类与后一个语素义类大类一致，占总数的 4.5%，如：蒸发
（I+J→J）。此类中没有词语的义类与两个语素义类一致。

（3）对这 18 个词进行考察，我们发现构词语素的意义和词的意义之
间已经没有明显的联系，不能依照语素意义直接推求词义。在 J 类词中具
体表现有两种情况：①义位是语素义的比喻义，如"蒸发"比喻事物无
缘无故消失；②义位是语素义的引申义，如"净化"本指清除杂志，后
引申为精神方面的"精神调节"；"引爆"本指瞬时起爆，后指使某事物
引起轰动效应。

（十）新词语的语义类为 K 类

在这一类型中，选取两个语素构成的新词语义类为 K 类的词语，共
10 个，占 0.9%。构词方式如下：

C+C→K，2 个，即时、间中等

I+K→K，1 个，倍儿

J+B→K，1 个，过头

I+H→K，1 个，轮流

（1）组成 K 类词的方式共有 9 种，其中 C+C 方式数量最多，共有
2 个。

（2）从义类来看，有 7 个词语的义位义类与两个语素义类均不相同，
占总数的 56.2%，如：非常（J+E→K）、即时（C+C→K）；有 2 个词语
的义位义类与前一个语素义类一致，占总数的 21.7%，如：哇噻（K+
B→K）、哇塞（K+F→K）；有 1 个词语的义位义类与后一个语素义类一
致，占总数的 8.1%，如：倍儿（I+K→K）。没有词语的义位义类与两个
语素义类一致。

（3）对这 10 个词语进行考察，我们发现义位不包含语素的原义，语
素义在形成义位时发生了变化。在 K 类词中具体表现有三种情况：①方
言词扩大到普通话后重新流行，如"倍儿"原是天津话"非常"的意思，
后广泛流行于普通话中；②两个语素义与词义的关系较模糊，这一类词构
词理据较为模糊，它们之间没有什么必然的联系，如：即时、间中等；
③追风心理导致一些词语被追捧，如"哇塞"本是闽南口头语中的粗话，
被一些影视剧主观地认为是叹词，经过媒体、网络不负责任的宣传，再加
上大众盲目跟风、赶时髦的心理，后演变为表示"惊讶、羡慕"的叹词。

二 a+b=c 类型的构词规则的特点

通过对具体规则的统计、归纳，我们发现第四种类型的构词规则大致有以下特点：

（1）在 a+b=c 类型中，对所有语素统计如下，按照构词频率构成下列不等式，括号里的数字是频度。B 物（718）>E 特征（320）>H 活动（243）>F 动作（226）>I 现象与状态（208）>D 抽象事物（199）>C 时间与空间（85）>A 人（80）>K 助语（78）>J 关联（47）>G 心理活动（11）。我们可以看出，有些语素义类出现次数较多，有些出现次数较少，这说明语素的构词能力强弱不同。出现次数较多的语素，说明构词能力较强，而出现次数较少的语素，说明构词能力较弱。因此，我们可以发现，构词能力强弱依次为 B、E、H、F、I、D、C、A、K、J、G。L 类的语素在此类型中没有出现。

（2）在 a+b=c 类型的 1139 个新词语中，12 个大类包含的词语数量构成下列不等式，括号中为合成词的数量。D 抽象事物（291）>H 活动（254）>A 人（202）>I 现象与状态（145）>E 特征（94）>B 物（78）>G 心理活动（34）>J 关联（17）>C 时间与空间（13）>K 助语（10）。此类型构成词的数量最多的是 D 义类，其余按数量的多少依次是：H、A、I、E、B、G、J、C、K。由于统计的词语数量有限，没有出现 F、L 义类，这说明这两个义类在此类型中不常见。在第一个不等式中，作为语素出现次数较多的 B、E、D、H 义类同时也是所构成词语数量较多的义类，这说明构词能力较强的语素所构成词的概率也相对较高。

（3）在 a+b=c 类型各类的构词方式中，两个构词语素的意义和词的意义之间已经没有明显的联系，义位义类和语素义类相同的并不都是占主导地位，每类中占优势的构词方式分布见表 3.4。

表 3.4 义位义类的主要构成方式的统计

类型	A	B	C	D	E	G	H	I	J	K
主要构词方式	E+B	E+B	B+B	E+B	E+B	B+G I+B/	F+B	I+B	F+F	C+C
数量（个）	36	15	4	49	16	3	52	23	5	2
比例（%）	17.8	19.2	30.8	16.8	17	8.8	20.5	15.9	3.4	20

　　由表 3.4 我们发现，此类型中，构词数量最多的构词方式所构成的词所占的比例较低，说明构词方式多种多样、比较分散；同时，我们发现最主要的构词方式中，B 义类出现次数最多，可见 B 义类构词能力最强。

　　（4）从意义来看，语素义在形成义位时都发生了变化，构成新词语意义不可能从语素意义直接推知。随着新事物的产生，人们的求异心理等，出现了很多原来没有的"超常编码"①，如"啃老""啃"所属义类和"老"所属义类是不可以组合的，这是一种修辞性用法。通过对从意义方面进行考察，我们总结为如下情况：①义位是语素义的比喻义，如：跳槽、收竿等；②义位是语素义的借代义，如：白领、蓝领等；③义位是语素义的引申义，如：净化、引爆等；④谐音词，如：斑竹、杯具等；⑤还有一些方言词重新流行，有的保持原有意义，有的意义发生了变化，如：给力、哇塞等；⑥构词语素重叠后，构成的重叠式合成词词性和意义发生了变化，而且其中一些词带有了某种陪义，感情色彩发生变化，如：蓝蓝、棒棒等；⑦某些意义的委婉说法，如：安睡。

　　（5）从义类来看，构词语素义类和义位义类有很强的对应关系。有下列四种类型：①前向型，有 175 个词语，占总数的 15.4%，如：高挑、灌水、绿色、落水等，两个构词语素之间多为限制关系；②后向型，有 158 个词语，占 13.9%，如：脖主、滑鼠、慢猫、银燕等，两个构词语素之间多为限定关系；③同向型，有 48 个词语，占 4.2%，如：爆炸、腐败、锻造、播种等，两个构词语素之间多为同位关系；④无向型，有 760 个词语，占总数的 66.7%，如：枪毙、板块、火花、肉弹等，这个类型中的两个构词语素之间的关系有同位关系、限定关系、判断关系和支配关系等。通过对这四种类型考察我们发现无向型的词语数量最多，所占比例最大，这也证明了这一类型中的语素义类与义位义类之间的关系较为复杂，不像前三种类型那样规则性强。词语意义与语素义的联系不像前三种类型那样简单、直接，而是较为隐晦，所以自然很难从语素义直接推知义位义类，理解意思需要借助一些辅助语境手段。

---

　　①　张志毅、张庆云：《词汇语义学》，商务印书馆 2005 年版，第 171 页。

第六节　a+b＝a+b 类型的分类及研究

这一类型中，词义是由两个语素义直接相合而成。属于第五种类型的新词共有 6261 个，占总数的 36%。

一　a+b＝a+b 类型的分类及研究

（一）新词语的语义类为 A 类①

选取两个语素构成的词的义类为 A 的词语，共 278 个，占 4.4%。主要构词方式如下：

E+A→A，62 个，如：公众、贫民等

D+A→A，57 个，如：刑警、法警等

A+A→A，39 个，如：托哥、员工等

H+A→A，33 个，如：恋人、乘员等

B+A→A，32 个，如：机工、钳工等

C+A→A，20 个，如：港姐、村干等

经过对符合条件的所有 A 类新词语进行分析，我们发现：

（1）组成新词义类为 A 的方式共有 17 种，其中 E+A 方式构词数量最多，共有 62 个。

（2）经过分析，我们发现在这 278 个 A 类词中，义位义类和后一语素义类相同，即通过 X+A（不包括 A+A）方式形成的新词有 223 个，占总数的 80%，表明两个语素组成的新词语的义类和后一语素有很强的一致性。这些新词的义位由两个语素相加而成，两个语素之间有不同的语法关系，前一语素多修饰限制后一语素，如"累犯"指受过一定的刑罚处罚，短时间内又被判刑罚的罪犯；也有后一语素修饰限制前一语素的，如"歌迷"，喜欢唱歌的人，即"迷歌"。通过 A+X 方式构词的词有 46 个，占 17%，其中 A+A 方式数量最多，两个语素之间多为同位关系，也有修饰限制关系，如"员工"中"员"为工作或学习的人，"工"为工人的意思，"员"和"工"为同位关系；"干属"中"干"指干部，"属"指

---

① 由于篇幅有限，只列举出各个义类数量最多的构词方式类型及相关信息。

家属，"干"和"属"为限制关系。

（3）综合以上所有类型，我们发现构成的所有新词语中，前后两个语素包含 A 义类的词有 169 个，占整个 A 类词语的 97%；还有 3% 的词语属于前后两个语素和组成新词义类不一致的情况，如"靓女"解释为年轻靓丽的女性，前后两个义素均为形容词，组合后形成一个带有形容词性质的名词，又如"胖子"中"胖"为形容词，加上一个名词后缀"子"，整个词语词性改为名词。

（二）新词语的语义类为 B 类

选取两个语素构成的词的义类为 B 类的词语，共 719 个，占 11.5%。主要构词方式如下：

B+B→B，269 个，如：禽苗、电器等

E+B→B，210 个，如：蓝藻、套装等

D+B→B，64 个，如：美货、农械等

H+B→B，32 个，如：建材、航迹等

I+B→B，30 个，如：悬梯、吊灯等

C+B→B，21 个，如：郊菜、时蔬等

F+B→B，13 个，如：吻痕、跑鞋等

B+D→B，13 个，如：林网、啤标等

经过对符合条件的所有 B 类新词语进行分析，我们发现：

（1）组成新词义类为 B 的方式共有 32 种，其中 B+B 方式构词数量最多，共有 269 个新词语。

（2）在此类中，两个语素组成的新词语的义类和后一语素有很大的一致性。在我们统计的 719 个此类词语中，有 665 个词语后一语素义类和整个词语的大类相同，占 92%，前一语素多为修饰限制后一语素，如：电网、套装、靓衣等。这符合中国人的思维习惯，也与汉语是后向型语言的特点相一致。还有部分新词语是后一语素修饰前一语素，如，"壁饰"即装饰墙壁的物品，体现了人们创造新词语时求新求异的心理。

（3）综合以上所有类型，我们发现构成的所有新词语中，前后两个语素包含 B 义类的词有 688 个，占整个 B 类词语的 95%；还有 5% 的词语前后两个语素和组成新词义类不一致的情况，如"林网"，像网一样密集的树林，形容树林多且密。后一语素修饰限制前一语素，如"行头"中的"行"指和旅行有关的（行装），"头"为名词后缀。

（三）新词语的语义类为 C 类

选取两个语素构成的词的义类为 C 类的词语，共 233 个，占 3.7%。主要构词方式如下：

B+C→C，39 个，如：车位、街心等

C+C→C，35 个，如：空域、夜市等

H+C→C，34 个，如：赛点、唱区等

E+C→C，29 个，如：旺季、新区等

D+C→C，25 个，如：岗位、档期等

B+B→C，11 个，如：干道、坡道等

经过对符合条件的所有 C 类新词语进行分析，我们发现：

（1）组成 C 类新词的方式共有 30 种，其中 B+C 方式构词数量最多，共有 39 个新词语。

（2）在此类中，两个语素组成的新词语的义类和后一语素一致的占绝对优势。在我们统计的 233 个此类词语中，有 181 个词语的后一语素义类和整个义位的大类相同，约占 78%，前后两个语素为修饰限制关系且多为后一语素修饰前一语素，如：档期、旺期、干龄等。这符合中国人的思维习惯，和句法特点相一致，把修饰限制成分的义素放在前面。还有少数 C+X（不包括 C+C）类型，如：区段（C+D）、地段（C+D）等，这类词大部分语义重心落在前一语素上。

（3）综合以上所有类型，我们发现构成的所有新词语中，前后两个语素包含 C 义类的词有 195 个，占整个 C 类词语的 97%，两个语素之间的关系多为修饰与被修饰的关系，如：赛时、映期、郊县等；仅有 3% 左右的词，前后两个语素和构成的整个新词的义类不一致，如：开局（I+D→C）、牧闲（H+E→C）环路（D+B）等，前后两个语素也是修饰与被修饰的关系。

（四）新词语的语义类为 D 类

在这一类型中，选取两个语素构成新词语义类为 D 类的词语，共1177 个，占 18.8%。主要构词方式如下：

D+D→D，388 个，如：折扣、股份等

E+D→D，230 个，如：彩照、高校等

B+D→D，169 个，如：蛋雕、酒度等

H+D→D，117 个，如：渔政、邮程等

A+D→D，43 个，如：干校、警衔等

I+D→D，39 个，如：起价、增幅等

C+D→D，37 个，如：港资、日薪等

J+D→D，20 个，如：强效、弱科等

经过对符合条件的所有 D 类新词语进行分析，我们发现：

（1）组成 D 类新词的方式共有 39 种，其中 D+D 方式构词数量最多，共有 388 个词语。

（2）在此类中，两个语素组成的新词语的义类和后一语素一致的占绝对优势。在我们统计的 1177 个此类词语中，有 1084 个词语后一语素义类和整个词语的大类相同，约占 92%，前后两个语素为修饰限制关系且多为后一语素修饰前一语素，如：股灾、业绩、秘闻等。这符合中国人的造词习惯，也与汉语后向型语言的特点相一致。还有少数 D+X（不包括 D+D）类型，如：容装（D+B）、社区（D+C）等。

（3）综合以上所有类型，我们发现构成的所有新词语中，前后两个语素包含 D 义类的词有 1114 个，约占整个 D 类词语的 95%，两个语素之间的关系多为修饰与被修饰的关系，如：赛时、映期、郊县等；仅有 5% 左右的词，前后两个语素和构成的整个新词的义类不一致，如：开局（I+D→C）、牧闲（H+E→C）环路（D+B）等，前后两个语素也是修饰与被修饰的关系。

（五）新词语的语义类为 E 类

在这一类型中，选取两个语素构成的新词语义类为 E 类的词语，共 477 个，占 7.6%。主要构词方式如下：

E+E→E，319 个，如：亲和、坦诚等

E+D→E，28 个，如：优质、高档等

E+I→E，20 个，如：速溶、奇幻等

J+E→E，11 个，如：失谐、高危等

K+E→E，11 个，如：蛮酷、不菲等

D+E→E，10 个，如：代际、规整等

经过对符合条件的所有 E 类新词语进行分析，我们发现：

（1）组成 E 类新词的方式共有 28 种，其中 E+E 方式构词数量最多，共有 319 个新词语。

（2）在此类中，有 319 个词语的义位义类与两个语素义类大类一致，

即 E+E 方式，占总数的 67%，如：脏乱、澄净、喧吵等，两个语素之间的关系多是平行并列的关系，这体现了义位组合的"同素规则"。除 E+E 方式以外，E+X 方式有 78 个，如：高速、特级等。X+E 方式有 61 个，如：丛密、偏荒、滞缓等。可见，前向型和后向型的比例差不多。

（3）综合以上所有类型，我们发现构成的所有新词语中，前后两个语素包含 E 义类的词有 458 个，约占整个 E 类词语的 97%，两个语素之间的关系多为修饰与被修饰的关系，如：骚乱、规整、愚蛮等；仅有 3% 左右的词，前后两个语素和构成的整个新词的义类不一致，如：复式（I+D）、高效（J+D）、膨松（I+I）等，前后两个语素也是修饰与被修饰的关系。

（六）新词语的语义类为 F 类

在这一类型中，选取两个语素构成的新词语义类为 F 类的词语，共 251 个，占 4%。主要构词方式如下：

F+F→F，81 个，如：拥吻、投洗等

I+F→F，30 个，如：裸奔、淋浴等

F+B→F，25 个，如：拉闸、攀岩等

E+F→F，19 个，如：静观、俏立等

H+F→F，16 个，如：献吻、寻视等

F+H→F，16 个，如：扫描、潜游等

经过对符合条件的所有 F 类新词语进行分析，我们发现：

（1）组成 F 类新词的方式共有 26 种，其中 F+F 方式构词数量最多，共有 81 个新词语。

（2）在此类中，有 81 个词语的义位义类与两个语素义类大类一致，即 F+F 方式，占总数的 32%，如：挥举、嵌置、抛撒等。两个语素之间的关系多是平行并列的关系。除 F+F 方式以外，F+X 方式有 70 个，如：挖坑、收伞、开锁等。在 F+X 方式中，前一语素对后一语素起支配作用。X+F 方式有 84 个，如：摆置、挤放、叠绕等。在 X+F 方式中，后一语素是整个义位的重心，前一语素修饰限制后一语素。在 F 类中，语义后向型的词比前向型的词稍多一些。

（3）综合以上所有类型，我们发现构成的所有新词语中，前后两个语素包含 F 义类的词有 235 个，约占整个 F 类词语的 93%，两个语素之间的关系多为修饰限制的关系，如：拉闸、掺伪、吼歌等；仅有 7% 左右的词，前后两个语素所属义类和构成的整个新词的义类完全不一致，如：回眸（I+B）、放眼（I+B）、下楼（H+B）等，前后两个语素也是修饰与限制关系。

（七）新词语的语义类为 G 类

在这一类型中，选取两个语素构成的新词语义类为 G 类的词语，共 152 个，占 2.4%。主要构词方式如下：

G+G→G，53 个，如：慕求、恋念等

G+H→G，19 个，如：估评、崇扬等

G+E→G，15 个，如：哀壮、怀旧等

E+G→G，11 个，如：臆猜、暗恋等

H+G→G，9 个，如：赞羡、怨怪等

经过对符合条件的所有 G 类新词语进行分析，我们发现：

（1）组成 G 类新词的方式共有 25 种，其中 G+G 方式构词数量最多，共有 53 个新词语。

（2）在此类中，有 53 个词语的义位义类与两个语素义类大类一致，即 G+G→G 方式，占总数的 35%，如：惜怜、追崇、烦恶等，两个语素之间的关系多是平行并列的关系。除 G+G 方式以外，G+X 方式有 51 个，如：厌腻、追星、崇星等。在 G+X 方式中，前一语素对后一语素起修饰、支配、限制作用。X+G 方式有 38 个，如：羞恼、侨愤、暗恋等。在 X+G 方式中，后一语素是整个义位的重心，前一语素修饰限制后一语素。在 G 类中，语义前向型的词语略多于后向型的词语。

（3）综合以上所有类型，我们发现构成的所有新词语中，前后两个语素包含 G 义类的词有 142 个，约占整个 G 类词语的 94%，两个语素之间的关系多为修饰与被修饰的关系，如：求美、悟透、伤痛等；仅有 6% 左右的词，前后两个语素和构成的整个新词的义类不一致，如：发横（J+E）、仇外（D+D）、昂奋（I+H）等，前后两个语素也是修饰与被修饰的关系。

（八）新词语的语义类为 H 类

在这一类型中，选取两个语素构成的新词语义类为 H 类的词语，共 2259 个，占 36%。主要构词方式如下：

H+H→H，872 个，如：监理、监控等

H+D→H，250 个，如：查岗、参团等

E+H→H，158 个，如：主营、安检等

I+H→H，141 个，如：重婚、会展等

K+H→H，109 个，如：全勤、预储等

H+B→H，107 个，如：送餐、订票等

D+H→H，82 个，如：质检、首航等

F+H→H，52 个，如：插播、观展等

C+H→H，46 个，如：空管、边检等

经过对符合条件的所有 H 类新词语进行分析，我们发现：

（1）组成 H 类词的方式共有 55 种，其中 H+H 方式构词数量最多，共有 872 个新词语。

（2）在此类中，有 872 个词语的义位义类与两个语素义类大类一致，即 H+H→H 方式，占总数的 39%，如：航保、查缴、倡办等，两个语素之间的关系多是平行并列的关系，也有修饰限制关系，如：航保。除 H+H 方式以外，H+X 方式有 635 个，如：陪产、查毁、晤别等。在 H+X 方式中，前一语素对后一语素起支配、限制作用。X+H 方式有 713 个，如：俭办、防治、联营等。在 X+H 方式中，后一语素是整个义位的重心，前一语素修饰限制后一语素。

（3）综合以上所有类型，我们发现构成的所有新词语中，前后两个语素包含 H 义类的词有 2120 个，约占整个 H 类词语的 94%，两个语素之间的关系多为支配关系，也有修饰关系，如"扰民"是支配关系，"婚保"是修饰关系；仅有 6%左右的词，前后两个语素和构成的整个新词的义类不一致，如：增资（I+D）、识假（G+E）、维和（J+E）等，前后两个语素也支配、限制关系。

（九）新词语的语义类为 I 类

在这一类型中，选取两个语素构成的新词语义类为 I 类的词语，共 530 个，占 8.5%。主要构词方式如下：

I+I→I，107 个，如：届临、环拥等

I+D→I，53 个，如：疲态、息影等

E+I→I，46 个，如：偷生、锐减等

I+H→I，43 个，如：辍演、败诉等

H+I→I，30 个，如：婚育、告负等

I+F→I，25 个，如：围堵、盘卷等

I+B→I，19 个，如：误班、误车等

经过对符合条件的所有 I 类新词语进行分析，我们发现：

（1）组成 I 类词的方式共有 47 种，其中 I+B 方式构词数量最多，共有 107 个新词语。

（2）在此类中，有 107 个词语的义位义类与两个语素义类大类一致，即 I+I→I 方式，占所有类型的 20%，如：闪晃、飘闪、投映等，两个语素之间的关系多是平行并列的关系。由上数据显示，构词方式最多的每一种类型都包括 I 义类，除 I+I 方式以外，I+X 方式有 176 个，如：裁员、滑坡、误班等。X+I 方式有 144 个，如：西化、癌变、诱变等。义位由两个语素义直接相加而成，两个语素间可以是不同的语法关系，如，裁员：裁减员工；滑坡：顺着坡往下滑；西化：受西方影响，生活习惯和思维习惯有西方生活倾向的变化。

（3）我们统计前后两个语素包含 I 义类的词有 427 个，约占整个 I 类词语的 80%，如：惨跌、骤增、关停等，两个语素之间有不同的语法关系；约有 20% 的词前后两个语素和构成的整个新词的义类不一致，如：超载（E+H）、改刊（H+J）、待业（H+D）等，两个语素组合后，义类发生了变化。

（十）新词语的语义类为 J 类

在这一类型中，选取两个语素构成的新词语义类为 J 类的词语，共 174 个，占 2.8%。主要构词方式如下：

H+J→J，26 个，如：侦获、兼容等

J+D→J，25 个，如：消磁、超标等

J+H→J，18 个，如：限购、受援等

J+J→J，14 个，如：涵纳、引发等

I+J→J，11 个，如：映示、透示等

J+B→J，10 个，如：限电、弃核等

经过对符合条件的所有 J 类新词语进行分析，我们发现：

（1）组成 J 类词的方式共有 28 种，其中 H+J 方式构词数量最多，共有 26 个新词语。

（2）在此类中，有 14 个词语的义位义类与两个语素义类大类一致，即 J+J→J 方式，占所有类型的 20%，如：蕴聚、引燃、受援等，两个语素之间的关系多是平行并列的关系。除 J+J 方式以外，J+X 方式有 77 个，如：裁员、滑坡、误班等。X+J 方式有 69 个，如：骤现、映现、突发等。义位由两个语素义直接相加而成，两语素间有不同的语法关系。

（3）由上数据显示，构词方式最多的每一种类型都包括 J 义类，我们统计前后两个语素包含 J 义类的词有 160 个，约占整个 J 类词语的92%，义位由两个语素义直接相加而成，两个语素间可以是不同的语法关系，如：限市、同龄等；约有 8% 的词前后两个语素和构成的整个新词的义类不一致，如：利民（J+A）、富民（E+A）、冲蚀（F+I）等，两个语素组合后，义类发生了变化。

（十一）新词语的语义类为 K 类

在这一类型中，选取两个语素构成的新词语义类为 K 类的词语，共11 个，占 0.2%。主要构词方式如下：

K+K→K，6 个，如：全力、托靠

K+C→K，2 个，随时、如期

K+D→K，1 个，依序

K+I→K，1 个，唉叹

K+J→K，1 个，频发

经过对符合条件的所有 K 类新词语进行分析，我们发现：

（1）组成 K 类词的方式共有 5 种，其中 K+K 方式构词数量最多，共有 6 个新词语。

（2）观察以上构词方式，我们发现所有类型中都包括 K 类，要么是前一语素属于 K 类，要么后一语素属于 K 类，要么两个语素都属于 K 类，完全地体现了义位组合的同素原则。

二　a+b＝a+b 类型的构词规则的特点

通过对以上类型统计、归纳，我们发现 a+b＝a+b 类型的构词规则大致有以下特点：

（1）每个义类的语素构词能力不尽相同，按照构词频率统计如下。H活动（3507）＞D 抽象事物（2277）＞B 物（1611）＞E 特征（1765）＞I现象与状态（987）＞F 动作（559）＞C 时间与空间（450）＞A 人（430）＞J 关联（413）＞G 心理活动（283）＞K 助语（236）。出现次数较多的语素，说明构词能力较强，而出现次数较少的语素，说明构词能力较弱。因此，我们可以发现，构词能力最强的是 H 类，其余按数量的多少依次是：D、B、E、I、F、C、A、J、G、K。L 类的语素在此类型中没有出现。

（2）在我们统计的 6261 个新词语中，12 个大类包含的词语数量构成下列不等式，括号中为合成词的数量。H 活动（2259）>D 抽象事物（1177）>B 物（719）>I 现象与状态（530）>E 特征（477）>A 人（278）>F 动作（251）>C 时间与空间（233）>J 关联（174）>G 心理活动（152）>K 助语（11）。由此可以看出，在第五类型中，各义类中新词的数量按多少排列，依次为 H、D、B、I、E、A、F、C、J、G、K。在第一个不等式中，作为语素出现次数较多的 H、D、B、E、I 义类同时也是所构成词语数量较多的义类，这说明构词能力较强的语素所构成词的概率也相对较高。

（3）由于词的数量的增加，从构词方式来看，各类的构词方式也有所增加，基本上各种语素义和语素义结合的方式都有了。每类中最主要的构词方式分布见表 3.5。

表 3.5　　　　　　　　　　　　　义位义类的主要构成方式的统计

类型	A	B	C	D	E	F	G	H	I	J	K
主构词方式	E+A	B+B	B+C	D+D	E+E	F+F	G+G	H+H	I+I	H+J	K+K
数量（个）	62	269	39	388	319	81	53	872	107	26	6
比例（%）	22.3	37.4	16.7	33	66.9	32.3	34.9	39.5	20.2	14.9	54.5

由表 3.5 我们可以看出，义位义类相同的前后两个语素义类构成的方式占主导地位，可见，义位是在语素义的基础上整合而成的，义位与语素义是密切相关的。

（4）通过对 a+b＝a+b 类型的义位进行考察，我们发现，构成义位的两个语素义的意义各不相同，义位由构成它的两个语素义简单相加而得，这符合汉语造词习惯，便于人们认识、理解新词语。大致有三种情况：①新词语是由短语缩略而成，如"干群"是由"干部"和"群众"缩略而成，"展销"由"展览"和"销售"缩略而成；②义位是由看似两个彼此无任何联系的语素义，实际有语义制约关系的两个语素组成，如"靓女"解释为年轻靓丽的女子，很少见"靓男"的说法，要是说成"靓狗"那就是错误的，所以"组合成一个义位或义丛的各个语素至少含有一个共同的义素"①，这类词所占的比重最大，两个语素之间多为修饰限制关系；③这类义位是由两个有联系的语素义相加而成的，这两个语素义存在一种并列关系，两个语素义有联系，或者是同类或者是相反相对，"员工"两个语素义相同，"是非"两个语素义相反。

（5）在这一类型中，语素义与义位的联系直接而紧密。有下列四种类型：①同向型，有 2183 个词语，占 34.9%，如：赃物、厨工、查缴、判处等，两个构词语素之间多为同位关系；②前向型，有 1064 个词语，占总数的 17%，如：爽声、稚龄、高档、低智等，两个构词语素之间多为限定关系；③后向型，有 2573 个词语，占 41.1%，如：废人、私货、磁器、顺挂等，两个构词语素之间多为限定和判断关系；④无向型，有 441 个词语，占总数的 7%，如：耳廓、赤潮、投影、待机等，两个构词语素之间多为限定和支配关系。通过对这四种类型考察，我们发现义位义类与后一个语素义类相同的词语所占的比例高于其他三种类型。

第七节　a+b=a+b+d 类型的语义构词规则研究

这一类型中，义位不是简单的等于两个语素义之和，而是增加了其他意义（d），主要包括改变词性、带有某种陪义等，属于第六种类型的词共有 8633 个，占总数的 49.6%。

一　a+b=a+b+d 类型的分类及研究

（一）词的义类为 A 类的词语

在这一类型中，选取两个语素构成的新词的义类属于 A 类的词语。这样的词共有 703 个，占 8.1%。主要构词方式列举如下：

D+A→A，98 个，如：歌手、吧员等

B+A→A，93 个，如：彩民、巴姐等

H+A→A，83 个，如：赌徒、险民等

E+A→A，61 个，如：牛人、强者等

A+A→A，25 个，如：警花、幼师等

---

① 张志毅、张庆云：《词汇语义学》，商务印书馆 2005 年版，第 172 页。

E+H→A，25 个，如：总编、主唱等

H+H→A，19 个，如：陪教、编播等

C+A→A，18 个，如：空霸、空哥等

（1）属于 A 类的构词方式共有 68 种，其中 D+A 方式数量最多，共 98 个，而第一个语素位置上没有出现 L 义类。

（2）从义类来看，有 25 个词语的义位义类与两个语素义类大类一致，占总数的 3.6%，如：孩奴（A+A→A）、医托（A+A→A）；除 A+A→A 外，有 27 个词语的义位义类与前一个语素义类大类一致，占总数的 3.8%，如：妇男（A+E→A）、伴舞（A+H→A）；有 408 个词语的义位义类与后一个语素义类大类一致，占总数的 58%，如：股民（D+A→A）、推手（J+A→A）；有 243 个词语的义位义类与两个语素义类均不相同，占总数的 34.6%，如：主刀（H+B→A）、拍档（H+D→A）。

（3）从意义来看，义位不是两个语素义的简单相加，而是增加了其他意义。有以下几种情况：①义位不只是两个语素义的简单相加，而是增加某些附加意义，如"陪同"有两种词性，一种是表示某种行为的动词，词语构词方式属于我们前面分析的 a+b＝a+b 构词规则；一种是名词性用法，表示"陪伴着一同进行某种活动的人"，这样就增加了一个动作的发出者，如：主审，编辑，教授等，一种是表示某种动作，一种表示某种动作的施受者；②某个语素改变了词性，如"线人"是提供线索的人，"归侨"是从国外回来的侨民；③两个语素之间语义关系复杂，构成的词义增加了很多附加内容，如"鸟友"是"喜欢养鸟的人组成的朋友关系，喜欢养鸟的人之间的互称"，不是鸟和人之间的关系，也不是鸟与鸟之间的关系。

（二）词的义类为 B 类的词语

在这一类型中，选取两个语素构成的词的义类为 B 类的词语，共 784 个，占 9.1%。主要构词方式如下：

B+B→B，263 个，如：裤袜、鞋饰等

E+B→B，119 个，如：黑货、洁具等

D+B→B，61 个，如：奥衫、歌带等

H+B→B，57 个，如：婚服、泳裤等

F+B→B，35 个，如：蹦床、浴缸等

I+B→B，31 个，如：滑梯、晾台等

C+B→B，20 个，如：场馆、市花等

（1）属于 B 类的构词方式共有 57 种，其中 B+B 方式数量最多，共 263 个，而第一个语素位置上没有出现 L 义类。

（2）从义类来看，有 263 个词语的义位义类与两个语素义类大类一致，占总数的 33.5%，如：虾米（B+B→B）、面膜（B+B→B）；有 63 个词语的义位义类与前一个语素义类大类一致，占总数的 8%，如：塔吊（B+I→B）、票证（B+J→B）；有 350 个词语的义位义类与后一个语素义类大类一致，占总数的 44.6%，如：洗剂（F+B→B）、听啤（D+B→B）；有 108 个词语的义位义类与两个语素义类均不相同，占总数的 13.8%，如：溶媒（I+A→B）、赛池（H+C→B）。

（3）从意义来看，义位所包含的内容比两个语素义所表示的内容有所增加。有以下四种情况：①某个义位改变了词性，意义发生了某种细微的改变，如"雪条"，是一种冰冻甜品，不是雪做成，只是和雪有类似的特征；②表示动作的两个语素构成的词语表示物的意义，而义位所表示的物是动作所涉及的对象，如"草编"是"由草编的东西"，"浴罩"是"洗澡用的帽子"，义位不只是两个语素义的简单相加，而是增加了表示物的意义；③前后两个语素义有领属关系，如"油品"中的"油"也属于物品的一种，"竹材"中"竹"属于材料的一种，前后两个语素义有领属关系；④两个语素组成词后增加了某种陪义，如"眼宝"是一种对眼睛起保护作用的眼药水，这个词语形象地刻画了该药的作用，带有某种形象陪义。

（三）词的义类为 C 类的词语

在这一类型中，选取两个语素构成的词的义类为 C 类的词语，共 259 个，占 3%。主要构词方式如下：

D+C→C，47 个，如：癌龄、学区等

H+C→C，31 个，如：婚假、护龄等

E+C→C，22 个，如：主场、客场等

B+C→C，21 个，如：牌龄、海外等

E+B→C，15 个，如：热岛、绿地等

C+C→C，12 个，如：窝点、现场等

（1）属于 C 类的构词方式共有 41 种，其中 D+C 方式数量最多，共 47 个，而第一个语素位置上没有出现 L 义类。

（2）从义类来看，有 12 个词语的义位义类与两个语素义类大类一致，占总数的 4.6%，如：期市（C+C→C）、先机（C+C→C）；有 19 个词语的义位义类与前一个语素义类大类一致，占总数的 7.3%，如：前台（C+B→C）、城庆（C+H→C）；有 148 个词语的义位义类与后一个语素义类大类一致，占总数的 57.1%，如：主场（E+C→C）、秀场（H+C→C）；有 80 个词语的义位义类与两个语素义类均不相同，占总数的 30.9%，如：热岛（E+B→C）、湿地（B+B→C）。

（3）从意义来看，义位所包含的内容比两个语素义所表示的内容有所增加。有以下两种情况：①两个语素组成词后增加了某种陪义，如"黑窝"带有某种贬义色彩，"吧街"带有外来陪义；②不表示时间义和空间义的两个语素构成的词语增加了时间义和空间义，如"盲道""盲"指"看不见东西"，"道"指"道路"，组合后义位为"专门帮助盲人行走的通道"。

（四）词的义类为 D 类的词语

在这一类型中，选取两个语素构成的词的义类为 D 类的词语，共 1901 个，占 22%。主要构词方式如下：

D+D→D，297 个，如：股事、商务等

E+D→D，224 个，如：劲舞、酷文等

H+D→D，158 个，如：课件、熨吧等

B+D→D，147 个，如：茶吧、艇次等

C+D→D，67 个，如：晚报、周刊等

D+H→D，67 个，如：网教、函授等

E+H→D，67 个，如：好评、散装等

（1）属于 D 类的构词方式共有 102 种，其中 D+D 方式数量最多，共 297 个，而第一个语素位置上没有出现 L 义类。

（2）从义类来看，有 297 个词语的义位义类与两个语素义类大类一致，占总数的 15.6%，如：红股（D+D→D）、企业（D+D→D）；有 217 个词语的义位义类与前一个语素义类大类一致，占总数的 2.7%，如：酬奖（D+B→D）、语料（D+B→D）；有 778 个词语的义位义类与后一个语素义类大类一致，占总数的 40.9%，如：劳务（H+D→D）、赔案（H+D→D）；有 609 个词语的义位义类与两个语素义类均不相同，占总数的 32%，如：陪体（H+B→D）、买家（H+A→D）。

（3）从意义来看，义位所包含的内容比两个语素义所表示的内容有所增加。有以下几种情况：①前后两个语素义有领属关系，如：会务、格局、态势等；②两个不表示物的语素构成的新词表示抽象物的意义，如"两岸"特指海峡两岸，台湾岛和中国大陆；③两个语素组成词后增加了某种陪义，如"噱头""给力"带有方言陪义，又如"国格""国骂"带有时代色彩。

（五）词的义类为 E 类的词语

在这一类型中，选取两个语素构成的词的义类为 E 类的词语，共 558 个，占 6.5%。主要构词方式如下：

E+E→E，138 个，如：虚高、低柔等

E+D→E，51 个，如：长效、盛状等

E+B→E，19 个，如：脏污、双料等

D+H→E，20 个，如：编外、课辅等

E+H→E，30 个，如：低耗、冗余等

E+I→E，20 个，如：劲爆、匀贴等

（1）属于 E 类的构词方式共有 74 种，其中 E+E 方式构词数量最多，共 138 个，而第一个语素位置上没有出现 L 义类。

（2）从义类来看，有 138 个词语的义位义类与两个语素义类大类一致，占总数的 24.7%，如：丰实（E+E→E）、低柔（E+E→E）；有 162 个词语的义位义类与前一个语素义类大类一致，占总数的 29%，如：低迷（E+I→E）、特供（E+J→E）；有 76 个词语的义位义类与后一个语素义类大类一致，占总数的 13.6%，如：利淡（D+E→E）、编外（D+E→E）；有 182 个词语的义位义类与两个语素义类均不相同，占总数的 32.6%，如：立体（I+B→E）、失拍（H+B→E）。

（3）从意义来看，义位所包含的内容比两个语素义所表示的内容有所增加。有以下几种情况：①构词某一语素词性发生改变，如："瘦挑"中的"挑"本是名词"挑子"在这里意为"像挑子一样的瘦长"，具有形容词性质；②两个本来不具有形容词属性的语素，组合后具有形容词性质，如"失拍"中"失"为动词，"违背"的意思，与名词性"拍子"组合后，意为"与周边环境不和谐"，"抓人"形容说话，写文章内容等很吸引人，具有形容词性质；③两个语素组成词后增加了某种陪义，如"十佳""光控"带有时代陪义，"靓"本是南方方言中的词语，后扩大

到普通话，如"靓装""靓照"等都具有方言陪义。

（六）词的义类为 F 类的词语

在这一类型中，选取两个语素构成的词的义类为 F 类的词语，共 48 个，占 0.6%。主要构词方式如下：

E+F→F，7 个，如：干洗、劲走等

F+H→F，7 个，如：拆违、压载等

F+I→F，5 个，如：包埋、推挤等

I+B→F，5 个，如：提气、套叠等

F+B→F，5 个，如：拉电、打卡等

B+F→F，3 个，如：蜗行、熊吻等

（1）属于 F 类的构词方式共有 18 种，其中 F+H 和 E+F 方式构词数量最多，都是 7 个，而第一个语素位置上没有出现 A、G、L 义类。

（2）从义类来看，有 19 个词语的义位义类与前一个语素义类大类一致，占总数的 39.6%，如：推挤（F+I→F）、拉电（F+B→F）；有 19 个词语的义位义类与后一个语素义类大类一致，占总数的 39.6%，如：接听（I+F→F）、干洗（E+F→F）；有 10 个词语的义位义类与两个语素义类均不相同，占总数的 20.8%，如：坑埋（C+I→F）、清漂（H+I→F）。没有词语的义位义类与两个语素义类一致的情况。

（3）从意义来看，义位所包含的内容比两个语素义所表示的内容有所增加，有以下两种情况：①需要增加一些附加信息，才能理解词语意思，如：打卡、揭彩、握手、熊抱；②两个语素组成词后增加了某种陪义，如"蜗行"，像蜗牛一样慢行，带有形象陪义，"劲走"多用于体育运动中，带有语域陪义。

（七）词的义类为 G 类的词语

在这一类型中，选取两个语素构成的词的义类为 G 类的词语，共 128 个，占 1.5%。主要构词方式如下：

E+G→G，11 个，如：哲思、炽爱等

G+G→G，9 个，如：尊爱、惊羡等

G+H→G，9 个，如：念慰、羞窘等

G+E→G，8 个，如：看好、看淡等

G+D→G，7 个，如：规划、懂行等

（1）属于 G 类的构词方式共有 38 种，其中 E+G 方式构词数量最多，共 11 个，而第一个语素位置上没有出现 L 义类。

（2）从义类来看，有 9 个词语的义位义类与两个语素义类大类一致，占总数的 7%，如：惊羡（G+G→G）、惊悚（G+G→G）；有 38 个词语的义位义类与前一个语素义类大类一致，占总数的 29.7%，如：憋屈（G+D→G）、妒富（G+E→G）；有 30 个词语的义位义类与后一个语素义类大类一致，占总数的 23.4%，如：单恋（K+G→G）、堪忧（J+G→G）；有 51 个词语的义位义类与两个语素义类均不相同，占总数的 39.8%，如：自责（A+H→G）、约束（J+J→G）。

（3）从意义来看，义位所包含的内容比两个语素义所表示的内容有所增加，有以下两种情况：①补充义位的附加意义，如"自责"（因个人缺点或错误而感内疚）谴责自己；②两个语素组成词后增加了某种陪义，如"自遣"和"自责"都有自我批评的意思，基义（这里指的主要是理性义素）相同，而"自遣"侧重于心灵方面，多出现于书面语中，"自责"使用范围较广，口语和书面语都可，两者的陪义不同。

（八）词的义类为 H 类的词语

在这一类型中，选取两个语素构成的词的义类为 H 类的词语，共 3245 个，占 37.6%。主要构词方式列举如下：

H+H→H，723 个，如：申告、竞展等

H+D→H，351 个，如：睡岗、领衔等

H+B→H，222 个，如：上镜、埋单等

I+H→H，165 个，如：增选、抢注等

E+H→H，159 个，如：海选、返聘等

H+E→H，133 个，如：扮靓、审丑等

D+H→H，109 个，如：网婚、网聊等

H+I→H，71 个，如：搞活、助死等

K+H→H，67 个，如：连聘、直播等

J+H→H，66 个，如：收购、招租等

（1）属于 H 类的构词方式共有 94 种，其中 H+H 方式构词数量最多，共 723 个，而第一个语素位置上没有出现 L 义类。

（2）从义类来看，有 723 个词语的义位义类与两个语素义类大类一致，占总数的 22.3%，如：核准（H+H→H）、婚检（H+H→H）；有 1001 个词语的义位义类与前一个语素义类大类一致，占总数的 30.8%，

如：输氧（H+B→H）、泡妞（H+A→H）；有 791 个词语的义位义类与后一个语素义类大类一致，占总数的 24.4%，如：改建（I+H→H）、机灌（B+H→H）；有 730 个词语的义位义类与两个语素义类均不相同，占总数的 22.5%，如：移民（I+A→H）、复员（J+A→H）。

（3）从意义来看，义位所包含的内容比两个语素义所表示的内容有所增加，有以下三种情况：①某个语素改变了词性，如"廉警"是"使警察队伍廉洁"，"廉"由一个形容词性的语素变成了一个动词性的语素；②交代了两个语素意义之外的其他附加内容，如"转业"指军队干部退出现役分配到地方机关和企业事业单位工作，可见，"转业"适用范围是军队干部转换工作，不是普通人转换工作；③两个语素组成词后增加了某种陪义，如"接诊"是医学领域的术语，带有语域陪义，"蜗居"带有形象陪义。

（九）词的义类为 I 类的词语

在这一类型中，选取两个语素构成的词的义类为 I 类的词语，共 744 个，占 8.6%。主要构词方式如下：

I+I→I，35 个，如：负增、回落等

I+H→I，61 个，如：迷航、减支等

I+B→I，55 个，如：停机、晕机等

I+D→I，55 个，如：倒势、联谊等

E+I→I，35 个，如：优生、晚育等

H+H→I，29 个，如：滞销、脱售等

（1）属于 I 类的构词方式共有 71 种，其中 I+I 方式构词数量最多，共 35 个，而第一个语素位置上没有出现 L 义类。

（2）从义类来看，有 35 个词语的义位义类与两个语素义类大类一致，占总数的 4.7%，如：衍续（I+I→I）；有 242 个词语的义位义类与前一个语素义类大类一致，占总数的 32.5%，如：晕场（I+B→I）、抢市（I+C→I）；有 141 个词语的义位义类与后一个语素义类大类一致，占总数的 19%，如：晚育（E+I→I）、超生（J+I→I）；有 326 个词语的义位义类与两个语素义类均不相同，占总数的 43.8%，如：脱险（H+E→I）、紧俏（E+E→I）。

（3）从意义来看，义位所包含的内容比两个语素义所表示的内容有所增加。具体表现为：①增加一些解释、说明或限制作用的语素义，如：

"晕机"不是飞机晕，而是人在飞机里有晕的感觉，"反超"体育比赛中，比分由落后转为领先，也可泛指由劣势地位转为相对优势地位；②两个构词语素组合成词后增加了某种陪义，张志毅先生称"婉转词为粉饰'玫瑰色世界'的妙语"，如：待业、下岗、弱智、调价等，都增加了婉转陪义，"脱销"是销售领域的术语，"亏负"是经济领域术语，因此"脱销""亏负"带有语域陪义。

（十）词的义类为 J 类的词语

在这一类型中，选取两个语素构成的词的义类为 J 类的词语，共 228个，占 2.6%。主要构词方式如下：

J+D→J，20 个，如：享誉、同步等

H+J→J，17 个，如：隐含、配属等

J+E→J，14 个，如：涉黄、受虐等

J+H→J，12 个，如：破译、受理等

H+H→J，11 个，如：注销、困扰等

E+J→J，9 个，如：双跨、适需等

（1）属于 J 类的构词方式共有 53 种，其中 J+D 方式构词数量最多，共 20 个，而第一个语素位置上没有出现 L 义类。

（2）从义类来看，有 6 个词语的义位义类与两个语素义类大类一致，占总数的 2.6%，如：刊发（J+J→J）、推出（J+J→J）；有 64 个词语的义位义类与前一个语素义类大类一致，占总数的 28%，如：现身（J+B→J）、排嫌（J+D→J）；有 49 个词语的义位义类与后一个语素义类大类一致，占总数的 21.5%，如：联防（I+J→J）、考获（H+J→J）；有 109 个词语的义位义类与两个语素义类均不相同，占总数的 47.8%，如：吸纳（F+H→J）、溢漫（I+I→J）。

（3）通过对这 53 种方式的义位进行考察，我们发现义位所包含的内容比两个语素所表示的内容有所增加，有以下两种情况：①义位等于语素义内容加上为表述需要补充的内容，如"致癌"解释为"（某些化学物质进入动物体内）诱发肿瘤的现象"，"锁水"解释"为锁住水分，使水分不流失，（一般用于描述化妆品的功能）"；②语素组合后，义位具有某种陪义，如"排嫌""涉黄"是法律语域的义位。

（十一）词的义类为 K 类的词语

在这一类型中，选取两个语素构成的词的义类为 K 类的词语，共 31

个，占 0.4%。主要构词方式如下：

H+E→K，6 个，如：从优、从严等

I+D→K，2 个，起码、连系

K+D→K，2 个，正点、偶一

K+E→K，2 个，直面、频密

K+J→K，2 个，频生、偶发

（1）属于 K 类的构词方式共有 22 种，其中 H+E 方式构词数量最多，共 6 个，第一个语素位置上没有出现 L 义类。

（2）从义类来看，有 8 个词语的义位义类与前一个语素义类大类一致，占总数的 25.8%，如：偶发（K+J→K）、随地（K+C→K）；有 3 个词语的义位义类与后一个语素义类大类一致，占总数的 9.7%，如：竞相（H+K→K）、凭附（F+K→K）；有 20 个词语的义位义类与两个语素义类均不相同，占总数的 64.5%，如：从严（H+E→K）、起码（I+D→K）。没有词语的义位义类与两个语素义类一致的情况。

（3）通过对这 22 种方式的义位进行考察，我们发现义位所包含的内容也比两个语素义所表示的内容有所增加，有两种情况：①两个表示实义的语素组合后，义位变为助语，如：赶点、准时、同比等；②一个实语素一个虚语素组合后，义位变成助语，如：面向、偶发、频生等。

（十二）词的义类为 L 类的词语

在这一类型中，选取两个语素构成的词的义类为 L 类的词语，共 4 个，占 0.05%。构词方式如下：

H+H→L，2 个，垂询、讨扰

D+F→L，1 个，礼瞻

H+D→L，1 个，失仪

（1）属于 L 类的构词方式共有 3 种，全部列举如上，其中 H+H 方式构词数量最多，共 2 个。

（2）从义类来看，这四个词语义位义类和构词语素的语素义类都不相同，属于无向型。

（3）从意义来看，义位所包含的内容比两个语素义组合后所表示的内容有所增加。两个构词语素组合成词后增加了某种陪义，如"垂询""失仪"等词语表示尊敬和客套的态度，因此它们带有情态陪义。

二　a+b＝a+b+d 类型的构词规则的特点

通过对具体规则的归纳、统计，我们发现第六种类型的构词规则大致有以下特点：

（1）在 a+b＝a+b+d 类型中，语素义类出现频率构成下列不等式，括号里的数字是频度。H 活动（4693）＞D 抽象事物（3100）＞B 物（2361）＞E 特征（2153）＞I 现象与状态（1374）＞C 时间与空间（706）＞J 关联（723）＞A 人（699）＞F 动作（684）＞G 心理活动（392）＞K 助语（301）。由此，我们可以看出有些语素义类出现次数较多，有些语素义类出现次数较少，这说明语素的构词能力强弱不同。出现次数较多的语素，说明构词能力较强，而出现次数较少的语素，说明构词能力较弱。因此，我们可以发现，构词能力最强的是 H 类，其余按数量的多少依次是：D、B、E、I、C、J、A、F、G、K。L 类的语素没有出现。

（2）在属于 a+b＝a+b+d 类型的所有新词语中，12 个大类包含的词语数量构成下列不等式，括号中为双音节新词语的数量。H 活动（3245）＞D 抽象事物（1901）＞B 物（784）＞I 现象与状态（744）＞A 人（703）＞E 特征（558）＞C 时间与空间（259）＞J 关联（228）＞G 心理活动（128）＞F 动作（48）＞K 助语（31）＞L 敬语（4）。由此可以看出，在第六类型中，构成词的数量最多的是 H 义类，其余按数量的多少依次是：D、B、I、A、E、C、J、G、F、K、L。在上面的统计结果中，作为语素出现次数较多的 B、D、H、E、I 义类同时也是所构成词语数量较多的义类，这说明构词能力较强的语素所构成词的概率也相对较高。

（3）在第六种类型中，从构词方式来看，由于词的数量的增加，构词方式类型也有所增加，各种语素义和语素义结合的方式基本上都有了。每类中占优势的构词方式分布见表 3.6。

表 3.6　　　　　　　　义位义类的主要构成方式的统计

类型	A	B	C	D	E	F	G	H	I	J	K	L
主要构词方式	D+A	B+B	D+C	D+D	E+E	E+F F+H	E+G	H+H	I+I	J+D	H+E	H+H
数量（个）	98	263	47	297	138	7	11	723	35	20	6	2
比例（%）	13.9	33.5	18.1	15.6	24.7	14.6	8.6	22.3	4.7	8.7	19.4	50

由表 3.6 可以看出，在主要构词方式中，构成词语的义类和构词语素义类有一致性，词语义类要么和前一语素义类相同，要么和后一语素义类相同，要么和两个语素义都相同。可见，义位是在两个语素义之和的基础上，加上一些为表达所需要的内容，义位与构成它的语素义是有联系的。

（4）从意义来看，义位不能通过语素义直接简单相加，而是增加了一些为表达所需的内容或发掘义位表层所蕴含的内容。主要有以下三种情况：①某个语素改变了词性，如"廉警"是"使警察队伍廉洁"，"廉"由一个形容词性的语素变成了一个动词性的语素；②增加了某些附加内容，这里所说的增加的内容包括符淮青先生提出的"词义的暗内容""为表述需要补充的内容""知识性附加内容"以及这三种内容和语素义交叉的情况；③两个构词语素组合成词后增加了某种陪义，如"十佳""光控"带有时代陪义，又如"靓"本是南方方言中的词汇，后扩大到普通话，"靓装""靓照"等都具有方言陪义。这里所说的陪义是义位的附属意义、附属语义特征、附属义值、补充义值，是"一个词的基本意义之外的含义"。张志毅、张庆云两位老师在诸家成果基础上，提出了"九元论"。

（5）从义类来看，两个构词语素义类与义位义类有很强的对应关系。有下列四种类型：①同向型，有 1508 个词语，占 17.5%，如：警民、液晶、面膜、酸雨等；②前向型，有 1860 个词语，占总数的 21.5%，如：摊群、邮品、癌灶、艺途等；③后向型，有 2793 个词语，占 32.4%，如：警车、医龄、民法、人权等；④无向型，有 2472 个词语，占总数的 28.6%，如：霸气、复员、执导、甩客等。其中在 F 类中，没有出现同向型的词语；在 L 类中，所有词语都是无向型的，没有出现同向、前向或后向的词语。

第八节　a+b=a+d 类型的语义构词规则研究

这一类型中，后一个语素义已经变成了其他意义，或者完全失落，义位是前一个语素的语素义加上一个新的语素义。属于第七种类型的新词语共有 384 个，占总数的 2.2%。

一 a+b=a+d 类型的分类及研究

(一) 词的义类为 A 类的词语

在这一类型中，选取两个语素构成的词的义类为 A 的词语，共 90 个，占 23.4%。主要构词方式如下：

B+A→A，21 个，如：冰后、卡奴等

D+A→A，9 个，如：影后、班奴等

D+B→A，9 个，如：吧蝶、网虫等

E+B→A，9 个，如：名嘴、老鸟等

H+A→A，9 个，如：歌皇、学霸等

(1) 组成词义的义类属于 A 的方式共有 26 种，其中 B+A 方式数量最多，共 21 个。第一个语素位置上没有出现 F、I、J、K、L 义类。

(2) 从义类来看，有 1 个词语的义位义类和两个语素义类完全相同，即 A+A→A，孩奴，占 1.1%，两个语素是同位关系；有 8 个词语的义位义类与前一个语素义类大类一致，占总数的 8.9%，如：人蛇（A+B→A）、人妖（A+D→A），两个语素之间多为限定和判断关系；有 45 个词语的义位义类与后一个语素义类大类一致，占总数的 50%，如：靓仔（E+A→A）、影霸（D+A→A），两个语素之间多为限定、修饰关系；有 36 个词语的义位义类与两个语素义类都不相同，占总数的 40%，如：笨三（E+D→A）、二奶（D+B→A），两个语素之间多为修饰、限定关系。

(3) 从意义来看，有以下四种情况：①后一个语素义失落，如"病友"其实就是"病人"的意思，"友"作为"朋友"的意义已经基本脱落；②通过修辞手法，后一个语素义转化为新义，如："名嘴"多用来形容有名的主持人、律师、演讲家，这类人都有一个共同特点就是口才特别好，这是一种借代用法；③后一语素随着时代发展，被赋予了新的时代内涵，如"考霸""学霸"中的"霸"在古代有"依仗权势压迫人"的意思，有贬义的感情色彩，但在"考霸""学霸"中，有"能力特别强"的意思；④增加了其他意义，"患"是"患病"的意思，在"医患"中增加了表示"人"的意思，表示"患病的人"。

(二) 词的义类为 B 类的词语

在这一类型中，选取两个语素构成的词的义类为 B 类的词语，共 29 个，占 7.6%。主要构词方式如下：

B+B→B，10个，如：皮草、纲领等

B+D→B，3个，如：车潮、铁龙等

D+B→B，2个，信道、影碟

E+D→B，2个，主卫、宽频

E+B→B，1个，小面

（1）组成词义的义类属于B的方式共有16种，其中B+B方式数量最多，共10个，而第一个语素位置上没有出现G、H、I、J、L义类。

（2）从义类来看，有10个词语的义位义类与两个语素义类大类一致，占总数的34.5%，如：楼花（B+B→B）、声纹（B+B→B），两个语素之间多为限定关系。除B+B→B方式外，有6个词语的义位义类与前一个语素义类大类一致，占总数的20.7%，如：尘霾（B+I→B）、车潮（B+D→B），两个语素之间多为限定关系；有4个词语的义位义类与后一个语素义类大类一致，占总数的13.8%，如：影碟（D+B→B）、信道（D+B→B），两个语素之间多为限定关系；有9个词语的义位义类与两个语素义类均不相同，占总数的31%，如：远导（E+F→B）、主卧（E+F→B），两个语素之间多为限定关系。

（3）从意义来看，有以下四种情况：①后一个语素义脱落，如"皮草"是"利用动物的皮毛制成的服装"，"草"的意义在这里已经失落或者演化为"毛"的意思；②后一个语素义通过修辞手法等使意义发生改变，如"电猫"中"猫"是"锚"的谐音，"香巢"中"巢"是"家"的比喻用法，"车本"中的"本"代指"汽车驾驶证"；③后一语素是缩略语，如"客"有"旅客"这一义项，但在"快客"中，"客"意为"运送旅客的车"，又如"主卧"中"卧"本是"躺下"在这里变为"躺下睡觉的地方"；④后一语素义增加的时代内容，如"坐骑"古代的"骑"为骑的马，泛指人乘坐的动物，现代的"骑"赋予的车的时代内涵。

（三）词的义类为C类的词语

在这一类型中，选取两个语素构成的词的义类为C类的词语，共1个，构词方式为：B+C→C，饭口。从意义上来说，"饭口"为吃饭的时间，后一个语素义脱落，它和义位之间没有必然的联系，义位增加新义。

（四）词的义类为D类的词语

在这一类型中，选取两个语素构成的词的义类为D类的词语，共63

个，占 16.4%。主要构词方式如下：

D+B→D，16 个，如：心海、癌灶等

B+B→D，8 个，如：票房、脑矿等

D+D→D，7 个，如：心狱、愿景等

D+H→D，6 个，如：家计、信宿等

E+B→D，3 个，如：红头、暗针等

B+A→D，2 个，如：棋王、水霸

（1）组成词义的义类属于 D 的方式共有 29 种，其中 D+B 方式数量最多，共 16 个，而在这一类中，第一个语素位置上没有出现 A、F、K、L 义类。

（2）从义类来看，有 7 个词语的义位义类与两个语素义类大类一致，占总数的 11.1%，如：资格（D+D→D）、心态（D+D→D），两个语素之间多为限定关系；有 27 个词语的义位义类与前一个语素义类大类一致，占总数的 42.9%，如：法人（D+A→D）、法绳（D+B→D），两个语素之间多为限定和判断关系；有 6 个词语的义位义类与后一个语素义类大类一致，占总数的 9.5%，如：新军（E+D→D）、余热（H+D→D），两个语素之间多为限定关系；有 23 个词语的义位义类与两个语素义类均不相同，占总数的 36.5%，如：发廊（B+B→D）、楼疯（B+I→D），两个语素之间多为限定和支配关系。

（3）从意义来看，有以下三种情况：①后一个语素义失落，它和义位之间没有必然的联系，义位增加新义，如"思潮"的意思是"思想"，"潮"的意义在这里已经失落；②通过修辞手法，后一个语素义转化为新义，如"脑矿"中的"矿"代指脑力资源；③后一语素增加新意义，"法人"是依法具有民事权利能力和民事行为能力并独立享有民事权利、承担民事义务的社会组织，可见"法人"不是自然人，而是社会组织。

（五）词的义类为 E 类的词语

在这一类型中，选取两个语素构成的词的义类为 E 类的词语，共 23 个，占 6%。主要构词方式如下：

E+E→E，5 个，如：帅呆、廉洁等

E+F→E，4 个，如：闹腾、活跃等

E+I→E，4 个，如：酷毙、冗肿等

E+B→E，3 个，如：中灶、统盘等

A+H→E，1个，自负

（1）组成词义的义类属于 E 的方式共有 10 种，其中 E+E 方式数量最多，共 5 个，而在这一类中，第一个语素位置上没有出现 B、C、D、F、G、L 义类。

（2）从义类来看，有 5 个词语的义位义类与两个语素义类大类一致，占总数的 21.7%，如：帅呆（E+E→E）、逍遥（E+E→E）；有 13 个词语的义位义类与前一个语素义类大类一致，占总数的 56.5%，如：铁打（E+F→E）、熟络（E+B→E）；有 1 个词语义位大类和后一语素相同，即缺俏（H+E→E），占 4.3%；有 4 个词语的义位义类与两个语素义类均不相同，占总数的 17.4%，如：无偿（K+H→E）、集体（I+B→E），两个语素之间多为判断和支配关系。

（3）从意义来看，有以下两种情况：①后一个语素义失落，它和义位之间没有必然的联系，义位增加新义，如"帅呆"中的"呆"的意义已经失落，修饰帅的程度；②后一个语素义通过修辞手法转化为新义，如"中灶"中的"灶"指代规模。

（六）词的义类为 F 的词语

在这一类型中，选取两个语素构成的词的义类为 F 类的词语，只有 1 个，占 0.3%。构词方式为：F+I→F，冲凉。义位义类与前一语素义类大类相同。"冲凉"可理解为"冲澡，使凉快"的意思，"凉"的意义和用法发生转变，不是支配结构。

（七）词的义类为 G 类的词语

在这一类型中，选取两个语素构成的词的义类为 G 类的词语，共 6 个，占 1.6%。全部构词方式如下：

G+B→G，2个，愁云、愁雾

G+D→G，1个，喜兴

G+F→G，1个，发掘

G+I→G，1个，颓萎

G+J→G，1个，悲抑

（1）属于 G 类的构词方式如上所示共有 5 种。其中 G+B 方式数量最多，共 2 个。

（2）G 类词语的义位义类与前一个语素义类大类全部一致，有很强的规则性。

（3）从意义来看，后一个语素义多通过修辞用法，意义发生改变，义位增加新义，如"愁云""愁雾"都是表示"忧愁"的意思，"云"和"雾"都没有实际的意义。

（八）词的义类为 H 类的词语

在这一类型中，选取两个语素构成的词的义类为 H 类的词语，共 130个，占 33.9%。主要构词方式如下：

H+B→H，21 个，如：吐槽、播火等

H+H→H，17 个，如：竞投、骗保等

H+D→H，13 个，如：参战、献热等

H+E→H，10 个，如：读博、抬杠等

H+F→H，7 个，如：陪绑、打恐等

H+I→H，6 个，如：反腐、帮衬等

H+A→H，6 个，如：抗上、坑爹等

（1）组成词义的义类属于 H 的方式共有 35 种，其中 H+B 方式数量最多，共 21 个，第一个语素位置上没有出现 L 义类。

（2）从义类来看，有 17 个词语的义位义类与两个语素义类大类一致，占总数的 13.1%，如：读研（H+H→H）、节流（H+H→H）；有 69个词语的义位义类与前一个语素义类大类一致，占总数的 53.1%，如：坑爹（H+A→H）、出血（H+B→H）；有 10 个词语的义位义类与后一个语素义类大类一致，占总数的 7.7%，如：药流（B+H→H）、总揽（E+H→H）；有 34 个词语的义位义类与两个语素义类均不相同，占总数的26.2%，如：血透（B+I→H）、罢网（I+D→H），两个语素之间多为支配关系。

（3）从意义来看，有以下几种情况：①后一语素通过修辞手段，意义发生变化，如"放水""掺水"中"水"有成分不纯，假的东西的意思，都是由"水"的义项"稀的汁"引申的结果，又如"播火"中的"火"象征希望，"播"的是"希望"，不是"火"；②后一语素被赋予新的时代内涵，如"参战"以前是参加战争，现在多用于体育比赛和其他方面的竞争。

（九）词的义类为 I 类的词语

在这一类型中，选取两个语素构成的词的义类为 I 类的词语，共 35个，占 9.1%。主要构词方式如下：

I+B→I，10 个，如：缩水、补血等

I+D→I，4 个，如：拖堂、结业等

I+E→I，2 个，脱零、羞涩

I+F→I，2 个，转按、换按

I+I→I，2 个，降焦、倒闭

J+D→I，2 个，沾光、有戏

（1）组成词义义类 I 的方式共有 19 种，其中 I+B 方式数量最多，共 10 个，第一个语素位置上没有出现 A、B、C、G、L 义类。说明这几种义类在此种类型中构词能力较弱。

（2）从义类来看，有 2 个词语的义位义类与两个语素义类大类一致，占总数的 5.7%，即降焦、倒闭；有 21 个词语的义位义类与前一个语素义类大类一致，占总数的 60%，如：晕忽（I+G→I）、换代（I+C→I）；有 12 个词语的义位义类与两个语素义类均不相同，占总数的 34.3%，如：价扬（D+F→I）、摘星（F+B→I），两个语素之间多为同位和支配关系。没有义位义类和后一语素义类相同的词语。

（3）从意义来看，有以下三种情况：①后一个语素义失落，它和义位之间没有必然的联系，义位增加新义，如"晕忽"的意思是"头脑发昏"，"忽"实际意义，在这里已经失落；②后一个语素义通过借代转化为新义，如"沾光"意思是"得到别人的好处"，"光"比喻为"好处"；③后一语素是一个词的缩略，"转按""换按"中的"按"都是"按揭贷款"的缩略。

（十）词的义类为 J 类的词语

在这一类型中，选取两个语素构成的词的义类为 J 类的词语，共 5 个，占 1.3%。所有构词方式如下：

E+F→J，1 个，稳拿

H+D→J，1 个，避短

H+E→J，1 个，占绿

I+F→J，1 个，鼓荡

J+I→J，1 个，蕴孕

（1）组成词义义类 J 的方式总共有 5 种，每一种类型都有一个代表词。

（2）从义类来看，有 3 个词语义位义类和构词语素义类不同，占

60%；有 1 个词语义位义类和前一语素相同，占 20%；有 1 个词语义位义类和后一语素相同，占 20%。

（3）从意义来看，后一个语素义失落，或者使用修辞用法，如"稳拿"意为"有信心能得到某种事物"，"拿"是一种形象说法。"占绿"中"绿"代指"草坪"。

（十一）词的义类为 K 类的词语

选取两个语素构成的词的义类为 K 类的词语，共 1 个，占 5.3%，构词方式为：

K+D→K，专程。

"专程"就是专门（做某事）的意思，后一个语素义削弱或者表义不明显。

二　a+b=a+d 类型的构词规则的特点

通过对具体规则的统计、归纳，我们发现 a+b=a+d 类型的构词规则大致有以下特点：

（1）在 a+b=a+d 类型中，统计的语素出现频率构成下列不等式。B 物（181）>H 活动（150）>D 抽象事物（123）>E 特征（85）>A 人（74）>I 现象与状态（64）>F 动作（30）>J 关联（20）>G 心理活动（14）>K 助语（8）>C 时间与空间（2）。出现次数较多的语素，说明构词能力较强，而出现次数较少的语素，说明构词能力较弱。因此，构词能力最强的语素属于 B 类，其余按数量的多少依次是：H、D、E、A、I、F、J、G、K、C。

（2）在 a+b=a+d 类型的 384 个双音节新词语中，12 个大类包含的新词语数量构成下列不等式。H 活动（130）>A 人（90）>D 抽象事物（63）>I 现象与状态（35）>B 物（29）>E 特征（23）>G 心理活动（6）>J 关联（5）>C 时间与空间=F 动作=K 助语（1）。由此可以看出，在第七类型中，构成词的数量最多的是 H 义类，其余按数量的多少依次是：A、D、I、B、E、G、J、C、F、K。在上面的统计结果中，作为语素出现次数较多的 H、E、D、B、A 义类同时也是所构成词语数量较多的义类，这说明构词能力较强的语素所构成词的概率也相对较高。

（3）在第七种类型的构词方式中，每类中占优势的构词方式分布见表 3.7。

表 3. 7　　　　　　　　　　　　义位义类的主要构成方式的统计

类型	A	B	C	D	E	F	G	H	I	J	K
主要构词方式	B+A	B+B	B+C	D+B	E+E	F+I	G+B	H+B	I+B	E+F/H+D/ H+E/I+F/J+I	K+D
数量（个）	21	10	1	16	5	1	2	21	10	1	1
比例（%）	23.3	34.5	100	25.4	21.7	100	33.3	16.2	28.6	20	100

由表 3.7 我们可以看出，在占优势的构词方式中，义位义类与前一个语素义类相同的方式占主导地位。这说明义位义类多与前一个语素义的义类相同，后一个语素义已经失落或者发生变化，前一个语素义保留了下来。

（4）在这一类型中，字位 b 的意义已经变为其他意义 d，词义由 a、d 两个字位义构成，有的又加了其他意义。有以下几种情况：①后一个语素义失落，它和义位之间没有必然的联系，义位增加新义，如"傻瓜"的意思是"傻子"，"瓜"的意义在这里已经失落；②通过修辞手法，后一个语素义转化为新义，一种是通过借代转化的义，如"名嘴"多用来指代有名的主持人、律师、演讲家等，一种是通过比喻转化的义，如"播火"的意思是"比喻播撒希望"，"火"比作"希望"；③后一个语素义顺应时代发展，赋予新的时代意义，如医奴、节奴、歌后等；④后一语素是谐音或者音译过来的语素，如"打波"，"波"是"ball"的音译，"电猫"中的"猫"是"锚"的谐音，前后语素之间没有必然联系；⑤后一语素是缩略语，"转按""换按"中的"按"都是"按揭贷款"的缩略。

（5）从义类分析来看，两个构词语素义类与义位义类有很强的对应关系。有下列四种类型：①同向型，有 42 个词语，占 10.9%，如：反哺、批判、调度等，两个语素之间多为同位关系，后一个语素义有所变化，转化至与前一个语素同属一个语义场；②前向型，有 153 个词语，占总数的 39.8%，如：坑爹、抢滩、愁雾、冲凉等，两个语素之间多为限定和支配关系，语义重心落在前一个语素上；③后向型，有 68 个词语，占 17.7%，如：自曝、缺俏、跟帖、余热等，两个构词语素之间多为限定关系，语义重心落在后一个语素上；④无向型，有 121 个词语，占总数的 31.5%，如：避短、占绿、爆冷、夺金等，两个语素之间多为限定和支配关系。通过对这四种类型考察我们发现，在这四种类型中前向型的新词语数量最多，所占比例最大，再次证明后一个语素义已经转化或者失落，而义位保留了前一个语素义，义位增加了新的意义。

第九节　a+b=d+b 类型的语义构词规则研究

这一类型中，义位是后一个语素的语素义加上一个新的语素义，前一个语素义转化或者失落。属于第八种类型的词共有 440 个，占新词语总数的 2.5%。

一　a+b=d+b 类型的分类及研究

（一）词的义类为 A 类的词语

在这一类型中，选取两个语素构成的词的义类为 A 的词语，共 59 个，占 13.4%。主要构词方式如下：

E+A→A，13 个，如：太妹、蓝客等

B+A→A，9 个，如：驴友、蚁族等

H+A→A，9 个，如：拍客、晒友等

D+A→A，5 个，如：八婆、佛商等

F+A→A，3 个，如：哈迷、视星等

I+A→A，3 个，如：交警、裸官等

I+E→A，3 个，如：霉女、腐女等

（1）组成词的义类属于 A 类的方式共有 16 种，其中 E+A 方式构词数量最多，共 13 个，而第一个语素位置上没有出现 L 义类。

（2）从义类角度看，有 1 个词语（手民：A+A→A）的义位义类与两个语素义类大类一致，占总数的 1.7%；有 46 个词语的义位义类与后一个语素义类大类一致，占总数的 78%，如：蛇客（B+A→A）、蓝客（E+A→A），两个语素之间多为修饰与限制关系；有 12 个词语的义位义类与两个语素义类均不相同，占总数的 20.3%，如：霉女（I+E→A）、剩男（J+E→A），两个语素之间多为修饰与被修饰的关系。此类中没有词语的义位义类与前一个语素义类大类一致的情况。

（3）从意义来看，有以下三种情况：①前一语素义通过修辞手段等转化为新义，如"蚁族"是指毕业后无法找到工作或工资很低而聚居在城乡接合部的大学生，之所以把这类大学生比喻为"蚁族"是因为这个群体和蚂蚁有类似的特点：勤奋、弱小，群居，又如"剩女"一般指年龄较大仍未婚的女性，从字面上看，好像是被社会"挑剩"的女人，其实不是这样的，"剩女"一般都是高学历、高收入、长相也非常出众，择偶标准比较高，导致婚姻上得不到理想的归宿，自己宁愿选择不嫁的女性；②前一个语素来源于外语，如"腐人""腐女"来源于日本，通常指对于男同性恋作品情有独钟的女子；③前一语素是某个词语的缩略，如"交警"有"指挥交通的警察"的意思，"交"只有"交叉"的义项，并没有"交通"的义项，只是"交"和"通"两个语素常搭配在一起，表示"从事旅游和货物运输及语言和图文传递的行业"，故"交"是交通的简称。

（二）词的义类为 B 类的词语

在这一类型中，选取两个语素构成的词的义类为 B 的词语，共 71 个，占 9.3%。主要构词方式如下：

E+B→B，26 个，如：绿肥、绿卡等

B+B→B，16 个，如：水货、藕煤等

D+B→B，8 个，如：热冰、龙卡等

H+B→B，6 个，如：拍品、靓肺等

I+B→B，5 个，如：裸机、死货等

F+B→B，2 个，如：扎啤、噪光

（1）组成词的义类属于 B 的方式共有 13 种，其中 E+B 方式构词数量最多，共 26 个，而第一个语素位置上没有出现 A、J、L 义类。

（2）从义类角度看，有 16 个词语的义位义类与两个语素义类大类一致，占总数的 22.5%，如：面的（B+B→B）、光卡（B+B→B），两个语素之间多为修饰与被修饰的关系；有 51 个词语的义位义类与后一个语素义类大类一致，占总数的 71.8%，如：绿电（E+B→B）、裸机（I+B→B），两个语素之间多为修饰与被修饰的关系；有 4 个词语的义位义类与两个语素义类均不相同，占总数的 5.6%，如：检徽（H+D→B）、小吃（E+F→B），两个语素之间多为修饰与被修饰的关系。此类中没有词语的义位义类与前一个语素义类大类一致的情况。

（3）从意义来看，有以下两种情况：①前一个语素义失落，它和义位之间没有必然的联系，义位增加新义，如"小吃"的意思是"饮食行业中出售的年糕、粽子、油茶等食品的统称"，"小"没有与之相关的意义；②通过修辞手法，前一个语素义发生转化，如"藕煤"是蜂窝煤，因其有很多洞洞，和莲藕有一定的相似特征，故称为"藕煤"；③前一语素是某个词语的缩略，如"面的"，"面"是"面包车"的简称。

（三）词的义类为 C 类的词语

在这一类型中，选取两个语素构成的词的义类为 C 的词语，共 15 个，占 3.4%。构词方式如下：

E+C→C，5 个，如：小区、白市等

B+C→C，4 个，如：花季、桌面等

B+E→C，2 个，米寿、茶寿等

A+C→C，1 个，母港

B+H→C，1 个，台庆

G+C→C，1 个，欢场

I+C→C，1 个，死角

K+C→C，1 个，三秋

（1）组成词的义类属于 C 的方式共有 8 种，全部列举如上，其中 E+C 方式构词数量最多，共 5 个。

（2）从义类角度看，有 12 个词语的义位义类与后一个语素义类大类一致，占总数的 80%，如：桌面（B+C→C）、死角（I+C→C），两个语素之间为修饰与被修饰的关系；有 3 个词语的义位义类与两个语素义类均不相同，占总数的 20%，如：米寿（B+E→C）、茶寿（B+E→C），两个语素之间多为修饰与被修饰关系。此类中没有词语的义位义类与两个语素义类大类一致，也没有词语的义位义类与前一个语素义类大类一致的情况。

（3）从意义来看，有以下四种情况：①前一个语素义失落，它和义位之间没有必然的联系，义位增加新义，如"小区"是指在城市一定区域内建筑的、具有相对独立居住环境的大片居民住宅，"小"的意义已经脱落；②前一语素只是借用字形，如"米寿"是八十八岁的雅称，"米"字拆开，其上下各是八，中间是十，可读作八十八，故名。"米"没有实际的意义，只是借用了字形；③通过修辞手法，前一个语素义发生转化，如计算机用语"桌面"，指打开计算机后显示的主屏幕区域，是实际桌面的虚化，引申用法；④前一语素是某个词语的缩略，如"母港"，"母"

是"航空母舰"的缩略。

（四）词的义类为 D 类的词语

在这一类型中，选取两个语素构成的词的义类为 D 的词语，共 127 个，占 28.9%。主要构词类型如下：

E+D→D，如：44 个，素婚、绯闻等

B+D→D，如：28 个，银婚、纸婚等

E+B→D，如：10 个，大片、红牌等

D+D→D，如：8 个，仙股、美坛等

I+D→D，如：8 个，交规、迷债等

B+C→D，如：5 个，熊市、牛市等

F+D→D，如：5 个，跳坛、举坛等

（1）组成词的义类属于 D 的方式共有 21 种，其中 E+D 方式构词数量最多，共 44 个，而在这一类中，第一个语素位置上没有出现 G、L 义类。

（2）从义类角度看，有 8 个词语的义位义类与两个语素义类大类一致，占总数的 6.3%，如：美坛（D+D→D）、规费（D+D→D），两个语素之间多为修饰、限制关系；有 94 个词语的义位义类与后一个语素义类大类一致，占总数的 74%，如：雷词（B+D→D）、洁本（E+D→D），两个语素之间多为修饰、限制关系；有 25 个词语的义位义类与两个语素义类均不相同，占总数的 19.7%，如：鹿市（B+C→D）、飞吻（I+F→D）。此类中没有词语的义位义类与前一语素义类一致的情况。

（3）从意义来看，有以下四种情况：①前一个语素义失落，它和义位之间没有必然的联系，义位增加新义，如"宜爽"中"宜"的意义已经脱落；②前一语素通过修辞手段等意义发生转变，如"纸婚"指结婚一年的婚姻，如同纸张一样薄；③前一语素是缩略语，如"跳坛"中"跳"是"跳水"的简称，"举坛"中"举"是"举重"的简称；④前一语素是某个字的音译或谐音，如"迷债"中"迷"是英语单词 mini 的音译，"仙股"中"仙"是英语 cent 的音译。

（五）词的义类为 E 类的词语

在这一类型中，选取两个语素构成的词的义类为 E 的词语，共 7 个，占 1.6%。构词方式如下：

A+D→E，1 个，霸型

A+E→E，1个，警蓝

B+C→E，1个，蜜月

D+E→E，1个，军绿

E+B→E，1个，大牌

E+E→E，1个，宜爽

I+E→E，1个，醉红

（1）组成词的义类属于 E 的全部构词方式列举如上，共有 7 种，每种构词方式只有一个代表词条。

（2）从义类角度看，有 1 个词语的义位义类与两个语素义类大类一致，占总数的 14.3%，如：宜爽（E+E→E），两个语素间是平等并列的关系；有 1 个词语的义位义类与前一个语素义类大类一致，占总数的 14.3%，如：大牌（E+B→E），两个语素之间为修饰与被修饰的关系；有 3 个词语的义位义类与后一个语素义类大类一致，占总数的 42.9%，如：警蓝（A+E→E）、军绿（D+E→E），两个语素之间多为修饰关系；有 2 个词语的义位义类与两个语素义类均不相同，占总数的 28.6%，如：霸型（A+D→E）、蜜月（B+C→E），两个语素之间是限制关系。

（3）从意义来看，有以下三种情况：①前一个语素义是通过比喻引申等修辞手段得出，如"警蓝"像警服颜色的一种蓝色，"军绿"是指像军大衣颜色的一种绿色，"醉红"指酒醉后颜面泛红色；②前一语素是外来词的意译，如"蜜月"一般指新婚第一个月，它的英文词 Honeymoon，Honey 本意为蜂蜜，寓意为甜蜜的生活；③前一语素另有所指，如"大片"专指投资巨大，制作成本高的电影片，影响面广并有著名影星主演的电影。

（六）词的义类为 F 类的词语

在这一类型中，选取两个语素构成的词的义类为 F 的词语，共 2 个，占 0.5%。构词方式如下：

I+F→F，1个，飞吻

E+F→F，1个，浏览

（1）由上可见，组成词的义类属于 F 的方式共有 2 种。

（2）从义类角度看，这 2 个词语的义位义类与后一个语素义类大类一致，两个语素之间是修饰与被修饰的关系。

（3）从意义来看，前一个语素义失落，它和义位之间没有必然的联系，义位增加新义。如："浏览"的意思是"粗略，大概地看一下"，"浏"只有"水流清澈"一个义项，"浏"没有与之相关的意义；"飞吻"是吻自己的手，再作抛掷给对方状，以示情爱（或欢迎、喜悦），"飞"是一种形象的说法。

（七）词的义类为 G 类的词语

在这一类型中，选取两个语素构成的词的义类为 G 的词语，共 5 个，占 1.1%。所有构词方式如下：

E+G→G，2 个，反省、毛估

H+G→G，2 个，欠疚、灼急

F+G→G，1 个，翘盼

（1）组成词的义类属于 G 的方式共有 3 种，每种方式的代表词汇也比较少。

（2）从义类角度来看，这 3 个词语的义位义类与后一个语素义类大类都一致，具有很强的规则性，两个语素之间是限定与修饰关系。

（3）从意义来看，有以下两种情况：①前一语素运用修辞的手法，加强修饰程度，"翘盼"是抬头盼望着，形容盼望地急切，"灼急"像火烧一样着急，形容着急的程度，"毛估"形容粗略的估计；②前一个语素是异体字，如："欠疚"写作"歉疚"，网络上有些人为了求异，喜欢写成"欠疚"，这是不规范的写法。

（八）词的义类为 H 类的词语

在这一类型中，选取两个语素构成的词的义类为 H 的词语，共 111 个，占 25.2%。主要构词方式如下：

E+H→H，18 个，如：直销、湿租等

H+H→H，14 个，如：让售、烘制等

F+D→H，13 个，如：砸贴、掐尖等

F+H→H，13 个，如：甩卖、跷课等

I+H→H，12 个，如：筛查、裸婚等

B+H→H，5 个，如：雪藏、山侃等

F+B→H，5 个，如：刷卡、砸票等

（1）组成词的义类属于 H 的方式共有 24 种，其中 E+H 方式构词数量最多，共 18 个，而在这一类中，第一个语素位置上没有出现 A、C、L 义类。

（2）从义类角度来看，有 14 个词语的义位义类与两个语素义类大类一致，占总数的 12.6%，如：让售（H+H→H）、出租（H+H→H），两个语素之间的关系多为支配关系；有 13 个词语的义位义类与前一个语素义类大类一致，占总数的 11.7%，如：晒信（H+D→H）、绣眉（H+B→H），两个语素之间多为支配关系；有 52 个词语的义位义类与后一个语素义类大类一致，占总数的 46.8%，如：干租（E+H→H）、暗贴（E+H→H），两个语素之间多为修饰关系；有 32 个词语的义位义类与两个语素义类均不相同，占总数的 28.8%，如：挖潜（F+D→H）、叮饭（K+B→H），两个语素之间多为支配关系。

（3）从意义来看，有以下四种情况：①前一个语素义虚化，它和义位之间没有必然的联系，义位增加新义，如"甩卖"形容商品以低廉的价格售出，"甩"的意义在这里已经虚化；②前一语素通过修辞产生新义，有两种情况：前一个语素义是表面意思的引申义，如"雪藏"表面意思为用雪把东西藏起来，引申为故意的隐藏，不被别人注意，麻痹对方；前一语素义是表面义的比喻义，"掐尖"本指把植物的尖端去掉，后比喻攻击、打击、嫉妒优秀的人；③前一语素是拟声词，"叮饭"是用微波炉热饭的意思，"叮"是微波炉的声音；④前一语素义是比较的结果，出现了相对的两个语素，如"干租"只提供飞机的资金融通，后出现"湿租"，指不仅提供飞机的资金融通，而且提供所需的燃油、机组、维修等方面的支援。

（九）词的义类为 I 类的词语

在这一类型中，选取两个语素构成的词的义类为 I 的词语，共 41 个，占 9.3%。主要构词方式如下：

E+I→I，7 个，如：阴燃、淡化等

I+E→I，6 个，如：走热、走低等

J+B→I，4 个，如：压货、压船等

F+I→I，3 个，如：跑红、叫停等

I+I→I，3 个，如：走跌、疲落等

E+H→I，2 个，浅套、坏分

F+D→I，2 个，饮誉、劈价

（1）组成词的义类属于 I 的方式共有 20 种，其中 E+I 方式构词数量最多，共 7 个，而在这一类中，第一个语素位置上没有出现 A、L 义类。

（2）从义类来看，有 3 个词语的义位义类与两个语素义类大类一致，占总数的 7.3%，如：走红（I+I→I）、疲落（I+I→I），两个语素之间的关系多为同位关系；有 7 个词语的义位义类与前一个语素义类大类一致，占总数的 17%，如：走高（I+E→I）、走低（I+E→I），两个语素之间为顺承关系；有 14 个词语的义位义类与后一个语素义类大类一致，占总数的 34.1%，如：满产（K+I→I）、跑红（F+I→I），两个语素之间多为限定关系；有 17 个词语的义位义类与两个语素义类均不相同，占总数的 41.5%，如：走运（K+D→I）、饮誉（F+D→I），两个语素之间多为支配关系。

（3）从意义来看，有以下两种情况：①前一个语素义失落，它和义位之间没有必然的联系，义位增加新义，如"臭美"的意思是一个人自我感觉良好，但事实并非如此，"臭"没有与之相关的意义，在这里已经失落；②前一个语素义通过修辞转化为新义，如通过相似特征引申出新义，"蝉联"意思为连续不断获得，"蝉"是一种动物，幼虫变为成虫时，便蜕掉蝉壳，躯体在原来基础上得以延伸，故称为"蝉联"。"饮誉"是享有盛誉的意思，"饮"常见搭配有"饮酒""饮水"，在"饮誉"中"饮"是比喻义。

（十）词的义类为 J 类的词语

在这一类型中，选取两个语素构成的词的义类为 J 的词语，共 2 个，占 0.5%。构词方式如下：

F+J→J，2 个，斩获，登对

（1）组成词的义类属于 J 的方式共有 1 种。

（2）从义类来看，这 2 个词语的义位义类与后一个语素义类大类一致，义位义类和语素义类具有很强的规则性，两个语素之间为支配关系。

（3）从意义来看，"斩获"原指战争中斩首与俘获，现指竞赛中在奖牌、进球等方面的收获，"斩"随着时代的发展，意义引申为新义；"登对"是客家方言，专指男女之间相配、配对的意思，有着特定的区域或文化内涵，如果不熟悉客家方言，很难从表面直接推求意思。

二　a+b=d+b 类型的构词规则的特点

通过对具体规则的归纳、统计，我们发现第八种类型的构词规则大致有以下特点：

（1）在第八种类型中，对每个出现语素的义类统计如下。D 抽象事物（127）>B 物（71）>A 人（59）>H 活动（32）>I 现象与状态（17）>C 时间与空间（15）>E 特征（7）>G 心理活动（5）>F 动作=J 关联（2）。由此，我们可以看出有些语素义类出现次数较多，有些语素出现次数较少，这说明语素的构词能力强弱不同。出现次数较多的，说明语素构词能力较强，而出现次数较少的，说明语素构词能力较弱。因此，我们可以发现，构词能力最强的是 D 类，其余按数量的多少依次是：B、A、H、I、C、E、G、F、J。K、L 类的语素没有构词能力。

（2）在 440 个双音节新词语中，12 个大类包含的词语数量构成下列不等式。D 抽象事物（127）>H 活动（111）>B 物（71）>A 人（59）>I 现象与状态（41）>C 时间与空间（15）>K 助语（13）>E 特征（7）>G 心理活动（5）>F 动作=J 关联（2）。由此可以看出，在第八类型中，构成词的数量最多的是 D 义类，其余按数量的多少依次是：H、B、A、I、C、K、E、G、F、J。在上面的统计结果中，作为语素出现次数较多的 D、B、A、H、I 义类同时也是所构成词语数量较多的义类，这说明构词能力较强的语素所构成词的概率也相对较高。

（3）在第八种类型的各类的构词方式中，义位义类和后一语素义类相同的构词方式占主导地位，每类中占优势的构词方式分布见表 3.8。

表 3.8 义位义类的主要构成方式的统计

类型	A	B	C	D	E	F	G	H	I	J
主要词方式	E+A	E+B	E+C	E+D	E+E 等	I+F/ E+F	E+G/ H+G	E+H	E+I	F+J
数量（个）	13	26	5	44	1	1	2	18	7	2
比例（%）	22	36.6	33.3	34.6	14.3	50	40	16.2	17	100

由表 3.8 我们可以看出，在各类的构词方式中，由占义位义类与后一个语素义类相同的方式占主导地位。这说明在这一类型中，前一个语素义已经失落或者发生变化，但是后一个语素义还是保留了下来，义位义类多与后一个语素义的义类相同。同时我们发现在占优势的 11 种构词方式中，有 9 种的前一个语素义类为 E 类型，这说明义位义类与后一个语素义类相同的方式的两个构词语素之间多为限定关系，这也和语法构词中的偏正结构相一致。

（4）这一类型中，义位是后一个语素的语素义加上一个新的语素义，前一个语素义转化或者失落。有以下几种情况：①前一个语素义失落，它和义位之间没有必然的联系，义位增加新义，如"走高""走低""走红"等"走"的意义已经虚化，作为一种类词缀出现在一些形容词前；②通过修辞手法，后一个语素义转化为新义，如前一个语素义通过比喻转化为新义，"雪藏"表面意思为用雪把东西藏起来，引申为故意的隐藏，不被别人注意，麻痹对方，前一语素义是表面义的比喻义；还有一种是通过引申转化的义，如"蝉联"意思为连续不断获得，"蝉"是一种动物，幼虫变为成虫时，便蜕掉蝉壳，躯体在原来基础上得以延伸，故称为"蝉联"；③前一个语素义有着特定的区域或文化内涵，如"登对"是客家方言，专指男女之间相配、配对的意思；④前一个语素是异体字，如"欠疚"写作"歉疚"，这是不规范的写法；⑤前一个语素义是某个词语的简称，如"羽坛"是羽毛球界，"雪坛"是滑雪运动界；⑥前一语素是舶来词，如"迷债"中"迷"是英语单词 mini 的音译，"苦手"表示某方面不擅长，是根据日语中演化来的舶来词；⑦前一语素是拟声词，"叮饭"是用微波炉热饭的意思，"叮"是微波炉的声音。

（5）从义类分析来看，两个构词语素义类与义位义类有很强的对应关系。有下列四种类型：①同向型，两个构词语素之间多为修饰关系，两个语素同属一个语义场，但前一语素意义发生变化，这类词语有 43 个，占 9.8%，如：蛇果、藕煤、巡演、拍卖等；②前向型，两个构词语素之间多为修饰关系，这类词语有 21 个，占总数的 4.8%，如：绣唇、节育、洗钱、走低等；③后向型，两个构词语素之间多为限定关系，这类词语有 281 个，占 63.9%，如：死角、蚁域、军绿、警蓝等；④无向型，两个构词语素之间多为支配关系，这类词语有 95 个，占总数的 21.6%，如：米寿、腐女、蚁族、小吃等。对比四种类型所占比例，我们发现后向型的构词数量最多，所占比例最大，而前向型是最少的，这也证明了在第八种类型中，前一个语素义已经转化或者失落，而义位保留了后一个语素义，同时又增加了一个新的意义。

第十节　双音节新词语语义构词规则的总体特点

通过对 17395 个双音节新词语进行分析，我们发现语义构词规则大致有以下特点：

（1）双音节新词语语素义与义位关系的八种类型的分布情况如表3.9：

表3.9　　　　　　　　　　语素义和义位关系类型

构词方式	第一种	第二种	第三种	第四种	第五种	第六种	第七种	第八种
数量（个）	412	84	42	1139	6261	8633	384	440
比例（%）	2.4	0.5	0.2	6.5	36	49.6	2.2	2.5

由表3.9我们可以看出，在八种类型中，①第五种类型为a+b＝a+b，这是表义方式最为直接的一类词，占36%，可见新词语的语素线性组合特征仍很明显，部分新词语意思可由语素义推知，新词语的出现符合人们认识事物的思维习惯；②第四种、第六种、第七种和第八种方式所构词的意思都不是可以由语素义直接得知的，要么是语素义之外补充语素暗含附加成分，要么是由语素义整合而成，要么是某个语素义发生改变，这类词占60.8%，可见新词语非线性融合特征占绝对比例，绝大多数词语中，语素所承担的作用是为词义作部分提示，只为理解词义提供了线索的作用；③第一种、第二种和第三种所构成的新词语的意思由一个语素义承担，这类词所占比例最少，仅为3.1%，可见，新词语语素义的单体特征差，究其原因可能是有限的词形承担无限的词义内容，单个语素义很难包容下整个词义内容。

（2）对所有新词语义类进行统计，我们发现新词语在各个义类中的出现频率很不平衡，构成如下不等式，H活动（6117）>B物（1719）>I现象与状态（1533）>D抽象事物（3615）>A人（1361）>E特征（1253）>C时间与空间（528）>J关联（446）>G心理活动（383）>F动作（367）>K助语（69）>L（4）。由此可以看出，构成词的数量最多的是H物类，其余按数量的多少依次是：B、I、D、A、E、C、J、G、K、L。和人们的生活息息相关的H活动、B物、I现象与状态、D抽象事物、A人、E特征相关的新词语出现较多。可见，新词语的产生是和社会的生产发展密不可分的。

（3）我们对出现的所有语素进行统计，每个义类的语素构词能力不尽相同，按照构词频率构成下列不等式，括号里的数字是频度。H活动（8977）>D抽象事物（5969）>B物（5137）>E特征（4663）>I现象与状态（2808）>F 动作（1689）>A 人（1400）>C 时间与空间（1308）>J 关联（1265）>G 心理活动（847）>K 助语（727）。L 义类没有出现。我们可以发现，构词能力最强的是 H 类，其余按数量的多少依次是：D、B、E、I、F、A、C、J、G、K。语素义类和前面统计的词语义类具有很强的相关性，印证了构词能力强的语素构成的新词语数量也较多。

（4）每个义类在双音合成词前后两个位置上出现的多少也不相同。出现在双音合成词前一个位置上的义类根据频度构成下列不等式，括号里的数字是频度。H 活动（4735）>E 特征（3216）>D 抽象事物（1956）>B 物（1947）>I 现象与状态（1740）>F 动作（996）>J 关联（831）>C 时间与空间（563）>K 助语（547）>G 心理活动（485）>A 人（379）。前一语素中没有出现 L 义类。H 活动出现次数最多，说明构词能力最强。E 特征类居第二位，主要原因是汉语中偏正式的词最多，E 特征类往往充当偏正式词中的修饰或限定成分，所以出现在双音合成词前一个位置上的频率较高。出现在双音合成词后一个位置上的义类根据频度构成下列不等式，括号里的数字是频度。H 活动（4242）>D 抽象事物（4013）>B 物（3190）>E 特征（1447）>I 现象与状态（1068）>A 人（1021）>C 时间与空间（745）>F 动作（693）>J 关联（434）>G 心理活动（362）>K 助语（180）。后一语素中没有出现 L 义类。

（5）根据数据库中的 12 个语义类，语义构词规则按照理论上来说应该有 144 种，实际只有 120 种，缺失 24 种组合方式，一种组合方式是 AF 方式，还有 23 种是由于 L 义类缺失造成的组合：LA、AL、LB、BL、LC、CL、LD、DL、LE、EL、LF、FL、LG、GL、LH、HL、LI、IL、LJ、JL、LK、KL、LL。这与 L 义类语素的构词能力最弱有关系。分析 L 义类语素，我们发现 L 义类表示敬语，一般多出现于书面语中，口语中很少使用。随着社会主义和谐社会的构建，提倡民主、法制社会，表示敬语的，使用起来晦涩的一些词逐渐淡出人们的视野，体现了人与人之间的平等。这 120 种按实际包含词语数量构成了下列不等式，括号中为双音节词的数量。

HH（1897）>HD（1010）>DD（836）>BB（779）>ED（686）>EB（655）>EE（636）>HB（621）>EH（519）>IH（457）>BD（422）>ID（332）>DH（321）>IB（298）>DB（282）>FB（272）>HE（256）>II（236）>EI（220）>FF（215）>KH（214）>HA

（213）＞HI（212）＞JD（204）＞BA（192）＞DA（188）＞BH（184）＞JH（172）＞FH（171）＞HC（167）＞EA（165）＞HJ（149）＞CH（141）＞CD（135）＞GG、HF、IF（123）＞DC（118）＞AD（114）＞IE（111）＞JE（109）＞EC（106）＞JB（105）＞BC（104）、GH（104）＞FD（102）＞EF（89）＞GD（88）＞AA、KD（84）＞JI（82）＞FI（81）＞BI（76）＞CB、CC（74）＞DE（73）＞HG（67）＞BF（65）＞AH、IC（62）＞EG（61）＞EJ（60）＞BE（58）＞JJ（56）＞GE（54）＞DI、IJ（53）＞KE（52）＞FE（50）＞BK（45）＞AB（44）＞IA（42）＞CA（41）＞KI（38）＞FC（37）＞JC（36）＞DK、GI、KB（32）＞FA（31）、DG（31）＞CI（30）＞CE（28）、GB（28）＞JA（27）＞KF、KJ、KK（25）＞FJ（24）＞AE、JF、HK、GA（20）＞AC、JG、KG、EK（19）＞IG、GJ、KA（18）＞CJ、KC（15）＞CF（14）＞BJ（13）＞DJ（12）＞AG、CK、DF（10）＞AJ、AK、BG、FK、GF（9）＞AI、IK（8）＞GC（7）＞FG（4）＞GK（2）＞JK、CG（1）。

可见，HH、HD、DD构词能力最强，构成的词最多。活动类词语大量增加和新词语中动词性词语增加相一致。

（6）从两个构词语素义类与义位义类对应关系角度来看，有下列四种类型：①同向型，共有新词语4256个，占总数的24.5%，构成双音节词的两个语素属于同一语义类，构成词的义类与其语素义类基本相同；②前向型，共有新词语3344个，占总数的19.2%，组成词的两个语素属于不同的语义类，所构成词的语义类与前一语素语义类基本相同，语义重心落在前一个语素上，而后一个语素义失落或者是后缀，义位主要由前一个语素义来承担；③后向型，共有新词语5907个，占总数的34%，组成词的两个语素属于不同的语义类，所构成词的语义类与后一语素语义类基本相同，语义重心落在后一个语素上，而前一个语素义失落或者是前缀，义位主要由后一个语素义来承担；④无向型，共有新词语3888个，占总数的22.4%，构成的词语所属义类与两个构词语素义类都不相同。在四种类型中，词义都和前后两个语素有着密切的关系，可以通过语素义类一定程度上推出词的语义类。根据这四种类型所包含的词语及所占比例，构成如下不等式：后向型＞同向型＞无向型＞前向型，属于后向型的词语数量最多，所占比例最大，这与汉语是后向型的语言有关。

第四章

三音节合成词新词语语义构词规则研究

本章以梅家驹先生的《同义词词林》中义类分类体系为标注标准，对 1978 年以来的新词语，以及亢世勇先生主编的《汉字义类信息库》中的 6830 个三音节合成词新词语进行了语义标注。构建了《三音节合成词新词语语义构词规则数据库》。并对其进行分类、分析和归纳。共总结出九种语义构词类型，并在此基础上归纳出四种规则。

第一节　三音节合成词新词语语义构词研究意义

随着社会的发展，"原有的单音节或双音节词，已经不能适应越来越复杂的社会现象和人们越来越缜密的思维，越来越不能满足人们的交际需要了。语言内部的这种交际任务与交际手段之间新产生并不断加剧的矛盾，必然促使了多音节词的大量出现。因而，三音节、四音节词就成了汉语造词的新趋势。[13]"在《2010 汉语新词语》中［14］"对 626 条新词语统计结果显示，……三字词语比例占优势"。另有研究表明，"近年来，三音词新词语的大量出现使其成为现代汉语词汇中极为重要的一部分。三音节新词语近乎是双音节新词语增长数量的 2.5 倍。可见，在新词语方面，三音节词语已打破了传统双音节词语占绝对优势的局面"。［15］这一系列的学术研究反复向我们证明：三音节词语已成为新词语形式的主力军。

有关新词语的音节特征，还有许多学者做过调查与研究。他们得出的结论都具有一个相同的特点：现阶段新词语的产生具有明显的三音节化趋势。因此，深入研究三音节合成词新词语的语义构词规则。不仅有利于了解新词语产生的趋势，掌握其发展动向，推进新词语构词法研究的进一步深入，特别是新词语语义构词法研究的深入和发展，而且有利于让计算机更好、更快地理解、运用已有的词语，识别未登录词语，推进我国中文信息处理领域的纵向发展与延伸。

第二节　三音节合成词新词语语义构成规则数据库的构建

一　收词的范围和原则

（一）收词的范围

本章将《现代汉语字典》《新词语大辞典》作为选词基础，挑选了1978 年以来出现的 6830 个三音节合成词新词语，然后利用《汉字义类信息库》将这些三音节合成词新词语的组成元素进行了逐字的义类标记，最后进行人工校对。

（二）收词的原则

1. 适用性原则。本章选用的三音节合成词新词语是反映社会生活变化、满足社会需要，并且是使用频率高，社会可接受程度强的新词语。

2. 规范性原则。收录的三音节合成词新词语是符合汉语的构词习惯、符合汉语词汇规范化的要求，构词能力强的词语。

3. 全面性原则。本章选取的语料是 1978 年以来新出的三音节合成词新词语，收词广泛、全面，覆盖面极其广泛，能够反映现代汉语新词语的基本面貌从而使其具有实用性和代表性。

4. 稳定性原则。收录的新词语是在较长一段时间里广泛使用的词语。本章收录的新词语是 1978 年以来的新词语，具有较强的稳定性。

二　语料标注及数据库的构建

（一）三音节合成词新词语语料库的标注

1. 标注

本章根据《汉字义类信息库》中确立的字位，通过计算机给三音节合成词的语素进行逐个标注，经人工校对确定每个字在该词当中的语义标记，给 6830 个三音合成词新词语也按照同样的语义标准体系标上语义标记。同时，对构成三音节合成词的语素与词义的关系进行分析，归纳出九种类型，分别用1到9标记。

2. 九种语素义与新词语意义的关系类型及归纳

结合之前的研究成果，同时对收录的6830个三音节合成词新词语进行归纳统计，本章将其分为九种类型①（此处 a、b、c 分别代表构成三音节合成词的各个语素或音节，d 代表等号左边其对应部分的比喻义或引申义）。

类型一	类型二	类型三
a+b+c=（a+b）+c	（a+b）+c=（a+b）+d	a+b+c=a+（b+c）
类型四	类型五	类型六
a+（b+c）=d+（b+c）	a+b+c=d+c	a+（b+c）=a+d
类型七	类型八	类型九
a+b+c = a+b+c	a+b+c=（a+c）+（b+c）	a+b+c=d

类型一新词语的意义为（a+b）的意义加上 c 的语素义；类型二新词语的意义为（a+b）的意义加上语素 c 的引申义或比喻义 d 而得出的；类型三新词语的意义为语素 a 加上（b+c）的意义；类型四新词语的意义为 a 的引申义或比喻义 d 加上（b+c）的词义；类型五新词语的意义为（a+b）的引申义或比喻义 d 加上语素 c 的意义；类型六新词语的意义为语素 a 加上（b+c）的引申义或比喻义 d；类型七新词语的意义为语素 a、b、c 三个语素意义之和；类型八新词语的意义为（a+c）和（b+c）的意义之和；类型九新词语的意义为 a、b、c 三个语素的引申义或比喻义 d。

根据以上九种语素义与义位关系类型，我们可以进一步将其归纳为四种规则。规则一：双音合成词+单音单纯词（本义、比喻义或引申义），符合此规则的三音节合成词是九种类型中的类型一 a+b+c=（a+b）+c 和类型二 a+b+c=（a+b）+d。规则二：单音单纯词（本义、比喻义或引申义）+双音合成词，符合规则二的词语是九种类型中的类型三 a+b+c=a+（b+c）和类型四 a+（b+c）=d+（b+c）。规则三：单音单纯词与双音合成词（比喻义或引申义）的组合，符合规则三的三音节合成词新词语是九种类型中的类型五 a+b+c=d+c 和类型六 a+（b+c）=a+d。规则四：三

① 在这九种类型之外，还有第十种类型，就是 a+（b+c）=d。但由于第十种类型与第九种类型在未登录词识别上没有区分的意义且数量较少，故本章将只在结语处做简要说明。

个单音单纯词的组合。符合规则四的三音节合成词是九种类型中的类型七、类型八和类型九。同时，我们根据能否通过字面意义直接推知整个词义，又可以将其分成两类。一是能够直接推知的词语。即类型七 a+b+c = a+b+c 和类型八 a+b+c =（a+c）+（b+c）；二是不能直接推知整个词义的词语，即类型九 a+b+c=d。

本章根据以上四种规则对三音合成词新词语的构词规则进行分章阐述，在每节中再根据九种类型进行细致的描写。

（二）三音节合成词新词语数据库的构建

本书的标注方式分为以下三步。第一，采用梅家驹先生《同义词词林》[①] 的义类标注体系，对三音节合成词新词语进行人工语义标注。第二，计算机以"汉字义类信息库"为基础，根据九类规则对组成三音节合成词的词或语素进行人工语义标注。第三，通过 access 软件进行数据提取并得出相关数据。

本数据库包括四类组成元素[②]。第一，新词语，即三音合成词新词语。第二，三个语素（词）义类，它们分别是第一、第二和第三个语素的义类。第三，词语义类，即为整个新词语的义类。第四，构词方式，即为语素义与词语义类之间的关系类型。

三　三音节合成词新词语语素义与义位关系表

新词语	语素（词）义类一	语素（词）义类二	语素（词）义类三	词语义类	构词方式
对手赛	Aj01		Hh07	Hh07	1
动物兵	Ba02		Ae10	Ba02	2
多层次	Eb01	Dd07		Dc01	3
耳钳子	Bk03	Bo01		Bo01	4
傻瓜机	Al04		Bo04	Bo04	5
电驴子	Bg04	Ba02		Bo21	6
德智体	De01	De04	Dd14	De01	7
党团员	Aj07	Aj07		Aj07	8
二百五	Dn04	Dn04	Dn04	Al04	9

---

① 详见附录。

② 类型 7 和类型 9 按照上述格式构建语料库。其他类型只含有两个语素义类。

第三节　语义构词规则一的研究

双音合成词+单音单纯词（本义、比喻义或引申义），即三音合成词的意义等于一个双音合成词的意义加上一个单音单纯词的本义或引申义。符合此规则的三音节合成词共有 3496 个，约占总数的 50.77%。如类型一a+b+c=（a+b）+c，"蓄水池、休闲装"等和类型二 a+b+c=（a+b）+d，"稻草人、定型水"等。下面我们就将类型一和类型二所包含的三音合成词进行分类描述。

一　类型一 a+b+c=（a+b）+c 的分类及研究

在类型一中，词义等于（a+b）的意义加上 c 的意义。属于此类型的三音节合成词新词语共有 3492 个，占总数的 50.9%，在九种类型中占比最多。

（一）义类为 A 类的三音节合成词新词语

整个三音节合成词的义类为 A 类的词共有 393 个，约占类型一总数的 11.25%。A 类词的构成方式共有 34 种。下面我们按照三音节合成词中的前一部分①，即（a+b）的义类进行进一步分类描述。

1. （a+b）的义类为 A 的共有 36 个，其中：

A+A→A（26）② A+B→A（1）　A+D→A（7）　A+E→A（1）　A+I→A（1）

其中，A+A→A（26）占比最多，占总数的 72.2%，如："琼瑶迷、老板娘"等。

2. （a+b）的义类为 B 的共有 35 个，其中：

B+A→A（29）　　　B+D→A（5）　　　B+I→A（1）

其中，B+A→A（29）占比最多，占总数的 83%，如："蜘蛛人、列车长"等。

3. （a+b）的义类为 C 的共有 20 个，其中：

---

① 在第三章中所说的（a+b）是指三音合成词的前一部分，c 指的是三音合成词的后一部分。以此类推，在本章中不再一一赘述。

② 括号中的数字代表该类词语的数量。以此类推，作用同下文中的所有数字。

C+A→A（17）　　　C+B→A（1）　　　　C+D→A（2）

其中，C+A→A（17）占比最多，占总数的48.5%，如："太空人、圈外人"等。

4.（a+b）的义类为D的共有79个，其中：

D+A→A（67）　　　　D+D→A（9）　　　　D+E→A（1）

D+H→A（1）

其中，D+A→A（67）占比最多，占总数的85%，如："科幻迷"等。

5.（a+b）的义类为E的共有41个，其中：

E+A→A（35）　　　E+B→A（2）　　　　E+D→A（2）

E+J→A（1）　　　　　E+E→A（1）

其中，E+A→A（35）占比最多，占总数的85.4%，如："优等生、义务兵"等。

6.（a+b）的义类为F的共有4个，分别是：F+A→A（4）。如："收银员、陪酒女"和F+B→A（2）

7.（a+b）的义类为G的共有11个，其中：

G+A→A（9）　　G+B→A（1）　　G+D→A（1）

其中，G+A→A（9）占比最多，约占总数的82%，如："知情人、偏执狂"等。

8.（a+b）的义类为H的共有135个，其中：

H+A→A（112）　H+B→A（3）　H+D→A（19）　H+K→A（1）

其中，H+A→A（112）占比最多，约占总数的83%，如："宣传员、打工妹"等。

9.（a+b）的义类为I的共有20个，其中：

I+A→A（17）　I+B→A（2）　I+H→A（1）

其中，I+A→A（17）占比最多，占总数的85%，如："应届生、候选人"等。

10.（a+b）的义类为J的构词方式只有一种，J+A→A（4）。如："同案犯、代表人"等。

11.（a+b）的义类为K的共有8个，构词方式只有一种，K+A→A（8），如："连续犯"等。

综上所述，我们可以得出：X①+A→A 是义类为 A 的三音节合成词新词语占比最多的构词方式。词类构词方式共计 328 个，占总数的 83.4%。通过观察 X+A→A 构词方式，我们可以得出：整个三音节合成词的义类为 A，其中 c 的义类也为 A。每个词义的重心都在 c 上，（a+b）只是对 c 的修饰，它只标明词义的范围、领域、类别、等级、状态，有时也附带一些感情色彩及形象色彩。新词的意义和 c 的意义基本相同。

（二）义类为 B 类的三音节合成词新词语

整个三音节合成词的义类为 B 类的词共有 1139 个，约占类型一总数的 32.6%。B 类词的构词方式共有 58 种。下面我们按照三音节合成词中的前一部分，即（a+b）的义类进行进一步分类描述。

1.（a+b）的义类为 A 的共有 80 个，其中：

A+B→B（69）　A+C→B（2）　A+D→B（6）　A+G→B（1）　A+H→B（2）

其中，A+B→B（69）占比最多，约占总数的 86%，如："病号饭、选民证"等。

2.（a+b）的义类为 B 的共有 295 个，其中：

B+A→B（3）　B+B→B（238）　B+C→B（3）　B+D→B（35）　B+E→B（3）

B+G→B（1）　B+H→B（9）　　B+I→B（3）

其中，B+B→B（238）占比最多，约占总数的 80.7%，如："煤气灶、钢丝床"等。

3.（a+b）的义类为 C 的共有 48 个，其中：

C+B→B（38）　C+C→B（1）　C+D→B（8）　C+H→B（1）

其中，C+B→B（38）占比最多，约占总数的 79%，如："课间餐、伊犁马"等。

4.（a+b）的义类为 D 的共有 247 个，其中：

D+B→B（197）　D+C→B（2）　D+D→B（36）　D+E→B（3）　D+G→B（2）

D+H→B（6）　　D+I→B（1）

---

① X 代表 12 个语义大类中的任意义类。下文中出现的 X 皆与此注释相同，后文不再一一赘述。

其中，D+B→B（197）占比最多，约占总数的79.8%，如："保健菜、个性卡"等。

5.（a+b）的义类为E的共有105个，其中：

E+A→B（2）　E+B→B（82）　E+C→B（3）　E+D→B（11）　E+E→B（1）

E+G→B（1）　E+H→B（4）　　　E+I→B（1）

其中，E+B→B（82）占比最多，约占总数的78.1%，如："节能灯、简易楼"等。

6.（a+b）的义类为F的共有37个，其中：

F+B→B（33）　F+D→B（1）　F+E→B（1）　F+H→B（2）

其中，F+B→B（33）占比最多，占总数89%，如："冲浪板、登山服"等。

7.（a+b）的义类为G的共有22个，其中：

G+B→B（19）　G+D→B（2）　G+H→B（1）

其中，G+B→B（19）占比最多，约占总数的86.3%，如："开心果、放心菜"等。

8.（a+b）的义类为H的共有195个，其中：

H+B→B（159）　H+C→B（2）　H+D→B（21）　H+E→B（2）　H+H→B（8）

H+J→B（1）

其中，H+B→B（159）占比最多，约占总数的82.4%，如："保护壳、运算器"等。

9.（a+b）的义类为I的共有67个，其中：

I+B→B（54）　I+C→B（3）　I+D→B（8）　I+G→B（1）　I+H→B（1）

其中，I+B→B（54）占比最多，占总数的80.6%，如："发酵肥、流行色"等。

10.（a+b）的义类为J的构词方式共有35个，其中：

J+B→B（33）　　　J+D→B（1）　　　J+H→B（1）

其中，J+B→B（33）占比最多，约占总数的94%，如："催化剂、兼容器"等。

11.（a+b）的义类为K的共有8个，其中：

K+B→B（2）　K+F→B（1）　K+G→B（1）　K+H→B（1）　K+I→

B（1）

其中，K+B→B（2）占比最多，各占总数的 25%，如：　"靠天田"等。

由此我们可以得出：X+B→B 是义类为 B 的三音节合成词新词语占比最多构词方式。此类构词方式共计 924 个，占总数的 81.1%。在 X+B→B 中，我们发现每个词语的重心都落在后 c 上，（a+b）与 c 之间是修饰关系，即（a+b）是将词语中所含的特征加以强调或限制。

（三）义类为 C 类的三音节合成词新词语

整个三音节合成词的义类为 C 类的词共有 241 个，约占类型一总数的 7%。C 类词的构成方式共有 32 种。下面我们按照三音节合成词中的前一部分，即（a+b）的义类进行进一步分类描述。

1. （a+b）的义类为 A 的共有 21 个，其中：

A+B→C（1）　A+C→C（13）　A+D→C（5）　A+H→C（2）

其中，A+C→C（13）占比最多，约占总数的 62%，如："母亲节、明星村"等。

2. （a+b）的义类为 B 的共有 47 个，其中：

B+B→C（7）　B+C→C（33）　B+D→C（5）　B+H→C（2）

其中，B+C→C（33）占比最多，约占总数的 70.2%，如："黄酒节、石油城"等。

3. （a+b）的义类为 C 的共有 16 个，其中：

C+B→C（2）　C+C→C（10）　C+D→C（4）

其中，C+C→C（10）占比最多，约占总数的 62.5%，如："空间站、太空城"等。

4. （a+b）的义类为 D 的共有 63 个，其中：

D+B→C（11）　D+C→C（41）　D+D→C（7）　D+E→C（1）　D+H→C（3）

其中，D+C→C（41）占比最多，约占总数的 65%，如：　"文化站"等。

5. （a+b）的义类为 E 的共有 16 个，其中：

E+B→C（2）　E+C→C（10）　E+D→C（3）　E+E→C（1）

其中，E+C→C（10）占比最多，约占总数的 62.5%，如："文明村、健康城"等。

6.（a+b）的义类为 H 的共有 56 个，其中：

H+B→C（8）　H+C→C（39）　H+D→C（5）H+H→C（4）

其中，H+C→C（39）占比最多，约占总数的 69.6%，如："度假村、实验区"等。

7.（a+b）的义类为 I 的共有 18 个，其中：

I+B→C（1）　I+C→C（11）　I+D→C（2）　I+H→C（3）　I+K→C（1）

其中，I+C→C（11）占比最多，占总数的 62%，如："起步区、变声期"等。

8.（a+b）的义类为 J 的构词方式共有 1 个，其构成方式为：J+C→C，如："限制区"。

9.（a+b）的义类为 K 的共有 2 个，其中：

K+B→C（1）　K+C→C（1）

其中，K+B→C（1）和 K+C→C（1）各占总数的 50%。

X+C→C 方式是 C 类占比最多的构词方式。此类构词方式共计 159 个，占总数的 66%。观察 X+C→C 后，我们可以得出：整个三音节合成词的义类和 c 的义类相同，每个词语的重心都落在 c 上，（a+b）在构成词语时不起主要作用。

（四）义类为 D 类的三音节合成词新词语

整个三音节合成词的义类为 D 类的词共有 1477 个，约占类型一总数的 42.3%，D 类词的构成方式共有 61 种。下面我们按照三音节合成词中的前一部分，即（a+b）的义类进行进一步分类描述。

1.（a+b）的义类为 A 的共有 78 个，其中：

A+A→D（2）A+B→D（4）　A+C→D（4）　A+D→D（61）A+E→D（3）　A+G→D（1）　A+H→D（3）

其中，A+D→D（61）占比最多，约占总数的 78.2%，如："导师制、移民病"等。

2.（a+b）的义类为 B 的共有 176 个，其中：

B+A→D（1）B+B→D（15）B+C→D（2）　B+D→D（152）　B+H→D（3）　B+I→D（2）　B+K→D（1）

其中，B+D→D（152）占比最多，约占总数的 86%，如："风扇病、西服热"等。

3.（a+b）的义类为 C 的共有 68 个，其中：

C+G→D（3）　C+C→D（2）　C+D→D（63）　C+I→D（1）

其中，C+D→D（63）占比最多，约占总数的92.6%，如"现代舞、北京话"等。

4.（a+b）的义类为D的共有426个，其中：

D+A→D（2）D+B→D（16）　D+C→D（6）　D+D→D（371）　D+E→D（5）D+F→D（1）　D+G→D（3）　D+H→D（19）　D+I→D（2）　D+K→D（1）

其中，D+B→D（371）占比最多，约占总数的97%。

5.（a+b）的义类为E的共有113个，其中：

E+A→D（2）　E+B→D（7）　　E+D→D（97）　E+E→D（1）E+G→D（2）　E+H→D（4）

其中，E+D→D（97）占比最多，约占总数的85.8%，如："豪华型、朦胧诗"等。

6.（a+b）的义类为F的共有19个，其中：

F+D→D（17）　F+I→D（1）　F+K→D（1）

其中，F+D→D（17）占比最多，占总数89%，如："探望权、灌注式"等。

7.（a+b）的义类为G的共有32个，其中：

G+B→D（3）　G+D→D（27）　G+H→D（2）

其中，G+D→D（27）占比最多，约占总数的84%，如："惊悚片、信任度"等。

8.（a+b）的义类为H的共有390个，其中：

H+A→D（1）　　H+B→D（23）　H+C→D（10）　H+D→D（330）　H+E→D（4）

H+G→D（11）　H+H→D（14）　H+I→D（1）　H+K→D（3）

其中，H+D→D（330）占比最多，约占总数的84.6%，如："行贿罪、应聘权"等。

9.（a+b）的义类为I的共有105个，其中：

I+B→D（8）　I+D→D（91）I+E→D（1）　I+G→D（1）　I+H→D（4）

其中，I+D→D（91）占比最多，占总数86%，如："交叉型、开放式"等。

10. （a+b）的义类为 J 的构词方式共有 32 个，其中：

J+D→D（29）　　　J+H→D（2）　　J+K→D（1）

其中，J+D→D（29）占比最多，约占总数的 91%，如："促进派、遗传病"等。

11. （a+b）的义类为 K 的共有 12 个，其中：

K+G→D（1）　　K+D→D（11）

其中，K+D→D（11）占比最多，各占总数的 92%，如："乒乓热、连续剧"等。

12. （a+b）的义类为 L 的共有 9 个，其中：

L+G→D（1）　L+D→D（8）

其中，L+D→D（8）占比最多，约占总数的 88%，如："辛苦费"等。

X+D→D 是 D 类占比最多的构词方式。共计 1257 个，占总数的 85%。通过观察，我们可知所有的词语义类的大类和 c 义类的大类完全相同，每个词语的核心意义都在 c 上，（a+b）处于次要地位。

（五）义类为 E 类的三音节合成词新词语

整个三音节合成词的义类为 E 类的词共有 23 个，约占类型一总数的 0.66%，E 类词的构成方式共有 15 种。下面我们按照三音节合成词中的前一部分，即（a+b）的义类进行进一步分类描述。

1. （a+b）的义类为 B 的共有 2 个，其中：

B+D→E（1）　　B+E→E（1）

其中，B+D→E（1）和 B+E→E（1）各占总数的 50%。

2. （a+b）的义类为 C 的共有 2 个，其中：

C+G→E（1）　　C+E→E（1）

其中，C+G→E（1）和 C+E→E（1）各占总数的 50%。

3. （a+b）的义类为 D 的共有 12 个，其中：

D+D→E（1）　　D+E→E（10）　　D+I→E（1）

其中，D+E→E（10）占比最多，约占总数的 83.3%，如："艺术美"等。

4. （a+b）的义类为 E 的共有 2 个，其中：

E+D→E（1）　　E+G→E（1）

其中，E+D→E（1）和 E+G→E（1）各占总数的 50%。

5.（a+b）的义类为 H 的共有 2 个，其中：

H+A→E（1）　　　H+B→E（1）

其中，H+A→E（1）和 H+B→E（1）各占总数的 50%。

6.（a+b）的义类为 I 的共有 2 个，其中：

I+E→E（1）　I+I→E（1）

其中，I+E→E（1）和 I+I→E（1）各占总数的 50%。

7.（a+b）的义类为 K 的共有 2 个，其中：

K+G→E（1）　K+D→E（1）

其中，K+G→E（1）和 K+D→E（1）各占总数的 50%。

X+E→E 是 E 类占比最多的构词方式。共计 13 个，占总数的 56.5%。E 表示具有"特征"意义的词。由上述统计数据可知，在义类为 E 的三音节新词语中，构成新词语的两个部分与整个词义关系的规律性不强。但我们仍认为，属于该义类的新词语的意义有落在语素 c 上的倾向，（a+b）只起到限制或修饰的作用。

（六）义类为 F 类的三音节合成词新词语

整个三音节合成词的义类为 F 类的词共有 12 个，约占类型一总数的 0.34%。F 类词的构成方式共有 6 种。下面我们按照三音节合成词中的前一部分，即（a+b）的义类进行进一步分类描述。

1.（a+b）的义类为 A 的共有 1 个，其构词方式为：A+F→F（1）

2.（a+b）的义类为 C 的共有 1 个，其构词方式为：C+F→F（1）

3.（a+b）的义类为 D 的共有 3 个，分别是：

D+B→F（1）　D+F→F（2）

其中，D+F→F（2）占比最多，约占总数的 66.6%。

4.（a+b）的义类为 E 的共有 1 个，其构词方式为 E+F→F（1）

5.（a+b）的义类为 F 的共有 1 个，其构词方式为：F+A→F（1）

X+F→F 是 F 类占比最多的构词方式。共计 5 个，约占总数的 42%。由上述数据可知，整个词语义类大类和 c 义类的大类完全相同，每个义位的重心都在 c 上，c 构成词语时起关键作用。

（七）义类为 G 类的三音节合成词新词语

整个三音节合成词的义类为 G 类的词共有 4 个，约占类型一总数的 0.11%。G 类词的构成方式共有 3 种。下面我们按照三音节合成词中的前一部分，即（a+b）的义类进行进一步分类描述。

1.（a+b）的义类为 C 的共有 1 个，其构词方式：C+G→G，如："太空感"。

2.（a+b）的义类为 E 的共有 2 个，其中：E+D→G（1）　E+G→G（1）

其中，E+D→G（1），如："窝囊气"和 E+G→G（1），如："冰凉感"，各占总数的 50%。

X+G→G 是 G 类占比最多的构词方式。共计 2 个，占总数的 66%，如："冰凉感、太空感"。分析发现，c 的义类和整个词语的义类相近，语素 c 是词语的语义重心。

（八）义类为 H 类的三音节合成词新词语

整个三音节合成词的义类为 H 类的词共有 85 个，约占类型一总数的 2.4%。H 类词的构成方式共有 35 种。下面我们按照三音节合成词中的前一部分，即（a+b）的义类进行进一步分类描述。

1.（a+b）的义类为 A 的共有 6 个，其中：

A+A→H（1）　A+B→H（1）　A+H→H（4）

其中，A+H→H（4）占比最多，各占总数的 66%，如："对手赛、冠军赛"等。

2.（a+b）的义类为 B 的共有 13 个，其中：

B+B→H（3）　B+D→H（2）　B+H→H（8）

其中，B+H→H（8）占比最多，各占总数的 61.5%，如："擂台赛、太阳葬"等。

3.（a+b）的义类为 C 的共有 6 个，其中：

C+B→H（1）　C+C→H（1）　C+D→H（1）　C+G→H（1）　C+H→H（2）

其中，C+H→H（2）占比最多，约占总数的 33%，如："黄昏恋、太空葬"等。

4.（a+b）的义类为 D 的共有 17 个，其中：

D+B→H（3）　D+D→H（4）　D+E→H（2）　D+F→H（1）　D+H→H（6）　D+J→H（1）

其中，D+H→H（6）占比最多，约占总数的 35%，如："资格赛、等级赛"等。

5.（a+b）的义类为 E 的共有 7 个，其中：

E+B→H（1）　　　E+D→H（1）　　　E+F→H（1）

E+H→H（4）

其中，E+H→H（4）占比最多，约占总数的57%，如："健美赛"。

6.（a+b）的义类为F的共有2个，其中：

F+I→H（1）　　F+H→H（1）

其中，F+H→H（1）和F+I→H（1）各占50%。

7.（a+b）的义类为G的共有2个，其构成方式只有一种：G+D→H，如："关切度、回顾展"。

8.（a+b）的义类为H的共有21个，其中：

H+B→H（1）　　H+D→H（2）　　H+E→H（3）　　H+F→H（2）　　H+H→H（11）

H+I→H（1）　　H+J→H（1）

其中，H+H→H（11）占比最多，约占总数的52.3%，如："辩论赛、拔河赛"等。

9.（a+b）的义类为I的共有7个，其中：

I+D→H（1）　　I+H→H（6）

其中，I+H→H（6）占比最多，占总数的86%，如："挂钩赛、晋级赛"等。

10.（a+b）的义类为J的共有1个，其构词方式：J+H→H。

11.（a+b）的义类为K的共有1个，其构词方式：K+H→H。

X+H→H 是 H 类占比最多的构词方式，共计 44 个，占总数的51.7%。分析发现，c 的义类和整个词语义类相同，（a+b）在整个词语意思中不起主导作用。

（九）义类为I类的三音节合成词新词语

整个三音节合成词的义类为I类的词共有117个，约占类型一总数的3.3%。I类词的构成方式共有25种。下面我们按照三音节合成词中的前一部分，即（a+b）的义类进行进一步分类描述。

1.（a+b）的义类为A的共有4个，只有一种构词方式：A+I→I（4），如："大众化、白领化"等。

2.（a+b）的义类为B的共有20个，其中：

B+D→I（3）　　B+I→I（17）

其中，B+I→I（17）占比最多，约占总数的85%，如："公园化、服饰化"等。

3.（a+b）的义类为 C 的共有 8 个，其中：

C+D→I（1）　C+I→I（7）

其中，C+I→I（7）占比最多，约占总数的 87.5%，如："本土化、城市化"等。

4.（a+b）的义类为 D 的共有 38 个，其中：

D+A→I（1）D+B→I（1）　D+D→I（8）　D+I→I（28）

其中，D+I→I（28）占比最多，约占总数的 73.7%，如："差异化、多样化"等。

5.（a+b）的义类为 E 的共有 28 个，其中：

E+D→I（5）　E+E→I（1）　E+I→I（22）

其中，E+I→I（22）占比最多，约占总数的 78.6%，如："小型化、单一化"等。

6.（a+b）的义类为 F 的共有 3 个，其中：

F+B→I（1）　F+E→I（1）　F+I→I（1）

7.（a+b）的义类为 H 的共有 10 个，其中：

H+A→I（1）　H+C→I（1）　H+D→I（3）　H+I→I（5）

其中，H+I→I（5）占比最多，约占总数的 50%，如："合作化、私营化"等。

8.（a+b）的义类为 I 的共有 3 个，其中：

I+D→I（1）　I+I→I（2）

其中，I+I→I（2）占比最多，占总数的 66%，如："扩大化、廉价化"等。

9.（a+b）的义类为 K 的共有 3 个，其构词方式：

K+B→I（1）、K+D→I（1）、K+I→I（1）

X+I→I 为 I 类占比最多的构词方式，共计 87 个，占总数的 74.3%。分析发现，c 的义类和整个词语的义类相近，词语的语义重心都在 c 上。

（十）类型一 a+b+c=（a+b）+c 的构词规则特点

对各类词义的分析和归纳，我们可知 a+b+c=（a+b）+c 的构词规则有：

（1）在类型 a+b+c=（a+b）+c 中，对出现在（a+b）部分的义类进行统计，按照出现频率得出图 4.1：

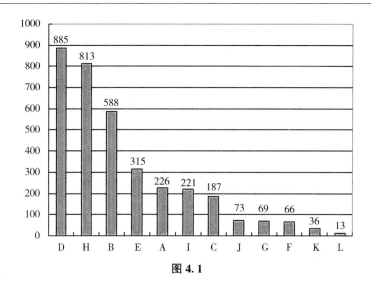

图 4.1

由图 4.1 我们可以看出每种类型的义类出现的次数各不相同, 不同义类的语素的构词能力也各不相同。每种义类出现的次数与构词的强弱呈正比。在 a+b+c＝（a+b）+c 中,（a+b）部分多是起修饰或限制的作用, 说明义类 D（抽象事物）、义类 H（活动）、义类 B（物）的修饰能力强; 而出现次数较少的语素, 说明构词能力较弱, 如义类 F（动作）、K（助语）、L（敬语）, 说明这些义类的修饰能力较弱。

（2）在类型 a+b+c＝（a+b）+c 中, 对出现在 c 部分的义类进行统计, 按照出现频率得出图 4.2。

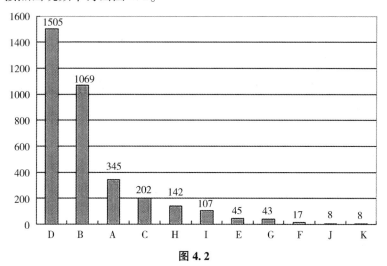

图 4.2

　　由图4.2我们可以看出每种类型的义类出现次数各不相同，不同义类的语素的构词能力也各不相同。每种义类出现的次数与构词的强弱呈正比。由图4.2可知，义类D（抽象事物）、B（物）、A（人）构词能力较强；义类F（动作）、K（助语）、L（敬语）构词能力较弱。

　　（3）在类型a+b+c=（a+b）+c的3492个新词语中，按照整个词语的义类出现频率得出图4.3。

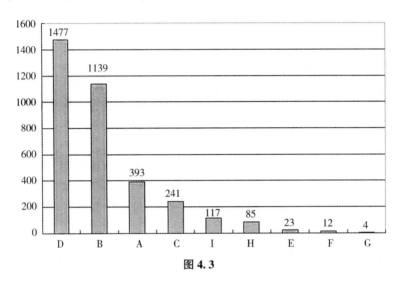

图4.3

　　由图4.3可以看出，构成词的数量最多，同时也是出现次数最多的是义类D，剩余按出现此数的多少依次为：B、A、C、I、H、E、F、G。新词语的构成义类中未出现属于J、K等义类。由图4.1和图4.2可知，出现次数较多的义类D、B、A，同时也是所构成词语数量较多的义类，这也证明义类的构词能力与语素所构成新词语的能力存在正相关关系。

　　（4）在a+b+c=（a+b）+c中，各个义类词语的占比最多的构词方式如图4.4：

　　通过图4.4我们可以看出，在a+b+c=（a+b）+c类型中，新词语的意义大都包含了c的语素义，且c的义类和整个词语的义类相同。可见，此类型中，c的语素义基本承担了表达词义的主要功能，（a+b）的语素义表义功能较弱，在词语形成中只起限制或修饰c的作用。由此我们可以得出：词语义类与c的语素义类一致的趋势占主要地位。

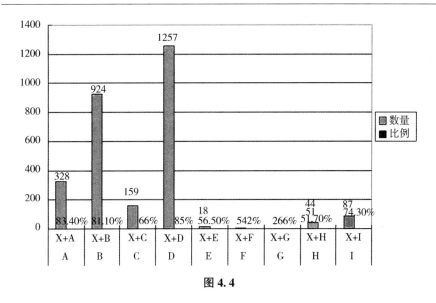

图4.4

二 类型二（a+b）+c=（a+b）+d 的分类及研究

在类型二中，词义等于 a 与 b 组成的词语加上语素 c 的引申义或比喻义之和。类型（a+b）+c=（a+b）+d 的三音节合成词新词语共有 4 个，约占总数的 0.058%，在九种类型中位居最后。

（一）义类为 A 类的三音节合成词新词语

义类为 A 的词语构词方式有一种，数量共有 1 个，其构词方式：D+B→A ，如："二婚头"。

（二）义类为 B 类的三音节合成词新词语

义类为 B 的词语有两种构词方式，共有 3 个，其中：

B+A→B（2）　　E+B→B（1）

其中，B+A→B（2）占比最多，占总数的 66.6%，如："动物兵、稻草人"。

（三）类型二 a+b+c=（a+b）+d 构词规则特点

对类型二 a+b+c=（a+b）+d 的统计，我们发现，（a+b）+c=（a+b）+d 的构词规则有：

（1）在（a+b）+c=（a+b）+d 中，对所有出现部分的义类[1]进行统

————————

[1] 属于类型二的三音节合成词数量较少，且规律性不强。本章节将各个位置上的义类合并统计。

计，按照整个词语的义类出现频率得出图 4.5：

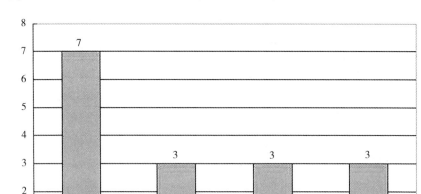

图 **4.5**

　　由图 4.5 可知：在类型二中，义类 B 的构词能力最强，义类 D 最弱。这也从侧面证明了（a+b）+c =（a+b）+d 公式的正确性。因为义类 B 代表"物"，容易衍生出引申义或比喻义。而义类 D 代表"抽象事物"，不易产生引申义或比喻义。

　　（2）在属于（a+b）+c =（a+b）+d 的 4 个新词语中，按照三音节合成词新词语义类构成下列不等式，括号中为三音节新词语的数量。B 物（3）>A 人（1）。有上述数据我们可以看出，类型二中义类为 B 的词语占主流地位。

　　（3）在（a+b）+c =（a+b）+d 中，各个义类词语占比最多的构词方式如图 4.6：

　　通过图 4.6 我们可以看出，在（a+b）+c =（a+b）+d 中，词语（a+b）对 c 部分的引申义或比喻义 d 和整个三音节新词语的义类起到方向性的指引作用，而语素 d 的意义仍是词语的中心意义，如："动物兵、稻草人"等。

　　由数据可知，规则一中类型一的特征为：单音单纯词是整个三音节合成词新词语的意义中心，双音合成词只起限制或修饰的作用。规则一中类型二的特征为：单音单纯词虽然仍是词语的语义中心，但其引申义或比喻义与双音合成词有紧密的连带关系。

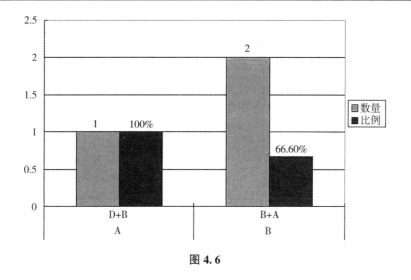

图 4.6

第四节　语义构词规则二的研究

规则二的含义是单音单纯词（本义、比喻义或引申义）＋双音合成词，即三音节合成词的意义等于单音单纯词的本义、比喻义或引申义加上双音合成词的意义，符合规则二的词语共有 1362 个，约占总数的 19.7%。如类型三 a+b+c＝a+（b+c），"金饭碗、讲故事"等和类型四 a+（b+c）＝d+（b+c），"电衙门、伤脑筋"等。下面我们就将类型三和类型四所包含的三音节合成词进行分类描述。

一　类型三 a+b+c＝a+（b+c）的分类及研究

在类型三 a+b+c＝a+（b+c）中，词义等于 a 的意义加上（b+c）的意义。类型 a+b+c＝a+（b+c）的三音节合成词新词语共有 1356 个，约占总数的 19.7%，在九种类型中位居第三。

（一）义类为 A 类的三音节合成词新词语

整个三音节合成词的义类为 A 类的词共有 183 个，约占类型三总数的 13.5%，共有 30 种构词方式。下面我们按照三音节合成词中的前一部分[①]，

　　[①]　在第五章中，a 为三音合成词的前一部分，（b+c）为三音合成的后一部分。此章出现的相同情况均与此释义相同，不再一一赘述。

即 a 的义类进行进一步分类描述。

1. a 的义类为 A 的共有 20 个，其中：

A+A→A（19）　　　A+E→A（1）

其中，A+A→A（19）占比最多，占总数的 95%，如："小师妹、副教授"等。

2. a 的义类为 B 的共有 13 个，其中：

B+A→A（5）　　　B+B→A（8）

其中，B+B→A（8）占比最多，占总数的 61.5%，如："纸老虎、狗崽子"等。

3. a 的义类为 C 的共有 5 个，其中：

C+A→A（3）　　　C+B→A（1）　　　C+H→A（1）

其中，C+A→A（3）占比最多，占总数的 60%，如："内当家、外雇工"等。

4. a 的义类为 D 的共有 16 个，其中：

D+A→A（12）　　　　D+B→A（2）　　　　D+D→A（1）　　D+C→A（1）

其中，D+A→A（12）占比最多，占总数的 75%，如："白大褂、税耗子"等。

5. a 的义类为 E 的共有 98 个，其中：

E+A→A（72）　　　E+B→A（6）　　　　E+D→A（11）

E+E→A（2）　　　E+H→A（6）　　　　E+I→A（1）

其中，E+A→A（72）占比最多，占总数的 73.4%，如："红战友、老公安"等。

6. a 的义类为 F 的共有 1 个，即为 F+B→A

7. a 的义类为 G 的共有 1 个，即为 G+A→A

8. a 的义类为 H 的共有 6 个，其中：

H+A→A（4）　　H+B→A（1）　　H+H→A（1）

其中，H+A→A（4）占比最多，约占总数的 66.6%，如："贪内助、假小子"等。

9. a 的义类为 I 的共有 4 个，分别是：I+A→A（3）　　I+D→A（1）

其中，I+A→A（3）占比最多，占总数的 75%，如："双职工、冤大头"等。

10. a 的义类为 J 的共有 2 个，其构词方式为：J+A→A，如："类继母"。

11. a 的义类为 K 的共有 17 个，分别是：K+A→A（12） K+B→A（1） K+D→A（1） K+E→A（2） K+G→A（1）

其中，K+A→A（12）占比最多，占总数的 70.5%，如："烂大姐、准居民"等。

由此我们可以看出：X+A→A 是义类为 A 的三音节合成词新词语占比最多的构词方式，共计 128 个，约占总数的 70%。通过观察 X+A→A，我们不难看出：义类为 A 的词，其（b+c）的义类也为 A。发现（b+c）在词义中充当核心角色，a 对（b+c）只起修饰作用。新词语的意义和（b+c）的意义相近。

（二）义类为 B 类的三音节合成词新词语

整个三音节合成词的义类为 B 类的词有 242 个，约占类型三总数的 18%。共有 29 种构词方式。下面我们按照三音节合成词中的前一部分，即 a 的义类进行进一步分类描述。

1. a 的义类为 A 的共有 5 个，其中：

A+B→B（4） A+D→B（1）

其中，A+B→B（4）占比最多，约占总数的 80%，如："副食品、副产品"等。

2. a 的义类为 B 的共有 60 个，其中：

B+A→B（1） B+B→B（51） B+D→B（5） B+E→B（1） B+H→B（1）

其中，B+B→B（51）占比最多，约占总数的 85%，如："药瓶子、米袋子"等。

3. a 的义类为 C 的共有 7 个，只有一种构词方式：C+B→B（7），如："地胡椒、早班车"等。

4. a 的义类为 D 的共有 44 个，其中：

D+B→B（40） D+D→B（2） D+G→B（1） D+H→B（1）

其中，D+B→B（40）占比最多，约占总数的 90.9%，如："电炒锅、电烤箱"等。

5. a 的义类为 E 的共有 105 个，其中：

E+A→B（3） E+B→B（90） E+C→B（1） E+D→B（8） E+E→

B（1）

E+H→B（1） E+J→B（1）

其中，E+B→B（90）占比最多，约占总数的 85.7%，如："活化石、香饽饽"等。

6. a 的义类为 F 的共有 1 个，即：F+E→B。

7. a 的义类为 H 的共有 6 个，其中：

H+B→B（4） H+D→B（1） H+H→B（1）

其中，H+B→B（4）占比最多，约占总数的 66.6%，如："点钞票"。

8. a 的义类为 I 的共有 5 个，其中：

I+B→B（4） I+D→B（1）

其中，I+B→B（4）占比最多，占总数的 60%，如"再制品、懒棉花"等。

9. a 的义类为 J 的词语共有 7 个，一种构词方式：J+B→B（7）

10. a 的义类为 K 的共有 2 个，一种构词方式：K+B→B（2），如："半导体、半成品"等。

由上述数据可知：X+B→B 是义类为 B 的三音节合成词新词语占比最多的构词方式，共计 209 个，占总数的 86.4%。对 X+B→B 进行观察，我们可知词义的重心都在（b+c）上，a 与（b+c）之间是修饰或限制的关系，a 是将整个三音节合成词的词义所含的特征加以强调或限制。

（三）义类为 C 类的三音节合成词新词语

整个三音节合成词的义类为 C 类的词共有 50 个，约占类型三总数的 3.68%。C 类词的构成方式共有 16 种。下面我们按照三音节合成词中的前一部分，即 a 的义类进行进一步分类描述。

1. a 的义类为 B 的共有 3 个，其中：

B+C→C（2） B+D→C（1）

其中，B+C→C（2）占比最多，约占总数的 66.6%，如："核基地"等。

2. a 的义类为 C 的共有 4 个，其中：

C+B→C（1） C+C→C（2） C+D→C（1）

其中，C+C→C（2）占比最多，约占总数的 50%，如："晚高峰、外太空"。

3. a 的义类为 D 的共有 5 个，其中：

D+C→C（2）　D+D→C（2）　D+I→C（1）

其中，D+C→C（2）如："后现代"和 D+D→C（2）如："钱市场"占比最多，各占总数的 40%。

4. a 的义类为 E 的共有 27 个，构词方式为：E+B→C（1）E+C→C（17）

E+D→C（8）E+G→C（1）

E+C→C（17）占比最多，约占总数的 63%，如："小学期、小长假"等。

5. a 的义类为 H 的共有 1 个，其构词方式：H+C→C

6. a 的义类为 J 的共有 2 个，构词方式为：J+C→C，如："跨世纪"。

7. a 的义类为 K 的共有 7 个，其构词方式：K+B→C（2）、K+C→C（1）、K+D→C（4）、K+H→C（1）。

X+C→C 方式是 C 类占比最多的构词方式，共计 27 个，占总数的 54%。对词类构词方式进行考察后，我们可知：在 X+C→C 中，整个三音节合成词的义类和（b+c）的义类相同，每个义位的重心都在（b+c）上，作为前一部分的 a 在构词时不起主要作用。

（四）义类为 D 类的三音节合成词新词语

整个三音节合成词的义类为 D 类的词有 473 个，约占类型三总数的 35%。D 类词的构成方式共有 62 种。下面我们按照三音节合成词中的前一部分，即 a 的义类进行进一步分类描述。

1. a 的义类为 A 的共有 18 个，其中：

A+B→D（1）　A+D→D（16）　A+H→D（1）

其中，A+D→D（16）占比最多，约占总数的 88.8%，如："她经济、民本位"等。

2. a 的义类为 B 的共有 34 个，其中：

B+A→D（1）　B+B→D（5）　B+C→D（1）　B+D→D（21）　B+E→D（2）

B+G→D（1）　B+I→D（3）

其中，B+D→D（21）占比最多，约占总数的 61.7%，如："酶工程、核反应"等。

3. a 的义类为 C 的共有 11 个，其中：

C+D→D（9）　C+H→D（2）

其中，C+D→D（9）占比最多，约占总数的82%，如："夜电影、夜大学"等。

4. a 的义类为 D 的共有 64 个，构词方式为：

D+A→D（3）D+B→D（2）　D+C→D（2）　D+D→D（40）D+E→D（2）　D+G→D（1）　D+H→D（11）　D+I→D（2）　D+J→D（1）

其中，D+D→D（40）占比最多，约占总数的62.5%，如："酒文化、癌元素"等。

5. a 的义类为 E 的共有 221 个，构词方式为：

E+A→D（1）　E+B→D（15）　E+C→D（4）　E+D→D（173）　E+E→D（6）

E+G→D（1）　E+H→D（11）E+I→D（9）　E+J→D（1）

其中，E+D→D（173）占比最多，约占总数的78.2%，如："活工资、高技术"等。

6. a 的义类为 F 的共有 9 个，其构词方式：

F+A→D（3）　F+C→D（1）　F+D→D（4）　F+F→D（1）

其中，F+D→D（4），占比最多，各占总数44.4%，如："抓典型"。

7. a 的义类为 G 的共有 1 个，构词方式：G+H→D。

8. a 的义类为 H 的共有 42 个，其中：

H+B→D（6）　H+C→D（4）　H+D→D（23）　H+E→D（5）

H+H→D（2）　H+I→D（2）

其中，H+D→D（23）占比最多，约占总数的54.7%，如："开眼界、晒工资"等。

9. a 的义类为 I 的共有 24 个，其中：

I+A→D（2）I+B→D（3）　I+C→D（3）　I+D→D（14）　I+H→D（1）　I+J→D（1）

其中，I+D→D（14）占比最多，占总数的45.8%，如："盲视力、死工资"等。

10. a 的义类为 J 的构词方式共有 21 个，其中：

J+A→D（1）　J+B→D（4）　J+C→D（1）　J+D→D（10）　J+E→D（1）J+G→D（1）

J+H→D（1）　J+I→D（2）

其中，J+D→D（10）占比最多，约占总数的47.6%，如："超文本、没文化"等。

11. a 的义类为 K 的共有 28 个，其中：

K+B→D（2） K+C→D（1） K+D→D（20） K+G→D（1） K+H→D（2）

K+I→D（1） K+J→D（1）

其中，K+D→D（20）占比最多，约占总数的71.4%，如："酷保健、原生态"等。

X+D→D 是 D 类占比最多的构词方式，共计 330 个，占总数的69.6%。通过观察，我们发现整个三音节合成词的义类和（b+c）的义类相同，每个词语的意义重点都在（b+c）上，前一部分 a 在构成三音节合成词时不起主要作用。

（五）义类为 E 类的三音节合成词新词语

整个三音节合成词的义类为 E 类的词共有 42 个，约占类型三总数的3.1%。E 类词的构成方式共有 22 种。下面我们按照三音节合成词中的前一部分，即 a 的义类进行进一步分类描述。

1. a 的义类为 B 的共有 2 个，分别是：B+D→E（1） B+E→E（1）

其中，B+D→E（1）和 B+E→E（1）各占总数的50%。

2. a 的义类为 C 的共有 1 个，其构词方式：C+E→E（1）

3. a 的义类为 D 的共有 4 个，分别是：D+D→E（2） D+E→E（1） D+G→E（1）

其中，D+D→E（2）占比最多，约占总数的50%，如："零风险、零缺陷"等。

4. a 的义类为 E 的共有 24 个，分别是：

E+A→E（5） E+C→E（1） E+D→E（10） E+E→E（5） E+H→E（2） E+I→E（1）

其中，E+D→E（10）占比最多，占总数的41.6%，如："多功能、多层次"等。

5. a 的义类为 F 的共有 2 个，分别是：F+H→E（1） F+K→E（1）

其中，F+H→E（1）、F+K→E（1）各占总数的50%。

6. a 的义类为 H 的共有 3 个，分别是：H+A→E（1） H+C→E（1） H+H→E（1）

其中，H+A→E（1）和 H+C→E（1）、H+H→E（1）　各占总数的 33%。

7. a 的义类为 I 的共 1 个，其构词方式：I+K→E

8. a 的义类为 J 的共有 3 个，分别是：J+B→E（1）　J+E→E（2）

J+E→E（2）占比最多，占总数的 66.6%，如："超豪华、超高速"。

9. a 的义类为 K 的共有 2 个，分别是：K+C→E（1）　K+I→E（1）

E+X→E 是 E 类占比最多的构词方式，共计 24 个，占总数的 57%。通过观察，我们发现在 E+X→E 中，整个三音节合成词的义类和后一部分 a 义类相同，每个词语意义的重心都在前一个部分上，后一部分在构成词语时不起关键作用。

（六）义类为 F 类的三音节合成词新词语

整个三音节合成词的义类为 F 类的词共有 26 个，约占类型三总数的 1.82%。F 类词的构成方式共有 9 种。下面我们按照三音节合成词中的前一部分，即 a 的义类进行进一步分类描述。

1. a 的义类为 B 的共有 1 个，其构词方式为：B+F→F，如："核打击"。

2. a 的义类为 C 的共有 1 个，其构词方式为：C+F→F（1），如："外包装"。

3. a 的义类为 E 的共有 2 个，其构词方式为：E+F→F（2），如："硬包装、软包装"。

4. a 的义类为 F 的共有 17 个，其构词方式为：

F+B→F（13）　F+D→F（1）　F+I→F（2）

其中，F+B→F（13）占比最多，占总数的 81.2%，如："抬轿子、吃食堂"等

5. a 的义类为 H 的共有 3 个，其构词方式为：H+B→F（3），如："装袋子、脱草鞋"等。

6. a 的义类为 I 的共有 1 个，其构词方式为：I+D→F

7. a 的义类为 K 的共有 1 个，其构词方式为：K+H→F

F+B→F 是 F 类占比最多的构词方式，共计 13 个。占总数的 50%。通过观察，我们发现，在 F+B→F 中，整个三音节合成词的义类和前一部分 a 的义类相同，每个义位的重心都在 a 上，后一部分（b+c）往往是前一部分 a 的施事，如："交白卷、翻筋斗"。

（七）义类为 G 类的三音节合成词新词语

整个三音节合成词的义类为 G 类的词共有 11 个，约占类型三总数的 0.8%。G 类词的构成方式共有 8 种。下面我们按照三音节合成词中的前一部分，即 a 的义类进行进一步分类描述。

1. a 的义类为 B 的共有 2 个，其构词方式：B+G→G，如："核恐怖、核迷信"。

2. a 的义类为 D 的共有 3 个，其中：

D+D→G（2） D+E→G（1）

D+D→G（2）在此类中占比最高，占总数的 66%，如："合口味"。

3. a 的义类为 F 的共有 2 个，其中：F+B→G（1） F+D→G（1）

其中，F+B→G（1）和 F+D→G（1）各占总数的 50%。

4. a 的义类为 G 的共有 2 个，其构词方式：G+D→G（1）

5. a 的义类为 H 的共有 3 个，其构词方式为：H+D→G（2） H+E→G（1）

其中，H+D→G（2）占比最高，占总数的 66.6%，如："闹情绪"。

X+D→G 是 G 类占比最多的构词方式。共计 6 个，占总数的 54.5%。D 是抽象事物，G 代表心理活动。如"闹情绪、合口味"等。

（八）义类为 H 类的三音节合成词新词语

整个三音节合成词的义类为 H 类的词共有 261 个，约占类型三总数的 19.2%。H 类词的构成方式共有 42 种。下面我们按照三音节合成词中的前一部分，即 a 的义类进行进一步分类描述。

1. a 的义类为 B 的共有 15 个，其中：

B+A→H（1） B+B→H（1） B+D→H（3） B+H→H（9） B+I→H（1）

其中，B+H→H（9）占比最多，各占总数的 60%，如："核震慑、核垄断"等。

2. a 的义类为 C 的共有 5 个，其中：

C+D→H（1） C+H→H（4）

其中，C+H→H（4）占比最多，约占总数的 80%，如："早请示、晚请示"等。

3. a 的义类为 D 的共有 13 个，其中：

D+A→H（1） D+B→H（2） D+D→H（1） D+H→H（7）

D+I→H（1）　D+K→H（1）

其中，D+H→H（7）占比最多，约占总数的 53.8%，如："三整顿、三歌颂"等。

4. a 的义类为 E 的共有 51 个，其构词方式：

E+B→H（2）　　　　E+D→H（11）　　E+E→H（1）

E+H→H（35）　　E+I→H（2）

其中，E+H→H（35）占比最多，约占总数的 68.6%，如："总决赛、软投资"等。

5. a 的义类为 F 的共有 72 个，构词方式：

F+B→H（39）F+C→H（2）　F+D→H（20）　F+H→H（9）　F+E→H（1）

其中，F+B→H（39）占比最高，占总数的 54.1%，如："拉关系、挤班车"等。

6. a 的义类为 G 的共有 3 个，其构成方式只有一种：G+H→H，如："乱弹琴"等。

7. a 的义类为 H 的共有 72 个，其中：

H+A→H（5）　H+B→H（19）　H+C→H（4）　H+D→H（32）　H+E→H（2）

H+H→H（8）　H+I→H（2）

其中，H+D→H（32）占比最多，约占总数的 44%，如："开后门、吊胃口"等。

8. a 的义类为 I 的共有 19 个，其中：

I+A→H（2）　I+B→H（2）　I+C→H（3）　I+D→H（7）　I+E→H（1）

I+H→H（3）　　　I+I→H（1）

其中，I+D→H（7）占比最多，占总数的 36.8%，如："凑份子、结对子"等。

9. a 的义类为 J 的构词方式共有 4 个，其中：

J+D→H（1）　J+H→H（3）

其中，I+H→H（3）占比最多，占总数的 75%，如："超分配、超储蓄"等。

10. a 的义类为 K 的共有 8 个，构词方式为：K+B→H（1）　K+H→

H（7）

其中，K+H→H（7）占比最多，占总数的87.5%。

X+H→H 是 H 类占比最多的构词方式，共计 68 个，占总数的 26%。分析发现，后一部分（b+c）义类和整个三音节合成词的义类相同，前一部分 a 在整个词语意思中不起主导作用。

（九）义类为 I 类的三音节合成词新词语

整个三音节合成词的义类为 I 类的词共有 54 个，约占类型三总数的 3.8%。I 类词的构成方式共有 26 种。下面我们按照三音节合成词中的前一部分，即 a 的义类进行进一步分类描述。

1. a 的义类为 B 的共有 5 个，其构词方式：B+I→I，如："核扩散、核辐射"等。

2. a 的义类为 C 的共有 3 个，分别是：C+D→I（2）　C+H→I（1），如："路梗阻"等。其中，C+D→I（2）占比最多，约占总数的 66.6%。

3. a 的义类为 D 的共有 11 个，分别是：D+D→I（1）　D+I→I（6）　D+H→I（4）

其中，D+I→I（6）占比最多，约占总数的 54.5%，如："零距离、零突破"等。

4. a 的义类为 E 的共有 11 个，分别是：

E+B→I（1）　E+D→I（2）　E+E→I（1）　E+I→I（6）　E+K→I（1）

其中，E+I→I（6）占比最多，约占总数的 54.5%，如："大爆炸、硬挂钩"等。

5. a 的义类为 F 的共有 4 个，其中：

F+B→I（1）　F+D→I（1）　F+H→I（1）　F+I→I（1）

6. a 的义类为 G 的共有 1 个，其构词方式：G+H→I

7. a 的义类为 H 的共有 6 个，其中：

H+B→I（1）　H+C→I（1）　H+D→I（2）　H+G→I（1）　H+I→I（1）

其中，H+D→I（2）占比最多，约占总数的 33.3%，如："翻一番、出乱子"。

8. a 的义类为 I 的共有 11 个，其中：

I+A→I（4）　I+B→I（3）　I+D→I（3）　I+H→I（1）

其中，I+A→I（4）占比最多，占总数的 36.3%，如："傍名人、傍老外"等。

9. a 的义类为 J 的共有 2 个，其构词方式：J+H→I ，如："超负荷"等。

X+I→I 为 I 类占比最高的构词方式，共计 19 个，占总数的 36%。分析发现，后一部分（b+c）的义类和整个三音节合成词的义类相同，整个词的重心都在后一个部分（b+c）上。

（十）义类为 J 类的三音节合成词新词语

整个三音节合成词的义类为 J 类的词共有 11 个，约占类型三总数的 1.16%。J 类词的构成方式共有 11 种。下面我们按照三音节合成词中的前一部分，即 a 的义类进行进一步分类描述。

1. a 的义类为 D 的共有 2 个，分别是：D+D→J（1）D+J→J（1）。

2. a 的义类为 F 的共有 3 个，分别是：F+A→J（1）　F+B→J（1）F+H→J（1）

3. a 的义类为 H 的共有 2 个，分别是：H+A→J（1）　H+D→J（1）。

4. a 的义类为 J 的共有 1 个，其构词方式：J+B→J（1）。

5. a 的义类为 K 的共有 3 个，其中：K+D→J（1）　K+H→J（1）K+I→J（1）

X+D→J 为 J 类占比最高的构词方式。共计 3 个，占总数的 23%。D 代表抽象事物，J 为关联。如："戒网瘾"等。

（十一）义类为 K 类的三音节合成词新词语

整个三音节合成词的义类为 K 类的词共有 3 个，约占类型三总数的 0.21%。J 类词的构成方式共有 3 种。下面我们按照三音节合成词中的前一部分，即 a 的义类进行进一步分类描述。

1. a 的义类为 E 的共有 2 个，分别是：E+C→K（1）　E+I→K（1）

2. a 的义类为 H 的有 1 个，其构词方式：H+B→K（1）

（十二）类型三 a+b+c = a+（b+c）的构词规则特点

对类型三 a+b+c = a+（b+c）进行统计分析，可知 a+b+c = a+（b+c）的规则特点有：

（1）类型 a+b+c = a+（b+c）中，出现在位置 a 上的义类依据出现的次数得出图 4.7：

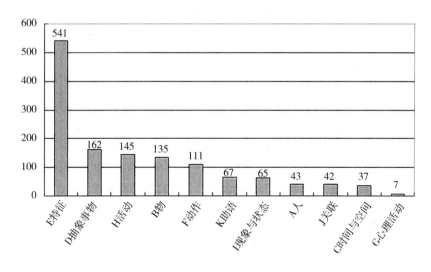

图 4.7

由图 4.7，我们可以看出 E 特征（541）出现次数较多，G 心理活动（7）出现次数较少，这说明 E 的构词能力较强；G 的构词能力较弱。因此，我们可以发现，在三音节合成词新词语中构词能力最强的是 E 类。

（2）在类型 a+b+c= a+（b+c）中，出现在（b+c）位置上的义类依据出现次数构成图 4.8。

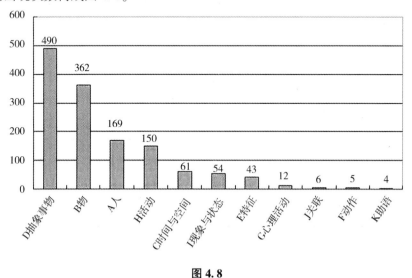

图 4.8

由图 4.8 可以看出，构成词的数量最多的是 D 义类，最少的是 K 义类。构成新词语的义类中尚未出现义类 L（敬语）。

（3）类型 a+b+c＝a+（b+c）中，对 1356 个新词语的义类依据构词频率构词频度排列如图 4.9 所示。

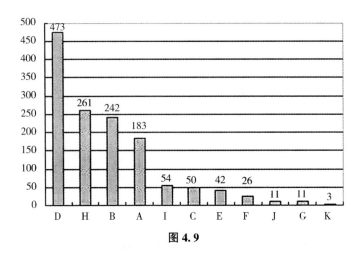

图 4.9

其中，图 4.9 中出现频率最高的是义类 D，这与图 4.8 的结果存在一致性。由此我们可以得出，在 a+b+c＝a+（b+c）类型中，整个三音节合成词新词语的词义与（b+c）的义类具有较高的一致性。

（4）在 a+b+c＝a+（b+c）中，各个义类词语的主要构词方式分布如图 4.10 所示。

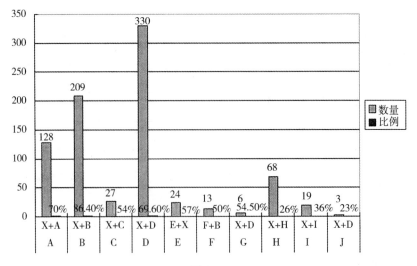

图 4.10

由图 4.10 我们可以得出：在类型 a+b+c=a+（b+c）中，词语的意义都包含了（b+c）的意义，（b+c）的义类和整个新词语义类基本相同，除了 E+X→E 和 X+D→G。

在此类型中，词语（b+c）的意义肩负表达词义的责任，a 的表义作用不强，在新词语语义中起限制或修饰（b+c）的作用。由此我们可以得出在类型三 a+b+c=a+（b+c）中，新词语的意义与部分（b+c）的义类趋同。

二 类型四 a+（b+c）=d+（b+c）的分类及研究

在类型四中，词义等于①a 的引申义或比喻义加上语素 b 与 c 组成的词语意义之和。a+（b+c）=d+（b+c）的三音节合成词新词语共有 6 个，占总数的 0.087%，在九种类型中位居第八。

（一）义类为 A 类的三音节合成词新词语

义类为 A 的词语共有 1 个，其构词方式：E+A→A，如："二混子"。

（二）义类为 B 类的三音节合成词新词语

义类为 B 的词语共有 2 个，其构词方式为：D+B→B（1），如："耳钳子"、E+B→B（1），如："暗物质"。

（三）义类为 D 类的三音节合成词新词语

义类为 D 的词语共有 2 个，其构词方式为：D+B→D（1）、D+D→D（1），如："电衡门"。

（四）义类为 G 类的三音节合成词新词语

义类为 G 的词语共有 1 个，其构词方式：I+D→G，如："伤脑筋"。

（五）类型四 a+（b+c）=d+（b+c）构词规则特点

类型 a+（b+c）=d+（b+c）的构词规则大致有：

（1）在类型 a+（b+c）=d+（b+c）中，对所有出现的语素义类进行统计与分析②，按照出现次数得出图 4.11：

义类 D "抽象事物"出现的频度最多，义类 I "现象与状态"出现的频率较小。因此，在 a+（b+c）=d+（b+c）中，三音节合成词新词语的构词能力最强的是 D 类，其次分别为：B、E、A、I 类语素。

---

① 在第六章中，d 为三音合成词的前一部分，（b+c）为三音合成词的后一部分。
② 由于属于类型四的新词语数量较少，所以对义类频度的统计不再分部分进行。

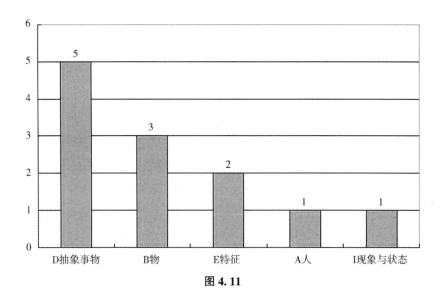

图 4.11

（2）在类型 a+（b+c）= d+（b+c）型的 6 个新词语中，按照新词语的义类构成下列不等式，括号中为三音节新词语的数量 B = D（2）> A = G（1）。由此可知，构成词数量最多的是义类 B 和义类 D。

（3）在 a+（b+c）= d+（b+c）型中，各个义类词语的占比最多的构词方式分布如图 4.12 所示。

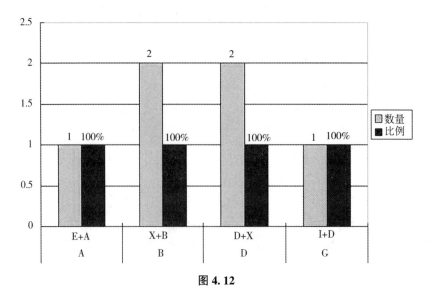

图 4.12

　　通过图 4.12，我们可以看出：在 a+（b+c）= d+（b+c）中，组成三音节新词语中 d 往往起到限定与修饰语素 b 和 c 组成词语的作用，（b+c）是词义的核心部分，如："耳钳子、二混子"等。

　　规则二与规则一的构词形式基本相同，只是构词部分的所在位置不同。同时，在此类规则中双音合成词起主导作用，单音单纯词只起限制或修饰的作用。

第五节　语义构词规则三的研究

　　规则三的形式为：单音节单纯词与双音节合成词（比喻义或引申义）的组合，即三音节合成词的意义等于单音节单纯词的意义加上双音节合成词的比喻义或引申义。符合规则三的三音节合成词新词语共有 77 个，约占总数的 1.11%，如类型五 a+b+c = d+c，"傻瓜机、黄牛票"等和类型六 a+（b+c）= a+d "电耗子、侃大山"等。下面我们就将类型五和类型六所包含的三音节合成词进行分类描述。

一　类型五 a+b+c = d+c 的分类及研究

　　在类型五中，词义等于 a 与 b 组成的词语的引申义或比喻义加上语素 c 的意义。归属于 a+b+c = d+c 的三音节合成词新词语共有 51 个，约占总数的 0.78%，在九种类型中位居第五。

　　（一）义类为 A 类的三音节合成词新词语

　　义类为 A 的词语共有 4 个，其中：

　　A+A→A（1）　　E+B→A（1）　　E+A→A（1）　　G+A→A（1）

　　其中，X+A→A（3）占比最多，占总数的 75%，如："金龟婿、发烧友"等。

　　（二）义类为 B 类的三音节合成词新词语

　　义类为 B 的词语共有 27 个，其中：

　　A+B→B（3）　　B+D→B（1）　B+B→B（5）　　C+B→B（3）　　D+B→B（5）

　　E+B→B（5）　H+B→B（1）　J+B→B（2）　K+B→B（2）

　　其中，E+B→B（5）如："老虎机、大兴货"等、D+B→B（5）如："蜂窝煤、金丝绒"等、B+B→B（5）如："黄牛票"等，各占比最多，占总数的 18.5%。

（三）义类为 D 类的三音节合成词新词语

义类为 D 的词语共有 18 个，分别是：

A+D→D （3） B+B→D （3） B+H→D （1） B+D→D （1） C+D→D （1）
D+D→D （6） E+D→D （1）　G+D→D （1） H+D→D （1）

其中，D+D→D （6） 占比最多，占总数的 33.3%，如： "山海经" 等。

（四）义类为 F 类的三音节合成词新词语

义类为 F 的词语共有 1 个，其构词方式：：K+B→B，如："霸王饭"。

（五）义类为 H 类的三音节合成词新词语

义类为 H 的词语共 1 个，其构词方式：C+D→H。

（六）义类为 I 的三音节合成词新词语

义类为 I 词语共 1 个，其构词方式：B+H→I。

（七）类型五 a+b+c=d+c 构词规则特点

通过统计与分析，a+b+c=d+c 的构词规则大致有：

（1）在 a+b+c=d+c 中，对在位置 d 上的义类进行统计与分析，可得出图 4.13：

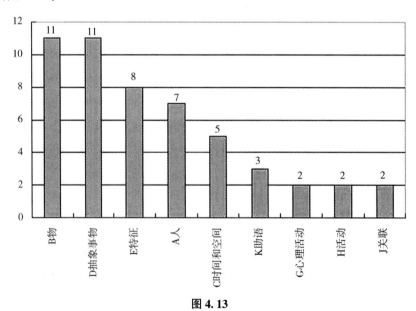

图 4.13

从图 4.13 可以看出，义素 B "物" 和义素 D "抽象事物" 出现次数最多，说明在 a+b+c＝d+c 中构词能力强；出现次数最少的 G "心理活动"、H "活动"、J "关联"构词能力比较弱。

（2）在 a+b+c＝d+c 中，按照词语的意义构成图 4.14：

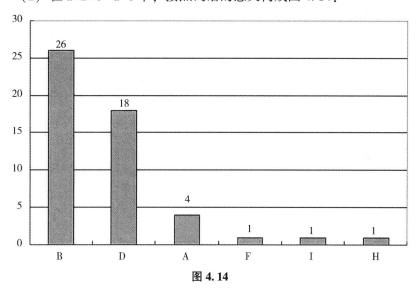

图 4.14

由图 4.14 可以看出，构成词的数量最多的是 B 义类，最少的是义类 H。

（3）在 a+b+c＝d+c 中，各个义类词语的主要构词方式分布如图 4.15 所示：

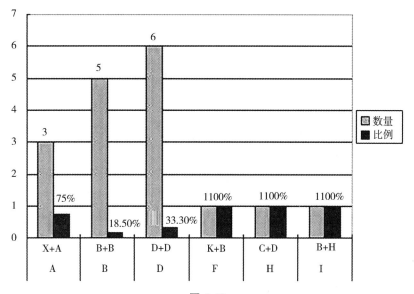

图 4.15

　　通过图 4.15 我们可以看出，在 a+b+c＝d+c 中，组成三音节新词语中 d 往往起到限定与修饰语素 c 的作用，语素 c 才是词义的关键。如："黄牛票、长舌者"等。

二　类型六 a+（b+c）＝ a+d 的分类及研究

　　在类型六中，词义等于语素 a 的意义加上语素 b 与 c 组成的词语的引申义或比喻义之和。归属于 a+（b+c）＝ a+d 的三音节合成词新词语共有 22 个，约占总数的 0.34%，在九种类型中位居第七，数量较少。

　　（一）义类为 A 类的三音节合成词新词语

　　义类为 A 的词语共有 2 个，构词方式：

　　A+E→A（1），如："母老虎"，E+A→A（1），如："傻大粗"。

　　（二）义类为 B 类的三音节合成词新词语

　　义类为 B 的词语共有 9 个，分别是：E+E→B（1）B+A→B（1）B+B→B（7）其中，B+B→B（7）占比最多，占总数的 77.7%，如："电老鼠、电暖风"等。

　　（三）义类为 C 类的三音节合成词新词语

　　义类为 C 的词语共有 1 个，其中：F+C→C（1），如："跨长江"。

　　（四）义类为 D 类的三音节合成词新词语

　　义类为 D 的词语共有 3 个，其中：F+H→D（1）、F+A→D（1）、B+D→D（1）。

　　（五）义类为 G 类的三音节合成词新词语

　　义类为 G 的词语共有 2 个，其构词方式：G+I→G，如："乐悠悠"等。

　　（六）义类为 H 类的三音节合成词新词语

　　义类为 H 的词语共有 4 个，其构词方式：H+D→H（4），如："定调子、侃大山"等。

　　（七）义类为 I 类的三音节合成词新词语

　　义类为 I 的词语共有 2 个，其构词方式：E+H→I，如："大换血""包二爷"。

　　（八）类型六 a+（b+c）＝d+（b+c）构词规则特点

　　对 a+（b+c）＝d+（b+c）进行统计与分析，我们得出 a+（b+c）＝d+（b+c）的构词规则有：

（1）在 a+（b+c）= d+（b+c）中，对所有出现的语素义类进行统计与分析，并依据构词频率得出图4.16：

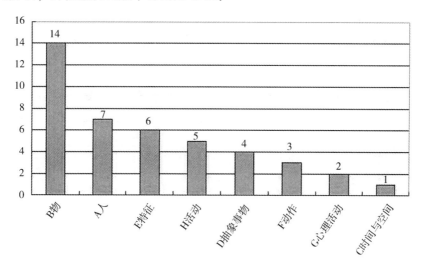

图 4.16

由图4.16可知，义素 B 出现次数最多，构词能力最强；义素 C 出现次数最少，构词能力最弱。义类出现的次数与构词能力的强弱呈正相关关系。

（2）在归属于 a+（b+c）= d+（b+c）的 22 个新词语中，依据三音节合成词新词语的义类得出图4.17：

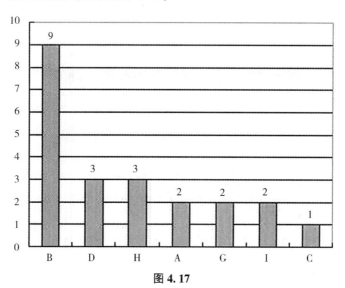

图 4.17

　　由图 4.17 可以看出，构成词的数量最多的是义类 B，构词能力最弱的是义类 C。新词语的构成义类中尚未出现的义类有 E、F、J、K 等。

　　（3）在 a+（b+c）= a+d 中，各个义类的新词语占比最多的构词方式如图 4.18 所示：

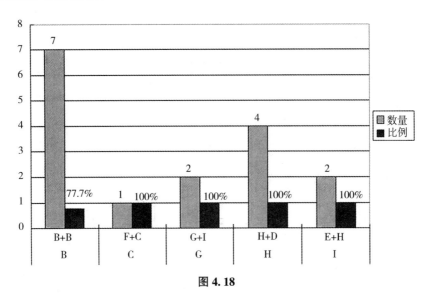

图 4.18

　　通过图 4.18，我们可以看出，在 a+（b+c）= a+d 中，组成三音节新词语中的 d 一般是限定或修饰语素 a，a 是词义的核心部分，如："侃大山、母老虎"等。

第六节　语义构词规则四的研究

　　规则四的构词形式为三个单音节单纯词的组合。这一类词共有 1899 个，约占总数的 28%。同时，我们根据能否通过字面意义直接推知整个词义，又可以将其分成两类。一是能够直接推知的词语，共有 1769 个，如类型七 a+b+c=a+b+c，"二女户、三连胜"等和类型八 a+b+c =（a+b）+（a+c），"伤病员、红绿灯"等。二是不能直接推知整个词义的词语，共有 130 个，约占总数的 6.8%。如类型九 a+b+c=d "马大哈、炒冷饭"等。下面我们就将类型七、类型八和类型九所包含的三音节合成词进行分类描述。

一　类型七 a+b+c = a+b+c 的分类及研究

在类型七中，词义等于 a、b、c 三个语素义之和。此类型的三音节合成词新词语共有 1729 个，占总数的 25%，在九种类型中位居第二，数量较多。

（一）义类为 A 类的三音节合成词新词语

整个三音节合成词的义类为 A 类的词共有 107 个，约占类型七总数的 6.2%。A 类词的构成方式共有 70 种。下面我们按照三音节合成词中的第一部分①，即 a 的义类进行进一步分类描述。

1. a 的义类为 A 的共有 5 个，分别是：A+A+A→A（3）　A+H+A→A（2）

其中，A+A+A→A（3）占比最多，占总数的 60%，如："你我他、军警民"等。

2. a 的义类为 B 的共有 9 个，其中：

B+D+A→A（1）　B+D+G→A（1）　B+H+A→A（3）　B+B+A→A（1）

B+C+A→A（1）　B+E+B→A（1）　B+E+A→A（1）

其中，B+H+A→A（3）占比最多，占总数的 33.3%，如："阶下囚、红卫兵"等。

3. a 的义类为 C 的共有 6 个，其中：

C+B+A→A（1）　C+H+A→A（1）　C+C+B→A（1）　C+D+A→A（3）

其中，C+D+A→A（3）占比最多，占总数的 50%，如："外执犯、夜战军"等。

4. a 的义类为 D 的共有 16 个，其中：

D+A+A→A（1）　D+B+A→A（2）D+B+B→A（1）　D+D+A→A（1）

D+D+D→A（1）　D+E+D→A（1）　D+F+A→A（1）　D+H+D→A（1）

---

① 在第九章中，a 是三音合成词的第一部分，b 是三音合成词的第二部分，c 是三音合成词的最后一个部分。

D+H+B→A（1）　D+H+A→A（1）　D+I+A→A（1）　D+I+D→A（1）　D+K+A→A（2）

其中，占比最多的结构为：D+B+A→A（2）如："农机手"、D+K+A→A（2），如："农临工"，占总数的 12.5%

5. a 的义类为 E 的共有 29 个，其中：

E+A+A→A（4）　E+A+D→A（1）　E+B+A→A（5）　E+B+E→A（1）

E+B+B→A（1）　E+C+A→A（2）　E+D+D→A（2）　E+D+A→A（3）

E+E+A→A（2）　E+E+E→A（3）　E+E+B→A（1）　E+H+H→A（1）

E+H+A→A（1）　E+H+E→A（1）　E+I+A→A（1）

其中，E+B+A→A（5）占比最多，占总数的 17.2%，如："红领人、大墙人"等。

6. a 的义类为 F 的共有 6 个，其中：

F+D+A→A（1）　F+D+A→A（1）　F+C+A→A（1）　F+A+A→A（1）

F+B+A→A（1）　F+B+B→A（1）

7. a 的义类为 G 的共有 2 个，分别是：G+G+A→A　G+D+D→A

8. a 的义类为 H 的共有 24 个，其中：

H+A+D→A（1）　H+A+A→A（1）　H+A+H→A（1）　H+B+A→A（3）

H+C+A→A（1）　H+D+A→A（2）　H+E+A→A（2）　H+F+A→A（2）

H+G+A→A（2）　H+H+A→A（2）　H+I+A→A（2）　H+I+E→A（1）

其中，H+B+A→A（3）占比最多，约占总数的 12.5%，如："值星员、削球手"等。

9. a 的义类为 I 的共有 3 个，分别是：I+H+A→A（1）　I+D+A→A（2）

其中，I+D+A→A（2）占比最多，占总数的 66.6%，如："改性人"等。

10. a 的义类为 J 的共有 4 个，其中：

J+B+B→A（1）　　J+H+D→A（1）　　J+D+D→A（1）　　J+D+A→A（1）

11. a 的义类为 K 的共有 3 个，其中：

K+D+A→A（1）　　K+D+C→A（1）　　K+H+A→A（1）

由此我们可以看出，构成义类为 A 的三音节合成词新词语的三个部分的语素义大都不完全相同。词义与最后一个部分的语素义往往是包含与被包含的关系。由此我们可知，义类为 A 的词语其主要构词方式：X+Y+A→A。此类构词方式共计 78 个，占总数的 72.8%。

（二）义类为 B 类的三音节合成词新词语

整个三音节合成词的义类为 B 类的词共有 501 个，约占类型七总数的 28.9%。B 类词的构成方式共有 156 种，种类较多。下面我们按照三音节合成词中的第一部分，即 a 的义类进行进一步分类描述。

1. a 的义类为 A 的共有 21 个，分别是：

A+A+B→B（3）　　A+A+C→B（1）　　A+A+D→B（1）　　A+B+B→B（1）

A+B+D→B（1）　　A+B+E→B（1）　　A+D+A→B（1）　　A+E+D→B（2）

A+F+B→B（1）　　A+J+B→B（1）A+I+B→B（1）　　A+H+B→B（5）

A+H+C→B（1）　　A+G+B→B（1）

其中，A+H+B→B（5）占比最多，占总数的 23.8%，如："自选屋、自留山"等。位列第二的是 A+A+B→B（3），占总数的 14.3%，如："母婴车"等。

2. a 的义类为 B 的共有 85 个，其中：

B+A+B→B（1）　　B+B+B→B（41）　　B+B+C→B（2）　　B+B+H→B（3）

B+B+D→B（2）　　B+C+B→B（1）　　B+D+B→B（8）　　B+D+I→B（1）

B+D+C→B（1）　　B+E+B→B（1）　　B+F+B→B（8）　　B+G+B→B（2）

B+G+E→B（1）　　B+H+E→B（1）　　B+H+C→B（1）　　B+H+B→B（4）

B+I+B→B（3）　B+I+E→B（1）　B+J+B→B（2）　B+K+B→B（1）

其中，B+B+B→B（41）占比最多，占总数的48.2%，如："溴钨灯、油煤浆"等。位列第二的有：B+D+B→B（8）和B+F+B→B（8），分别占总数的9.4%。

3. a的义类为C的共有18个，其中：

C+C+B→B（1）　C+C+E→B（1）　C+D+B→B（5）　C+D+E→B（1）

C+E+B→B（2）　C+F+B→B（1）　C+H+H→B（2）　C+H+B→B（3）

C+K+B→B（1）　C+B+B→B（1）

其中，C+D+B→B（5）占比最多，占总数的27.7%，如："央产房、年后饭"等。位列第二的有：C+H+B→B（3），占总数的16.6%，如："夜宿车"等。

4. a的义类为D的共有96个，其中：

D+A+H→B（1）　D+A+D→B（1）　D+A+B→B（1）　D+B+E→B（1）　D+B+D→B（1）　D+B+B→B（13）D+C+B→B（5）　D+D+H→B（1）　D+D+F→B（1）　D+D+E→B（1）　D+D+C→B（1）　D+D+D→B（4）D+D+B→B（17）　D+E+C→B（1）　D+E+B→B（5）D+E+D→B（4）D+F+H→B（1）　D+F+B→B（3）　D+G+G→B（1）　D+G+B→B（3）　D+H+H→B（1）　D+H+B→B（13）　D+H+D→B（2）　D+I+B→B（8）D+J+B→B（2）　D+K+H→B（1）　D+K+J→B（1）　D+K+B→B（1）　D+K+C→B（1）

其中，D+D+B→B（17）占比最多，占总数的17.7%，如："限价房、零利肉"等。位列第二的：D+B+B→B（13）和D+H+B→B（13）分别占总数的13.5%。

5. a的义类为E的共有88个，其中：

E+A+B→B（2）E+B+B→B（2）E+B+B→B（25）E+C+H→B（1）E+C+B→B（5）　E+D+D→B（1）E+D+B→B（11）E+E+E→B（2）E+E+B→B（12）E+F+B→B（3）　E+F+D→B（2）E+H+A→B（1）E+H+D→B（1）E+H+B→B（10）E+I+B→B（5）　E+J+D→B（1）　E+K+B→B（2）E+K+D→B（1）E+K+E→B（1）

其中，E+B+B→B（25）占比最多，占总数的28.4%，如："黑光灯、灭音器"等。位列第二的有：E+E+B→B（12），占总数的13.6%，如："高低柜、健瘦鞋"等。

6. a 的义类为 F 的共有 24 个，分别是：

F+I+B→B（2）F+C+B→B（1）F+C+D→（1）F+A+B→B（1）F+H+D→B（1）　F+H+B→B（3）　F+E+B→B（1）　F+F+B→B（3）F+K+D→B（1）　F+B+B→B（9）　F+D+E→B（1）

其中，F+B+B→B（9）占比最多，占总数的37.5%，如："啄木鸟、刮雨器"等。位列第二的有：F+H+B→B（3）和 F+F+B→B（3）分别占总数的12.5%。

7. a 的义类为 G 的共有 5 个，分别是：

G+E+B→B（2）　G+D+B→B（1）G+K+B→B（1）G+A+B→B（1）

其中，G+E+B→B（2）占比最多，占总数的40%，如："忆苦饭"等。

8. a 的义类为 H 的共有 74 个，其中：

H+A+B→B（3）H+B+H→B（1）H+B+E→B（1）H+B+D→B（2）H+B+B→B（18）H+C+D→B（1）H+C+B→B（5）H+D+D→B（2）

H+D+B→B（8）H+E+J→B（1）　H+E+B→B（1）H+E+C→B（1）H+F+B→B（3）　H+G+H→B（1）H+H+D→B（3）H+H+B→B（10）

H+I+C→B（1）　H+I+D→B（2）　H+I+B→B（8）　H+J+B→B（1）H+K+B→B（1）

其中，H+B+B→B（18）占比最多，占总数的24.3%，如："过桥票、保水剂"等。位列第二的：H+H+B→B（10）占总数的13.5%。

9. a 的义类为 I 的共有 45 个，其中：

I+B+C→B（1）I+B+B→B（14）　I+C+B→B（2）I+D+K→B（1）I+D+B→B（4）

I+E+B→B（2）　I+E+E→B（1）I+F+B→B（2）I+H+B→B（9）I+I+B→B（9）

其中，I+B+B→B（14）占比最多，占总数的31%，如："滚珠笔、松口鞋"等。位列第二的有：I+H+B→B（9），如："易耗品、临建棚"等和 I+I+B→B（9），如："跳跳糖、易开罐"等，分别占总数的20%。

10. a 的义类为 J 的共有 21 个，分别是：

J+B+B→B（5） J+C+B→B（1） J+E+B→B（4） J+H+B→B（2） J+H+D→B（2） J+D+D→B（2） J+D+B→B（5）

其中，J+B+B→B（5），如："跨线桥、收银台"等和 J+D+B→B（5），如："留种田"等，占比最多，各占总数的 23.8%。J+E+B→B（4）位列第二，占总数的 19%。

11. a 的义类为 K 的共有 24 个，其中：

K+B+B→B（4） K+D+H→B（1） K+D+B→B（4） K+E+B→B（2） K+E+F→B（1） K+E+E→B（1） K+F+D→B（3） K+H+B→B（5） K+I+B→B（1） K+K+H→B（1） K+K+B→B（1）

其中，K+H+B→B（5）占比最多，占总数的 21%，如："预警机、无跟袜"等。K+B+B→B（4）如："无毒棉"等和 K+D+B→B（4）如："预制板"等位列第二，各占总数的 16.6%。

由此我们可以看出：X+H+B→B 是义类为 B 的三音节合成词新词语占比最高的构词方式。此类构词方式共计 48 个，占总数的 9.6%。占比第二的是 X+D+B→B，共计 39 个，占总数的 7.8%。占比第三的是 X+B+B→B，共计 21 个，占总数的 4.2%。通过对这些构词方式观察，我们发现词义义类为 B 的词，倾向于使用第一个部分的语素义加上两个表示活动、抽象事物的语素构成其整体语义结构。

（三）义类为 C 类的三音节合成词新词语

整个三音节合成词义类为 C 类的词共有 57 个，约占类型七总数的 11.4%。C 类词的构成方式共有 45 种。下面我们按照三音节合成词中的第一部分，即 a 的义类进行进一步分类描述。

1. a 的义类为 B 的共有 3 个，其中：B+B+C→C（1） B+D+C→C（1）

B+F+C→C（1）

2. a 的义类为 C 的共有 10 个，其中：

C+A+C→C（1） C+C+C→C（2） C+D+B→C（1） C+D+K→C（1） C+E+E→C（1） C+E+B→C（1） C+F+D→C（1） C+H+C→C（2）

其中，C+C+C→C（2）如："城中村、港澳台"和 C+H+C→C（2）如："乡邮站"占比最多，占总数的 20%。

3. a 的义类为 D 的共有 15 个，其中：

D+C+C→C（2）D+C+E→C（2）D+D+C→C（1）D+D+D→C（1）

D+D+G→C（1）　D+E+C→C（1）D+K+C→C（2）　D+I+C→C（3）

D+H+C→C（2）

其中，D+I+C→C（3）占比最多，占总数的 20%，如："亚运村、亚运城"等。D+C+C→C（2）如："基点县"、D+C+E→C（2）、D+K+C→C（2）、D+H+C→C（2）位列第二，各占总数的 13.3%。

4. a 的义类为 E 的共有 8 个，其中：

E+B+C→C（2）　E+D+B→C（1）　E+D+C→C（1）　E+E+C→C（2）

E+H+C→C（1）　E+F+C→C（1）

其中，E+B+C→C（2）如："富油带"、E+E+C→C（2）如："老少边"占比最多，各占总数的 25%。

5. a 的义类为 F 的共有 3 个，分别是：F+B+C→C（1）F+D+C→C（1）F+H+C→C（1）

6. a 的义类为 G 的共有 2 个，其构词方式为：G+B+C→C，如："爱鸟周"。

7. a 的义类为 H 的共有 7 个，其中：

H+B+C→C（1）H+J+C→C（1）H+E+D→C（1）H+A+C→C（1）H+H+D→C（1）　H+G+G→C（1）　H+D+C→C（1）

8. a 的义类为 J 的共有 2 个，分别是：J+J+C→C（1）　J+H+H→C（1）

9. a 的义类为 K 的共有 6 个，其中：

K+B+E→C（1）　K+B+C→C（1）　K+C+C→C（1）　K+D+C→C（3）

其中，K+D+C→C（3）占比最多，占总数的 50%，如："无会日、无疫区"等。

词义为 C 的主要构词方式可归纳为 2 种：Y+Y+X→C（8）和 X+Y+Y→C（5），分别占总数的 14% 和 8.7%。义类为 C 的词语的构成语素进行义类频度排序：C（50）>D（34）>E（18）>H（16）。我们可以得出构成义类为 C 的语素的意义往往倾向于时间和空间、抽象事物、特征和活动等义类。

（四）义类为 D 类的三音节合成词新词语

整个三音节合成词的义类为 D 类的词共有 910 个，约占类型七总数的 52.63%。C 类词的构成方式共有 236 种。下面我们按照三音节合成词中的第一部分，即 a 的义类进行进一步分类描述。

1. a 的义类为 A 的共有 46 个，分别是：

A+A+A→D（1）　A+A+H→D（1）　A+A+D→D（2）　A+B+D→D
（2）　A+C+D→D（1）　A+D+H→D（1）　A+D+E→D（1）　A+D+D→D
（9）　A+E+H→D（1）　A+E+D→D（4）　A+F+D→D（1）　A+G+D→D
（2）　A+H+A→D（3）　A+H+C→D（2）　A+H+D→D（9）　A+I+D→D
（4）　　A+J+D→D（1）　A+K+D→D（1）

其中，A+D+D→D（9）如："青基会、儿福院"等、A+H+D→D
（9）如："妇教所、农代会"等占比最多，各占总数的 19.6%。A+E+
D→D（4）、A+I+D→D（4）位列第二，各占总数的 8.7%。

2. a 的义类为 B 的共有 73 个，其中：

B+A+D→D（4）　B+B+B→D（1）　B+B+C→D（1）　B+B+D→D
（23）

B+B+E→D（2）　B+C+D→D（3）　B+D+E→D（2）　B+D+H→D
（1）

B+D+D→D（10）　B+F+B→D（2）　B+F+D→D（1）　B+G+D→D
（1）

B+H+H→D（1）　B+H+C→D（1）　B+H+D→D（13）　B+I+D→D
（3）

B+J+D→D（3）　B+K+E→D（1）　B+K+D→D（1）

其中，B+B+D→D（23）占比最多，占总数的 31.5%，如："窗边族、稻糠木"等。B+H+D→D（13）位列第二，占总数的 17.8%，如："茶话会、精算学"等。

3. a 的义类为 C 的共有 53 个，分别是：

C+A+D→D（2）C+B+D→D（4）C+C+H→D（1）C+C+D→D
（5）C+D+B→D（1）　C+D+D→D（3）C+E+J→D（1）C+E+J→D
（1）C+E+D→D（4）C+J+D→D（1）　C+H+H→D（3）　C+H+D→D
（16）C+I+C→D（1）C+I+D→D（3）C+I+I→D（1）

C+I+E→D（1） C+G+D→D（2）C+K+D→D（4）

其中，C+H+D→D（16）占比最多，约占总数的 30%，如："夜托班、科考队"等。

4. a 的义类为 D 的共有 209 个，其中：

D+A+H→D（1）D+A+D→D（13）D+B+A→D（1）D+B+C→D（1）D+B+H→D（2） D+B+I→D（1）D+B+F→D（1）D+B+D→D（15）D+C+A→D（1）D+D+B→D（5） D+B+D→D（42）D+B+I→D（3）D+B+E→D（2） D+B+H→D（1）D+E+E→D（4）D+E+B→D（1）D+E+H→D（1）D+E+D→D（13）D+F+H→D（2）D+F+D→D（3）D+G+C→D（1）D+G+D→D（1）D+H+C→D（2）D+H+D→D（39）D+H+E→D（2）D+H+H→D（7）D+H+J→D（1）D+I+A→D（4） D+I+E→D（1） D+I+D→D（11）D+I+H→D（1） D+I+K→D（1）D+J+D→D（3）D+K+G→D（1）

D+I+E→D（1） D+I+D→D（7）

其中，D+B+D→D（42）占比最多，占总数的 20.1%，如："造房热、吨粮县"等。D+H+D→D（39）位列第二，如："军宣部、军教片"等，占总数的 18.6%。

5. a 的义类为 E 的共有 161 个，其中：

E+A+A→D（1） E+A+D→D（11）E+B+B→D（3） E+B+I→D（1）

E+B+K→D（1）E+B+C→D（1） E+B+D→D（18） E+B+E→D（1）

E+C+H→D（1） E+C+E→D（1） E+C+D→D（7） E+D+A→D（1）

E+D+D→D（25） E+E+I→D（1）E+E+E→D（4） E+E+J→D（1）

E+E+H→D（1）E+E+D→D（10）E+E+B→D（1） E+F+D→D（2）

E+F+E→D（1） E+G+D→D（2） E+G+I→D（1）E+H+A→D（1）

E+H+B→D（2）E+H+D→D（31）E+H+E→D（1） E+H+H→D（3）

E+H+K→D（2）　E+I+D→D（7）　E+I+E→D（1）　E+I+H→D（1）

E+J+D→D（2）　E+K+H→D（1）　E+K+K→D（1）　E+K+D→D（5）

E+K+E→D（2）　E+K+G→D（1）　F+B+D→D（16）　F+C+F→D（1）

F+D+F→D（1）　F+D+D→D（5）　F+E+B→D（2）　F+E+D→D（2）

F+F+D→D（5）　F+H+I→D（1）　F+H+F→D（1）　F+H+D→D（5）

F+I+D→D（1）　F+J+D→D（1）

其中，E+H+D→D（31）占比最多，如："美誉度、红医班"等，占总数的 19.3%。E+D+D→D（25）位列第二，占总数的 15.5%，如："少款族、歪点子"等。

6. a 的义类为 F 的共有 41 个，其中：

F+B+D→D（16）　F+C+F→D（1）　F+D+F→D（1）　F+D+D→D（5）

F+E+B→D（2）　F+E+D→D（2）　F+F+D→D（5）　F+H+I→D（1）

F+H+F→D（1）　F+H+D→D（5）　F+I+D→D（1）　F+J+D→D（1）

其中，F+B+D→D（16）占比最多，占总数 39%，如："刮绒画、洗眉术"等。

7. a 的义类为 G 的共有 43 个，其中：

G+B+D→D（5）　G+C+D→D（2）　G+D+D→D（8）

G+E+D→D（9）　G+F+D→D（1）　G+G+D→D（2）

G+H+D→D（11）　G+I+D→D（5）

其中，G+H+D→D（11）占比最多，占总数的 25.6%，如："恐购症、筹委会"等。G+E+D→D（9）位列第二，占总数的 21%，如："求贤团、崇美病"等。

8. a 的义类为 H 的共有 167 个，分别是：

H+A+D→D（7）　H+B+B→D（2）　H+B+D→D（20）　H+C+E→D

（1）H+C+H→D（1）H+C+D→D（9）H+D+H→D（2）H+D+B→D
（3）H+D+D→D（35）H+E+H→D（1）H+E+D→D（6）H+F+B→D
（1）H+F+D→D（7）H+G+D→D（1）H+H+F→D（1）H+H+H→D
（2）H+H+D→D（48）H+H+B→D（1）H+I+A→D（1）H+H+E→D
（1）H+H+D→D（9）H+J+D→D（3）H+J+B→D（1）H+K+D→D
（2）H+K+I→D（1）H+K+H→D（1）

其中，H+H+D→D（48）占比最多，占总数的28.7%，如："代卖制、优选法"等。H+D+D→D（35）位列第二，各占总数的21%，如："助学金、护厂队"等。

9. a 的义类为 I 的共有 47 个，其中：

I+A+B→D（1）　I+B+B→D（1）　I+B+D→D（7）I+D+B→D
（2）　I+D+D→D（9）

I+E+B→D（1）　I+E+D→D（4）　I+F+D→D（1）　I+H+H→D（1）
I+H+D→D（13）　I+I+D→D（3）　I+I+E→D（1）　I+J+D→D（3）

其中，I+H+D→D（13）占比最多，占总数的27.7%，如："包建制、积代会"等。I+D+D→D（9）位列第二，占总数的19%，如："轮岗制、升格热"等。

10. a 的义类为 J 的共有 34 个，其中：

J+B+D→D（8）　J+C+D→D（2）　J+D+H→D（1）　J+D+D→D
（5）J+E+D→D（2）　J+E+I→D（1）　J+G+D→D（2）　J+H+H→D
（1）　J+H+D→D（11）　J+I+E→D（1）

其中，J+H+D→D（11）占比最多，占总数的32.4%，如："强迁户、证交所"等。J+B+D→D（8）位列第二，占总数的23.5%，如："含金量、有氧操"等。

11. a 的义类为 K 的共有 36 个，其中：

K+A+D→D（1）　K+B+D→D（3）　K+B+C→D（1）　K+C+E→D
（1）K+C+D→D（1）　K+D+F→D（1）　K+D+D→D（9）K+E+D→D
（1）　K+F+D→D（2）K+H+E→D（1）　K+H+D→D（11）　K+I+D→D
（1）K+J+D→D（1）　K+K+D→D（2）

其中，K+H+D→D（11）占比最多，占总数的30.5%，如："在野党、全教会"等。K+D+D→D（9）位列第二，占总数的25%，如："全景式"等。

D 类主要的构词方式可归纳为：X＋D＋D→D（78）、Y＋Y＋D→D（71）、X[①]＋H＋D→D（154）、X[②]＋B＋D→D（66）。对这些主要构成方式的语素类型进行考察，我们可以得出义类出现的频率，D（473）＞H（285）＞B（125）＞E（69）＞A＝I（26）＞G＝K（20）＞J（19）＞C＝F（16）。由此可知，构成义类为 D 的语素的意义往往属于物、特征、活动、抽象事物等义类。

（五）义类为 E 类的三音节合成词新词语

整个三音节合成词的义类为 E 类的词有 16 个，约占类型七总数的0.93％。E 类词的构成方式有 14 种。下面我们按照三音节合成词中的第一部分，即 a 的义类进行进一步分类描述。

1. a 的义类为 E 的共有 10 个，其中：

E＋A＋A→E（1）　E＋B＋B→E（1）　E＋D＋D→E（1）　E＋E＋E→E（2）　E＋H＋H→E（1）　E＋I＋I→E（1）　E＋K＋E→E（2）　E＋K＋B→E（1）

其中，E＋E＋E→E（2）如："傻愣愣"等、E＋K＋E→E（2）如："小而全"等占比最多，各占 20％。

2. a 的义类为 F 的共有 4 个，其中：

F＋B＋G→E（1）　F＋B＋A→E（1）　F＋K＋I→E（1）　F＋C＋E→E（1）

3. a 的义类为 K 的共有 2 个，其中：K＋K＋I→E（1）　K＋D＋F→E（1）

E 类最主要的构词方式：X＋Y＋Y→E（8），如："孤落落、淡幽幽"等。对这个主要构成方式的语素类型进行考察，我们可以得出义类出现的频度：E（10）＞B（4）＞D＝I（3）。由此可知，构成义类为 E 的语素的意义往往属于物、特征、现象与状态、抽象事物。

（六）义类为 F 类的三音节合成词新词语

整个三音节合成词的义类为 F 类的词共有 7 个，约占类型七总数的0.4％。如："朝南坐、吃喝拿"等。F 类词的构成方式共有 7 种。下面我们按照三音节合成词中的第一部分，即 a 的义类进行进一步分类描述。

---

① 此处 X 为除 H 类以外的大类。
② 此处 X 为除 B 类以外的大类。

1. a 的义类为 B 的共有 2 个，其中：B+K+F→F（1）　B+C+B→F（1）

2. a 的义类为 F 的共有 5 个，其中：F+B+B→F（1）F+F+H→F（1）

F+D+H→F（1）　F+C+K→F（1）　F+H+B→F（1）

对词义义类为 F 的构成方式的语素类型进行考察，我们可以得出义类出现的频度：B＝E＝G＝K（2）＞D＝H＝I＝J（1）。由此可知，构成义类为 F 的语素意义往往属于物、特征等义类。

（七）义类为 G 类的三音节合成词新词语

整个三音节合成词的义类为 G 类的词有 4 个，约占类型七总数的 0.23%。如："失权感"等。G 类词的构成方式有 4 种。下面我们按照三音合成词中的第一部分，即 a 的义类进行进一步分类描述。

1. a 的义类为 G 的共有 1 个，其构词方式：G+K+J→G

2. a 的义类为 H 的共有 1 个，其构词方式：H+E+B→G

3. a 的义类为 I 的共有 1 个，其构词方式：I+D+G→G

4. a 的义类为 K 的共有 1 个，其构词方式：E+E+B→G

对词义义类为 G 的构成方式的语素类型进行考察，我们可以得出义类出现的频度：F（7）＞B（6）＞H（3）＞C＝K（2）。由此可知，构成义类为 F 的语素的意义往往属于动作、物、特征、活动、时间和空间等义类。

（八）义类为 H 类的三音节合成词新词语

词的义类为 H 类的词共有 86 个，约占类型七总数的 4.9%。H 类词的构成方式共有 68 种。下面我们按照三音节合成词中的第一部分，即 a 的义类进行进一步分类描述。

1. a 的义类为 A 的共有 2 个，其中：A+D+H→H（1）　A+I+H→H（1）

2. a 的义类为 B 的共有 4 个，其中：

B+D+H→H（1）　B+H+H→H（1）　B+H+B→H（1）B+E+H→H（1）

3. a 的义类为 C 的共有 10 个，其中：

C+A+H→H（1）C+B+H→H（1）　C+C+H→H（2）C+C+C→H（1）　C+D+H→H（1）　C+D+I→H（1）　C+E+H→H（1）　C+I+D→H

（1）

其中，C+C+H→H（2）占比最多，占总数的20%，如："夏令营、冬令营"。

4. a的义类为D的共有19个，其中：

D+A+H→H（1）　D+B+H→H（5）D+C+H→H（1）D+C+J→H（1）

D+E+E→H（1）　D+E+D→H（1）　D+H+H→H（2）　D+I+D→H（2）

D+I+H→H（1）　D+J+D→H（1）　D+J+E→H（1）　D+K+H→H（1）　D+K+D→H（1）

其中，D+B+H→H（5）占比最多，占总数的26.3%，如："世足赛、亚乒赛"等。

5. a的义类为E的共有9个，其中：

E+D+D→H（1）　E+D+H→H（1）E+E+I→H（1）E+H+D→H（1）E+H+A→H（1）　E+I+H→H（1）　E+I+D→H（2）　E+K+H→H（1）

其中，E+I+D→H（2）占比最多，占总数的22.2%，如："残运会"等。

6. a的义类为F的共有10个，其中：

F+D+B→H（1）　F+D+H→H（1）F+I+H→H（1）F+H+H→H（1）F+E+B→H（1）　F+E+D→H（1）　F+E+F→H（1）　F+E+B→H（1）

其中，F+E+E→H（2）占比最高，占总数的20%，如："吃大富"等。

7. a的义类为H的共有16个，其中：

H+B+B→H（2）　H+B+H→H（1）　H+C+H→H（1）　H+D+E→H（1）　H+D+D→H（1）　H+E+D→H（3）　H+E+B→H（1）　H+E+C→H（1）　H+F+H→H（1）

H+H+E→H（1）　H+H+H→H（1）　H+H+D→H（1）　H+J+B→H（1）

其中，H+E+D→H（3）占比最多，约占总数的18.75%，如："上大课、告御状"。

8. a 的义类为 I 的共有 5 个，其中：

I+E+F→H（1）　　I+E+B→H（1）　　I+E+E→H（1）　　I+A+H→H（1）　　I+A+J→H（1）

9. a 的义类为 J 的共有 10 个，其中：

J+I+H→H（1）　　J+C+E→H（1）　　J+E+B→H（1）

J+D+A→H（1）　　J+D+H→H（1）　　J+D+E→H（1）　　J+D+D→H（4）

其中，J+D+D→H（4）占比最多，约占总数的 40%，如："除四害"等。

H 类最主要的构词方式：X[①]+Y[②]+D→H（8），占总数的 9.3%。对词义义类为 H 的构词语素义进行排序：

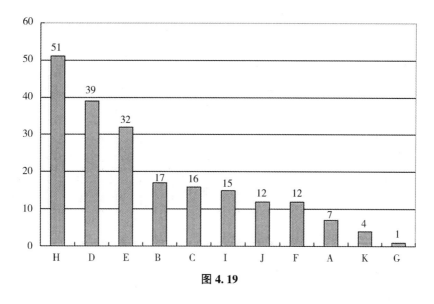

图 4.19

由此我们可以得出构成义类为 H 的语素的意义往往倾向于活动、抽象事物、特征、物、时间和空间等义类。

（九）义类为 I 类的三音节合成词新词语

词的义类为 I 类的词共有 28 个，约占类型七总数的 1.6%。I 类词的构成方式共有 22 种。下面我们按照三音合成词中的第一部分，即 a 的义

---

①　此处 X 为除 D 类以外的大类。

②　与 X 义类不同的非 D 类的义类。

类进行进一步分类描述。

1. a 的义类为 B 的共有 5 个，其中：B+H+I→I（2），如："川流化、船运化"、B+B+I→I（2）如："田园化"、B+D+I→I（1）如："水网化"。

2. a 的义类为 D 的共有 6 个，其构词方式：

D+C+I→I（2）　D+D+D→I（1）　D+F+D→I（1）D+I+I→I（1）D+I+D→I（1）

其中，D+C+I→I（2）占比最高，占总数的 33.3%，如："婚外孕"等。

3. a 的义类为 E 的共有 8 个，构词方式：

E+B+I→I（1）　E+F+F→I（2）　E+H+D→I（2）　E+I+I→I（2）E+K+I→I（2）

4. a 的义类为 F 的共有 1 个，其构词方式：F+C+C→I（1）

5. a 的义类为 I 的共有 4 个，其中：I+C+E→I（1）I+B+I→I（1）I+E+I→I（1）　I+E+E→I（1）

6. a 的义类为 J 的共有 2 个，其中：J+B+I→I（1）　J+D+I→I（1）

7. a 的义类为 K 的共有 2 个，其中：K+B+B→I（1）　K+D+I→I（1）

对义类为 I 的词语的构成语素进行义类频度排序：I（20）＞D（13）＞B＝E（9）＞C（4）〉F＝K（3）＞H＝J（2）。由此我们可以得出构成义类为 I 的语素的意义往往倾向于现象和状态、抽象事物、物、特征等义类。

（十）义类为 J 类的三音节合成词新词语

整个词的义类为 J 的共有 2 个，占总数的 0.1%。其中：H+D+B→J（1）B+J+H→J（1）如："核禁试"。

（十一）义类为 K 类的三音节合成词新词语

整个词的义类为 K 的共有 1 个，占总数的 0.05%，其构词方式为：D+K+E→K，如："说不准"。

（十二）类型七 a+b+c=a+b+c 的构词规则特点

对 a+b+c=a+b+c 进行统计与分析，我们可知 a+b+c=a+b+c 的构词规则有：

（1）在 a+b+c=a+b+c 类型中，对所有出现的部分的义类进行统计与分析，根据出现频率构成图 4.20：

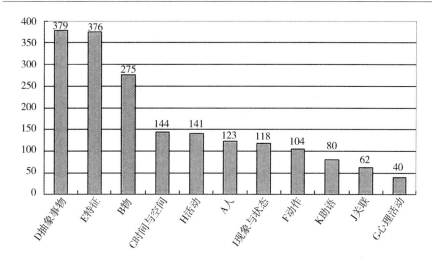

图 4.20

由此我们可以看出每种义类出现的次数各不相同，义类出现的次数与其构词能力强弱呈正比。语素出现次数较多，说明构词能力较强；而出现次数较少，说明构词能力较弱。因此，我们可以发现，在此类三音节合成词新词语中构词能力最强的是 D 类，最弱的为 G 类语素。

（2）在属于 a+b+c＝a+b+c 类型的 1729 个新词语中，按照新词语的意义构成图 4.21：

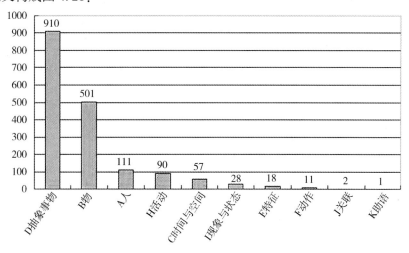

图 4.21

由图 4.21 可以看出，构成词的数量最多的是 D 义类，最少的为 K 义类。构成三音节合成词新词语的义类尚未出现义类 G、L。

（3）在 a+b+c= a+b+c 中，各个义类新词语占比最多的构词方式如图
4.22 所示：

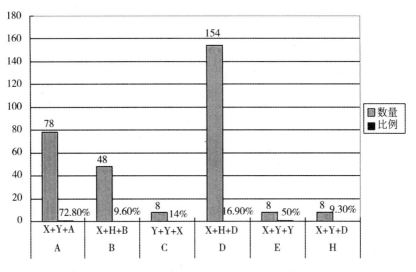

图 4.22

通过图 4.22，我们可以得出，在 a+b+c= a+b+c 中，组成三音节新词
语的三个语素中往往属于不同义类的语素，其分布形态多样。

二　类型八 a+b+c= （a+c）＋（b+c） 的分类及研究

在类型八中，词义等于 a 与 c 和 b 与 c 组成的词语的语素义之和。归
属于 a+b+c= （a+c）＋（b+c）的三音节合成词新词语共有 40 个，约占
总数的 0.55%，在九种类型中位居第六。

（一）义类为 A 类的三音节合成词新词语

整个词的义类为 A 的词语有两种构词方式，共有 8 个，分别是：

A+A→A（7）　A+H→A（1）

其中，A+A→A（7）占比最多，占总数的 87.5%，如："贫雇农、党
团员"等。

（二）义类为 B 类的三音节合成词新词语

整个词的义类为 B 的词语有两种构词方式，共有 8 个，分别是：

B+B→B（7）C+C→B（1）

其中，B+B→B（7）占比最多，占总数的 87.5%，如："风雨衣、红
绿灯"等。

（三）义类为 C 类的三音节合成词新词语

整个词的义类为 C 的词语有两种构词方式，共有 5 个，其中：

C+C→C（4） C+D→C（1）

其中，C+C→C（4）占比最多，占总数的 80%，如："中老年、东西方"等。

（四）义类为 D 类的三音节合成词新词语

整个词的义类为 D 的词语有两种构词方式，共有 17 个，其中：

D+D→D（13） E+G→D（1） E+E→D（3）

其中，D+D→D（13）占比最多，占总数的 76.4%，如："温湿度、苦乐观"等。

（五）义类为 H 类的三音节合成词新词语

整个词的义类为 H 的词语有两种构词方式，共有 2 个，其中：

H+H→H（1） I+H→D（1）

其中，H+H→H 和 I+H→D 各占总数的 50%。

（六）类型八 a+b+c =（a+c）+（b+c）的构词规则特点

对 a+b+c =（a+c）+（b+c）进行统计和分析，我们发现 a+b+c =（a+c）+（b+c）有以下特点：

（1）在 a+b+c =（a+c）+（b+c）中，对（a+c）部分义类进行统计，依据构词频率构成图 4.23：

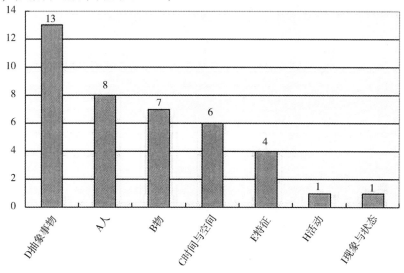

图 4.23

　　由图 4.23 可知，义素 D 出现的最为频繁，证明其构词能力强；义素 H 和 I 出现频次较少，证明构词能力相对较弱。

　　（2）在 a+b+c＝（a+c）＋（b+c）中，对（b+c）部分义类进行统计，依据构词频率构成图 4.24：

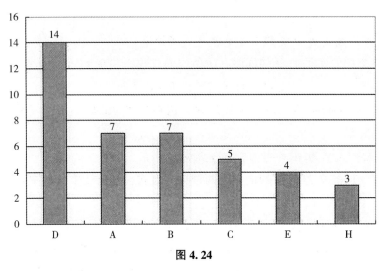

图 4.24

　　由图 4.24 可知，义素 D 出现的最为频繁，证明其构词能力强；义素 H 出现频次最少，构词能力相对较弱。

　　（3）归属于 a+b+c＝（a+c）＋（b+c）的 40 个新词语中，按照新词语的意义构成图 4.25：

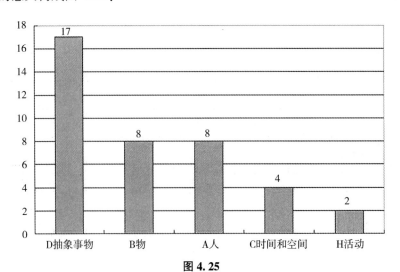

图 4.25

　　由图 4.25 看出，构成词的数量最多的是义类 D，数量最少的是 H。构成三音节合成词新词语的义类中尚未出现义类 E、F、G、I 等。

　　（4）在 a+b+c =（a+c）+（b+c）中，各个义类的词语占比最多的构词方式如图 4.26 所示：

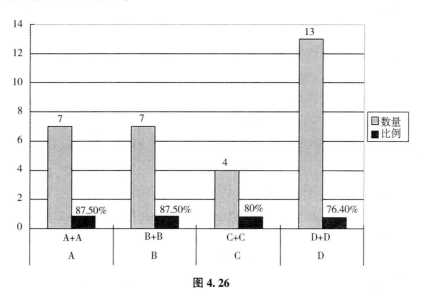

图 4.26

　　据图 4.26 可知，在 a+b+c =（a+c）+（b+c）中，组成三音节新词语的两个部分的大类往往是一致的，这说明（a+c）与（b+c）这两个词语往往属于同一语义场，如："党团员、伤病员"等。

三　类型九 a+b+c＝d 的分类及研究

　　在类型九中，词义不同于 a、b、c 三个语素的任何一个，而是其比喻义或引申义。属于此类型的三音节合成词新词语共有 130 个，占总数的 6.8%，在九种类型中位居第四。

　　（一）义类为 A 类的三音节合成词新词语

　　词的三个语素构成词的义类为 A 类的词有 29 个，约占类型九总数的 22.3%。A 类词的构成方式共有 21 种。下面我们按照三音合成词中的第一部分①，即 a 的义类进行进一步分类描述。

　　1. a 的义类为 A 的共有 1 个，其构词方式：A+K+H→A，如："人来

---

　　①　在第十一章中，a 为三音合成词的第一部分，b 为第二部分，c 为第三部分。

疯"。

2. a 的义类为 B 的共有 10 个，其中：

B+B+B→A（5）　B+C+A→A（1）　B+D+B→A（2）

B+K+B→A（1）　B+E+K→A（1）

其中，B＋B＋B→A（5）占比最多，占总数的 50%，如："拖油瓶"等。

3. a 的义类为 C 的共有 1 个，其构词方式：C+B+B→A（1），如："夜猫子"。

4. a 的义类为 D 的共有 4 个，其中：

D+D+E→A（2）　D+F+F→A（1）　D+K+B→A（1）

其中，D+D+E→A（2）占比最多，占总数的 50%，如："和事佬"等。

5. a 的义类为 E 的共有 6 个，其中：

E+B+B→A（1）　E+D+K→A（1）　　E+E+B→A（1）

E+E+D→A（3）

其中，E+E+D→A（3）占比最多，占总数的 37.5%，如："小白脸、穷老三"等。

6. a 的义类为 H 的共有 4 个，其中：

H+B+B→A（1）　H+D+E→A（1）　H+D+I→A（1）　H+A+A→A（1）

7. a 的义类为 I 的共有 1 个，其构词方式：I+B+B→A，如："呆头鹅"。

8. a 的义类为 K 的共有 2 个，其中：K+B+B→A（1）　K+E+D→A（1）

K+B+B→A（1）和 K+E+D→A（1）各占总数的 50%。

由此我们可以看出：X+B+B→A 是义类为 A 的三音节合成词新词语占比最高的构词方式。此类构词方式共计 10 个，占总数的 34%。占比第二的构词方式为 E+E+X→A，共计 5 个，占总数的 15.6%。通过观察，我们可以得出：义类为 A 的词，往往是由两个表示物或表示特征的语素加上第三部分的语素义（可以是表物的或表示特征的，也可以是表示其他意义的语素）构成的。

（二）义类为 B 类的三音节合成词新词语

整个三音节合成词的义类为 B 类的词共有 16 个，约占类型九总数的

12.3%。B类词的构成方式共有 16 种。下面我们按照三音节合成词中的第一部分，即 a 的义类进行进一步分类描述。

1. a 的义类为 A 的共有 1 个，其构词方式：A+F+D→B，如"人行道"。

2. a 的义类为 B 的共有 4 个，其中：

B+A+E→B（1）　B+B+B→B（1）　B+E+D→B（1）　B+E+K→B（1）

3. a 的义类为 D 的共有 5 个，其中：

D+A+F→B（1）　D+B+B→B（1）　D+D+C→B（1）
D+E+B→B（1）　D+E+E→B（1）

4. a 的义类为 E 的共有 4 个，其中：

E+A+E→B（1）　E+B+A→B（1）　E+B+C→B（1）　E+B+D→B（1）

5. a 的义类为 H 的共有 1 个，其构词方式：H+B+B→B，如："杀蚜素"。

6. a 的义类为 K 的共有 1 个，其构词方式：K+B+B→B，如："顶门杠"。

由此我们可以看出：X+B+B→B 是义类为 B 的三音节合成词新词语占比最高的构词方式。此类构词方式共计 4 个，占总数的 25%。通过对构词方式的观察，我们发现词义义类为 B 的词，倾向于使用两个表示物或表示特征的语素加上第三部分的语素义（可以是表物的或表示特征的，也可以是表示其他意义的语素）构成其整体语义结构。

（三）义类为 C 类的三音节合成词新词语

整个三音节合成词的义类为 C 类的词共有 5 个，约占类型九总数的 3.8%。C 类词的构成方式共有 5 种。下面我们按照三音节合成词中的第一部分，即 a 的义类进行进一步分类描述。

1. a 的义类为 C 的共有 1 个，其构词方式：C+B+C→C，如："节骨眼"。

2. a 的义类为 D 的共有 1 个，其构词方式：D+D+B→C，如："八宝山"。

3. a 的义类为 E 的共有 3 个，其中：

E+B+B→C（1）　E+D+B→C（1）　E+J+E→C（1）

词义为 C 的主要构词方式可归纳为 3 种：Y+X+Y→C（2）、Y+Y+X→C 或 X+Y+Y→C（2）、X+Y+Z→C（1）。对构成词义的语素义类型进行考察，我们可以得出义类出现的频度：B（5）>E（4）>D（3）>C（2）。由此可知，构成义类为 C 的语素的意义往往属于物、特征、抽象事物或时间和空间。

（四）义类为 D 类的三音节合成词新词语

整个三音节合成词的义类为 D 类的词共有 33 个，约占类型九总数的 25%。D 类词的构成方式共有 31 种。下面我们按照三音节合成词中的第一部分，即 a 的义类进行进一步分类描述。

1. a 的义类为 A 的共有 1 个，其构词方式：A+H+E→D，如："妻管严"。

2. a 的义类为 B 的共有 4 个，其中：

B+B+B→D（1）　B+B+D→D（1）　B+B+F→D（1）　B+D+C→D（1）

3. a 的义类为 C 的共有 3 个，其构词方式：C+D+B→D（2）　C+C+B→D（1）

其中，C+D+B→D（2）占比最多，约占总数的 66.6%，如："里程碑"等。

4. a 的义类为 D 的共有 2 个，其构词方式：D+B+D→D（1）　D+I+B→D（1）

5. a 的义类为 E 的共有 12 个，其中：

E+A+C→D（1）E+B+B→D（1）E+B+H→D（2）E+D+D→D（1）E+D+B→D（1）　E+E+B→D（2）　E+E+G→D（1）　E+F+F→D（1）　E+I+I→D（1）　E+K+G→D（1）

其中，E+E+B→D（2）占比最多，占 18.1%，如："大红头、穷大手"等。

6. a 的义类为 F 的共有 6 个，其中：

F+C+B→D（1）　F+E+B→D（1）　F+I+A→D（1）F+I+B→D（1）　F+I+H→D（1）　　F+K+F→D（1）

7. a 的义类为 H 的共有 4 个，其中：

H+I+B→D（1）　H+B+I→D（1）　H+H+B→D（1）　H+E+B→D（1）

8. a 的义类为 K 的共有 2 个，其中：K+C+C→D（1）　K+H+B→D（1）

D 类占比最多的构词方式为：Y＋Y＋X→D（7）、X＋Y＋Y→D（6）、Y＋X＋Y→D（2）。对这些构成方式的语素类型进行分析，我们可以得出义类出现的频度：B（23）>E（14）>F（8）>D（5）。由此可知，构成义类为 D 的语素的意义往往属于物、特征、动作、抽象事物。

（五）义类为 E 类的三音节合成词新词语

整个三音节合成词的义类为 E 类的词共有 5 个，约占类型九总数的 3.8%。E 类词的构成方式共有 5 种。下面我们按照三音节合成词中的第一部分，即 a 的义类进行进一步分类描述。

1. a 的义类为 B 的共有 1 个，其构词方式：B+D+B→E，如："兜圈子"。

2. a 的义类为 D 的共有 1 个，其构词方式：D+F+B→E，如："一窝蜂"。

3. a 的义类为 E 的共有 2 个，其中：E+E+E→E（1）如："大辣辣"，E+F+E→E（1）。

4. a 的义类为 F 的共有 1 个，其构词方式：F+D+B→E，如："抓两头"

E 类占比最多的构词方式：X+Y+Y→E（2）、Y+X+Y→E（2）。对这些主要构成方式的语素类型进行分析，我们可以得出义类出现的频度：B（6）>E（4）>D＝F（3）。由此可知，构成义类为 E 的语素的意义往往属于物、特征、动作、抽象事物。

（六）义类为 F 类的三音节合成词新词语

整个三音节合成词的义类为 F 类的词共有 3 个，约占类型九总数的 2.3%。F 类词的构成方式共有 2 种。下面我们按照三音节合成词中的第一部分，即 a 的义类进行进一步分类描述。

1. a 的义类为 F 的共有 2 个，其构词方式为：F+D+B→F，如："爬格纸"等。

2. a 的义类为 H 的共有 1 个，其构词方式为：H+E+B→F，如："挑大梁"。

F+D+B→F 是 F 类占比最多的构词方式，共计 3 个，约占总数的

75%。对此类构成方式的语素类型进行分析，我们可以得出义类出现的频度：F（3）>B（2）>D（1）=E=H。由此可知，构成义类为 F 的语素的意义往往属于物、特征、动作、抽象事物、活动。

（七）义类为 G 类的三音节合成词新词语

整个三音节合成词的义类为 G 类的词共有 2 个，约占类型三总数的 0.76%。G 类词的构成方式共有 2 种。下面我们按照三音节合成词中的第一部分，即 a 的义类进行进一步分类描述。

1. a 的义类为 E 的共有 1 个，其构词方式：E+H+K→G

2. a 的义类为 G 的共有 1 个，其构词方式：G+A+A→G

（八）义类为 H 类的三音节合成词新词语

整个三音节合成词的义类为 H 类的词共有 35 个，约占类型九总数的 26.9%。H 类词的构成方式共有 25 种。下面我们按照三音节合成词中的第一部分，即 a 的义类进行进一步分类描述。

1. a 的义类为 B 的共有 3 个，其中：

B+B+B→H（1）如："托门子"、B+C+B→H（1）如："耳旁风"、B+H+D→H（1）如："两进宫"。

2. a 的义类为 D 的共有 2 个，其中：

D+B+B→H（1）如："批条子"、D+E+B→H（1）如："捧臭脚"。

3. a 的义类为 E 的共有 2 个，其中：

E+J+B→H（1）如："大出血"、E+F+D→H（1）如："大放血"

4. a 的义类为 F 的共有 16 个，其构词方式：

F+B+B→H（2）　F+C+D→H（1）　F+C+B→H（3）　F+D+K→H（1）

F+D+B→H（2）　F+E+D→H（1）　F+E+B→H（3）　F+H+E→H（1）　F+I+B→H（2）

其中，F+C+B→H（3）如："吃闲饭"等、F+E+B→H（3）如："吃小灶"等，占比最高，各占总数的 13.6%。

5. a 的义类为 G 的共有 3 个，其构成方式：

G+E+B→H（2）　G+K+D→H（1）

其中，G+E+B→H（2）占比最高，占总数的 66.6%，如："穿小鞋"等。

6. a 的义类为 H 的共有 8 个，其构词方式：

H+C+B→H（1）　H+D+B→H（1）　H+E+B→H（3）H+E+D→H（1）

H+G+E→H（1）　H+H+B→H（1）

其中，H+E+B→H（3）占比最多，约占总数的 37.5%，如："开小灶、开小锅"等。

7. a 的义类为 I 的共有 1 个，其构词方式：I+I+D→H（1），如："拖下水"。

X+Y+B→H 是 H 类占比最多的构词方式。共计 22 个，占总数的 63%。X+Y+B→H 这类构词方式又可根据语素义类进行排序：X+E+B→H（6）、X+C+B→H（5）、X+B+B→H（4）、X+D+B→H（3）。由此我们可以得出构成义类为 H 的语素的意义往往倾向于物、特征、时间和空间、抽象事物等义类。

（九）义类为 I 类的三音节合成词新词语

整个三音节合成词的义类为 I 类的词共有 2 个，约占类型九总数的 0.76%。I 类词的构成方式共有 2 种。下面我们按照三音节合成词中的第一部分，即 a 的义类进行进一步分类描述。

1. a 的义类为 F 的共有 1 个，其中：F+E+B→I，如："打空炮"。

2. a 的义类为 J 的共有 1 个，其构词方式：J+D+D→I，如："发税财"。

对义类为 I 的词语的构成语素进行义类频度排序：D（2）>B（1）=E=F=I=J（1）由此我们可以得出构成义类为 I 的语素的意义往往倾向于物、抽象事物等义类。

（十）类型九 a+b+c=d 的构词规则特点

对 a+b+c=d 进行统计与分析，可知 a+b+c=d 类型的构词规则有：

（1）归属于 a+b+c=d 类型的 130 个三音节合成词新词语中，按照义类出现次数构成图 4.27：

由图 4.27 可以看出，构成词的数量最多的是义类 D，构成数量最少的是义类 H。新词语中尚未出现的义类有：J、K、L。

（2）在 a+b+c=d 中，各个义类的新词语占比最多的构成方式如图 4.28 所示：

通过图 4.28 我们可以看出，在 a+b+c=d 类型中，组成三音节新词语的三个语素中一般都有两个或以上相同义类的语素。其分布形态多样，但

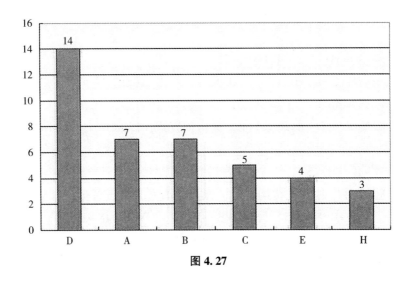

图 **4. 27**

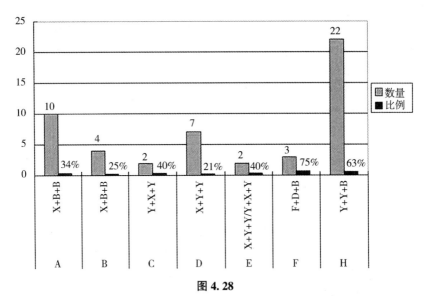

图 **4. 28**

以后置和分散①首位居多。

在规则四中,我们根据能否通过字面意义直接推知整个词义,又可以将其分成两类。一是能够直接推知的词语,共有 1767 个,如类型七 a+b+c=a+b+c,"二女户、三连胜"等和类型八 a+b+c=(a+b)+(a+c),

---

① Y+X+Y 即为分散的构词方式。

"伤病员、红绿灯"等。此类规则表明,三音节合成词新词语的线性组合特征仍较为明显,部分三音节合成词新词语意义可由语素义直接推知。二是不能直接推知整个词义的词语,共有 130 个,约占总数的 6.8%。如类型九 a+b+c=d,"马大哈、炒冷饭"等。由此可知,三音节合成词新词语非线性融合特征不占构词的主导地位。

第七节　三音节合成词新词语语义构词规则的总体特点

对 6830 个三音节合成词新词语进行分析,我们发现语义构词规则有以下几点:

(一)根据上文统计的数据我们可得出图 4.29

根据统计的词语数量,我们将九种类型词语的排序与占比归纳如图 4.29:

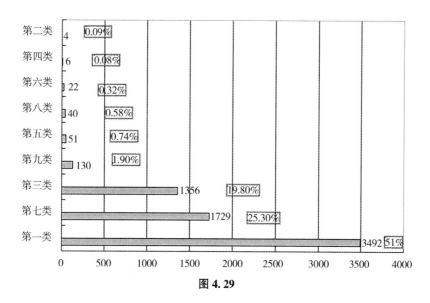

图 4.29

其中,规则一包含类型一和类型二,规则二包括类型三和类型四,规则三包括类型五和类型六,规则四包括类型七、类型八和类型九。由此我们可知,这九种类型基本呈现出了一种左右对称关系。又知这四类的占比如图 4.30:

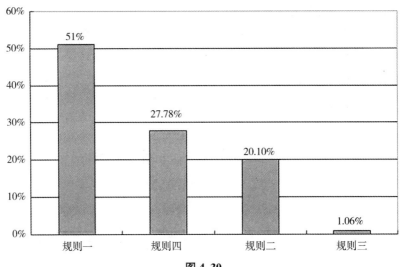

图 **4.30**

由图 4.30 我们可以得出两点推论：一是同一规则中的各个类型存在
此消彼长的对立关系，这符合人们造词的经济原则。二是三音节合成词新
词语的构词情况是以规则一为主导，规则二和规则四占重要位置，而规则
三只起辅助构词作用。

（二）我们把 6830 个三音节合成词新词语的义类进行总体统计，得
出图 4.31

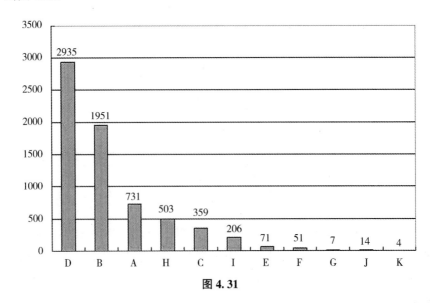

图 **4.31**

由图 4.31 可以看出，构成词的数量最多的是义类 D，代表抽象事物。其余按出现频度分别为：B、A、H、C、I、E、F、G、J、K。代表抽象事物的义类 D，往往顺应新时期人们对新意义表达的需要，所以义类 D 抽象事物，在新词语的义类频度中占比最高。和日常生活紧密相连的义类 B 物、A 人、H 活动，往往是顺应时代需要，在旧的词语形式上增加了新的义项，这也符合了语言的经济原则。由此可知，新词语的产生与发展是和时代背景、人民生活紧密相连的。

（三）我们对出现的所有构词语素进行统计，每个义类的语素构词能力不尽相同，根据构词频度构成图 4.32

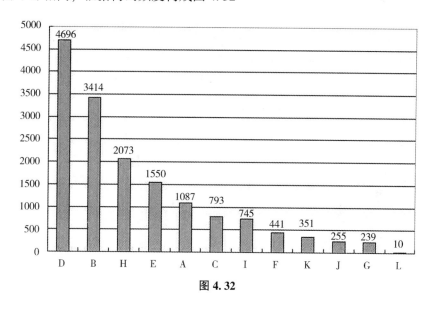

图 4.32

由图 4.32，我们可以发现，构词能力最强的是 D 类，剩余依照数量多寡分别为：B、H、E、A、C、I、F、K 、J、G、L。语素义类和前面统计的词语义类具有很强的相关性，印证了构词能力强的语素构成的新词语数量也较多。

（四）每个义类在三音节合成词新词语出现的位置上也有不同。出现在三音节合成词新词语第一个位置上的义类根据频度构成图 4.33：

D 抽象事物出现次数最多，说明构词能力最强。H 活动类跃居第二位。E 特征类位居第三，原因是在三音节合成词新词语中，定中或状中结构的词语占整个词语总数的大部分。第一个位置上的语素或词语常常起修饰限定的作用，所以义类 D 和 H 出现的次数较多。

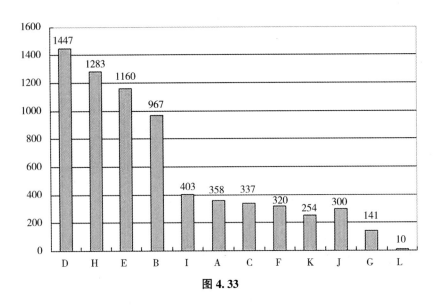

图 4.33

出现第二个位置上的义类根据频度构成图 4.34：

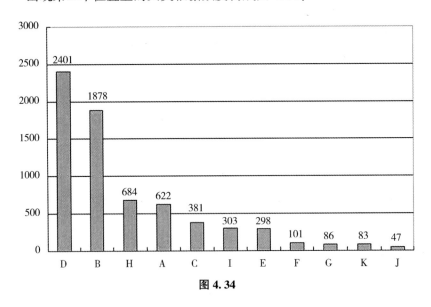

图 4.34

D 抽象事物出现次数最多，说明构词能力最强。B 物位于第二位。H 活动为第三位。第二位的义类相对于位置一的次序有变动。原因是：位于位置二上的语素或词语通常属于词语的中心语，所以表示物的义类 B 占比较多。位置二中没有义类 L 敬语。

出现在三音节合成词新词语第三个位置上的义类根据频度构成

图 4.35：

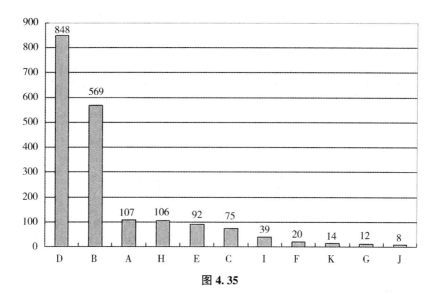

图 4.35

D 抽象事物出现次数最多，构词能力最强。B 物位于第二位。A 位居第三位。位置三与位置二相比，第三位的义类有所变动。说明存在第三个语素的词语类型多为与"人"相关的新词语。

第五章

生成词库理论视域下的汉语语义构词规则研究

第一节　生成词库理论简介

生成词库理论自 1995 年提出后，经过不断的发展完善，逐渐成为一种解释力较强的语言生成理论，解释范围从词与词之间的组合到语素与语素之间组合都可以适用。本章的研究主要使用了生成词库理论中的物性结构理论。

物性结构描写所指对象由什么构成、指向什么、怎样产生的以及有什么用途和功能，分别对应构成角色、形式角色、功用角色和施成角色（Pustejovsky 1995、2001）。构成角色描写的是所指对象与其组成部分之间的关系，包括材料、重量、部分和组成成分等要素；形式角色指的是指称对象区别于其他对象的属性，如方位、大小、形状和维度等；功用角色描写的是所指对象的用途和功能；施成角色描写指称对象是如何形成或产生的（Pustejovsky 1995，宋作艳 2011）。规约化属性（conventionalized attributes）近来也被纳入广义的物性结构。规约化属性指事物的典型特征，包括与事物相关的常规活动、属性等。

物性结构被引入到汉语研究后，袁毓林根据汉语名词在文本中基本的组合方式、搭配习惯和语义解释，提出了一种汉语名词物性结构的描写体系，定义了十种物性角色（形式、构成、单位、评价、施成、材料、功用、行为、处置和定位）。

笔者基本认同 Pustejovsky 对物性结构的分类。但是汉语中拥有丰富的量词，这是汉语词汇比较独特的现象。丰富的量词可以用来区分不同类别的事物，以致人们听到某个量词就能联想到相关名词，所以汉语的物性结构应包括构成角色、形式角色、功用角色、施成角色、规约化属性、单位角色。袁毓林定义的十种物性角色与以上六种角色基本上是一致的。材料角色可以归入构成角色。评价角色、行为角色、处置角色和定位角色可以归入规约化属性，都属于人们对名词约定俗成的认识。笔者通过对具体词语的分析，在六种物性角色下面又进行了细分，在第三章中结合具体词语会详细介绍。以"膏药"为例，它的构成角色是"药材"等，形式角色有"固体"等，功用角色是"治病"等，施成角色是"制作"等、规约化属性有"贴"等，单位角色是"片"等。

第二节　同义类语素双音合成名词中的同类规则

同类规则是指在名词类同语素义类双音合成词中，词的义类与语素的义类一致，共有 A+A=A、B+B=B、C+C=C、D+D=D 四种情况。

一　A+A 类词语的同类规则

A+A 类词语指两个语素义类都为 A 类的词语，这类双音节词共有 668 个，其中有 648 个词的义类为 A 类，占到 97.01%。如果 $Ax+Ay=A$ 为 100%，则不再做具体分析。

$Aa+Ax=A$，$76/86=88.37\%$，例如"人民"。表示有 86 个词的语素是 Aa+Ax 的形式，其中 76 个词的义类为 A 类，占 88.37%。下文类似格式不作赘述。具体有以下 9 种情况：

$Aa+Aa=A$, $50/56=89.29\%$	$Aa+Ab=A$, $5/5=100\%$	$Aa+Ae=A$, $5/6=83.33\%$
$Aa+Af=A$, $4/4=100\%$	$Aa+Ag=A$, $1/1=100\%$	$Aa+Ah=A$, $4/4=100\%$
$Aa+Aj=A$, $2/5=40\%$	$Aa+Am=A$, $2/2=100\%$	$Aa+An=A$, $3/3=100\%$

$Ab+Ax=A$，$66/68=97.06\%$，例如"妇孺"。具体有以下 7 种情况：

$Ab+Aa=A$, $10/10=100\%$	$Ab+Ab=A$, $36/38=94.97\%$	$Ab+Ae=A$, $6/6=100\%$
$Ab+Af=A$, $4/4=100\%$	$Ab+Ah=A$, $5/5=100\%$	$Ab+Ai=A$, $4/4=100\%$
$Ab+Al=A$, $1/1=100\%$		

$Ac+Ax=A$，$3/5=60\%$，例如"侏儒"。具体有以下 3 种情况：

Ac+Ab=A，1/1=100%	Ac+Ac=A，1/3=33.33%	Ac+Ak=A，1/1=100%

Ad+Ax=A 此类只有"侨民"1个词，Ad+Ad=Ad，1/1=100%。

Ae+Ax=A，67/70=95.71%，例如"干群"。具体有以下 8 种情况：

Ae+Aa=A，16/16=100%	Ae+Ab=A，4/4=100%	Ae+Ae=A，26/29=89.66%
Ae+Af=A，13/13=100%	Ae+Ai=A，1/1=100%	Ae+Aj=A，1/1=100%
Ae+Al=A，5/5=100%	Ae+An=A，1/1=100%	

Af+Ax=A，66/68=97.06%，例如"奴隶"。具体有以下 9 种情况：

Af+Aa=A，16/16=100%	Af+Ab=A，6/6=100%	Af+Ae=A，1/2=50%
Af+Af=A，43/44=97.93%	Af+Ah=A，2/2=100%	Af+Ai=A，1/1=100%
Af+Aj=A，1/1=100%	Af+Al=A，1/1=100%	Af+An=A，1/1=100%

Ag+Ax=A 类，21/21=100%，例如"独夫"。

Ah+Ax=A 类，202/202=100%，例如"曾孙"。

Ai+Ax=A 类，26/26=100%，例如"晚生"。

Aj+Ax=A，55/56=97.21%，例如"徒弟"。具体有以下 8 种情况：

Aj+Aa=A，15/16=93.75%	Aj+Ab=A，4/4=100%	Aj+Ae=A，1/1=100%
Aj+Af=A，3/3=100%	Aj+Ah=A，6/6=100%	Aj+Aj=A，24/24=100%
Aj+Al=A，1/1=100%	Aj+An=A，1/1=100%	

Ak+Ax=A 类，16/16=100%，例如"暴君"。

Al+Ax=A 类，19/19=100%，例如"匠人"。

Am+Ax=A 类，10/10=100%，例如"僧侣"。

An+Ax=A 类，20/20=100%，例如"逆贼"。

二　B+B 类词语的同类规则

B+B 类词语指两个语素义类都为 B 类的词语，这类双音节词共有 5005 个，其中有 4450 个词的义类为 B 类，占到 88.91%。

Ba+Bx=B，140/156=89.74%，例如"植物"。具体有以下 15 种

情况：

Ba+Ba＝B，48/53＝90.57%	Ba+Bb＝B，8/8＝100%	Ba+Bc＝B，3/3＝100%
Ba+Be＝B，3/3＝100%	Ba+Bg＝B，4/6＝66.67%	Ba+Bh＝B，9/11＝81.82%
Ba+Bi＝B，3/3＝100%	Ba+Bk＝B，1/2＝50%	Ba+Bl＝B，1/1＝100%
Ba+Bm＝B，10/10＝100%	Ba+Bn＝B，4/6＝66.67%	Ba+Bo＝B，9/9＝100%
Ba+Bp＝B，27/31＝87.10%	Ba+Bq＝B，2/2＝100%	Ba+Br＝B，8/8＝100%

Bb+Bx＝B，118/131＝90.08%，例如"圆月"。具体有以下 16 种情况：

Bb+Ba＝B，2/3＝66.67%	Bb+Bb＝B，7/10＝70%	Bb+Bc＝B，5/6＝83.33%
Bb+Bd＝B，1/2＝50%	Bb+Be＝B，1/1＝100%	Bb+Bf＝B，2/2＝100%
Bb+Bg＝B，6/7＝85.71%	Bb+Bh＝B，15/15＝100%	Bb+Bi＝B，8/8＝100%
Bb+Bk＝B，9/11＝81.82%	Bb+Bm＝B，12/13＝92.31%	Bb+Bn＝B，6/7＝85.71%
Bb+Bo＝B，11/12＝91.67%	Bb+Bp＝B，17/18＝94.44%	Bb+Bq＝B，6/6＝100%
Bb+Br＝B，10/10＝100%		

Bc+Bx＝B，80/101＝79.21%，例如"底座"。具体有以下 13 种情况：

Bc+Ba＝B，0/1＝0	Bc+Bb＝B，6/6＝70%	Bc+Bc＝B，12/22＝54.55%
Bc+Bg＝B，4/4＝100%	Bc+Bh＝B，4/4＝100%	Bc+Bi＝B，1/1＝100%
Bc+Bk＝B，8/12＝66.67%	Bc+Bm＝B，3/4＝75%	Bc+Bn＝B，14/15＝93.33%
Bc+Bo＝B，6/7＝85.71%	Bc+Bp＝B，17/20＝85%	Bc+Bq＝B，2/2＝100%
Bc+Br＝B，3/3＝100%		

Bd+Bx＝B，39/46＝84.78%，例如"星体"。具体有以下 11 种情况：

Bd+Ba＝B，2/2＝100%	Bd+Bb＝B，4/5＝80%	Bd+Bc＝B，2/3＝66.67%
Bd+Bd＝B，13/17＝76.47%	Bd+Be＝B，1/2＝50%	Bd+Bf＝B，1/1＝100%
Bd+Bg＝B，8/8＝100%	Bd+Bh＝B，2/2＝100%	Bd+Bk＝B，1/1＝100%
Bd+Bn＝B，3/3＝100%	Bd+Bp＝B，2/2＝100%	

Be+Bx＝B，200/225＝88.89%，例如"海产"。具体有以下 16 种

情况：

Be+Ba=B，9/9=100%	Be+Bb=B，4/5=80%	Be+Bc=B，19/22=86.36%
Be+Bd=B，2/3=66.67%	Be+Be=B，67/76=88.16%	Be+Bf=B，5/5=100%
Be+Bg=B，14/17=82.35%	Be+Bh=B，8/9=88.89%	Be+Bi=B，29/30=96.67%
Be+Bk=B，1/2=50%	Be+Bl=B，1/1=100%	Be+Bm=B，3/3=100%
Be+Bn=B，23/29=79.31%	Be+Bo=B，4/4=100%	Be+Bp=B，2/2=100%
Be+Br=B，8/8=100%		

　　Bf+Bx = B，124/158 = 78.48%，例如"冰晶"。具体有以下 15 种情况：

Bf+Ba=B，3/4=75%	Bf+Bb=B，15/18=83.33%	Bf+Bc=B，4/6=66.67%
Bf+Bd=B，1/4=25%	Bf+Be=B，10/11=90.91%	Bf+Bf=B，22/31=70.97%
Bf+Bg=B，17/29=58.62%	Bf+Bi=B，2/2=100%	Bf+Bk=B，5/5=100%
Bf+Bm=B，3/3=100%	Bf+Bn=B，4/5=80%	Bf+Bo=B，14/15=100%
Bf+Bp=B，11/12=91.67%	Bf+Bq=B，8/8=100%	Bf+Br=B，5/5=100%

　　Bg+Bx = B，300/334 = 89.82%，例如"电器"。具体有以下 16 种情况：

Bg+Ba=B，15/17=88.24%	Bg+Bb=B，17/19=89.47%	Bg+Bc=B，5/6=83.33%
Bg+Bd=B，1/1=100%	Bg+Be=B，9/10=90%	Bg+Bf=B，9/11=81.82%
Bg+Bg=B，85/101=84.16%	Bg+Bh=B，9/9=100%	Bg+Bi=B，13/15=86.67%
Bg+Bk=B，5/7=71.43%	Bg+Bm=B，21/22=95.45%	Bg+Bn=B，22/25=88%
Bg+Bo=B，34/34=100%	Bg+Bp=B，37/39=94.87%	Bg+Bq=B，5/5=100%
Bg+Br=B，13/13=100%		

　　Bh+Bx = B，593/649 = 91.37%，例如"豆包"。具体有以下 16 种情况：

Bh+Ba=B，21/21=100%	Bh+Bb=B，44/48=91.67%	Bh+Bc=B，23/27=85.19%
Bh+Be=B，8/9=88.89%	Bh+Bf=B，2/4=50%	Bh+Bg=B，13/16=81.25%
Bh+Bh=B，279/303=92.08%	Bh+Bi=B，20/21=95.24%	

Bh+Bk=B, 16/17=94.12%	Bh+Bl=B, 1/1=100%	Bh+Bm=B, 20/20=100%
Bh+Bn=B, 50/58=86.21%	Bh+Bo=B, 9/9=100%	Bh+Bp=B, 36/41=87.80%
Bh+Bq=B, 12/13=92.31%	Bh+Br=B, 39/41=95.12%	

Bi+Bx=B, 392/443=88.49%, 例如"鱿鱼"。具体有以下 16 种情况:

Bi+Ba=B, 5/7=71.43%	Bi+Bb=B, 11/11=100%	Bi+Bc=B, 5/5=100%
Bi+Be=B, 1/2=50%	Bi+Bf=B, 1/2=50%	Bi+Bg=B, 5/8=62.5%
Bi+Bh=B, 8/8=100%	Bi+Bi=B, 187/207=90.34%	Bi+Bk=B, 65/81=80.25%
Bi+Bl=B, 13/13=100%	Bi+Bm=B, 17/17=100%	Bi+Bn=B, 22/23=95.65%
Bi+Bo=B, 15/16=93.75%	Bi+Bp=B, 15/19=78.95%	Bi+Bq=B, 6/6=100%
Bi+Br=B, 39/41=95.12%		

Bj+Bx=B 类, 6/6=100%, 例如"霉菌"。

Bk+Bx=B, 488/593=82.29%, 例如"形体"。具体有以下 15 种情况:

Bk+Ba=B, 10/14=71.43%	Bk+Bb=B, 19/24=79.17%	Bk+Bc=B, 48/54=88.89%
Bk+Bd=B, 1/1=100%	Bk+Be=B, 3/3=94.44%	Bk+Bf=B, 0/1=0
Bk+Bg=B, 40/50=80%	Bk+Bk=B, 197/269=73.23%	Bk+Bl=B, 7/7=100%
Bk+Bm=B, 10/10=100%	Bk+Bn=B, 11/12=91.67%	Bk+Bo=B, 16/18=88.89%
Bk+Bp=B, 62/63=98.41%	Bk+Bq=B, 16/17=94.12%	Bk+Br=B, 10/12=83.33%

Bl+Bx=B, 80/85=94.12%, 例如"泪珠"。具体有以下 14 种情况:

Bl+Ba=B, 4/4=100%	Bl+Bb=B, 8/8=100%	Bl+Bc=B, 4/4=100%
Bl+Be=B, 2/2=100%	Bl+Bg=B, 17/18=94.44%	Bl+Bi=B, 6/6=100%
Bl+Bj=B, 1/1=100%	Bl+Bk=B, 10/10=100%	Bl+Bl=B, 4/6=66.67%
Bl+Bm=B, 3/4=75%	Bl+Bo=B, 1/1=100%	Bl+Bp=B, 9/10=90%
Bl+Bq=B, 3/3=100%	Bl+Br=B, 8/8=100%	

Bm+Bx=B, 414/442=93.67%, 例如"硫酸"。具体有以下 15 种

情况：

Bm+Ba＝B，34/36＝94. 44%	Bm+Bb＝B，44/46＝95. 65%	Bm+Bc＝B，6/7＝85. 71%
Bm+Be＝B，11/13＝84. 62%	Bm+Bf＝B，1/1＝100%	Bm+Bg＝B，25/29＝86. 21%
Bm+Bh＝B，12/14＝85. 71%	Bm+Bi＝B，14/14＝100%	Bm+Bk＝B，4/4＝100%
Bm+Bm＝B，70/76＝92. 11%	Bm+Bn＝B，37/40＝92. 5%	Bm+Bo＝B，42/45＝93. 33%
Bm+Bp＝B，85/87＝97. 90%	Bm+Bq＝B，23/23＝100%	Bm+Br＝B，7/8＝87. 5%

Bn+Bx＝B，378/433＝87. 30%，例如"擂台"。具体有以下 14 种情况：

Bn+Ba＝B，11/14＝78. 57%	Bn+Bb＝B，11/12＝91. 67%	Bn+Bc＝B，37/42＝88. 10%
Bn+Be＝B，10/12＝83. 33%	Bn+Bg＝B，3/3＝100%	Bn+Bh＝B，7/8＝87. 5%
Bn+Bi＝B，14/15＝93. 33%	Bn+Bk＝B，6/6＝100%	Bn+Bm＝B，11/12＝91. 67%
Bn+Bn＝B，205/241＝85. 06%	Bn+Bo＝B，22/23＝95. 65%	Bn+Bp＝B，36/40＝90%
Bn+Bq＝B，3/3＝100%	Bn+Br＝B，2/2＝100%	

Bo+Bx＝B，319/353＝90. 37%，例如"刀具"。具体有以下 15 种情况：

Bo+Ba＝B，29/29＝100%	Bo+Bb＝B，18/19＝94. 74%	Bo+Bc＝B，41/44＝93. 18%
Bo+Be＝B，3/3＝100%	Bo+Bf＝B，1/1＝100%	Bo+Bg＝B，13/15＝86. 67%
Bo+Bh＝B，5/5＝100%	Bo+Bi＝B，7/10＝70%	Bo+Bk＝B，6/7＝85. 71%
Bo+Bm＝B，4/5＝80%	Bo+Bn＝B，18/20＝90%	Bo+Bo＝B，135/154＝87. 66%
Bo+Bp＝%，34/36＝94. 44%	Bo+Bq＝B，4/4＝100%	Bo+Br＝B，1/1＝100%

Bp+Bx＝B，344/379＝90. 77%，例如"砚台"。具体有以下 15 种情况：

Bp+Ba＝B，6/6＝100%	Bp+Bb＝B，25/26＝96. 15%	Bp+Bc＝B，31/38＝81. 58%
Bp+Bd＝B，1/1＝100%	Bp+Be＝B，0/1＝0	Bp+Bg＝B，11/16＝68. 75%
Bp+Bh＝B，9/9＝100%	Bp+Bi＝B，20/23＝86. 96%	Bp+Bk＝B，9/10＝90%
Bp+Bm＝B，5/6＝83. 33%	Bp+Bn＝B，19/22＝86. 36%	Bp+Bn＝B，19/22＝86. 36%
Bp+Bp＝B，160/170＝94. 12%	Bp+Bq＝B，23/23＝100%	Bp+Br＝B，6/6＝100%

Bq + Bx = B，158/168 = 94.05%，例如"布料"。具体有以下 12 种情况：

Bq+Ba = B，5/6 = 83.33%	Bq+Bb = B，10/10 = 100%	Bq+Bc = B，11/11 = 100%
Bq+Bg = B，3/3 = 100%	Bq+Bh = B，3/3 = 100%	Bq+Bi = B，1/1 = 100%
Bq+Bk = B，6/7 = 85.71%	Bq+Bm = B，4/4 = 100%	Bq+Bo = B，4/4 = 100%
Bq+Bp = B，41/44 = 93.18%	Bq+Bq = B，70/74 = 94.59%	Bq+Br = B，0/1 = 0

Br + Bx = B，278/304 = 91.45%，例如"药材"。具体有以下 16 种情况：

Br+Ba = B，22/22 = 100%	Br+Bb = B，25/27 = 92.59%	Br+Bc = B，2/3 = 66.67%
Br+Be = B，5/5 = 100%	Br+Bf = B，1/1 = 100%	Br+Bg = B，18/23 = 78.26%
Br+Bh = B，23/23 = 100%	Br+Bi = B，6/6 = 100%	Br+Bj = B，1/1 = 100%
Br+Bk = B，12/12 = 100%	Br+Bm = B，6/6 = 100%	Br+Bn = B，10/14 = 71.43%
Br+Bo = B，5/5 = 100%	Br+Bp = B，48/53 = 90.57%	Br+Bq = B，2/2 = 100%
Br+Br = B，92/101 = 91.09%		

三　C+C 类词语的同类规则

C+C 类词语指两个语素义类都为 C 类的词语，这类双音节词共有 726 个，其中有 610 个词的义类为 C 类，占到 84.02%。

Ca + Cx = C，369/420 = 87.85%，例如"冬天"。具体有以下 2 种情况：

Ca+Ca = C，335/377 = 88.86%	Ca+Cb = C，25/27 = 92.59%

Cb + Cx = C，241/306 = 78.76%，例如"边疆"。具体有以下 2 种情况：

Cb+Cb = C，12/15 = 80%	Cb+Cb = C，229/291 = 78.96%

四 D+D 类词语的同类规则

D+D 类词语指两个语素义类都为 D 类的词语,这类双音节词共有 2581 个,其中有 2245 个词的义类为 D 类,占到 86.98%。

Da+Dx = D,263/298 = 88.26%,例如"成果"。具体有以下 11 种情况:

Da+Da = D,145/159 = 91.19%	Da+Db = D,15/19 = 78.95%	Da+Dc = D,8/8 = 100%
Da+Dd = D,11/15 = 73.33%	Da+De = D,9/10 = 90%	Da+Df = D,11/12 = 91.67%
Da+Dh = D,3/5 = 60%	Da+Di = D,19/23 = 82.61%	Da+Dj = D,8/8 = 100%
Da+Dk = D,28/32 = 87.5%	Da+Dn = D,6/7 = 85.71%	

Db+Dx = D,78/89 = 87.64%,例如"缘分"。具体有以下 11 种情况:

Da+Da = D,4/4 = 100%	Db+Db = D,26/31 = 83.87%	Db+Dc = D,4/4 = 100%
Db+Dd = D,12/13 = 92.31%	Db+De = D,7/9 = 77.78%	Db+Df = D,6/6 = 100%
Db+Dh = D,3/3 = 100%	Db+Di = D,4/5 = 80%	Db+Dj = D,2/2 = 100%
Db+Dk = D,8/9 = 88.89%	Db+Dn = D,2/3 = 66.67%	

Dc+Dx = D,72/80 = 90%,例如"景物"。具体有以下 8 种情况:

Dc+Da = D,3/4 = 75%	Dc+Dc = D,39/40 = 97.5%	Dc+Dd = D,3/4 = 75%
Dc+De = D,11/13 = 84.62%	Dc+Df = D,7/7 = 100%	Dc+Di = D,5/6 = 83.33%
Dc+Dk = D,1/3 = 33.33%	Dc+Dn = D,3/3 = 100%	

Dd+Dx = D,183/221 = 82.81%,例如"性命"。具体有以下 12 种情况:

Dd+Da = D,11/13 = 84.62%	Dd+Db = D,6/7 = 85.71%	Dd+Dc = D,3/3 = 100%
Dd+Dd = D,69/84 = 82.14%	Dd+De = D,13/15 = 86.67%	Dd+Df = D,9/13 = 69.23%
Dd+Dh = D,4/5 = 80%	Dd+Di = D,18/21 = 85.71%	Dd+Dj = D,7/7 = 100%
Dd+Dk = D,30/35 = 85.71%	Dd+Dm = D,1/1 = 100%	Dd+Dn = D,12/17 = 70.59%

De+Dx = D 类,97/97 = 100%,例如"力度"。

　　Df+Dx = D，126/141 = 89.36%，例如"心事"。具体有以下 11 种情况：

Df+Da＝D，12/12＝100%	Df+Db＝D，11/11＝100%	Df+Dc＝D，7/7＝100%
Df+Dd＝D，6/7＝85.71%	Df+De＝D，13/13＝100%	Df+Df＝D，59/68＝86.76%
Df+Dh＝D，3/4＝75%	Df+Di＝D，2/4＝50%	Df+Dk＝D，7/8＝87.5%
Df+Dl＝D，1/1＝100%	Df+Dn＝D，5/6＝83.33%	

　　Dg+Dx = D，12/15 = 80%，例如"精华"。具体有以下 6 种情况：

Dg+Da＝D，3/3＝100%	Dg+Dc＝D，0/1＝0	Dg+Dg＝D，2/2＝100%
Dg+Di＝D，1/1＝100%	Dg+Dj＝D，2/3＝66.67%	Dg+Dk＝D，4/5＝80%

　　Dh+Dx = D，59/74 = 79.73%，例如"天数"。具体有以下 11 种情况：

Dh+Da＝D，2/2＝100%	Dh+Db＝D，2/2＝100%	Dh+Dd＝D，3/5＝60%
Dh+De＝D，3/3＝100%	Dh+Df＝D，3/3＝100%	Dh+Dg＝D，0/1＝0
Dh+Dh＝D，31/38＝81.58%	Dh+Di＝D，7/9＝77.78%	Dh+Dj＝D，1/2＝50%
Dh+Dk＝D，6/8＝75%	Dh+Dm＝D，1/1＝100%	

　　Di+Dx = D，538/596 = 90.27%，例如"军功"。具体有以下 14 种情况：

Di+Da＝D，77/82＝93.90%	Di+Db＝D，14/15＝93.33%
Di+Dc＝D，8/9＝88.89%	Di+Dd＝D，52/56＝92.86%
Di+De＝D，7/7＝100%	Di+Df＝D，15/15＝100%
Di+Dg＝D，0/1＝0	Di+Dh＝D，1/1＝100%
Di+Di＝D，234/261＝89.66%	Di+Dj＝D，33/35＝94.29
Di+Dk＝D，61/75＝81.33%	Di+Dl＝D，1/1＝100%
Di+Dm＝D，20/21＝95.24%	Di+Dn＝D，15/17＝88.24%

　　Dj+Dx = D，107/113 = 94.69%，例如"税务"。具体有以下 12 种情况：

Dj+Da=D，6/6=100%	Dj+Db=D，3/4=75%	Dj+Dd=D，7/8=87.5%
Dj+De=D，3/3=100%	Dj+Df=D，1/1=100%	Dj+Dg=D，1/1=100%
Dj+Dh=D，1/2=50%	Dj+Di=D，7/9=77.78%	Dj+Dj=D，62/63=98.41%
Dj+Dk=D，4/4=100%	Dj+Dm=D，2/2=100%	Dj+Dn=D，10/10=100%

Dk+Dx=D，401/441=90.93%，例如"句法"。具体有以下 14 种情况：

Dk+Da=D，9/14=64.29%	Dk+Db=D，15/18=83.33%	Dk+Dc=D，9/9=100%
Dk+Dd=D，31/34=91.18%	Dk+De=D，7/7=100%	Dk+Df=D，10/11=90.91%
Dk+Dg=D，1/1=100%	Dk+Dh=D，0/2=0	Dk+Di=D，24/30=80%
Dk+Dj=D，4/6=66.67%	Dk+Dk=D，256/272=94.12%	Dk+Dl=D，0/1=0
Dk+Dm=D，14/14=100%	Dk+Dn=D，21/22=95.45%	

Dl+Dx=D，66/69=95.65%，例如"症状"。具体有以下 9 种情况：

Dl+Da=D，11/11=100%	Dl+Db=D，2/2=100%	Dl+Dc=D，4/4=100%
Dl+Dd=D，2/3=66.67%	Dl+Dh=D，4/4=100%	Dl+Di=D，2/3=66.67%
Dl+Dk=D，2/2=100%	Dl+Dl=D，38/39=97.44%	Dl+Dn=D，1/1=100%

Dm+Dx=D，45/46=97.83%，例如"学籍"。具体有以下 7 种情况：

Dm+Da=D，1/2=50%	Dm+Dc=D，3/3=100%	Dm+Dd=D，7/7=100%
Dm+Di=D，16/16=100%	Dm+Dk=D，4/4=100%	Dm+Dm=D，12/12=100%
Dm+Dn=D，2/2=100%		

Dn+Dx=D，198/301=65.78%，例如"温度"。具体有以下 12 种情况：

Dn+Da=D，7/13=53.85%	Dn+Db=D，4/4=100%	Dn+Dc=D，4/7=57.14%
Dn+Dd=D，19/24=79.17%	Dn+De=D，3/4=75%	Dn+Df=D，1/3=33.33%
Dn+Dh=D，1/1=100%	Dn+Di=D，16/27=59.26%	Dn+Dj=D，12/15=80%
Dn+Dk=D，31/35=88.57%	Dn+Dl=D，0/1=0	Dn+Dn=D，100/167=59.88%

五　同类规则小结

统计发现，语素义为 A+A、B+B、C+C、D+D 双音合成词共有 8980 个，词的义类分别为 A、B、C、D 类的共有 7953 个，占到 88.56%，这个数据说明同类规则还是有相当强的解释力的。A+A 类词语指两个语素义类都为 A 类的词语，这类双音节词共有 668 个，其中有 648 个词的义类为 A 类，占到 97.01%。B+B 类词语指两个语素义类都为 B 类的词语，这类双音节词共有 5005 个，其中有 4450 个词的义类为 B 类，占到 88.91%。C+C 类词语指两个语素义类都为 C 类的词语，这类双音节词共有 726 个，其中有 610 个词的义类为 C 类，占到 84.02%。D+D 类词语指两个语素义类都为 D 类的词语，这类双音节词共有 2581 个，其中有 2245 个词的义类为 D 类，占到 86.98%。经过细分后，每一中类组合中存在的无向型词语比例将会出现或增加或减少的结果，从 0—100%。由此，为机器依据语素义类判断词义得出更准确的规则。

第三节　同义类语素双音合成名词中无向词语的语义构词研究

无向型词语，即词义不等于语素义组合，主要是语素入词后意义发生了变化，即语素义转指。

我们结合前人的研究，通过对具体词语的分析，对每种物性角色内部的具体要素进行了进一步的划分。

1. 语素义基于构成角色发生转指，包括语素义与词义是部分与整体的关系（例如"须眉"指男子）、语素义与词义是典型成员与整体范畴的关系（例如"山水"指风景）、语素义所指与其构成的名词密切相关 3 种情况。其中，语素义所指与其构成的名词密切相关又包括 2 种类型，分别是：两个语素义所指在词义中经常出现（比如"裙钗"指女子），两个语素义之间的关系（特征）在词义中有所体现（比如"鸳鸯"指夫妻）。

2. 语素义基于形式角色发生转指。形式角色分为直接形式角色和间接形式角色。语素义直接表示词义的某种形式，那么语素义通过与词义的直接形式角色的相关性发生转喻（比如"丹青"指颜料）。间接形式角色是指语素义所指与词义所指在形式上有相似性（比如"箭头"指一种形状像箭头的符号）。

3. 语素义基于功用角色发生转指，有两种情况。第一种语素义直接表示词义的功用，我们称为显性功用，这类词的语素义义类通常为动词类。比如"经理"指企业负责人，经理的职能就是"经营""管理"企业。第二种语素义所指与词义所指的功用有关，我们称为隐性功用，这类词的语素义义类通常为名词类，通过功用角色引入谓词。隐形功用有直接和间接之分，直接功用（direct telic）中语素义是动作的直接对象，词义所指是功用的主体。如"服装"，指管理服装的人。另一种是间接功用（indirect telic），语素义所指与词义所指在功用上有相似性。譬如"支撑"就是"栋梁"的间接功用角色，因为栋梁不是支撑的对象，而是用来支撑其他东西的，基于这种功用的相似性，有支撑作用的人就叫"栋梁"。

4. 语素义基于施成角色发生转指。与功用角色相似，施成角色也有两种情况。第一种语素义直接表示词义的施成，为显性施成，这类词的语素义义类通常为动词类。比如"雕刻"指雕塑，雕塑要通过"雕""刻"两种动作才能形成。第二种语素义所指与词义所指的施成有关，为隐性施成，这类词的语素义义类通常为名词类，通过施成角色引入谓词。隐形施成有直接和间接之分，直接施成中语素义是动作的直接对象。比如"笔札"的"笔"指毛笔，"札"的意思是木片，泛指书写工具，文章要通过书写工具才能形成。另一种是间接施成，语素义所指与词义所指在施成上有相似性。比如"桃李"指学生，桃子李子是果农种植出来的，学生是老师培养出来的。

5. 语素义基于规约化属性发生转指。规约化属性包括常规活动属性、特点属性、时间属性、空间属性、依附物属性 5 种。

（1）语素义可以基于常规活动属性的相关性或相似性发生转指。常规活动属性的相关性是指，语素义或者表示名词的常规活动，或者表示名词常规活动的涉及对象。例如"插戴"指头饰。常规活动属性的相似是指，语素义所指与词义的常规活动属性有相似的地方。例如"种子"的常规活动是"成长"，投射到人的范畴指有进步空间、实力比较强的运动员。

（2）特点属性分为直接特点属性和间接特点属性。直接特点属性相关是指，语素义表示的某个特点为词义所指的特点，例如"佳丽"指美丽的人。语素义所指与词义所指有相似的特点，则语素义基于间接特点属性的相似性发生隐喻，例如"豺狼"指凶残的人。

（3）时间属性分为直接时间属性和间接时间属性。直接时间属性相关是指，语素义表示的某个时间为词义所指存在或发生的时间，例如"夜宵"是在夜里吃的东西。语素义所指与词义所指有相似的存在或发生时间上有相似性，则语素义基于间接时间属性的相似性发生隐喻。

（4）空间属性分为直接空间属性和间接空间属性。直接空间属性相关是指，语素义表示的某个空间为词义所指存在或发生的空间，例如"街坊"指附近街巷里住的人。语素义所指与词义所指有相似的存在或发生空间上有相似性，则语素义基于间接空间属性的相似性发生隐喻，例如"领袖"由衣服前端投射到人的领域，指起带头表率作用的人。

（5）依附物属性相关是指，语素义表示一个具体实物，词义表示一个抽象事物，抽象名词依附于语素义所指，例如"拳脚"指武术。

6. 语素义基于单位角色发生转指。语素义是词义所指事物的计量单位，即跟名词相应的量词语素是词的数量单位，则语素基于单位角色的相关性发生转喻。[18][19]比如布匹的计量单位是"匹"，所以"匹头"指布匹，"匹"体现了"匹头"一词的单位角色。

语素义的义类跟词义不一致，通常情况下，语素义一定是发生了转义才可能指词义。转义的类型有 Metaphor（隐喻）、Metaphtonymy（隐转喻）、Metonymy（转喻）三种。[20]隐喻和转喻都是不同概念域之间的投射，隐喻基于二者的相似性，转喻基于二者的相关性。隐转喻（metaphtonymy）指同时涉及概念隐喻和概念转喻的现象。隐转喻同时涉及两种认知过程，并且两个过程相互独立。如"兔唇"一词本义是"兔子的嘴唇"，首先通过隐喻指"像兔子一样的嘴唇"，然后通过转喻用部分指整体"长有像兔子一样嘴唇的人"。隐喻、转喻、隐转喻也是我们解释词义构成的一个角度。

一　前项、后项转喻（包含整体转喻）

前项、后项转喻是指前后两个语素义基于词义的相关性分别发生转喻，包含两个语素不是修饰语与中心语关系但作为整体发生转喻的情况，这类共有 443 个，占所有分析词语的 60.03%。

（一）构成角色相关

两个语素体现了名词的构成角色，包括语素义与词义是部分与整体的关系、语素义与词义是典型成员与整体范畴的关系、语素义所指与其构成的名词密切相关三种情况。这类词语共有 81 个，占所有分析词语的 10.98%

（1）语素义与词义是部分与整体的关系，是指语素义表示词义所指的比较显著的部分，例如，"须眉（B+B）"指男人（A），胡须是男子比较有特点的部分。这类词语有 6 个，占所有分析词语的 0.81%。

（2）语素义与词义是典型成员与整体范畴的关系，用典型成员转指其所属的范畴。例如，"山水（B+B）"是风景的典型成员，所以"山水"转指风景（D）。这类词语有 43 个，占所有分析词语的 5.83%。

（3）语素义所指与其构成的名词密切相关是指，语素义所指经常在词义所指中出现，由此发生转指。例如，"裙钗（B+B）"指女子（A），因为"裙子""发钗"是女子穿戴的。这类词语有 32 个，占所有分析词语的 4.34%。

（二）直接形式角色相关

语素义直接表示词义的某种形式，那么语素通过与词义的直接形式角色的相关性发生转喻。例如，"苍茫（E+E）"指天空（C），"苍"表示天空的颜色是"灰白色"，"茫"表示天空的形体"大"。这类词语有 14 个，占所有分析词语的 1.90%。

（三）功用角色相关

语素义基于功用的相关性发生转喻，涉及显性功用角色和直接功用角色两类。这类词语共有 101 个，占所有分析词语的 13.68%。

（1）语素义所指是词义所指的功用，则语素义体现了词义的显性功用角色。例如，"经理（H+H）"指经营、管理的人。这类词语有 88 个，占所有分析词语的 11.92%。

（2）语素义是词义功用的对象，则语素义体现了词义的直接功用角色。例如，"灯光（B+B）"指管理灯光的人（A）。这类词语有 13 个，占所有分析词语的 1.76%。

（四）施成角色相关

语素义基于施成的相关性发生转喻，涉及显性施成角色和直接施成角色两类。这类词语共有 74 个，占所有分析词语的 10.03%。

（1）语素义所指是词义所指的施成动作，则语素义体现了词义的显性施成角色。"雕刻（H+H）"指雕塑（D），因为雕塑是通过雕刻形成的。这类词语有 73 个，占所有分析词语的 9.89%。

（2）语素义是词义施成的对象，则语素义体现了词义的直接施成角色。例如，"笔札（B+B）"指文章。因为毛笔、木片是古代的书写工具。这类词语有 1 个，占所有分析词语的 0.14%。

（五）规约化属性的相关

语素义与词义所指的规约化属性相关，包括语素义与词义所指的常规活动属性相关、直接特点属性相关、直接时间属性相关、直接空间属性相关、依附物属性相关五种。这类词语共有 156 个，占所有分析词语的 21.14%

1. 常规活动属性相关是指，语素义或者表示词义的常规活动，或者表示词义常规活动的涉及对象。例如，"买卖（H+H）"指商业（D）。这类词语有 12 个，占所有分析词语的 1.63%。

2. 直接特点属性相关是指，语素义表示的某个特点为词义所指的特点，语素的义类通常为形容词类。例如，"显贵"指有名声有权势、地位优越的人。这类词语有 92 个，占所有分析词语的 12.47%。

3. 直接时间属性的相关是指，语素义表示词义所指发生时间范围。例如，"夜宵（C+C）"是在夜里吃的东西（B）。这类词语有 2 个，占所有分析词语的 0.27%。

4. 直接空间属性的相关是指，语素义表示词义所指的空间范围，例如，"左右（C+C）"指身边的人（A）。空间范围有时会发生变化。有的空间范围扩大了，例如，"陌"指田间道路，"陌路（B+B）"指在路上碰到的人（A）；有的空间范围缩小了，例如，"街"指街道，"坊"指里巷，"街坊（B+B）"指附近街巷里住的人（A）。这类词语有 22 个，占所有分析词语的 2.98%。

5. 依附物属性相关是指，语素义表示一个具体实物，词义表示一个抽象事物，抽象名词依附于语素义所指。例如，"笔墨（B+B）"指文采（D），文采可以通过笔和墨来实现。依附物属性不同于构成角色。语素义是词义的构成角色，语素义与词义存在内在一致性，语素义所指与词义所指在某个层次属于同一整体。而语素义是词义的依附物属性，词义所指依附于语素义所指，词义所指通过语素义所指来实现，二者不属于一个整体。这类词语有 28 个，占所有分析词语的 3.79%。

（六）单位角色

语素义是词义所指事物的计量单位，即跟名词相应的量词语素是词的

数量单位,则语素基于单位角色的相关性发生转喻(袁毓林 2013、
2014)。其构词类型通常为第四类 a+b＝c。例如,"队"和"伍"都是军
队的编制单位,所以用"队伍(D+D)"指军队(A)。这类词语有 3
个,占所有分析词语的 0.41%。

(七)交叉角色

交叉角色是指前后两个语素分别体现了名词的两种物性角色,两个基
于不同的物性角色各自发生转喻。理论上,前述六种角色都可以互相交
叉。例如,"炮手"指操纵火炮的士兵,"炮"体现了"炮手"的功用是
操纵火炮,"手"是人的构成部分。这类词语有 14 个,占所有分析词语
的 1.90%。

二　前项、后项转喻(包含整体转喻)

前项、后项转喻是指前后两个语素义基于同词义的相似性分别发生隐
喻,这种相似性包括构成的相似性、间接形式的相似性、功用的相似性、
施成的相似性、规约化属性的相似性。这类词语有 183 个,占所有分析词
语的 24.80%。

(一)构成角色的相似性

两个语素义都基于构成关系的相似性发生隐喻,包括词义所指与整体
关系同语素义所指与整体关系相似、词义与两个语素义之间的关系相似两
种情况。例如,"心腹(B+B)"指亲信(A),心脏、腹部对身体来说
是重要的器官,将这种关系投射到"人"的范畴中,亲信对主体而言相
当于心、腹对身体而言;"鸳鸯(B+B)"指夫妻(A),是用"鸳"
"鸯"之间的关系来比喻夫妻。这类词语有 30 个,占所有分析词语
的 4.07%。

(二)间接形式角色的相似性

语素义基于间接形式角色的相似性发生隐喻是指,语素义所指与词义
所指有相似的间接形式角色。例如,"箭头(B+B)"指一种符号(D),
因为这种符号的形状与箭的头相似。这类词语有 2 个,占所有分析词语
的 0.27%。

(三)间接功用角色的相似性

语素基于间接功用角色的相似性发生隐喻,是指语素义所指与词义所
指有相似的功用角色。例如,"樊笼(B+B)"原本指用来关鸟兽的笼

子，后来引申到指受束缚而不自由的境地（D）。这类词语有 38 个，占所有分析词语的 5.15%。

（四）间接施成角色的相似性

语素基于间接施成角色的相似性发生隐喻，是指语素义所指与词义所指有相似的施成角色。例如，"桃李（B+B）"指学生（A），桃子李子是果农种植出来的，学生是老师培养出来的。这类词语有 2 个，占所有分析词语的 0.27%。

（五）规约化属性的相似性

两个语素义基于规约化属性的相似性发生隐喻，分析的词语中涉及常规活动、间接特点、间接空间三种属性。这类词语共有 111 个，占所有分析词语的 15.04%。

（1）语素义基于常规活动的相似性发生隐喻，指语素义所指与词义的常规活动有相似的地方。例如，"种子（B+B）"的常规活动是"成长"，投射到人的范畴指有进步空间、实力比较强的运动员（A）。这类词语有 25 个，占所有分析词语的 3.39%。

（2）语素义基于间接特点的相似性发生隐喻是指，语素义所指与词义所指有相似的特点。例如，"豺狼（B+B）"的特点是"凶残"，用来指凶残的人（A）。因为语素义与词义不是同一义类，这类词语中表示的"特点"有时需要转化。例如，"蛇蝎"的特点是"有毒"，用来指人，人的特点一般不说"有毒"，但可以说"恶毒"。这类词语有 83 个，占所有分析词语的 11.25%。

（3）语素义基于间接空间的相似性发生隐喻是指，语素义所指与词义所指在空间范围上有相似的特点，例如，"头领（B+B）"指为首的人（A），就是将头和脖子在身体上位置的特点投射到人的范畴。这里的空间可以是具体的，也可以是一个抽象的。抽象空间只是限定了某个集体成员的活动范围，不是一个具体的、实在的空间。这类词语有 3 个，占所有分析词语的 0.41%。

三 前项转喻—后项隐喻

"前项转喻—后项隐喻"的词语，前一个语素义基于与词义的某种相关性发生转喻，后一个语素义与词义的某种相似性发生隐喻。理论上，在构成角色和直接形式角色中涉及的物性角色都可以组合。例如，"肉票

（B+B）"指人质（A），"肉"是人的构成部分，"票"是用来做凭证的。前一个语素义体现了词义的构成角色，后一个语素义基于间接功用角色的相似性发生隐喻。这类词语有 7 个，占所有分析词语的 0.95%。

四　前项隐喻—后项转喻

"前项隐喻—后项转喻"的词语，是指前一个语素义基于与词义的某种相似性发生隐喻，后一个语素义基于与词义的某种相关性发生转喻。理论上，在构成角色和直接形式角色中涉及的物性角色都可以组合。例如，"琼筵（B+B）"指宴会（D），"琼"指宴会的食物像美玉一样甘美，基于间接特点属性的相似性发生隐喻，"筵"指古人在宴会中坐的席子，体现了词义构成角色。这类词语有 2 个，占所有分析词语的 0.27%。

五　前项隐喻—整体隐喻

"前项隐喻—整体隐喻"的词语，前一个语素义与后一个语素义的某种物性角色具有相似性，由此发生隐喻，修饰限制了后一项语素的语义范围；然后，两个语素义整体基于同词义某种物性角色的相似性发生隐喻。理论上，在构成角色和直接形式角色中涉及的物性角色都可以组合。例如，"眼线（B+B）"指暗中观察情况、必要时担当向导的人，"眼"是眼线的发出体，"眼线"的功用是"观察"。首先，前一个语素义体现了后一个语素义的施成角色，修饰限制了后一项语素义的语义范围；然后，两个语素义整体基于同词义间接功用角色的相似性发生隐喻。这类词语有 5 个，占所有分析词语的 0.68%。

六　前项转喻—整体隐喻

"前项转喻—整体隐喻"的词语，前一个语素义与后一个语素义的某种物性角色具有相关性，由此发生转喻，修饰限制了后一项语素义的语义范围；然后，两个语素义整体基于同词义某种物性角色的相似性发生隐喻。理论上，在构成角色和直接形式角色中涉及的物性角色都可以组合。例如，"草包（B+B）"比喻没有真才实学、说话行动莽撞粗鲁的人（A），"草"是"包"的构成材料，"草包"的特点是不结实不实用，投射到人身上就是无能无用。首先，前一个语素义是后一个语素义构成部分，限制了后一个语素义的语义范围；然后，整体基于同词义在间接特点属性上的相似性发生隐喻。这类词语有 35 个，占所有分析词语的 4.74%。

七　前项隐喻—整体转喻

"前项隐喻—整体转喻"的词语，前一个语素义与后一个语素义的某种物性角色具有相似性，由此发生隐喻，修饰限制了后一项语素义的语义范围；然后，两个语素义整体基于同词义某种物性角色的相关性发生转喻。理论上，在构成角色和直接形式角色中涉及的物性角色都可以组合。例如，"兔唇（B+B）"的"兔"指"像兔子似的"，然后用"像兔子似的嘴唇"指长有这种嘴唇的人（A）。首先，前一个语素义基于同后一个语素义直接形式的相似性发生隐喻，修饰限制了后一项语素义的语义范围；然后，两个语素义整体基于同词义构成角色的相关性发生转喻。这类词语有 7 个，占所有分析词语的 0.95%。

八　前项转喻—整体转喻

"前项转喻—整体转喻"的词语，前一个语素义与后一个语素义的某种物性角色具有相关性，由此发生转喻，修饰限制了后一项语素义的语义范围；然后，两个语素义整体基于同词义某种物性角色的相关性发生转喻。理论上，在构成角色和直接形式角色中涉及的物性角色都可以组合。例如，"北纬（C+C）"指北半球（B），"北"限制了纬度的范围，用北半球所处纬度来指北半球，前一个语素义基于同后一个语素义直接空间属性的相关性发生转喻，修饰限制了后一项语素义的语义范围；然后，两个语素义整体基于同词义直接空间属性的相关性发生转喻。又或者"布衣（B+B）"指平民（A），"布"是"衣"的构成材料，"布衣"是平民用来穿的，前一个语素义是后一个语素义构成部分，限制了后一个语素义的语义范围，然后整体基于同词义在直接功用角色的相关性发生转喻。这类词语有 56 个，占所有分析词语的 7.59%。

九　语素义整合转化为词义的特点

从数量上看，八个类型的词语数量由多到少依次为第一类前项、后项转喻（包含整体转喻），第二类前项、后项隐喻（包含整体隐喻），第八类前项转喻—整体转喻，第六类前项转喻—整体隐喻，第三类前项转喻、后项隐喻，第七类前项隐喻—整体转喻，第五类前项隐喻—整体隐喻，第四类前项隐喻、后项转喻。其中数量占明显优势的是第一类和第二类，分别有 443 个和 183 个词语，占到所有分析词语数量的 84.82%。由此，我们可以做出一个大胆的猜测，前项和后项两个语素更偏向同时进行转喻或者同时进行隐喻来得到词义。这种方式是一种更为直接的变换方式。人们更容易将语素义和词义联系到一起，更容易通过语素义理解词义，这符合人类普遍的认知规律。

　　从内容上看，物性结构实际上是说明与一个词项相关的事物、事件和关系。通过分析语料中无向词语的语素如何体现词语的物性结构，又是如何通过转喻、隐喻的方式转变为词义，对物性结构的分类进行了细化。语素义体现了哪种物性角色，与词义是什么关系，是基于相关性发生转喻还是相似性发生隐喻，这就是语素与词的物性关系，详见表 5-1。

表 5-1　　　同义类语素双音合成名词中的无向词语的物性关系①

物性角色	语素义之间的关系		转指的基础	类型	例词
构成角色	部分与整体之间的关系		相关性	转喻	须眉
			相似性	隐喻	心腹
	典型成员与整体范畴之间的关系		相关性	转喻	山水
	两个密切相关事物		相关性	转喻	裙钗
			关系的相似性	隐喻	鸳鸯
形式角色	直接形式角色		相关性	转喻	丹青
	间接形式角色		相似性	隐喻	箭头
功用角色	显性功用角色		相关性	转喻	经理
	隐性功用角色	直接功用角色	相关性	转喻	口腹
		间接功用角色	相似性	隐喻	栋梁
施成角色	显性施成角色		相关性	转喻	建筑
	隐性施成角色	直接施成角色	相关性	转喻	笔札
		间接施成角色	相似性	隐喻	桃李

---

　　① 为方便理解，例词选取前项、后项都发生转喻或隐喻的无向词语。由于本书分析词语数量有限，有的关系类型在本书中没有找到对应词语，只表示理论上成立。

物性角色	语素义之间的关系		转指的基础	类型	例词
规约化 属性	常规活动属性		相关性	转喻	插戴
			相似性	隐喻	种子
	特点属性	直接特点属性	相关性	转喻	佳丽
		间接特点属性	相似性	隐喻	豺狼
	空间属性	直接空间属性	相关性	转喻	街坊
		间接空间属性	相似性	隐喻	领袖
	时间属性	直接时间属性	相关性	转喻	夜宵
		间接时间属性	相似性	隐喻	—
	依附物属性		相关性	转喻	拳脚
单位角色	计量单位		相关性	转喻	队伍

第四节　非同义类语素双音合成名词中无向词语的语义构词研究

一　发生转喻（包括前项、后项或整体）的双音节名词

（1）语素体现词的功用角色

语素体现词的功用角色指的是语素是其组成词的功用角色。语素义与其组成的词义之间关系主要表现为语素义体现词义的功用，基于这种功用角色的相关性发生转喻。如："补白"即短文，"短文"的功用是补充空白。语素义是词的功用角色，因而基于功用角色的相关性转喻指用来补充空白的短文。"讲义"就是指用来讲解道理或意义的教材或笔记。语素是词的功用角色，基于功用角色的相关性转喻指辅助讲课的教材或笔记。

①显性功用角色

显性功用角色是指语素所指直接体现词所指事物或人的功用。比如"经理"（企业的负责人）的职能主要就是对企业进行经营和管理。在我们所选择的语料范围中具体情况如下：

E+F＝B 后项转喻："小吃"指地方特色食物（吃——食物）①。食物可以用来吃，后项"吃"是食物的功用，即语素体现词的功用角色，基于功用角色的相关性发生转喻，用食物的功用"吃"来代指食物本身。

E+H＝A 后项转喻："主编"指主要的编辑人员、"总编"指最重要的编辑人员（编——编的人）。语素"编"是词义（人）的功用角色，基于功用角色的相关性发生转喻，用编辑工作人员的功用"编辑"来指代从事编辑工作的人员。

整体转喻："通译"指为言语不通的人做翻译的人员（翻译——翻译人员）。翻译人员的主要职能就是给言语不通的人进行全面翻译语言的工作即进行通译，语素体现词的功用角色，基于这种功用角色的相关性发生转喻，用功用代替具有该功用的人。"暗探"指探子（暗中窥探——探子）。探子的功用就是在暗中窥探别人，类似的词语还有录像、领队、摄像、解差、通事、干事、掩护、摆设等。

②隐性功用角色

隐性功用角色表示语素所指的功用与词语所指的具有该功用的事物或人有关，包括直接功用角色和间接功用角色。直接功用角色中，语素所指是词语所指事物或人的动作的直接对象，比如用"服装"来指称管理服装的人；间接功用角色中，词义发生转指后所表内容与转指前词义所表示的内容有相同的功能。比如"心腹"表示值得亲信的人。值得亲信的人的功能和心脏脾腹的功用是类似的。在我们所选择的语料范围中直接功用角色较多，具体情况如下：

E+D＝A 整体转喻："一路"指同伴（全程——走完全程的人）。同伴的功用就是陪同别人一起行走；"庶务"指职工（众多的任务——职工）。职工的主要职能就是来处理各种事务；"特务"指从事特殊工作的人（特殊工作——做特殊工作的人）。特务的主要职能就是做特殊的任务、工作。语素整体基于直接功用角色的相关性发生转喻，用词语的功用来代指词语本身而产生词义。

在我们目前分析的语料中，语素体现词的功用角色并基于此发生转喻（包括前项、后项、整体）的词语共计 126 个。

（2）语素体现词的构成角色

在双音节合成词中，语素是词的构成部分，两者形成部分—整体、典

---

① 破折号前部分代表发生隐喻或转喻的语素及其意义，后部分代表词义。

型成员—整体范畴、密切相关的关系，语素激发并体现词的构成角色，从而基于构成角色的相关性发生转喻。比如"须眉"指男子（须眉——面部——男子），用男子面部的构成部分"须"和"眉"来指代男子。在我们所选择的语料范围中情况如下：

①部分—整体关系

E+C=D 后项转喻："异域"指别的国家（一定疆界内的地方或疆域——国家）。国家一般由一些地方、疆域构成。语素体现词的构成角色，基于构成角色的相关性发生转喻，用国家构成的部分事物代指国家。

E+D=A 后项转喻——整体转喻："国容"指国中绝色女子（容颜——脸——人）。"容"指容颜，容颜一般在脸上呈现，需要依附脸才能具体呈现出来，而脸是人的构成部分。类似还有"红颜""朱颜"均指美女；"慈颜"指父母等。

②典型成员—整体范畴关系

I+H=D 整体转喻："沿革"指事物发展变化的历程（延续或革命——事物发展变化的历程），事物的发展变化大致有两种形式：一是延续原貌，二是改革原貌都是可以使其发展，基于这种构成角色的相关性转喻指事物发展变化的历程。

③密切相关

E+B=A 后项转喻："女冠"指女道士（"冠"：帽子——人）。因为唐代女道士皆戴黄冠，而俗女子本无冠，唯女道士有冠，故名。

E+D=A 整体转喻："万乘"指皇帝（上万辆的兵车——皇帝），皇帝一般都掌控着国家的军政大权，古代兵车的数量决定一个人成为皇帝的实力。

"同研"指同一个学校的人（同用一个砚台——同学）。同用一个砚台，砚台的功用是研墨，研墨一般是读书人或者学习的人所做，基于这种密切相关性转喻用同砚代指同学。

在我们目前分析的语料中，语素体现词的构成角色并基于此发生转喻（包括前项、后项、整体）的词语共计43个。

（3）语素体现词的施成角色

语素体现其组成的词语的施成角色，二者多为因果关系，基于施成角色的相关性转喻指结果。从语法范畴看，一般都是动词义项衍生出名词义项，也就是由动作到动作所产生的结果，在我们所选择的语料范围中情况如下：

E+F＝D 整体转喻："精装"指式样、装饰（精致地装配——式样、装饰）。精美的式样是靠精致地装配才能形成。"刺绣"指一种工艺品（用尖锐的东西穿入物体，用丝线在布等上面缝制——一种工艺品）。

F+H＝D 整体转喻："泥塑"指一种工艺品（塑造——一种塑造成的工艺品）。

H+A＝B 整体转喻："铺首"指门扉上的环形饰物（将金银铜等材料冶炼定型成兽首形状——像兽首似的门扉上的环形饰物）。

I+H＝D 整体转喻："汇编"指编在一起的文章、文件等。（汇总编排——形成文章文件）。文章文件是由汇总编排形成的。"编简"指书籍。古人写书于竹木简，写好前或写好后，竹木简要编连起来，以便收藏。具体方法，是用麻绳或丝线绳，每绳两股，分别于竹木简的上下两端无字处逐简编连，似竹帘子的编法。

H+D＝B 前项转喻："炸类"指通过油炸方式做出的食物（炸——食物）。该种食物的做法是通过油炸做出来的，类似还有烧类、爆类、炒类等。

这类词语还有"随笔""续编"等，它们都是语素体现词的施成角色用词语的施成角色代指词语，在我们目前分析的语料中共计 58 个。

（4）语素体现词的形式角色

形式角色是指语素充当其构成的词语所指的某种表现形式，主要包括颜色、性状、大小等。如"大黄"语素体现词所指的形式角色（颜色），因而用药材大黄的形式角色（黄白色）代指药材。"苍茫"指天空，"苍"表示的灰白色、"茫"表示的广袤之义是对天空的颜色和大小的形式上的描述。在我们所选择的语料范围中具体情况如下：

E+D＝B 整体转喻："花圈"指祭祀物品（用花或花纹装饰、圆圈形——祭祀品），花圈的形式是用花、花纹装饰的，圆圈形的；"横幅"指一种标志、旗帜（与地面平行挂着的、与布帛呢绒等宽的东西——标志、旗帜）。横幅一般是跟地面平行的挂着、并与布帛呢绒等有相同的宽度。

H+D＝B 后项转喻："发条"指盘紧后借弹性作用在松开时产生动力的长条钢片（条：细长的形状——细长形状的钢片）。

（5）基于规约化属性

规约化属性是指事物的典型特征，主要包括常规活动、直接特点、直接空间和依附物属性等。常规活动指词义是事物从事的相关活动；直接特点属性指词义是事物的主要特点；直接空间属性指词义是用事物的活动空间专指事物或人，如"街坊"由表示市民居住场所的空间意义表示居住在该空间的人；依附物属性指词义需要依附语素义来表达，且语素义通常表示具体事物，词义通常为抽象事物。比如"墨水"通常用来表示某个人有没有真才实学，评价一个人有没有知识，通常的根据就是这个人读书写字用了多少墨水。

在我们所选择的语料范围中，情况如下：

①常规活动属性

E+H＝A 整体转喻："邻居"指挨着自己的住处居住的人（邻接地居住——邻接地居住的人）

F+H＝B 整体转喻："跳脱"指手镯（跳动、脱离——手镯）。手镯戴在手上一般不是很紧，上下跳动容易脱离手腕；"飞走"指飞禽走兽（鸟等鼓动翅膀、离开——飞禽走兽）。飞禽走兽的基本活动就是飞行和行走（离开）。

H+D＝B 整体转喻："守宫"指壁虎（守在宫殿——壁虎）。又名蝎虎。因壁虎常守伏于宫墙屋壁以捕食虫蛾，故名。

②特点属性

E+C＝A 整体转喻："青天"指清官（蓝色的天空——有着如湛蓝天空一样特点的清廉正直的官员）。

I+H＝D 整体转喻："吉庆"指具有吉利可庆贺特点的事情（吉利可庆——吉利可庆的事情）；"高明"指具有高明特点的人（高明——高明特点的人）。"独摇"指一种草，其特点是在没有风的情况下摇动。《敦煌曲子词·斗百草》："有情离合花，无风独摇草。"明代李时珍《本草纲目·草二·独活》〔释名〕引《名医别录》："此草得风不摇，无风自动，故名独摇草。"

③空间、时间属性

E+D＝A 整体转喻："堂上"指父母（父母居住的正房——父母）；"大户"指富翁（大的门户——拥有大的门户的富翁）；"方丈"指佛寺主持（佛寺住持的居处——住持）

E+C＝A 后项转喻："少年/长年"指年少/长的人（年为时间单位——人活的岁数——拥有多大岁数的人）。

④依附物属性

E+C＝D 整体转喻："上位"指显达的职位（上面的位置——居于上面位置的人）

E+H＝D 后项转喻："拙笔"指对自己的作品的谦称（笔：书写绘画工具——作品）

I+H＝D 整体转喻："行检"指品行好（行为检点——品行好）；"翻脸"指对人的态度突然变得不好（脸色——态度）。人的态度的好坏可以从语气及脸色看得出来。

据语料统计，语素体现词的规约化属性并基于规约化属性发生转喻（包括前项、后项、整体）的词语共计 140 个。

（6）语素体现词的单位角色

袁毓林根据汉语名词在文本中基本的组合方式、搭配习惯和语义解释，提出了一种汉语名词物性结构的描写体系，定义了十种物性角色这其中包括单位角色，即名词都会有一个计量的单位。比如"邻里"，古代汉语中，五家为"邻"，五邻为"里"，而现在用来表示邻居。

E+D＝A 后项转喻："诸位/各位/那位"指人（位：指人的单位——人）。

E+D＝B 后项转喻："全张"指未经裁剪的纸（张：纸的单位——纸张）；"大件"指大的物件（件：物件单位——物件）。

H+D＝B 后项转喻："算尺"指计算尺。（尺：长度单位——计量长度的器具——像尺的东西）。

据语料统计，基于单位角色发生转喻（包括后项、整体）的词语共计 7 个。

二　前项或后项隐喻（含整体隐喻）

（1）施成角色的相似

I+H＝D 整体隐喻："杂烩"指杂凑而成的事物（掺杂在一起烹饪——掺杂在一起烹饪的美食——杂凑而成的事物）。语素体现词的间接施成角色，掺杂在一起烹饪的美食与杂凑而成的事物存在施成角色的相似性。

（2）形式角色的相似

H+D＝B 前项隐喻："谏果"指橄榄。（谏：规劝使改正错误——忠言逆耳反映为味觉应该是苦的——批评的话让人觉得是苦的）。入耳味苦，这与橄榄的味苦有相似之处，因而发生隐喻，用谏果来称橄榄。值得注意的是，这里的"谏"其词性已经由动词转化为具有形容词意味的词，此外还有"谏笋"即苦笋。

E+D＝A 整体隐喻："长条"指高个儿的人（长长的条状物——高个子的人）。这种人的特点和长条儿相似是细长状的。

E+H＝B 整体隐喻："玉弹"指启明星（洁白美丽的弹丸——启明星），启明星的形状很像一颗洁白美丽的弹丸。

E+D＝B：整体隐喻："百页"指豆制品（页：张——很多的一页一页的东西——豆制品）；"百叶"一般称牛百叶，指牛的胃（很多层的一片一片的像树叶似的东西——胃）。

整体隐喻："玉尘"比喻雪（像玉一样的尘土——雪）。雪的颜色如玉般洁白无瑕，形状像尘埃一样细小；"玉龙"比喻瀑布、泉水（像玉一样的龙——瀑布、泉水），瀑布和泉水形如长龙、色如美玉。

（3）规约化属性相似

特点属性相似

"入彀"一词指中圈套。据《唐摭言·述进士》记载，唐太宗在端门看见新考中的进士鱼贯而出，高兴地说："天下英雄入吾彀中矣。""彀中"指能射及的范围。入彀中基于规约化属性的相似性隐喻，后用"入彀"比喻受人牢笼，由人操纵或控制。

E+C＝B 整体隐喻："莽苍"指天空（苍茫的原野——天空）。天空有着原野一样苍茫辽远的特点。

E+C＝D 整体隐喻："九泉"指地底最深处（有极限深度的地下水——地底最深处）；"九围"指九州、天下（无限大的范围——九州、天下）。天下的特点是有无限大的疆域；"正轨"指正常的发展道路（正当的路轨——正常的发展道路）。

E+D＝B "鬼笔"指真菌（恶劣的、笔——真菌），这种真菌形状像笔，特点是有毒，这里实际涉及形式角色（性状）与特点属性两种角色的交叉。

"王牌"指俊杰、人才（扑克游戏中最强的牌——最强的能力——俊杰、人才）。不论指扑克还是指人，其共同特点就是能力最强。

所研究语料中共有 17 个词语的词义属于隐喻而来。

三　小结

经过统计，我们得出共计 412 个词语在构词时发生隐喻或转喻，主要涉及的物性角色及其数量，如图 5.1：

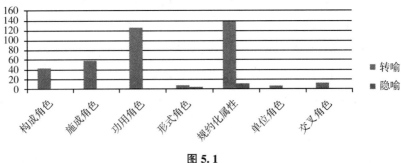

图 5.1

通过分析，我们认为隐喻和转喻复合名词都是通过构词语素或部分或整体激活其构成词语的某一物性角色来分别实现双域和单域映射而构成新义的。且发生转喻的现象明显大于隐喻现象，即：转喻（395）>隐喻（17）；就物性结构的角色来看，规约化属性（140）>功用角色（126）>施成角色（58）>构成角色（43）>交叉角色（13）>形式角色（8）>单位角色（7）。之所以会出现这样的结果是因为我们所选的语料，其语素义类多为 E（特征）、C（时间与空间）、H（活动）、F（动作）、I（现象与状态），少数为 A（人）、D（抽象事物），而其特征、活动、动作多为规约化与功用或施成角色相关。

就语料分析过程中出现许多转义的语素义，如"稻草人""泥人""雪人"它们都不是真正的人，而是一种像人的事物；再如"胶水""化妆水""定型水"不是水，而是其形态是液体，有添加水，像水的事物，《现代汉语词典》在释义时有许多词语都添加了"像……的事物"。具体如：耳释义之一为像耳朵的事物；我们认为"水""人"也应该列入"像……的事物"的义项。

第六章

物性结构与论元结构视域下汉语语义构词研究
——以 a+b＝c 类双音合成词为例

第一节 绪论

一 引言

双音复合词的语义构词研究对于汉语词汇研究具有重要意义。传统构词法"套用句法的模式分析构词法"一定程度上简化了复合词内部的复杂关系,因而汉语构词法研究势必要结合词汇语义。汉语构词究法起步于语义的研究,语义构词的重点在于复合词,解决复合词构词法的重点在于理顺词义与语素义之间的复杂语义关系。构词语素明示的东西较少,隐含的东西较多,由语素义组成的词义是如何转变了意义或者词义是如何由语素义生成而来的这一过程中,有些词的意义只是语素义的简单相加。相反,有些词其语素义与词义的关系是间接的,需要一定的"语义桥"进行过渡,以便更好地阐明其隐性融合的过程,这也成为语言学及计算机语言学、词典释义包括对外汉语研究的重点与难点。

二 关于语义构词的研究综述

(一) 汉语语义构词相关研究

对于汉语构词法研究,各个学派持不同的观点,它们之间互相补充,共同促进构词法研究的发展。《马氏文通》中少篇幅的提及构词法的问题,此后 20 世纪前期对词素间的语义关系、词素义与词义的关系等语义内部方面作许多探讨。这一时期已经认识到有些词的词义并非语素义的简单相加,但并未形成系统、大规模的词语分析研究。赵元任(1948)在《国语文法》一书中转而从句法角度探究合成词的结构,对复合词的分析偏重于形式，更多的关注构词语素语法属性及功能。

20 世纪 90 年代至今，在构词研究多元化的形势下，语义构词重新占据分析视角。符淮青先生从释义的角度来推知语素义与词义的关系，最终总结四种关系类型。① 其后在综合分析的基础上提出"构词的五个平面"，细化系统地分析了词义语素义的关系。此后杨振兰（1993）、王树斋（1993）、吴仁甫（1995）、贾宝书（1995）、仲崇山（2002）等都在探讨词义与其语素义的关系。随着研究成果的推进，学界渐渐关注语素义与词义没有联系的一类词。曹炜"从发生学的角度讨论汉语词义的显性理据和潜性理据"②；李晋霞、李宇明"提出词义透明度即词义可从构成要素的意义上推知的难易度，分为完全透明、比较透明、较隐晦、完全隐晦的词语"。③

在词义与语素义关系问题上，认知语言学集中于解释构成复合词的几个部分是如何整合在一起的。"Langacker 认为名名复合词是两个名词互相融合的结果，其中一个名词必须对自身的语义图式进行修改进而容纳另一个名词。"④ Wisniewsky（1996）提出"表征识解"（construal of representa-tion）和"特征映射识解"（construal of property-mapping）；Lakoff（1993），Radden & Kövecses（1999）都曾涉及隐喻转喻认知机制进行分类。此外，原型理论在认知语言学中占有很重要的地位，已经广泛应用到语义学、句法学等领域。

周荐（1993）、高婧（2009）等结合认知语言学中隐喻与转喻理论对汉语部分词义与语素义关系不密切的合成词进行分类并解释。王月华认为"隐喻及转喻的认知机制直接影响复合词的构词规则，指出隐喻性词义的生成和发展以相似性为基础，并且依赖人的类比思维；而转喻性词义的生成和发展则以相邻性和突显性为基础"⑤。朱彦（2003）在《汉语复合词语义构词法研究》中综合多种理论（论元结构理论、费尔默的格框架理

---

① 符淮青：《词义和构成词的语素义的关系》，《辞书研究》1981 年第 1 期。

② 曹炜：《汉语词义的显性理据和潜性理据》，《沈阳师范学院学报》（社会科学版）1994年第 2 期。

③ 李晋霞、李宇明：《论词义的透明度》，《语言研究》2008 年第 3 期。

④ 赵青青、宋作艳：《基于生成词库理论的汉语隐喻式双音节名名复合词研究》，第十五届汉语词汇语义学国际研讨会，中国澳门，2014 年，第 303 页。

⑤ 王月华：《隐喻、转喻与词义发展》，《现代语文》（语言研究版）2010 年第 4 期。

论与框架语义学、利奇的述谓结构）研究分析 4000 多个现代汉语双音节词，从语义底层出发，认为复合词结构与句法结构是一致的，通过句子形式的"框架压模"最终形成复合词；沈家煊（2006）在《"糅合"与"结搭"》中提出整合是构词与造词的共同方式，并通过语素义与其构成的词义如何经由概念整合组合在一起的分析，提出汉语有两种类型的整合即为"糅合"与"结搭"。且"糅合构词法"与隐喻认知机制有关，"结搭构词法"则与转喻认知机制有关，给我们很大的启发，将概念整合理论与隐转喻结合起来研究复合词具有较强的解释力；郑厚尧（2006）、颜红菊（2007）分别从语素间语义结构关系、词典释义及解释词的构成成分和整体之间的语义关系角度，来解释复合词的词义获得机制，为复合词结构形式提供语义动因的解释。学界大部分文章主要论述词义与语素义的关系问题，这无疑对复合词的语义研究有更为深刻的认识与理解。

　　此外，张辉、范瑞萍二人巧妙地将概念整合理论与物性结构结合起来，互为补充，为我们分析语义构词具体途径提供了一种很好的借鉴方法[①]；宋作艳认为名词动用属于逻辑转喻，可以用生成词库理论中的事件强迫来解释，并提出物性结构之于名词相当于论元结构之于动词；宋作艳对定中复合名词中心成分意义发生变化做出阐释，认为"定中构式会强迫中心成分发生三种变化：名化、泛化和语素化"[②]；赵青青（2014）在其硕士论文《基于生成词库理论的汉语隐喻式双音节名名复合词研究》中，运用物性结构和语义类分类并自建语料库，考察隐喻名名复合词内部语义关系特点；刘璐（2015）在其硕士论文《汉语名词语义构词规则研究——以同类语素双音节合成词为例》中运用物性结构与隐转喻理论，对其研究语料库中同类规则的无向名词做分析，较为详细的描述词义与语素义间的"沟通桥梁"并给予了较为充分的阐释。

　　综观研究成果，主要是从词的语法形式、词义与词典释义、描写词义与构成词义的语素义间关系，关注并阐释隐、转喻类复合词的语义结构研究等方面丰富和发展了词汇学。

　　（二）语义构词与中文信息处理的结合

　　词汇系统具有开放性、无限性特点，而组成词汇的汉字是有限的，有

---

　　①　张辉、范瑞萍：《形名组合的意义建构：概念整合和物性结构的杂合分析模式》，《外国语》2008 年第 4 期。

　　②　宋作艳：《定中复合名词的构式强迫》，《世界汉语教学》2014 年第 4 期。

限的汉字之间互相组合形成了无限的词汇。在中文信息处理中，我们可以单字作为资源，标注信息并建立语料库，依此探查汉语双音节合成词语义构词规律。

苑春法、黄昌宁对"名、动、形三类共计 40958 个复合词进构词研究，从构词方式、构词类序、构词规律及构词转化四个方面阐述研究成果"。① 王源庆（2011）在《基于数据库的双音合成词语义构词规则探究》中，从构词语素义义类与词义义类组合类型的角度总结出 8 种义类组合类型。随着社会的发展，新词语不断涌现，张晓蝶（2014）在《面向信息处理的双音节新词语语义构词规则研究》中，沿用 8 种语义类型，结合新词语的语料，对新词语的特点进行归纳，从各方面充实语料范围，为计算机识别与理解未登录词提供了参考。李明晓（2015）在《三音节合成词新词语语义构词规则研究》中对新词语的构词规则进行探究，厘清汉字语素义及新词语词义间的关系，最终发现并验证词义构词规则在传统词汇与新词语中的一致性。吉志薇"从意合结构、意根分布、意指方式、意变类型四个角度标注了词素间的词化意义，最后综合词素意义与词化意义，建立二字词的语义描写体系"② 其实质是从字的角度出发，探究词义与语素义间的关系及组合方式，并通过论坛及新词实验证实语义构词研究对计算机识别未登录词的帮助。

（三）前人研究中存在的问题

第一，就研究语料看，前人多数涉及构词类序为动名、形名、名名的复合词。对于将名词、动词、形容词分别作为合成词的一部分或者对三者不做区分进行语义构词研究的情况比较多，而将三者结合起来进行研究的并不多。

第二，前人研究多是基于词义与语素义关系基本类型，运用隐喻与转喻机制对词义与构词的语素义间关系不明确的词语进行了合理阐释，但其视角主要集中于修辞和认知，然而这两种方法局限于表层，不能比较充分说明构词语素的语义信息是怎样影响隐喻和转喻机制的。另一方面，未能找出构词语素的语义类别和隐喻转喻后整体复合词语义类别的关系。

---

① 苑春法、黄昌宁：《基于语素数据库的汉语语素及构词研究》，《世界汉语教学》1998 年第 2 期。

② 吉志薇：《面向普通未登录词识别和理解的二字词语义构词研究》，《中文信息学报》2015 年第 5 期。

第三，面向计算机语言信息处理的研究中，对于词义与语素义关系不明确且计算机难以理解的词语，大多以提出观点，总结现象为主，没有进行详细的阐释路径来探求"例外的规则"以满足计算机对未登录词的识别及理解力。

三　本章研究意义

本章在前人面向信息处理的语义构词规则研究基础上，对其中词义与语素义关系不密切或存在间接关联的复合词进行分析阐释，从语义认知底层出发为语素义与其构成词义间搭建"沟通"的桥梁，透过认知语言学理论的窗口，对汉语中名词、动词与形容词这三种基本词类进行分析与阐释，归纳总结语素义与其构成词义间的联结"路径"，找寻"例外中的规则"，希望研究结果能够为计算机识别未登录词提供大致的方向，同时对外国人学习汉语词汇，词义理据、词典释义及词汇语义研究提供帮助。

四　研究对象及语料库信息标注

（一）语料来源

自 2000 年以来，亢世勇教授致力于汉语语义构词规则研究，以《同义词词林》为基础，结合《现代汉语词典》《新词语大词典》选取 52366 个双音节合成词建成《汉语语义构词数据库》①（表 6.1）。用《汉字义类信息库》②数据库对构成合成词的前后两个字分别进行义类标记和简单释义（义类体系及相关标记见附录）。

《汉语语义构词数据库》的属性主要包括：

（1）	ID	序　号
（2）	词　　语	收录的双音合成词
（3）	合成词语义类	双音合成词义位所属义类
（4）	前　　字	前一个语素的语义类及其释义

---

①　该数据库中的词是"一义一词"，即一个义项是一个词条，因此多义词有多个词条。

②　《汉字义类信息库》本着人机两用的研究理念，引入"字位"的观念（所谓"字位"就是最小的语义构词单位，即形音义一体化的字，每个字位一形、一音、一义），遵循"一字一条、一义一条、意义与语法功能结合、非语素字单独立条"等原则将"国标 GB2312"所定义的 6763 个汉字衍生为 17430 个字位，按照《同义词词林》的三级语义分类体系（大类、中类、小类）给每个字位归了类，建成的数据库。

（5）后　　字　　　　　　　后一个语素的语义类及其释义
（6）字、词语义关系类型　　双音合成词的语素义与义位的关系类型

表 6.1　　　　　　　　　　　**《汉语语义构词数据库》**

ID	合成词	合成词语义类	前 字	后 字	字、词语义关系类型
2	力争	Je12	Ka19，尽力，努力	Ha02，争夺	6
3	联邦	Di02	Ie09，连接，联合	DI02，国	6
4	联播	Hh03	Ie09，连接，联合	Hh03，传播	6
5	联电	Hi11	Ie09，连接，联合	Bg04，有电荷存在和电荷变化现象	6
6	联合	Ie08	Ie09，连接，联合	Hj30，合并	6
8	联结	Ie08	Ie09，连接，联合	Ie02，发生某种关系，结合	6
9	联军	Di11	Ie09，连接，联合	DI11，军队	6

　　最后经过对 52366 个双音合成词的两个语素的意义和词义的关系的考察分析，归纳出八种语素义与义位关系类型（表 6.2）及比量图（图 6.1），分别用 1、2、3、4、5、6、7、8 进行标记如下：

表 6.2[①]　　　　　　　　　　　**语素义与义位关系**

标记类	语素义与词义关系概括	含义	例词
1	A+B＝A＝B	A 与 B 同义，词义就是其中的一个字位义	门户
2	A+B＝A	词义只保留字位 A 的意义，B 的意义已不存在	动静
3	A+B＝B	词义是字位 B 的意义，字位 A 已不存在	阿哥
4	A+B＝C	词义和字位义之间没有任何明显的联系	袁头
5	A+B＝A+B	词义是由 A、B 两个字位义相加而成	
6	A+B＝A+B+D	词义包含 A、B 两个字位义，并加上了其他的意义 D	冷眼

---

① 表 6.2 中 A、B 代表合成词中的前后两个字位。

续表

标记类	语素义与词义关系概括	含义	例词
7	A+B＝A+D	词义由 A、D 两个字位义构成，其他意义（D）主要由字位 B 的意义转化而来，有时加上其他的意义	救星
8	A+B＝D+B	词义由 D、B 两个字位义构成，其他意义（D）主要由字位 A 的意义构成，有的又加上其他的意义	走运

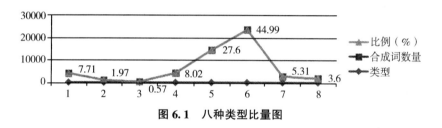

图 6.1　八种类型比量图

由表 6.2 及图 6.1 看出，八种类型中只有第四类即 a+b＝c 类其词义与语素义在表面上没有联系且数量不多，这也正是计算机理解的难点所在。

（二）语料库建设

本章所研究的语料为《汉语语义构词数据库》中标记为"4"的复合词，即构词前语素 a 与构词后项语素 b 组合后产生新的意义，八种类型中该类词的语义透明度最低，共计 4201 个，占 8.02%。笔者在重新核对语料库基础上［同一数据库下，刘璐（2015）已就同义类复合名词做分析研究］，最终对 2022 个无向 a+b＝c 类名词、动词、形容词进行研究。这里应当注意的是我们所说的词义与语素义关系转化途径探究，并不是探求词的词源，对于像"东西"等词语为什么词义无法从语素义推知的一个重要原因是语素义在历史发展过程中消失，一些非历时性词典，如《现代汉语词典》不再收录其古代义项，因而现在一般普通人不再使用，对于这样的词语我们语料库只是选取现在所用的义项，并未探求本源。

对 a+b＝c 类词语基于物性结构与论元结构理论思路进行语料分析与信息标注，具体标注信息如下：

（1）构词类序：NN、VN、NA、AN、VV、AA、NV、AV、VA、N、A、V①

（2）四项规则：同向规则、前向规则、后向规则、无向规则

（3）转义作用的对象：前项、后项、整体、前项＋整体、后项＋整体等

（4）转义的类型：隐喻、转喻、隐转喻②

（5）转义涉及具体要素：形式角色、构成角色、功用角色、施成角色、规约化属性

（6）释义

（7）备注（具体阐释）

谓词语料库在此基础上添加：

（8）论元结构（语义角色框架）分析：主事—性状、施事—动作—结果等等

最终在 Excel 表格中形成名词语料库、动词语料库与形容词语料库，语料库示例如下：

ID	词语	素义义类1	素义义类2	词的	词性组	构	四项规则	转义对象	转义类	涉及的要素	释义	具体阐释
6257	黔首	Ec04,黑色	Bk02,头	Aa01	AN	4	EB=E无向	整-后	隐	形式-构成	古代称老百姓	黑色的头巾——裹着黑色头巾
10519	生齿	Ib01,生育	Bk04,人和高	Aa01	VN	4	IB=E无向	整-后	转	行为-构成	长出乳齿,古时长长出乳齿	人——登入户籍
10542	生灵	Ib03,活	Dh01,精神	Aa01	VN	4	ID=A无向	整-后	转	特点-构成	指人民一语素	活着的精神——活着——
11205	食指	Fc06,吃,专	Bk08,手指头	Aa01	VN	4	FB=E无向	整-后	转	功用-构成		品尝美食的指头,主要功能是
11613	畜生	BI01,禽兽	Da17,生命	Aa01	NN	4	BD=A无向	整	隐	特点-属性	詈词。谓没有教养,如同禽兽	
12506	鼠子	BI08,老鼠	Kd06,名词后	N-		4	BK=A无向	整	隐	特点-属性	詈词。谓卑微不足称道也	
17029	杂种	Ed53,正杂	Bn13,生物类	Aa01	VN	4	EB=A无向	整	隐	特点-属性	骂人的话,多指动植物杂种	杂交的品种
20516	嚼类	Fc06,嚼,	Dd06,种类	Aa01	VN	4	FD=A无向	整-前	转	典型成员	本指吃东西的…吃东西的一类	活着的人

图 6.2　名词语料库

ID	词语	素义义类1	素义义类2	词的	词性	构	四项规则	转义作	转义类	隐转涉及及论	隐转涉及的论元结构	释义	具体阐释
5187	批颊	Fa01,用手	Bk02,脸的	Fa01	VN	4	FB=F前指	整	转	a批,b的颊	事件-关系-特征	(物)掌嘴,打耳光	
26145	打嘴	HI44,殴打	Bk04,口的部	Fa01	VN	4	FB=F前指	整	隐	a或b打a的嘴	事件-关系-特征	(物)打嘴巴——喻指出丑	
27659	动手	Id14,动作	Bk08,人体	Fa01	VN	4	IB=F无向	整	转	a动b的手	事件-关系-特征	(物)打人	
44106	扯腿	Fa02,拉	Bk08,用车	Fa01	VN	4	FB=F前指	整	转	a扯b的腿	事件-关系-特征	(物)拉后腿	
41506	拉线	Fa02,用力	Bb05,细长	Fa02	VN	4	FB=F前指	整体	隐	a拉线、线连	事件-关系-特征	(物)从中进行联系;拉关	
43599	侧耳	Fd02,向务	Bk03,耳朵	Fa05	VN	4	FB=F前指	整体	隐	a侧a的腿	事件-关系-功用	(物)形容仔细地听	
38132	打道	Fa10,揭	Bn11,道路	Fa10	VN	4	FB=F前指	整体	转	a打道	事件特点	亦称"打道子"。	
47456	刨根	Fa10,挖掘	Db02,事物	Fa10	VN	4	FB=F前指	整体	转	a刨b的根	事件-关系-特征	(物)刨根——比喻追究底细	

图 6.3　动词语料库

---

① N、A、V 三类是指附加型词语,即前后缀词语,如："火头（BK）"。

② 既发生隐喻又发生转喻,本章所讲转义即为转指包括隐喻、转喻或隐转喻。

ID	词语	素义义类	素义义类	词的义	词性组	构词	四项规则	转义作	转义类	涉及的要	释义	具体阐释
5845	稀糟	Eb12, 含水	Ba08, 做酒	Ed03	AN	4	前指	整体	隐喻	特殊属性	事情坏到极点	
17149	糟糕	If03, 指事	Br09, 用米	Ed03	VN	4	无向	整体	隐喻	构事-特点	糕点，那是美味的食品，如果要是用酒渣	
21636	蹩脚	Jb10, 脚踝	Bk08, 人或	Ed03	VN	4	无向	整体	隐喻	特点	指东西质量或人的能力差	
25263	出色	Jb04, 超出	Dd12, 物品	Ed03	VN	4	无向	整体	隐喻	特点-特质	杰出出类拔萃	
31099	鬼斧	Dh01, 人死	Bo09, 斧子	Ed03	NN	4	无向	整体	隐喻	特点	喻指超人的力量	
31100	鬼工	Dh01, 人死	Ae02, 工人	Ed03	NN	4	无向	整体	隐喻	特点	谓事物精妙高超，非人工所能为者	
37750	通天	Hf06, 有路	Cb07, 天空	Ed03	VN	4	无向	整体	隐喻	事件与事	形容极大或极高，比喻能和最高层次的人	

图 6.4 形容词语料库

五 理论基础

我们在分析无向词语语素义与词义间"沟通方式"时，采用生成词库论下的物性结构理论对名词的语义进行详细描写，而对于动词我们在描述其事件或者论元结构的前提下，形成框架语义。此外，贯穿分析过程的还有概念整合及隐转喻理论，这里我们主要介绍物性结构理论，简要介绍概念整合与隐喻与转喻理论。

（一）概念整合与隐喻、转喻理论

隐喻和转喻都是人类的一种思维方式，是人类认识、理解客观世界的工具。思维以语言为工具，其成果需要语言的巩固与深化，因此，人类的语言活动会以隐喻或转喻的思维方式来体现人们对客观世界的认识。这样一来，语言中势必会体现出与人类生活经验密切相关的认知规律。词汇作为一种语言里所有（或特定范围的）词和固定短语的总和，首当其冲的受到隐、转喻机制的影响。

在语素义构成词义的过程中存在语素义空间与词义空间的整合，"心理空间是人们在进行思考、交谈时为了达到局部理解与行动之目的而构建的小概念包（conceptual packet）（Fauconnier and Turner：—1996：第1—3页）。简而言之，合成就是将两个空间中的部分结构整合为第三个空间中带有层创特性的一个结构"。①

以"防火墙"为例，

原义：建筑物之间防止火灾蔓延的高墙。

新义：一种位于内部网络与外部网络之间的网络安全系统。

现实情况下，人们建立一堵墙来防止火灾，其功用是"防止火灾"。

---

① 汪少华、郑守疆：《从合成空间理论看隐喻的意义建构》，《解放军外国语学院学报》2000年第6期。

基于功用角色的相似性，人们在互联网虚拟的情况下，网络中，同样存在安全的问题，建立内部网络与外部网络之间的一种安全系统称为防火墙。这里防火已经泛化为防止不安全因素，"墙"已经不是现实中的"砖、石或土等筑成的屏障或外围"而是"一种功用像墙一样的东西"。

人类世界是相互联系的，客观事物之间也是互相联系的有机体，因而在人的心智里，在人对客观事物的认知框架及认知域里也是互相联系的，正是由于这种存在的联系促使认知域间的激活与映射，从 X 认知域激活 Y 认知域，形成词义，从而造成词义与语素义间的语义冲突或偏离。这正是笔者的研究语料中词义与其构成语素义表面上不存在关系的原因。

（二）生成词库论

20 世纪 90 年代美国布兰代斯大学 Pustejovsky 教授提出生成词库理论（Generative Lexicon Theory）（1991）（1995）。该理论主要思想渊源于古希腊先哲关于"本体论"（ontology）的讨论即世界的概念范畴和事物本质问题的讨论。生成词库理论正是脱胎于古希腊时期的这种哲学思想，具体而言是受到了亚里士多德形而上学思想的深刻影响。亚里士多德对以知识获得的理性主义的"天赋说"抱有怀疑的态度。相对于"天赋说"，他认为感觉经验能提供给人们最基本的关于事物的认识和知识，它是知识的来源。因此，亚氏提出了关于事物面相和本质的"四因"说（Aristotle's four causes of knowledge）："形因"（formal cause）、"质因"（material cause）、"鹄因"（final cause）和"动因"（efficient cause）。简言之，"形因"即"形式因"说明某物是什么，物之所以为物的本性；"质因"即"质料因"说明某物由什么构成；"鹄因"即"目的因"说明某物的目的性；"动因"即"动力因"说明某物如何形成。亚氏相信，我们的知识正是来源于对于事物的上述经验性认识，并提出由早及晚的发生顺序为质因、动因、形因、鹄因。

正是受到亚氏"四因说"的启发，Pustejovsky 提出了词库知识中的物性结构。"它是一种词汇语义表达手段，用以描写词汇所指对象由什么构成、指向什么、怎样产生以及有什么用途或功能。"① 具体来说，物性结构主要包括四个层面的语义知识，归结为四种物性角色（qualia role），

---

① 宋作艳：《生成词库理论与汉语事件强迫现象研究》，北京大学出版社 2015 年版，第 11 页。

分别是"形式角色（formal role）即描写对象在更大的认知域内区别于其他对象的属性，包括方位、大小、形状、维度和颜色等；构成角色（constitutive role）即描写一个物体与其组成部分之间的关系，包括材料、重量、部分与组成成分等，也指物体在一个更大的范围内构成或组成其他物体；施成角色（agentive role）即描写对象怎样形成或产生的，如创造、因果关系等；功用角色（telic role）即描写对象的用途和功能"[1]。

以"电脑"为例，它的构成角色是"主机、键盘、显示器、鼠标"等，形式角色有"笔记本型、台式型"等，施成角色是"制造"，功用角色有"娱乐，办公"，单位角色是"台"等。

袁毓林"根据汉语名词在文本中基本的组合方式、搭配习惯和语义解释，提出一种汉语名词物性结构的描写体系，定义了十种物性角色（形式、构成、单位、评价、施成、材料、功用、行为、处置和定位）。"[2] 其中，材料角色可以归入构成角色，评价角色、行为角色、处置角色和定位角色可以归入规约化属性，都属于人们对名词约定俗成的认识。

本书的物性结构主要包括构成角色、功用角色、施成角色、形式角色、规约化属性与单位角色六大类。其中构成角色主要有四小类，分别是部分与整体、典型成员与整体范畴、密切相关的两个事物及材料角色；规约化属性主要有七小类，分别是时间、空间、特点、行为、处置及依附物属性、常规活动属性。

物性结构理论的认知和识解对于隐喻和转喻复合词的构词理据有很强的解释力，逐渐成为一种解释力较强的语言生成理论，被誉为"当代语义学中最精细的形式化分析范式"（Geeraerts 2010：147）[3]，近年来在词汇语义学的相关研究中得到了较大的关注。

六　研究思路与研究方法

（一）研究思路

物性结构为概念整合网络中的名词心理空间提供明确的知识框架，论

<hr>

① 宋作艳：《生成词库理论与汉语事件强迫现象研究》，北京大学出版社 2015 年版，第 11 页。

② 袁毓林：《汉语名词物性结构的描写体系及运用案例》，《当代语言学》2014 年第 1 期。

③ 李强：《生成词库理论研究述评》，《外国语》2016 年第 3 期。

元结构为概念整合网络中的动词心理空间提供明确的语义框架，从而更清晰具体地说明，名词、动词与形容词的词义心理空间与构词语素心理空间之间的映射和相互制约关系。这对于新词语的研究或者词义的理据分析、词典释义都有着重要的启发。基于此，本章研究思路具体如下：

首先，在《汉语语义规则数据库》基础上，结合《汉字信息库》对a+b＝c 类的名词、动词、形容词分别建立语料库。其次，运用生成词库论、隐转喻与论元结构论理论分别对三类词语进行完善，确立所标注的相关语义信息，结合物性结构与论元结构理论分别对语料库中的所有名词与谓词进行词义转义的具体途径分析。最后，对词义与语素义关联不明显的a+b＝c 类词语进行规律性总结。希望在物性结构理论背景下将语言知识与百科知识结合起来探究复合词词素间曲折复杂的语义关系，为形成复合词的语义过程寻找规律。

（二）研究方法

第一，量化与质化相结合。通过对语料库中语料的检索获得所需问题的量化分析数据，通过客观数据的分析，对研究对象的特点归纳总结，得出规律性结论。

第二，描写与解释相结合。对 a+b＝c 中的名词、动词、形容词的语素义的语义特征进行充分细致的描写，进而在物性结构与论元结构理论基础上搭建词义与构词语素义之间的过渡"语义桥梁"来解释两者间的变化途径。

第三，演绎与归纳相结合。通过举例方式对语素义到词义的转化进行部分演绎，归纳变化途径相同的词语并形成"语义桥梁类型"探讨语义构词规则。

第四，比较法。本章立足于整个第四类型词语，对研究语料做名词、形容词与动词的区分研究，分析每类词内部语素义与词义关系并发现其中的区别与联系。

第二节　名词语义构词途径

在所有的词类范畴中，名词出现最早、数量最多、使用最为广泛，在人类的语言系统中占据非常重要的地位。名词不仅表征我们对于事物的命名能力，同时反映我们对于事物的分类认知。物性结构理论为名词的语义表征提供了有效的途径，对于名词概念语义的精确分析和恰当解读具有重要的价值。本节结合物性结构理论对研究语料中 1095 个名词的词义途径进行细致探究。

一　转喻（包括前项、后项及整体）

构词语素的前、后或整体语素义基于同词义的相关性发生转喻，包括构成角色相关、直接形式角色相关、功用角色相关、施成角色相关、规约化属性相关、单位角色相关和交叉角色相关。

（一）构成角色

在双音节合成词中，两个语素整合形成的所指是词义所指的构成部分，即语素义与词义之间为部分与整体、典型成员与整体范畴或密切相关的关系（两个语素义所指）在词义中经常出现（比如"蟾宫"指月亮）、两个语素义之间的关系（特征）在词义中有所体现（比如"鸳鸯"指夫妻），构词语素激发并体现词的构成角色，从而基于构成角色的相关性发生转喻形成词义。在我们所选择的语料范围中情况如下：

1. 部分与整体

语素义所指与其构成的词语之间存在部分与整体的构成关系，一般都是语素义为部分，词义为整体，即以部分代整体，很少存在整体代部分，具体如下：

"袁头（DB）[①]"（袁世凯头像——印有袁世凯头像的钱币）[②] 语素义整合为"袁世凯头像"，词义为"印有袁世凯头像的钱币"，语素义与词义间通过部分与整体的构成角色作桥梁发生转喻，由部分代指整体从而形成词义；"异域（EC）"（别的国家）"域"（有一定疆界的地方）——国家，国家一般由一些地方、疆域构成；"孤魂（ED）"（孤独的人）"魂"（灵魂）——人，灵魂是人的精神构成部分；"国容（ED）"（国中绝色女子）"容"（容颜）——脸——人，容颜是人的面部构成部分。

---

① 括号内前后字母分别代表前后构词语素的语义类别，即前一语素"袁"的语义类为 D（代表抽象事物），后一语素"头"的语义类为 B 具体事物，下文同。

② 括号内，破折号前表示语素义，破折号后表示词义，下文如无特殊说明，与此所指相同。

2. 典型成员——整体范畴

语素义所指与其构成的词义之间是典型成员与整体范畴的关系，一般来讲都是语素义所指充当典型成员，词义所指充当整体范畴的角色，但也有部分例外。该类型实际包含上下位关系，上位与下之间的语义特点存在相关性、相通性，具体如下：

"嘬类（FD）"（吃东西的一类——人）人是属于吃东西的一类的；"西施（EJ）"（人名——美女）西施是众多美女中的一个最有代表性的，用一个典型的极具代表性的个人代指美女；"无盐（KB）"（人名——丑女）与西施相对，一个极美，一个极丑；"苍生（ED）"（人民）广大的生命——人民，人民是由无数的生命构成的，每一个人都是一个生命。

3. 密切相关的两个事物

语素义整合形成的语素义所指与词义所指间存在密切相关的关系，具体如下：

"蒲节（BC）"（蒲：蒲叶，节日——端午）旧俗端午节在门上挂菖蒲叶而得名，因密切联系，故称端午节为蒲节；"黄梅（EB）"（黄梅——黄梅时节）黄梅时节常有黄梅，用这一时期的特征产品来代指该时期；"手泽（BD）"（手汗沾润——借指先人遗迹）先人遗迹多为经常触及之物，不免有手汗沾润；"玉兔（EB）"神话传说月宫中有白兔捣药，故借指月亮；"小道（ED）"（小道士）"道"（道家要义）——道士，道士都讲道家要义；"万乘（ED）"（皇帝）上万辆的兵车——皇帝，皇帝一般都掌控着国家的军政大权，古代兵车的数量决定一个人成为皇帝的实力；"全才（ED）"（有才能的人）全面的学识——具有全面学识的人，评价一个人是否有学识一般的标准是要看他有没有掌握很全面的知识；"新生（ED）"（一年级的学生）新的生活——新的学生，新生入学后会开启新的生活。

4. 材料构成

语素义整合所指为词义所指的材料构成，具体情况如下：

"丝桐（BB）"（丝和桐——琴）古人削桐为琴，练丝为弦，用部分的琴弦代指琴；"竹簧（BE）"（毛竹内部簧面——一种工艺品，以果盒、文具盒等为主）把竹筒去青，煮晒压平后，胶合或镶嵌在木胎上，磨光并刻上花鸟等；"胰子（BK）"我国古代发明的一种含有猪胰脏和草木灰成分的复合洗涤用品。

（二）功用角色

功用角色指的是语素所指体现其构成词的功用角色。语素义与其组成的词义之间关系主要表现为语素义体现词义的功用，基于这种功用角色的相关性发生转喻。按照语素义所指是否直接表示词语所指的功用，我们将功用角色分为显性功用角色与隐性功用角色两类。在我们所选择的语料范围中具体情况如下：

1. 显性功用角色

所谓显性功用角色指的是语素义直接表示词义所指的功用，如："补白（HE）"（补充空白——短文）短文的功用是补充空白。语素是词的功用角色，因而基于功用角色的相关性转喻指用来补充空白的短文。这类词的构词语素中，通常包括至少一个表动作的语素义类。

"讲义（HD）"（讲解道理——用来讲解道理或意义的教材或笔记）语素是词的功用角色，基于功用角色的相关性转喻指辅助讲课的教材或笔记；"承尘（FB）"（承受尘土——指古代承接尘土的帐子或小帐幕）；"调羹（HB）"（调和羹汤——勺子）勺子的主要功用就是调和羹汤；"主任（ED）"（机构或部门的主要负责人）主要负责——主要负责的人，主任的功用就是最主要负责各种事务，类似的有："主编（EH）"（主要的编辑人员）、"总编（EH）"（最重要的编辑人员）最主要、最后进行编辑工作——报社等部门重要的编辑人员，主编和总编的功用是进行责编辑工作；"总统（EH）"（国家元首）、"总理（EH）"（国家重要领导人）、"总裁（EH）"（公司的首脑）主要负责统理、裁决——政界、商界中的重要人物，这些重要人物的功用就是统理、裁决等；"巨奖（EH）"（巨大的奖励）奖：奖励（动词）——奖励品，奖励品就是用来奖励的；"薄献（EH）"（微博的进献物品）"献"（进献）——进献的物品，这类物品的功用是用来向上级进贡、进献；"厚贶（EH）"（丰厚的赠礼）"贶"（拿很多礼品去赠送）——赠送的礼品，礼品的功用就是用来赠送给别人；"小引（EH）"（序言、序跋）"引"（引出）——序言，序言一般在文章前面，它的功用就是引出后面的内容；"大刑（EH）"（残忍的刑具）"刑"（用刑）——刑具，刑具的作用是对别人用刑，类似的有"私刑/严刑/重刑/毒刑/酷刑/钳刑（EH）"（各种刑罚）"刑"（用刑）——刑罚，刑罚的功用是对人用刑；"简历（EH）"

（个人履历表）"历"（历经）——经历，简历就是用来简单地记载个人经历的东西；"简介（EH）"（个人的有关介绍）介：介绍（动词）——介绍（名词），简介的功用是简单地介绍一个人；"上赏（EH）"（上乘的奖赏品）奖励——奖赏品，奖品的功用是用来奖励；"好评（EH）"（好的评价）"评"（评价）——评价内容，评价的内容的作用是给予某人或某物评价；"真释（EH）"（真正的解释）"释"（去解释）——解释的内容，解释的内容是用来解释事情的；"真宰（EH）"（真主）"宰"（主宰）——主宰事物的人，真主的作用是主宰事情；"直言（EH）"（不避讳的话）"言"（说话）——话语，话是用来说的；"忠告（EH）"（忠实的告诫）告：告诫、劝告——告诫内容，告诫的内容是用来去劝诫别人的；"杂耍（EH）"（多样的表演）耍：演示、演绎——表演（名词），表演的功用是用来演绎、演示；"笃论（EH）"（坚定的言论）论：谈论、论证——言论，言论的作用是用来谈论的；"成命（EH）"（发出的、既定的命令）"命"（下命令）——命令，命令的功用是让上级下达、传达的；"主导（EH）"（主要的导向）"导"（引导）——导向，导向的功用是用来作指导、引导；"通译（EH）"（为言语不通的人做翻译的人员）进行全面翻译工作——翻译人员，翻译的功用就是给言语不通的人进行语言的翻译；"暗探（EH）"（探子）暗中窥探——探子，探子的功用就是在暗中窥探别人；"中卫（EH）"（在运动场中央活动的运动员）在运动场中间活动、守卫——运动员，在中场活动的运动员的功用就是守球；"通告/公告/通报（EH）"（通知）全面地通知、报告——通知（名词）/报刊，通知和报刊的作用是用来通知和报告给别人信息；"夹带（FH）"（便条）夹着随身带着——便条，便条的功用是方便人随着携带；"呼吁（FH）"（表达）为某种要求、目的而呼喊——表达的内容，表达的内容是用来为某种目的而呼喊；"把戏（FH）"（计策）操纵、戏耍——计策，计策的作用是操纵事件、戏耍对手；"履历（FH）"（总结工作的方式）"履"（踩）——践行——践行过的事情、历：经历——经历过的事情，履历就是用来总结自己践行过、经历过哪些事情的东西；"土司（EH）"（官名，主持）本地的、主持和操作——进行主持工作的人，这类人的作用就是主持工作；"女侍（EH）"（女性侍者）女性的、陪伴伺候——女侍者，侍者的功用就是陪伴伺候别人。

2. 隐性功用角色

所谓隐性功用角色指的是语素义所指与词义所指的功用角色相关，如"特务（ED）"（特殊事务——服务于政治、经济集团，经过特殊训练并执行特殊任务的特殊群体）构词语素整合为"特殊的事务"，由词义的功用角色引入谓词"执行"即"执行特殊事务的群体"。这类词的构词语素多为名词类，并经由功用角色引入谓词。

"听事（FH）"（仆人等听事、侍奉——大厅）大厅的功用是供仆人听从命令和侍奉上级的；"庶务（ED）"（众多的任务——处理众多事务的人）类似还有"场务（CD）"（现场务工——杂务工通事制景道具主任）其作用相当于舞台剧的剧务，工作包括铺设移动车的轨道、移动拍摄平台、架设高台、安置反光板和遮光幕、做简单的木工，以及其他需劳力的工；"细作（EH）"（仔细的、从事某种活动——情报员）情报员的作用就是用来仔细地活动以提供消息；"短工/零工（ED）"（短工、临时工）零碎的工作——短工，短工的功用就是去做零碎的工作；"一路（ED）"（同伴）全程——走完全程的人，同伴的功用就是陪同别人一起行走；"总务（ED）"（总理各项事务的人）全部事务——处理全部事务的人，总务的功用就是处理所有的事物；"主教（ED）"（教区的主管）最重要的教义——主管人员，主管人员的作用是传播教义；"官商（ED）"（商人）政府管理的商业——商人，商人的功用就是对商业进行管理；"险工（ED）"（险地）险要的工作——危险的地方，危险的工作往往在危险的地方进行；"行使（EH）"（使者）顶用的、使用——使者，使者的功用是被用来支使和使用的；"公休（EH）"（节假日）公共的、休息——节假日，节假日的作用是让人们休息的；"早起（EH）"（早晨）很早的、起来——早晨，早晨的作用是提醒人们要早起；"零花（EH）"（零钱）零碎的、耗费——零钱，零钱的功用是让人零碎地去花费的；"小品（EH）"（散文、杂记）小的、稍微的、品评——一种文体，这种文体的功用是供人小酌、微品；"明戒（EH）"（清楚的警告）、"明令（EH）"（清楚的命令）清楚地警告/命令——戒律/律令，戒律/律令的作用是警告/命令别人；"长征（EH）"（途径）长的、走远路——途径，途径的功用是让人们长时间地行走；"重负/重任/重荷（EH）"（重大的责任/负担）重大的、担负担任——责任/负担，责任/负担是被人们承载和担负的。

（三）施成角色

构词语素前项、后项或整体整合后体现其构成词语的施成角色，二者多为因果关系，基于施成角色的相关性转喻指结果。其中施成角色与功用角色的分类相似，按照语素义所指是否直接表示词义所指的施成角色，我们将施成角色分为显性施成角色与隐性施成角色。

所谓显性施成角色指的是语素义所指直接表示词义的施成角色，如"建筑（HF）"（建设、筑造——建筑物）建筑物（用木石等材料建造）是通过"建设"和"筑造"这样的动作形成的。从语素义与词义的关系看，一般是语素义为施加动作，词义为施加后的成品效果。从语法范畴看，一般是动词义项衍生出名词义项，也就是由动作到动作所产生的结果。所谓隐性施成角色指的是语素义所指与词义的施成角色相关，如"笔墨"在指作文章、作画的意思时，先由所需的工具"笔"和"墨"引出该工具的功能是用来书写、作画这个动作，最后用这个动作表示词的转指意义，类似的有"工笔（EH）"（中国画技法名）工整地绘画、描写——绘画技法，"笔"的功能是用来书写、作画，然后用这个动作表示词的转指意义"作画的技法"。该类词的构词语素多为名词性的，而词义需要构词语素的间接施成产生，由名词引出动作后转指词义。在我们所选择的语料范围中显性施成情况如下：

"芳躅（EF）"（敬辞、踯躅——足迹、痕迹）踯躅徘徊的走动会留下足迹、痕迹；"炸类（HD）"（炸的东西——指通过油炸方式做出的食物）该种食物的做法是通过油炸做出来的，类似还有烧类、爆类、炒类等；"刺绣（EF）"（用尖锐的东西穿入物体，用丝线在布等上面缝制——一种工艺品）通过刺与绣最终形成的一种工艺品；"剪辑（FH）"（用剪刀等使东西分开，对事物进行编辑——书籍、版本）对书籍进行删、编形成的版本；"土产（EH）"（地方特色事物）"产"（产生）——产生的事物；"巨声（EH）"（巨大的声响）"声"（发出声音）——声响；"淡妆/素妆/浓妆（EH）"（各种妆容）"妆"（化妆）——妆容；"妄说（EH）"（虚妄荒谬之言）"说"（说话）——言辞；"大为（EH）"（成就）"为"（做事）——事情；"巨制（EH）"（规模大的作品）"制"（制造）——制成品；"大写（EH）"（形态、式样）"写"（书写）——书写成的形式、式样；"骚扰（EH）"（一种混乱状态）"扰"（扰乱）——一种混乱状态；"残余（EH）"（残存的事物或人）"余"（剩余）——剩余的东西或人；"雌威（EH）"（女子发怒时显示的威风）"威"（发威）——发威时显示的威风；"大统（EH）"（帝位、帝业）统：统领、统管——业绩和帝位；"激战（EH）"（激烈的战争）"战"（战斗）——战争；"恶骂（EH）"（凶恶的侮辱人的话）"骂"（用粗野的话侮辱人）——侮辱人的话；"定产（EH）"（固定财产）产：生产、出产——出产的财物；"指画（FH）"（一种画）"画"（描绘）——一种画；"偏向（EF）"（不正确的倾向）倾斜的、对着——不正确的倾向，倾斜地面对导致了不正确的倾向；"精装（EF）"（式样、装饰）精致地装配——式样、装饰，精美的式样是靠精致地装配才能形成；"一瞥（EF）"（快速地看一眼）动作短暂地看了下——快速地看这种活动；"正步（EF）"（队伍行进的一种步伐）垂直的、符合标准方向、用脚走——一种步伐；"百合（EH）"（一种花）很多的花瓣合并、收拢——花朵；"漫画（EH）"（图画）不受约束地画出——图画；"青编（EH）"（书籍）青色——青丝，青丝简编——书籍；"长编（EH）"（文章、作品）撰写编年史前，先行搜集资料，按次排列，称为"长编"——作品和文章；"婉言（EH）"（婉转的言辞）婉转地去表达——婉转的言辞；"素描/白描（EH）"（绘画技法）用朴素的方法去描绘、描画——绘画技法；"速写（EH）"（快速的写生方法）快速地书写——快速地绘画——快速的写生方法；"彩绘/彩塑（EH）"（工艺品）用各种颜色去画/塑造——工艺品；"阴骘（EH）"（上天的默默的安排）隐藏地去安排——上天已经做好的安排；"平装（EH）"（书籍装帧形式）普通地去装配——书籍装帧形式；"大略（EH）"（大致的情况）全面地简单扼要地叙述——大致情况；"反比（EH）"（事物间的反向关系）颠倒地去比较——比较出来的反向关系；"横行（EH）"（霸道的行为）蛮横地去做——霸道的行为。

（四）形式角色

形式角色是指语素所体现其构成的词语所指的某种表现形式，主要包括颜色、性状、大小等，如"苍茫"指天空，"苍"表示的灰白色、"茫"表示的广袤之义是对天空的颜色和大小的形式上的描述。在我们研究语料范围中具体情况如下：

"戴白（FE）"（头戴白发——称老人）老人的头发是花白的，这里涉及"老人"的构成角色"头发"，而突出显示的是该构成角色"头发"

的形式角色"白";"癞子（DK）"（黄癣——长黄癣的人）由人的鲜明特征代指该类人，类似如"豁子（IK）"（豁嘴——豁嘴的人）等;"先达（CH）"（先前通达——通达学问、道德的前辈）该类人先我而问道，故称先达;"浅儿（EK）"（浅：从上到下或从外到里的距离小——一种盛东西的用具）该用具的形式角色为"浅";"花圈（ED）"（用花或花纹装饰的、圆圈形的东西——祭祀品）花圈的是用花、花纹装饰的，并且是圆圈形的，一般是祭祀用品;"横幅（ED）"（与地面平行挂着的、与布帛呢绒等宽的东西——标志、旗帜）横幅一般是跟地面平行的挂着，并与布帛呢绒等有相同的宽度。

（五）规约化属性

规约化属性主要包括常规活动、时间、空间、行为角色、处置角色、特殊属性和依附物属性，我们将时间与空间合称为时空角色共六类。在所选择的语料范围中，具体情况如下：

1. 常规活动

常规活动属性指的是语素义所指即为词义所指事物的活动或者语素义所指是词义所指事物活动涉及的对象，如"跳脱（FH）"（跳动、脱离——手镯）手镯戴在手上一般不是很紧，上下跳动容易脱离手腕，具体如下：

"飞走（FH）"（鸟等鼓动翅膀、离开——飞禽走兽）飞禽走兽的基本活动就是飞行和行走（离开）;"司晨（HC）"［管理早晨（鸡鸣报晓）——雄鸡］雄鸡为生物钟家禽，常鸡鸣报晓;"守宫（HD）"（守住宫室——壁虎）壁虎经常守伏在宫室之壁，捕食虫蛾;"步快（BE）"（脚步很快——衙门中的差役）因徒步缉拿犯人，故称;"邻居（EH）"（挨着自己的住处居住的人）邻接地居住——邻接地居住的人;"贫嘴（EH）"（话匣子）絮絮叨叨地说话——话匣子;"小偷（EH）"（窃贼）小偷小摸——窃贼，窃贼的常规活动就是常做些小偷小摸的事情;"层流（EH）"（水域）重复、重叠地流动——水域，水域由一大片的水构成，水会重复地流动;"步兵（FA）"（陆军军种）用脚走的军人——陆军的一个军种;"嫡配（EH）"（正妻）家族中血统近的、两性结合——正妻，古人认为正妻的与家族的血统更近;"俊游（EH）"（才子）才智出众的、各处从容行走——才子，才子的特点是才智出众、常规活动是经常各地游走;"裁缝（FH）"（做衣服的人）用剪刀分开、用针连接——做衣服的人，做衣服的人的常规活动就是裁剪和缝合；"剪绺（FH）"（扒手）"绺"（物量词）——成一绺一绺状的东西，用剪刀把成绺状的东西分开——扒手，古人衣服上常挂着装饰物，小偷经常偷取，故称扒手、小偷为剪绺；"奔流（FH）"（河流）奔腾、流动——河流；"把戏（FH）"（杂技、武术）用手握住、玩耍——杂技、武术，杂技和武术的常规动作是手握、耍玩等；"险厄（ED）"（险地）危险的、灾难——险地；"坤仪（ED）"（大地）女性的外表——大地，大地有着女性般的宽柔的特点。

2. 特点属性

特点属性指语素义所指是词义所指事物的主要特点，如"禽兽（DD）"（家禽与野兽——没有人性的人）家禽与野兽的显著特点是"没有人性"，基于该种特点的相关性转指没有人性的人，具体如下：

"豪力（ED）"（强横的力量——有着强横力量的坏人）语素义所指本身构成词义所指的显著特点；"才俊（DE）"（才能才智出众——才能出众的人）；"上腴（CE）"（上乘肥沃——最肥沃的土地）土地的特点是"腴"；"明子（EK）"（明亮的——松明）明子的主要特点是明亮；"青天（EC）"（清官）蓝色的天空——有着如湛蓝天空一样特点的清廉正直的官员，如包拯、海瑞；"孤拐（EC）"（脚掌两旁突出的地方）单独的弯曲处——脚掌两旁突出的地方；"外家（ED）"（娘家、岳父母家、外祖父母家）另外的家庭——娘家、岳父母家、外祖父母家；"硕交（ED）"（有坚实交情的朋友）硕：同"石"，如石头般坚实的交情——有坚实交情的朋友；"素交（ED）"（本来就有交情的朋友）本来的交情——本来就有交情的朋友；"故交/旧交（ED）"（老朋友）以前的交情——在以前就有交情的朋友；"平交（ED）"（普通朋友）普通的交情、友情——有一般交情的朋友；"妙手（ED）"（俊杰）神奇的手——做事有神奇的手段的人；"亲信（ED）"（自己人）"信"（信息）——相信——可以相信的人；"丽质（ED）"（美女）美丽的性质——美女；"高知（ED）"（知识分子）等级在上的、知识——富有知识、等级高的人；"逸才（ED）"（人才）超过一般的才能——有着超乎常人才能的人；"特技（ED）"（有特技的人）特殊的技能——有着特殊技能的人；"宿望（ED）"（素负重望的人）旧有的盼望——素负重望的人；"庶孽（ED）"（妃妾所生之子）众多的罪恶——妃妾所生之子，古人认为非嫡亲的孩子是带有罪孽的;"万类(ED)"(万物)很多的种类——万物,万物包含很多的种类;"浪语(ED)"(空话、不切实际的话)没有约束的话——空话、不切实际的话;"部件(ED)"(构件)部分的、可一一计算的事物——构件,构件是构成某事物的部分,可以计算;"零件(ED)"(机件)零碎的、可一一计算的事物——机件,机件一般是零碎的,可数的;"青春(ED)"(春天)年轻、有生机——春天;"新知(EH)"(新的朋友)知:懂得、了解——懂得的人,即朋友;"茂士(ED)"(才德优秀的人)"茂"(丰富精美)——才德优秀;"斯文(ED)"(读书人)斯:这,文:文化、文明——有文化、讲文明的人;"暮节(ED)"(农历十二月或晚年)节:节气、节令——年岁;"暮序(ED)"(暮冬)序:顺序、序列——岁序之末,即暮冬;"空档(ED)"(时间)"档"(档案)——档期,某段时间里档案上没有活动安排,空档就表示某段时间是空闲的。

3. 时、空间属性

所谓时空属性指的是语素义所指构成词义的时间或者空间属性,具体来讲,语素义所指表示词义所指事物的时间或空间范围,如"街坊(DD)"由市民居住场所的空间意义借指表示居住在该空间的人,在我们研究语料范围中具体如下:

"下身(CB)"(下半身——裤子)裤子是穿在下半身的,由空间的相关性转指裤子;类似还有"后身(CB)"(后面的身子——上衣、袍子等背后的部分);"里间(CD)"(居住地方,二十五家为间——乡里友人)"里间"整体基于空间角色的相关性及构成角色的相关性指里巷里的人,这里更多地涉及空间属性;"堂上(DC)"(高堂——父母)古时父母经常坐在堂上,由此用高堂借指父母,类似还有"高堂(ED)""北堂(CD)""房下(BC)"等;"钧座(KC)"(座位——座位上的人)由各个座位转指坐在座位上的人;"敌方(ED)"(敌人)有冲突的方向——敌对方向的人;"主席(EC)"(主持、司仪/领袖、领导)主要的座位——主持、司仪/领袖、领导,主持/领导等通常坐在主要的位子上;"列位(EC)"(各位)各自所在的位子——在位子上的人;"宽边(EC)"(边缘)很宽的边缘地方——物体的边缘部分;"老家(EC)"(故乡的家庭)原来的住所——故乡的家庭;"上司(ED)"(等级高的人)等级高的部门——等级高的人;"大户(ED)"(富翁)大的门户——拥有大的门户的富翁；"方丈（ED）"（佛寺中的住持）佛寺住持的居处——住持；"少年/长年（EC）"（年少/长的人）"年"（时间单位）——人活的岁数——拥有多大岁数的人。

4. 处置角色

处置角色即"人或其他事物对名词所指的事物惯常性的动作、行为或影响"①。如"挂锄（FB）"（挂起锄头——农闲季节）农闲季节没有农活忙作，自然就将锄头与镰刀挂起来，类似还有"挂镰（FB）"，在我们语料范围中具体如下：

"偏提（EH）"（偏着提——酒壶）从酒壶的特殊结构来看，一般都是提着的东西在其一侧；"扯手（FB）"（扯着手——缰绳）我们一般都是用手扯着缰绳；"浇头（FK）"（浇——浇在菜肴上用来调味或点缀的汁儿）浇头一般是浇在菜肴上的。

5. 行为角色

行为角色即语素义所指代表词义所指事物的惯常性的动作、行为、活动，如"败子（IK）"（使败落——败家之子）不务正业，倾家荡产而不能自立的子弟；"荡子（IK）"（荡：无事走来走去，闲逛——人）远行不归的游子，流荡忘返的人；"宿学（ED）"（长期从事学问——长期从事学问的人）学识渊博的人，修养有素的学者；"老学（ED）"（知识分子）对某方面的学问富有经验的——长于学问的知识分子；"主谋（HG）"（主持图谋——主持图谋的人）；"伏莽（HB）"（埋伏在草莽中——寇盗）指寇盗常常潜藏；"坦床（GD）"（坦腹东床——女婿）因历史典故"坦腹东床"而来，由人物行为转指人物所代表的身份。

6. 依附物属性

依附物属性指词义需要依附语素义来表达，且语素义通常表示具体事物，词义通常为抽象事物。依附物属性多涉及交叉角色，这里仍旧归入依附物属性的主要原因是语素义体现的更多偏重于依附属性，如"墨水（DB）"通常用来表示某个人有没有真才实学，评价一个人有没有知识，通常的根据就是这个人读书写字用了多少墨水。具体如下：

"红颜（EB）"（漂亮的面容——美女）面容依附于脸展现出来，同时脸也是人的构成部分，红颜转指美女更多是基于依附物属性，同样的还

---

① 袁毓林：《汉语名词物性结构的描写体系及运用案例》，《当代语言学》2014 年第 1 期。

有"朱颜（ED）"（美女）、"慈颜（ED）"（父母）"颜"（脸上的表情）——脸庞，朱颜/慈颜——美女/父母；"重舌（EB）"（两个重复的舌头——通达外语并能够翻译的人）学习外语并翻译说话需要依附于人的舌头；"油嘴（EB）"（油腔滑调的嘴巴——油腔滑调耍嘴皮）要依附嘴巴才能讲出油腔滑调；"拙笔（EH）"（笔：书写绘画工具——对自己的作品的谦称）自己的作品是靠笔写出来的；"上位（EC）"（显达的职位）上面的位置——居于上面位置的人；"老家（EC）"（籍贯）原来的住所——在原来的住所居住的人的籍贯；"下级/上级（ED）"（等级较低/高的人员）等次低/高的等级——等级低/高的人；"卑职（ED）"（对自己的谦称）地位低下的职务——有低下职位的人；"粉牌（ED）"（一种标志）白色的牌子——一种标志，用以记事；"明盘（EH）"（价格）公开盘子——买卖双方在市场上公开议定的价格。

（六）单位角色

所谓基于单位角色的转喻指的是名词计量单位的相关性发生转指，如"邻里"古代汉语中，五家为"邻"，五邻为"里"，而现在用来表示邻居。在我们研究语料中，具体情况如下：

"小绺（ED）"（绺：量词——窃贼）古人挂在腰际的吊坠之类的东西其单位为绺，而盗贼专门偷人们挂在腰际的玉佩之类贵重物品；"篇什（DB）"（篇什——诗卷）《诗经》的雅、颂十篇为一什，后称诗卷为篇什；"全开（KF）"（开：量词，印刷上指相当于整张纸的若干分之一——印刷上指整张的原纸）；"诸位/各位/那位（ED）"（指人）"位"（指人的单位）——人；"女队/女师（ED）"（女子队伍）队/师：军队中队列的单位——一个队的人/一个师的人；"全张（ED）"（未经裁剪的纸）"张"（纸的单位）——纸张；"方尺（ED）"（一种尺子）"尺"（计量单位）——计量工具；"大件（ED）"（大的物件）"件"（物件单位）——物件；"双十（ED）"（年龄）"十"（数量单位）——年龄。

（七）交叉角色

词义发生转指经过两个过程，两个语素义之间互相整合，其整合方式多种多样，大多数为互相融合，互相对应的关系。所谓的交叉角色是指构词语素在整合后发生转指的过程中，其中一个语素的意义修饰限定后一语素，后一语素基于某种物性角色发生隐喻或转喻的类型。修饰整合成为整体后发生转指，只是中心成分发生转指，修饰部分没有发生。双音节合成词的前项和后项语素义分别表示某种物性角色，两种物性角色交叉存在构成了词的意义。该类一般为整体转喻。除此之外，还有前项与后项分别与词义相互作用的小类。笔者所研究的是非同义类合成词，从理论上讲大多都是由前后项语素交叉共同作用形成词义，但这里所讲的交叉角色更多涉及"AN"或"NN"类构词语序的词语，具体如下：

1. 特点属性——构成角色

构词前项语素充当构词后项语素的特点属性，并修饰限定后项语素，修饰限定后的后项语素的所指充当词义所指的构成角色，如"斜眼（EB）"前项语素"斜"修饰限定后项语素"眼"的特点，整合为"斜着的眼睛"，词义指"眼睛斜的人"，语素义所指基于构成角色的相关性发生转喻形成词义。具体如下：

"百舌（EB）"（很多舌头——乌鸫）乌鸫是一种鸟，善鸣，其声多变化。发音需要用到舌头，同时舌头也是乌鸫的构成部分，语素义所指基于特点、构成及功用角色的相关性转喻指乌鸫鸟，类似还有"百脚（EB）"与"百足（EB）"同样都转指蜈蚣等；"便衣（EB）"（方便不被发现的衣服——穿该衣服的人）前项语素"便"形容该衣服的主要特点（优点），接着基于两个密切相关的事物发生转喻指为便于执行任务而身着便服的军人、警察或特工人员；"生灵（ED）"（活着的灵魂——人民）前一语素"生"修饰限定后一语素"灵"的语义状态，"灵"是人的构成部分，生灵基于构成角色的相关性转喻指人民。

2. 形式角色——构成角色

构词前项语素充当后项语素的形式角色，二者整合后形成的语素义所指整体充当词义所指的构成角色，基于构成角色的相关性发生转喻形成词义，如"黔首（EB）"（黑色的头——百姓）前项语素"黑色的"充当后项语素"首"的形式角色，整合形成"黑色的头"。在秦朝，百姓的装扮多为裹着黑色头巾，语素义所指基于构成角色的相关性发生转喻由"黑色的头"转指"裹着黑色头巾的人即秦代的老百姓"，在笔者研究语料中，具体情况如下：

"黄发（EB）"（黄色的头发——老人）"发"的颜色是"黄色"（形式）对于青年人来讲头发一般为黑色，同时"发"是人的构成角色，因而"黄发"转指老人；"青衣（EB）"（青色的衣服——婢仆、差役等人）"青"是衣服的形式角色，而卑贱者常穿青色的衣服故而转指婢仆等；"朱门（EB）"（红色的大门——富贵人家）在中国古代，为表尊贵王侯贵族的府第大门一般都是漆成红色；"红粉（EB）""红"是"粉"的形式角色，粉是女人化妆用的，基于密切相关的相关性转喻指美女，类似还有"红袖""红妆"等；"圆象（ED）"（天象）圆周所包围的平面的样子——天空——天象，古代人们以为天圆地方，天空是圆形的平面，而天象则要通过天空的样子来体现。

除上述情况外，还有前项转喻与后项转喻的一类，也是涉及交叉角色，如"空竹（EB）"两头为两只扁平状的圆轮，轮内空心，轮上挖有四五个小孔，孔内放置竹笛，"轮内空心"是其特有的形式角色，"有竹笛"也是其构成角色，因而前项基于形式角色的相关性发生转喻后项基于构成角色的相关性发生转喻，最终形成"空竹"。

3. 功用角色——空间属性

前项语素所指充当后项语素的功用角色，整体基于空间角色的相关性转喻形成词义，如"号房（HD）"前项语素"号"充当后项"房"的间接功用角色，整体整合后充当词义所指的空间角色，即由"发号令的房子"转指"在房子里发号令的人"即传达室的人。

4. 规约化属性——规约化属性

前项语素所指充当后项语素的规约化属性，两个构词语素义整体整合基于规约化属性的相关性发生转喻形成词义，如"偏房（ED）"前项语素"偏"充当后项语素"房"的空间属性特点，两个构词语素整合后基于空间属性的相关性发生转喻指"住在偏房里的人即妾"。类似还有"副室（ED）""二房（DD）"等，具体如下：

"亲随（EH）"（关系很近，跟随——仆人）仆人的特点是与主人关系很近，常规活动是常跟随主人活动；"长随（EH）"（长：时间长，随：跟随——跟随的人）仆人一般长时间地跟随；"狭斜（EF）"（妓院）倾斜的、很窄的地方——妓院，妓院是污秽的地方，一般建在很狭窄倾斜的路边。"狭""斜"是具有贬义的语素，其中也包含人的主观感情。

5. 功用角色——构成角色

前项语素所指充当后项语素所指的功用角色，经前项语素修饰限定后的后项语素所指基于构成角色的相关性转喻形成词义，如"食指（DB）"前一语素"食"是后一语素"指"的功用，"指"是人的构成部分，因而"食指"基于这种功用与构成角色的相互交叉作用，整体转喻指人口。

7. 特点属性——空间属性

前项语素所指充当后项语素所指的特点属性，经前项语素修饰限定后的后项语素所指基于空间属性的相关性转喻形成词义，具体如"外宅（CB）"（外边的住所——住所里的人）这里不仅涉及空间属性还涉及特点属性，整体外面宅子凸显的一种隐喻的，其特殊属性是外面的、见不得人；"外行（CD）"（行业外边——外行人）对某一专门领域一无所知的人；"豪右（EC）"（坏人）"右"（方位）——重要的地位——有重要地位的组织、人，强横的、有重要地位的人——坏人。

7. 规约化属性——功用角色

前项语素所指充当词义的规约化属性，后项语素充当词义的功用角色，整体基于规约化属性与功用角色的相关性发生转喻形成词义，如"小吃（EF）"（小的、吃——地方特色食物）前项语素"小"充当特色食物的规约化属性，形容该种食物的特点。一般来讲量小，且具有特色，后项语素"吃"充当词义特色食物的间接功用角色，食物可以用来吃，基于功用角色的相关性发生转喻，用食物的功用"吃"来代指食物本身，具体如下：

"名吃（EF）"（地方特色食物）前项语素"名"作为规约化属性；后项语素"吃"充当词义特色食物的间接功用角色；"尖劈（EF）"（尖锐的、用来劈东西——机件）机件的特征是尖锐的、功用是用来劈东西；"硬印（EH）"（很硬的、可以盖印——图章）图章的特点是很硬、功用是能盖章；"摆渡（FH）"（摇动、运载——船）船行走时的特点是不停地摇摆、功用是运载人和物；"横披（EF）"（标志、旗帜）横着披挂——标志、旗帜，横披一般是被人横向披挂在某个地方以起标志作用；"简帖（ED）"（一种卡片）：简单的、用来临摹字体——一种卡片，这种卡片的特点就是很简单的、功用就是可以临摹字体；"游标（EH）"（仪表）不固定的、用来标记——仪表，仪表的特点是不固定、可以游动，功用是用来做标记；"清玩（EH）"（供玩赏的雅致的东西）雅致的、可以玩赏——一种可以把玩的雅致的物件，该物件的特点是雅致的，功用是用来把玩的。

8. 特点属性——单位角色

前项语素充当词义所指的特点属性，后项语素充当词义所指的单位角色，如"快件（ED）"（很快、以件为单位——快递、包裹，快递、包裹的特点是发送速度快，单位为"件"）。

9. 构成角色——施成角色

前项语素所指充当词义的构成角色，后项语素所指充当词义的施成角色，整体基于构成角色与施成角色的相关性发生转喻，"泥塑（DH）"前项"泥"指工艺品的构成材料，后项"塑：塑造"指工艺品形成的手段，基于构成角色与施成角色的相关性发生转喻指一种塑造成的工艺品。

二　隐喻（前项、后项及整体）

（一）形式角色

形式角色是指语素义整合所指体现其构成词语所指的某种表现形式，主要包括颜色、形状、大小等，其中基于形状角色发生隐喻的词语最多，具体如下：

1. 形状

语素义整合所指与词义所指间基于形状的相似性发生隐喻，具体如："八角（DC）"（八个角——茴香）茴香的典型形状特点为八个角；"藻井（DB）"（华丽的文采、文辞、井——古代殿堂室内顶棚的一种独特做法）其外形像个凹进的井，"井"加上藻文饰样，所以称为"藻井"；"百叶（EB）"（很多层的一片一片像树叶似的东西——胃）一般称牛百叶，牛的胃内部形状存在相似；"银幕（EB）"（白色的像幕布一样的东西——放电影时显示投影的白色屏幕）白色屏幕与幕布一样在颜色与形状上存在相似性；"耳子（BK）"（耳：耳朵，形状像耳朵的东西——物件两边似耳朵样供人提的突出部分）该物品的特点是形状像人的耳朵；"长条（ED）"指高个儿的人（长长的条状物——高个子的人）这种人的特点和长条儿相似是细长状的；"铺首（HA）"（门扉上的环形饰物）衔门环的底座，头——头隐喻为"兽首"——像兽首似的门扉上的环形饰物；"浑象（ED）"（古代天文仪器）天然的样子——仪器，古人以为天圆地方，这种仪器的形式就像天空的天然的样子；"百页（ED）"（豆制品）很多的一页一页的东西——豆制品。

2. 颜色

语素义整合所指与词义所指间基于颜色的相似性发生隐喻，具体如："乌贼（EA）"（黑的贼——乌贼、墨鱼等）乌贼作为海水生物遇到强敌时会以喷墨作为逃生的方法并伺机离开；"寒玉（EB）"（寒冷的玉——喻清冷雅洁的东西，月亮）玉的颜色与夜晚的月亮颜色相似。

3. 颜色与形状

语素义整合所指与词义所指间基于形状与颜色的相似性发生隐喻，具体如：

"红轮（EB）"（红色的轮子或者红色的像轮子的事物——红日）二者之间颜色是"红色"且形状"为圆形像轮子"；"玉环（EB）"（像玉颜色一样的圆环——像圆环一样的圆月）像玉的颜色一样的圆环不仅涉及颜色"像玉的颜色一样"，还涉及形状"圆环"类似还有"玉弓（EB）"（玉：弓箭——比喻弯月）、"玉尘（ED）"（玉一样的尘土——雪）雪的颜色如玉般洁白无瑕，形状像尘埃一样细小、"玉龙（ED）"（像玉一样的龙——比喻瀑布、泉水）瀑布和泉水形如长龙、色如美玉。

4. 味道

语素义整合所指与词义所指间基于间接味道的相似性发生隐喻，在我们语料范围中仅一例，"谏果（HB）"（上谏规劝、果实——橄榄）谏果即指橄榄。[①]"谏"即规劝、匡正之义。规劝与匡正的话语往往入声不甜，入耳味苦，这里的"苦涩"之味是倾向于心理感受，与橄榄的味苦有相通之处，因而基于"苦味"发生隐喻，用"谏果"来称"橄榄"。值得注意的是这里的"谏"其词性已经由动词转化为具有形容词意味的词，此外还有"谏笋"即苦笋。

（二）间接功用角色

按照语素义所指是否成为词义所指功用角色的直接对象，我们将隐性功用角色划分为直接功用角色和间接功用角色。所谓直接功用角色（direct telic role）即指语素义所指是动作功用的直接对象，词义所指为功用的使用方。如"服装（BD）"指管理服装的人。所谓间接功用角色（indirect telic role）即指语素义所指的功用角色不是词义所指功用角色活动的直接对象，二者之间的功用角色存在相似性，如："王牌（ED）"（扑克牌游戏中最强的牌——比喻最有力的人物、手段等）这里王牌的功用在打牌的游戏中最为厉害，而有力的人物在事件过程中的战斗力功用最厉害，二者之间不存在直接的功用关联，但存在间接的功用角色相似，即

---

① 吴裕成、左川：《橄榄味苦称"谏果"》，《文化学刊》2012 年第 2 期。

语素义基于功用的相似性发生隐喻，涉及间接功用角色，具体如下：

"龙头（DB）"（龙的头——自行车的车把）龙的头把控龙的方向，而自行车的车把把握车的方向，二者在间接功用角色上存在相似性；"支柱（FB）"（支撑的柱子——中坚力量）"支柱"的功用是支撑建筑物，而词义范畴中的"支柱"是在某一群体内部起到中坚力量，二者在间接功用角色上存在相似性。

（三）施成角色

按照语素义所指是否为词义所指施成角色的直接对象，我们将隐性施成角色划分为直接施成角色和间接施成角色。所谓直接施成角色（direct agentive role）即指语素义所指是直接的动作施成，词义所指为施成的结果方。所谓间接施成角色（indirect agentive role）即指语素义所指的施成角色不是词义所指施成角色活动的直接结果，二者之间的施成角色存在间接相似性，具体如："杂烩（IH）"指杂凑而成的事物（掺杂在一起烹饪——掺杂在一起烹饪的美食——杂凑而成的事物）语素体现词的间接施成角色，掺杂在一起烹饪的美食与杂凑而成的事物存在施成角色的相似性；"覆辙（FB）"（翻过车的车辙——失败的做法或前人的教训）翻过车的道路才会留下车辙，经历失败的人才会留给后人失败的教训。

（四）规约化属性

1. 间接特点属性

按照语素义所指是否成为词义所指特点属性的直接对象，我们将特点属性分为直接特点属性与间接特点属性。这里涉及的是语素义所指间接体现词义所指的特点属性，如："豺狼（BB）"语素义所指的豺与狼的显著特点是"凶残"，而词义用来指凶残的人。语义类由语素义的"B（事物）"到词义"A（人）"的无向原因在于二者基于间接特点属性的相似性发生的隐喻，人就是人不会是豺狼，但人与豺狼可以具备共同的特点，语素义所指与词义所指的特点需要转化，具体如下：

"雁行（BD）"（大雁排列的行队——兄弟）词义与语素义的共同语义特点为"并行排列"；"惊鸿（ED）"（惊飞的鸿雁——美女）二者之间存在间接特点即体态轻盈的相似性；"大炮（EB）"（大的炮火——比喻好说大话或好发表激烈意见的人）词义与语素义之间存在间接特点即激烈；"馋猫（IB）"（馋是猫的特点——指嘴馋贪吃的人）人与猫之间存在间接特点即为嘴馋；"蜗居（BC）"（蜗牛的居住所——比喻窄小的

空间）蜗牛的特点是形体占地面很小，这与某类人居住空间存在间接特点属性的相似性；"书簏（DB）"（藏书用的竹箱子——讥讽读书多而不解书义或不善运用的人）死读书的人就好像藏书用的箱子一样，仅仅是一个容器而已，不能灵活运用；"名流（ED）"（名人）出名的、等级——有名的、有高等级的人；"雏凤（ED）"（子女；青少年）幼小的凤凰——子女/青少年；"孤鬼（ED）"（孤独的人）孤独的灵魂——灵魂孤独的人；"恶魔（ED）"（坏人）凶恶的魔鬼——如魔鬼般凶恶的人；"俗流（ED）"（庸人）"流"喻指"一类人"——大众的品类——品类一般的人；"孽障（ED）"（逆子）邪恶的、用来遮挡的东西——逆子；"皓魄（ED）"（月亮）"魄"（精神）喻指"月亮"，同时月亮的特点是"明亮"；"癯仙（ED）"（梅花）风姿清瘦的仙人——梅花，梅花有着仙人般清逸脱俗的品质；"唾余（FH）"（别人的点滴言论）吐唾沫、剩下——比喻别人的无足轻重的点滴言论或意见，拾人唾余；"小鬼（ED）"（儿童）"鬼"（人死后的灵魂）——古灵精怪的人；"晚涂（EH）"（晚年）涂：通"途"，路途——人生的路途——人的生活、生命；"盛年/衰年（ED）"（壮年/晚年）好的/坏的收成的年份——壮年/晚年；"青春（ED）"（青年）年轻、有生机——青年；"近缘（ED）"（亲戚）关系近的边缘——亲戚；"奸佞（EH）"（坏人）奸诈自私、惯于用花言巧语——坏人；"莽苍（EC）"（天空）苍茫的原野——天空，天空有着原野一样苍茫辽远的特点；"九泉（EC）"（地底最深处）有极限深度的地下水——地底最深处；"九围（EC）"（九州、天下）无限大的范围——九州、天下，天下的特点是有无限大的疆域；"正轨（EC）"（正常的发展道路）正当的路轨——正常的发展道路；"玉龙（ED）"（比喻雪）像玉一样的龙——雪，雪色如美玉，飘落时如游龙；"什景（ED）"（什锦、菜肴）各种景色——菜肴，什锦菜肴花样很多，如同各种美景。

2. 间接空间属性

按照语素义所指是否成为词义所指空间属性的直接对象，我们将空间属性分为直接空间属性与间接空间属性。这里涉及的是语素所指与词义所指的间接空间上的相似，如"尖子（DK）"语素义所指为具体实在的物体锐利末端，一般为顶端尖锐之处，将"顶端尖锐处"在物体上的位置特点投射到人的范畴，形成抽象空间限定集体成员活动范围中处于"顶

端"的"领先者"。在我们语料中,间接空间属性的相似的词语还有:

"乔梓(BB)"(乔木高梓木低——指父位尊,子位低)真实空间的高低与心理空间的地位高低形成了基于间接空间属性的相似性;"班底(BE)"(戏班底部——戏班内除主演以外的其他演员)空间"底"引申出了地位低的意思;"心子(BK)"(中心——馅子)馅子一般位于所构成事物的中心位置。

(五)交叉角色

1. 空间属性——功用角色

前项语素所指充当后项语素所指的空间属性角色,修饰限定后项语素后,语素义所指基于间接功用角色的相似性发生隐喻形成词义,如"后盾(CB)"前项语素"后"充当后项语素"盾"的空间属性角色,整合指"后面的盾牌",基于间接功用角色的相似性隐喻指—支持援助的力量,类似还有"后台(CB)"(在背面的台子——比喻在背后操纵、支持的人或集团)等。

2. 构成角色——功用角色

前项语素所指充当后项语素的构成角色,二者整合的语素义所指基于间接功用角色的相似性发生隐喻形成词义,如"脓包(BD)"语素义整合指"化脓的包"没有用处,基于间接功用角色的相似性映射到人的范畴比喻懦弱无能的人。

3. 特点属性——功用角色

前项语素所指充当后项语素的特点属性,修饰并限定后向语素所指的特点,语素义整合后基于间接功用角色的相似性发生隐喻形成词义,如"朽木(IB)",前项语素"朽"修饰限定后项语素"木"的特点,构成"木"的功用特点为无用、腐朽,基于间接功用角色的相似性映射到人的范畴比喻不可造就的人才,类似还有"废物(EB)"(废弃的物品——不顶用的人)等。

4. 行为特点——功用角色

前项语素充当后项语素的行为角色,构词语素整合后基于间接功用角色的相似性发生隐喻形成词义,如"飞奴(HA)"(能飞的奴隶——鸽子)鸽子的行为特点为"飞",且其间接功用与奴仆一样,可以帮助主人传寄书信,因而基于行为特点与间接功用角色的相似性发生隐喻,类似还有"野奴(HA)"(非家养的奴隶——鹰雀之类,鹰雀一般是野生的）等。

5. 特点属性——形式角色

前项语素所指与词义的特点属性相似，后项语素所指与词义的形式角色相似，语素义所指基于形式角色与特点属性的相似性隐喻形成词义，在我们语料范围中有"鬼笔（ED）"前项"鬼"的特点是恶劣就像真菌有毒一样，后项"笔"的形状是细长，就像真菌的形状，词义指形状像笔且有毒的真菌；"玉弹（EH）"（启明星）洁白美丽的弹丸——启明星，启明星的形状很像一颗洁白美丽的弹丸。

6. 形式角色——功用角色

前项语素所指充当后项语素所指的形式角色，修饰限定后项语素所指后，基于间接功用角色的相似性发生隐喻形成词义，这里的隐喻为反向隐喻。具体如"红友（IA）"（类似红色、朋友——黄酒）黄颜色的酒就像朋友一样，基于形式与功用角色的相似性发生隐喻，类似还有"玉友（EA）"（白色、朋友——白酒）无论"红友"抑或"玉友"都是嗜酒善饮者，视酒为亲密朋友的称呼。

三　整体转喻——整体转喻

所谓"整体转喻——整体转喻"指的是构词语素整合后所指基于某种物性角色的相关性发生第一次转喻，后又基于某种物性角色的相关性发生第二次转喻，最终形成词义，在笔者研究语料范围中，具体如下：

1. 空间属性——构成角色

语素义整合后整体基于空间属性的相关性发生转喻，后来再基于构成角色的相关性发生转喻形成词义，在我们语料范围中仅一例即"陛下（DC）"即指"台阶下"，基于空间属性的相关性发生第一次整体转喻指"台阶下的侍从"，后基于构成角色（密切相关的两个事物）的相关性发生第二次整体转喻指"进言先呼台下侍者，慢慢成为皇帝的代称"。

2. 规约化属性——构成角色

语素义整合后整体基于规约化属性的相关性发生转喻，后再基于构成角色的相关性发生转喻形成词义，如"生齿（HB）"前项语素"齿"是可以生长出来的，前一语素是后一语素的行为角色，齿是人的构成角色，基于规约化属性（行为角色）的相关性发生第一次整体转喻指成人。后因人是户籍的构成部分，基于此发生第二次整体转喻指户籍中的人口、家口。

四　前项转喻——后项隐喻

所谓"前项转喻——后项隐喻"指的是前项构词语素所指基于词义某种物性角色的相关性发生转喻，后项构词语素所指基于词义某种物性角色的相似性发生隐喻。具体仅一例，前项语素所指基于行为角色的相关性发生转喻，后项构词语素所指基于特点属性的相似性发生隐喻形成词义，即"谢豹（HB）"虫名。指见人就以前足遮头，像害羞一样，而且能钻地，速度很快像豹子。

五　后项隐转喻——整体转喻

所谓"后项隐转喻——整体转喻"指的是后项构词语素基于某种物性角色的相关与相似性发生隐转喻，整体基于某种物性角色的相关性发生转喻形成词义，如"缁流（EB）"后项语素"流"基于形式角色的相关与相似性发生隐转喻指"像水流的东西"，之后整体基于构成角色（密切相关的两个事物）的相关性发生转喻指僧人（因为僧人常着缁衣）；"之流（ED）"（某一类人）后项语素"流"基于形式角色的相关与相似性发生隐转喻指"像水流的东西"，之后整体基于构成角色（密切相关的两个事物）的相关性发生转喻指"一类人"；"平流（ED）"（平庸之人）"流"基于形式角色的相关与相似性发生隐转喻指"像水流的东西"，之后整体基于构成角色（密切相关的两个事物）的相关性发生转喻指人。

六　前项转喻——整体隐喻

所谓"前项转喻——整体隐喻"指的是前项构词语素发生转喻后，整体形成的语素义所指基于某种物性角色的相似性发生隐喻形成词义，在我们研究语料范围中仅一例即"青士（ED）"前项语素"青"为"绿色的"之义，基于形式角色的相关性发生转喻指竹子，整体基于"士"的规约化属性（特点属性）的相似性发生隐喻指竹子，把竹子人化了，认为竹子有着士人般清高的品质。

七　前项隐喻——后项转喻

所谓前项隐喻——后项转喻指的是前项构词语素所指基于某种物性角

色的相似性发生隐喻，后项构词语素所指基于某种物性角色的相关性发生转喻，具体情况如下：

1. 构成角色——特点属性

前项构词语素所指基于构词角色的相似性发生隐喻，后项构词语素所指基于特点属性角色的相关性发生转喻最终形成词义，在笔者研究语料范围中仅一例即"鲐稚（DE）"前项语素"鲐"指鲐鱼的构成部分（身上的纹路），后项语素"稚"指稚嫩的，二者分别基于构成角色的相似性与特点属性的相关性发生前项隐喻、后项转喻形成"老幼"的词义。

2. 形式角色——构成角色

前项构词语素所指基于形式角色的相似性发生隐喻，后项构词语素所指基于构成角色的相关性发生转喻最终形成词义，如"鹿砦（BC）"前项语素"鹿"指鹿角形状，后项语素"砦"指伐倒树木，词义指伐倒树木、形似鹿角的筑城障碍物；"黑籍（ED）"（黑名单）黑：黑色，喻指"秘密的"；籍：书册，转指名单。

八 前项隐转喻——整体转喻——整体转喻

前项构词语素基于形式角色（形状）的相似与相关性发生隐转喻，后构词语素整体基于某种物性角色发生第一次转喻，第一次转喻后基于某种物性角色的相关性发生第二次转喻从而最终形成词义，在笔者研究语料中仅有一例即"牙将（DB）"前项构词语素基于形式角色（形状）的相似与相关性发生隐转喻指像牙一样的事物即"象牙"，"象牙"是旗子的构成部分，基于构成角色的相关性发生第一次整体转喻指旗子，而军旗是军队的必要构成部分，一般由军队首领带着，基于此发生转喻指军队首领。

九 小结

通过分析语素义转换为词义的情况，我们发现语素义转换为词义的几点整体性倾向规律：

第一，转喻现象明显大于隐喻现象并且仅有少数是前项与整体或后项与整体或整体与整体的隐转喻。换句话说，在发生转义过程中人们的认知更倾向于整体式的隐喻与转喻。当中也存在隐喻、转喻交叉的情况和不同物性角色交叉的情况，这充分说明了汉语双音节名词语义构词规则的复杂性。在隐、转、隐转喻路径中，理论上存在 36 种可能的搭配形式，但在实际分析中，我们一共有 9 种，这里我们用隐喻与转喻综合表示，具体如表 6.3。

表 6.3①　　　　　　　　　　　　**隐喻与转喻比量**

转喻	隐喻	隐喻与转喻综合
712/66%	335/31%	34/3%

第二，在发生隐、转喻的词语中，一般可以由物性结构中的规约化属性（常规活动属性、特征属性、空间属性、时间属性、依附物属性）、构成角色（部分—整体的关系、典型成员和范畴关系、密切相关）、交叉角色、功用角色（显性功用角色、隐性功用角色）、施成角色、形式角色和单位角色来解释。其中隐喻与转喻机制中物性角色数量如图 6.5。

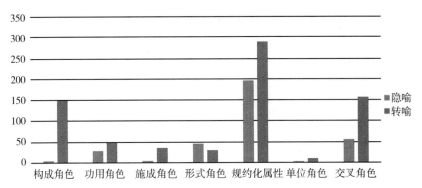

图 6.5　隐、转喻角色数量

第三，就《同义词词林》标注体系而言，语料中名词仅涉及四种语义类分别为 A（人）、B（物）、C（时间与空间）、D（抽象事物）共计1095 个名词，其中 D（408）>A（313）>B（264）>C（110），构词序列与构词语素语义类别呈正相关关系，这其中构成名词的构词类序主要有AA、VV、NN、AV、AN、NA、NV、VA、VN、N、V、A 共 12 类，构成名词的构词类序数量分别为 AN（316）>NN（291）>VN（174）>N（82）>NV（56）>VV（42）>NA（36）>AV（34）>VA（20）>V（19）>A（17）>AA（8）。

---

① 隐喻与转喻综合指非整体隐、转喻的所有类别，表 6.4、表 6.5 中与此相同。

值得注意的是，构词类序与物性角色有很大关系，一般来讲"VV"类复合词发生隐转喻多数充当词义的施成角色、功用角色或行为角色，"NV"类多涉及隐转喻，属于前后项的组合；"AN"类名词在发生转指时前项语素多为后项语素的物性角色之一，"NN"类词义在转指时的物性角色途径与"VV"类相反，多涉及构成角色、形式角色、规约化属性极少涉及施成角色。

第三节　动词语义构词途径

动词不同于名词的主要特点是它有时间范畴和述语功能，通常以动词为中心生成事件结构。因而对于动词与形容词来讲，我们主要从其论元结构的角度来分析词义与语素义间的联系。其中，对于 NN、AN、NA、VN、NV、N 类双音节动词来讲，分析其名语素的物性角色对于词义形成至关重要。因此，我们形成两种思路，从名词的角度看，动语素一般充当起功用角色或施成角色或常规活动属性；而从动词角度看名语素一般充当动词的施事、受事或主事论元，这其中对于名语素的物性角色分析对于解读动词论元结构十分重要。按照以上思路本节对 621 个属于 a+b＝c 类动词做构词途径分析，例如"小吃（EF）"其词义为"在口味上具有特定风格特色的食品的总称"。① 从词义的角度，语素"吃"充当其功用角色，从动语素"吃"的角度看词义充当其受事论元。

一　隐喻（包括前项、后项及整体）

（一）事物并联型

所谓事物并联型即指构词的前后两个语素代表两个语义地位相等的事物，基于语素所指事物与词义表示事件之间的相似性发生隐喻。这里发生隐喻的具体途径可以经由语素义所指事物的物性角色得出，具体情况如下：

1. 间接功用角色

语素义所指事物的功用角色与词义所指之间存在相似性，具体如下：

---

① 中国社会科学院语言所词典室编：《现代汉语词典》（第六版），商务印书馆 2012 年版，第 1497 页。

"陶钧（BD）"（制作陶器所用的转轮和材料——比喻陶冶、造就）即成功制作所凭借的材料与成功制作之间的关系。制作陶器这一事件正是因为有了材料和转轮，陶器才得以制作成功，而对于培养人才这一事件来说，也需要像制作陶器所需材料去造就人才，因而基于两事件间功用角色的相似性隐喻指陶冶、造就；"雌黄（DB）"（雌和黄的功用是涂改文字——修改文字）人用雌黄来涂改文字，因此称乱改文字、乱发议论为"妄下雌黄"，称不顾事实、随口乱说为"信口雌黄"；"刀俎（BB）"刀和刀砧板，宰割的工具。比喻生杀的权掌握在别人手里，自己处在被宰割的地位，后发生逆化组合，形成词义暴力欺凌、残害。

2. 间接特点属性

语素义所指事物的特点属性与词义所指之间存在共通的相似性，具体如下：

"牢笼（DB）"（牢和笼——比喻约束、限制人的事物或骗人的圈套）词义所指与语素义所指间存在共同间接特点是束缚，基于此发生隐喻；类似还有"龃龉（DD）"上下牙齿对不齐，比喻意见不合，互相抵触。

3. 间接单位角色

语素义所指事物的单位角色与词义所指之间存在共通的相似性，"步武（DD）"（不远的距离——跟着别人的脚步走——效法）古时以六尺为步，半步为武，语素义整合后指不远的距离，基于这种距离的特点映射为动作指跟着别人的脚步走，从而发生隐喻指效法他人。

（二）事件（像事）——关系——事件（喻事）

所谓"像事——关系——喻事"指语素义整合形成的语义表示事件 1 充当像事，词义表示的事件 2 充当喻事。其中名语素的物性角色对于事件的相似起着重要的作用，事件过程的相似性隐喻，如："问鼎（FB）"（a 问鼎——图谋夺取政权）鼎在古代是皇权的象征，基于过程的相似性隐喻指图谋夺取政权，该类型多涉及词序类型多为"VN"，具体情况如下：

"续弦（IB）"（琴续弦，因为弦断——人再娶，因为妻丧）① "续弦"本义是指续接断掉的琴弦。基于事件过程的相似性隐喻指男子丧妻

---

① 括号内破折号前代表该动词的语义框架，破折号后代表词义，下同。

以后再娶；"出轨（JC）"（车出轨道——人的语言和行为脱离了原则、超出界限）；"蝉蜕"（蝉的幼虫变为成虫蜕壳——比喻解脱）；"秉钧（HD）"［拿着（古代重量单位）合三十斤——掌握大权］钧的重量地位与大权的地位具有相似性，基于这种过程角色的相似性隐喻指掌握大权；"镀金（HB）"（镀上金——讥讽人到某种环境去深造或锻炼，只是为了取得虚名）金喻指更有意义更有价值的，然本身不是金子，而是镀上的；"借镜（KB）"（借镜子——比喻别人的可供自己对照学习的经验或吸取的教训，以便取长补短）镜子的功用是可以照自己或者别人；"离谱（ID）"（谱，离——比喻一个人在说话、办事等方面不遵循惯例、习惯和规则）谱的主要功用是让人遵循。

（三）事物、事件并联

所谓事物与事件并联是指构词的两个语素中，前项语素所指为名词事物，后项语素所指为动词事件，二者之间存在共同的相似点，词义基于与构词语素的共同特点的相似发生隐喻。一般来说，前面物是有生命的，该类型只涉及词类序列为 NV 类动词。具体如下：

"獭祭（BH）"（a 祭 b，獭捕鱼——作文罗列堆砌成文）水獭的一个显著行为就是捕捞的鱼会罗列在一起。人类祭祀时也会把祭祀用品罗列在一起。水獭的这种行为角色与人类祭祀行为具有相似性整合成为獭祭，基于整个词语的某一特定特点即罗列的相似性发生隐喻再发生转喻指在写作文的时候罗列典故或堆砌成文；"兔脱（BF）"（a 逃脱，兔跑——比喻很快地逃走）像兔子一样逃跑很快；"株连（BI）"（根与根牵连——指一人有罪而牵连他人）"株"本指露出地面的树根，树根之间牵连甚多就好像人与人之间互相牵连一样。

（四）事件并联——行为特点

所谓"事件并联——行为特点"主要指构词的前后语素代表两个彼此地位相等，语义相等的事件。词义基于与构词语素两个并列事件尤其是两个动作行为的相似性隐喻而来，该类型多涉及构词类序为 VV 型，具体如下：

"陶醉（GI）"（a 陶，就像 a 醉——比喻很满意地沉浸在某种境界或思想活动中，沉醉于某种事物或境界里，以求得内心的安慰）；"煎熬（HH）"（a 煎 b，a 熬 b——比喻折磨）；"琢磨（FF）"（a 琢 b，a 磨 b——比喻修养德业，研讨义理，修饰诗文等）；"压榨（FF）"（a 压 b， a 榨 b——比喻剥削、搜括）；"挹注（FF）"（挹：舀，把液体盛出来，注：灌进去——以喻取一方以补另一方）以上词语，构词的两个动语素构成两个事件并列，突出其动词的动作行为特点，并给予事件涉及的两个动词动作行为特点发生隐喻形成词义。

（五）事物——动作状态

所谓"事物——动作状态"主要指构词前项语素代表事物，在事件结构中主要充当施事、受事或主事，后项语素代表事物的动作状态，因而包括三种类型分别是施事与动作、受事与动作及主事与性状，具体如下：

"乌合（DH）"（乌鸦集合——比喻人群没有严密组织而临时凑合）；"萌芽（JB）"（草木刚长出嫩芽——比喻新生的事物）；"沾手"（a，沾 b 用手——参与某事）过程的相似性发生隐喻指参与某事；其中"手"是事件的主要论元，"沾手"这一过程中，"手"是人的构成部分，也是"沾"的主要发出者；"瓦全（BE）"〔完整的瓦——丧失气节而保全生命（常以玉碎对举）〕词义的产生经过以下两个途径：首先"瓦"的形式角色可以是完整的也可以是残缺的，其特点角色（与玉相比较为低贱）映射为人的范畴指地位较低的不够重要的；其次"瓦全"基于整个事件的相似性隐喻指丧失气节保全生命。

（六）事件——动作状态

所谓"事件——动作状态"主要指构词前项语素代表事件，后项语素多表示事件的状态或事件涉及的主要结果、特点等。具体分为三类，分别为事件及结果特点、事件与状态和事件与工具，具体如下：

第一类指事件与结果特点，该类型主要指前项动语素构成事件，后项语素主要形容事件造成的后果特点，具体如："架空（FE）"（a 架 b，b 空——表面推崇，暗中排挤使失去实权）；"吞没（FK）"（a 吞 b，b 没——把公共的或代管的财务据为己有）；"抹黑（FE）"（a 抹 b，b 黑，涂抹黑色——比喻丑化）；"挖苦（FE）"（a 挖 b，b 苦）用尖酸刻薄的话讥刺别人；"搁浅（GE）"（a 搁 b，b 浅——事情受阻）进入水浅处，不能行驶就像事情遭到阻碍而中途停顿一样。

第二类指事件与状态，该类型主要指语素义构成事件及该事件的状态与词义之间存在相似性，因而发生隐喻来指词义，如"没戏（JD）"（a 唱戏，没——比喻事情办不起来或维持不下去）某事没有成功的希望，其状态与没有戏唱存在相似性。

第三类指事件与工具，该类型是指后项语素构成事件，前项语素充当事件中的工具角色，从名词的角度来看，前项语素的功用角色即为后项语素，整体基于事件与事件涉及的工具角色的相似性发生隐喻。具体如："管窥（BH）"（a 窥 b，通过管，管的特点是狭、窄——喻目光短浅，见闻不广）；"蠡测（BH）"（a 测 b，用蠡，蠡是指瓠瓢——见识短浅）以瓠瓢测量海水与以浅见量度人存在相似性。

二　转喻（包括前项、后项及整体）

（一）事物并联型

构成词的两个语素是彼此地位相等的名词事物，这一类由名词到动词的转化主要是词汇关联机制作用的结果。基于事物与事件过程的相关性发生转喻，这里发生转喻的具体途径可以经由语素义所指事物的物性角色得出如："鞍马（BB）"（鞍子和马——骑马）骑马所需要的代表性要素是鞍子和马，基于此，部分要素代替整个事件发生转喻；"车马（BB）"（车子和马——谓驰骋游乐）驰骋游乐一般是有马车相随，语素义的功用与密切相关的角色激活词义；"口舌（BB）"（口和舌——争吵）争吵的过程中凭借的就是口与舌头，换个角度来看，口与舌头的功用角色是说话，这里指争吵。基于这种功用角色的相关性转喻指争吵，同时也是争吵凭借的部分要素代替整个事件从而发生转喻；"鼎镬（BB）"（鼎和镬——古代酷刑）古代的酷刑是用鼎镬来烹人；"粉墨（BB）"（粉和墨——掩盖）粉墨的功用是唱戏时用来装扮以配合角色的，其功用与掩盖本身相似，词义指掩盖真相。

（二）事件 1——关系——事件 2（相关）

所谓"事件 1——关系——事件 2"指语素义整合形成的语义表示事件 1，词义表示的事件 2 两事件之间存在关联。其中名语素的物性角色对于词义的转指起着重要的作用，如"发轫（HB）"事件 1 为"拿掉支住车轮的木头"，事件 2 为"出发，起程"。古人在停车时会用木头支住车轮，拿掉木头使车前进即为起程。具体如下：

"弄瓦（HB）"（玩纺锤——旧时生女的代称）"瓦"是原始的纺锤，古人把它给女孩子玩；"弄璋（HB）"（玩一种玉器——生下男孩子）"璋"是一种玉器，古人把它给男孩子玩；"投笔（FB）"（放下笔——弃文从武，投身疆场）笔代表文人常用物品；"解佩（FB）"

（解下佩——脱去朝服辞官）"佩"是古代文官朝服上的饰物；"抽簪（FB）"（抽去簪子——隐退）古时做官的人需束发整冠，用簪连冠于发。

还有一类典故词语，从典故中衍生而来，如下：

"献芹（HB）"典出《列子·杨朱》谦称赠人的礼品菲薄或所提的建议浅陋①；"倒灶（HB）"汉扬雄《太玄经·灶》："灶灭其火，惟家之祸。"后因以"倒灶"谓时运不济，倒霉②；"临池（IB）"指"学习书法，相传汉代书法家张芝在水池旁边练习写字，经常用池水洗砚台，使一池子的水都变黑了"③；"乞身（HD）"古代以做官为委身事君，故称请求辞职为乞身④；"赋闲（HE）"晋代潘岳辞官家居，作《闲居赋》。后来就把没有职业在家闲住称为赋闲。

（三）事件并列——行为特点

所谓"事件并联——行为特点"主要指构词的前后语素代表两个彼此地位相等，语义相等的事件。词义基于与构词语素两个并列事件尤其是两个动作行为的相关性转喻而来，该类型多涉及构词类序为"VV"型，具体如下：

"涂乙（FD）"（抹去称涂，勾添称乙——删改文章）；"推拿（FF）"（推和拿——用推、拿、提、捏、揉等手法进行治疗）医指用手在人体上按经络、穴位；"垄断（CH）"（田垄、断——把持和独占）站在市集的高地上操纵贸易。

（四）事物——动作状态

所谓"事物——动作状态"主要指构词前项语素代表事物，在事件结构中主要充当施事、受事或主事，后项语素代表事物的动作状态，具体如下：

"走眼（IB）"（眼：走——看错）眼睛的主要功用是看或辨识，基于这种功用角色的相关性转喻指看的事件，继而走眼指看错。这里语

---

① 孙立群、李爱珍：《常用典故分类词典》，上海大学出版社 2005 年版，第 131 页。

② 赵应铎：《汉语典故大辞典》，上海辞书出版社 2007 年版，第 169 页。

③ 唐子恒：《论典故词语的表义特征》，第九届全国汉语词汇学学术研讨会，山东济南，2012 年，第 48—50 页。

④ 中国汉语大词典编辑委员会、汉语大词典编纂处：《汉语大词典》第 1 卷上，上海辞书出版社 1986 年版，第 762 页。

素"眼"的物性角色对词义的解读起到至关重要的作用;"破脸(IB)"(脸:破——不要面子,撕破脸皮)实际语义脸并没有实质的破损,而是依附于"脸"的"面子"无形中被破坏而已;"游手(HB)"(手:游——闲荡不务正业)动词义时涉及手的功用角色,闲荡不务正业,名词义时涉及词义的构成角色,手充当人的构成角色因而转喻指闲荡不务正业的人;"交睫(IB)"(睫毛相交——睡觉);"齿冷(HI)"(露齿笑人,久之觉冷——极言讥笑嘲讽之甚)牙齿发冷,因为嘲笑而露出。

（五）事件——动作状态

所谓"事件——动作状态"主要指构词前项语素代表事件,后项语素多表示事件的状态或事件涉及的主要结果、特点等。该类型具体包括三小类,分别为事件与状态、结果特点、凭借,具体如下:

"有数(JD)"(数:有——人有底气或了解情况)在心中有数,通过事件的状态的相关性转指能很好地把握事态发展或事物的各种性能;"专房(KB)"(房:专——犹专夜,专宠)专房所涉及的是房间里的人,进而转指多房间里的人的专门的宠爱;"托足(KB)"(依赖脚——容身之地)脚的作用是站立,你所站立的地方即是你的容身之地;"托迹(KB)"(依赖的痕迹——多指寄身方外或遁处深山或贱位,以逃避世事);"吹唇(IB)"(a吹,用唇)唇是发出口哨的主要作用部位;"染翰(HD)"(以笔蘸墨——写字)"翰"指笔,用笔来蘸墨即是写字。

三　前项转喻——整体转喻

前项构词语素所指基于某种物性角色的相关性发生转喻,构词语素整合后整体所指基于某种物性角色的相关性发生转喻,最终形成词义。在笔者研究语料范围中仅一例即"瓜代(BH)"(瓜熟、代任——任期已满换人接替)本指瓜熟时赴戍,到来年瓜熟时派人接替。前项语素"瓜"基于构成角色(密切相关的两个事物)的相关性发生转喻指瓜熟时,整体基于行为角色的相关性发生转喻指任期换人接替。"最早见于'齐侯使连称、管至父戍葵丘。瓜时而往,曰:'及瓜而代。'期戍,公问不至。请代,弗许。故谋作乱。即指春秋时齐襄公叫连称和管至两个人去守戍葵丘地方,那时正当瓜熟季节,就对他们说,明年吃瓜的时候叫人来接替。"①

四　前项转喻——后项隐喻

前项构词语素所指基于某种物性角色的相关性发生转喻，后项构词语素所指基于某种物性角色的相似性发生隐喻最终形成词义，如"耳食（BF）"（a食b，a听b——比喻不假思索，轻信所闻）"食"为"吃"之义，"耳"的功用角色为"听"，耳与食之间存在相似性：人的听闻就像人吃东西不挑一样，一个是什么都吃，一个是什么都听。

五　后项隐喻——整体转喻

后项构词语素所指基于某种物性角色的相似性发生隐喻，构词语素整合后整体所指基于某种物性角色的相关性发生转喻最终形成词义，如"没骨（JB）"（骨：没——指不用墨线勾勒，直接以彩色绘画物象）中国画画法在书法里把笔锋所过之处称为"骨"，其余部分称为"肉"，画法不用勾轮廓。

六　后项转喻——整体转喻

后项构词语素所指基于某种物性角色的相关性发生转喻，构词语素整合后整体所指基于某种物性角色的相关性发生转喻最终形成词义，如"汗青（BE）"（流汗、青色——完成著作）古时在竹简上记事，采来青色的竹子，要用火烤的竹板冒出水分容易书写，因此后世把著作完成叫作汗青。青色的竹子流出汗，这是书写的基本条件，转而转喻指完成著作；"藻厉（DE）"（文藻华丽修饰文字——严厉教人）文辞可以用来整饬与严肃严厉可以用来磨炼人，指人砥砺名节。

七　小结

通过对语料中所有动词语素义转换为词义情况的分析，我们发现动词语素义在转换为词义过程中的整体性倾向：

第一，在无向型复合动词中转喻（311）>隐喻（297），隐喻与转喻的数量相当，这与名词的隐转喻不同，隐喻多涉及事件整体，而转喻多涉

---

① 李毓芙选注：《成语典故文选（上）》，山东教育出版社1984年版，第53页。

及事件内部，尤其是名语素的物性结构分析，如"走眼""破脸"等的分析，需要我们对其中的名语素进行物性结构的分析，进而明确词义转化的途径。

表 6.4　　　　　　　　　　　隐喻与转喻比量

转喻	隐喻	隐转喻综合
311/50.1%	297/47.8%	13/2%

第二，经过分析，我们从论元结构角度结合名词物性角色理论共总结出六种动词其语素义转化为词义的途径，分别是事件—关系—状态、事物—动作状态、事件（像事）—关系—事件（喻事）、事件并联—行为特点、事物并联型 、事件与事物并列。从以下两图表（图6.6、图6.7）中可以看出，其中隐喻与转喻过程中动词与名词的共同作用类型最多而事件与事物并列类最少；事件与事件发生隐喻的概率大于发生转喻的概率，而事件与事物共同作用过程中的转喻大于隐喻。

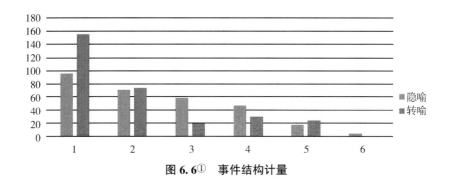

图 6.6①　事件结构计量

在每个具体途径过程中，隐喻与转喻的占比不同，事件（像事）—关系—事件（喻事）、事件并联—行为特点、事件与事物并列中，隐喻现象大于转喻现象，而在事件—关系—状态、事物—动作状态与事物并联型中，转喻现象大于隐喻现象，具体如图 6.7 所示。

第三，就《同义词词林》标注体系而言，动词涉及语义类为 F（动

---

①　图中，1 代表事件—关系—状态；2 代表事物—动作状态；3 代表事件（像事）—关系—事件（喻事）；4 代表事件并联—行为特点；5 代表事物并联型；6 代表事件与事物并列。

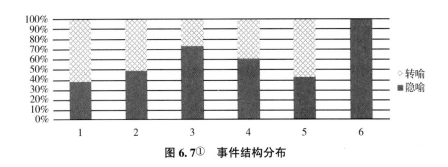

图 6.7① 　事件结构分布

作)、G（心理活动）、H（活动）、I（现象与状态）、J（关联）五类，笔者研究语料中共有 621 个动词，其中 H（296）>I（169）>F（71）>G（53）>J（32），且同名词一样，构词类序与构词语素语义类别呈正相关关系，这其中构成名词的语素其构词类序搭配有 AA、VV、NN、AV、AN、NA、NV、VA、VN、A、V、N 共 12 类，构成名词的构词类序搭配数量分别为 VN（318）> VV（135）> NV（48）> NN（44）> VA（23）>AN（20）>AV（18）>NA（6）>V（6）>AA（3）其中"NN"类动词多涉及事物并列型，"VV"多涉及事件并联—行为特点，"VN"是最为复杂的义类，多涉及事件—关系—事件、事物—动作状态、事件—关系—名词物性角色这三类，"AN"与"NA"中"A"多是对"N"的物性角色的修饰。

第四节　形容词语义构词途径

"形容词所表示的性状不是独立存在的，它以客观世界中的实体为依托，无限丰富而又千差万别，人们对某种的性状的认识，首先开始于对具有这种性状的单个实体的认识，在此基础上对不同实体上所具有的共同性状或相似性状进行归纳和概括，上升为抽象认识。"② "与典型的名词和动词相比，形容词的所指存在于具有离散性的具体的事物或具体的行为动作

---

① 图 6.7 中，1 代表事件—关系—状态；2 代表事物—动作状态；3 代表事件（像事）—关系—事件（喻事）；4 代表事件并联—行为特点；5 代表事物并联型；6 代表事件与事物并列。

② 王军：《形容词的语义特征及语义分类》，汉语词汇学第二届国际学术讨论会暨第六届全国研讨会，吉林长春，2006 年，第 139 页。

中，可以说离开了主体（即性状所依存的事物或动作），性状是无法存在的。"① 基于形容词本身的语义特征即依附性与抽象性，我们选择从语素义的角度推知词义对 306 个属于 a+b＝c 类的无向形容词进行分析，这与名词、动词从词义的角度推知语素义不同。从语素义推知词义，其所依赖事物或动作的特点主要有直接、间接（包括动作间接与事物间接）两大类。

一　隐喻（包括前项、后项或整体）

（一）事件特点

所谓事件并列式是指语素是由两个语义平行的谓词构成，以谓词为中心构成事件的并列，这其中构词语素的特点是词义隐转喻的主要原因，这类词在构词类序上多为"VV"或"VN"型复合词，具体如下：

1. 事件特点

该类事件的特点在语义上是施事与受事的关系，这里即涉及施事动作所引发的事件结构也涉及受事名词所包含的物性结构，二者整合成为词义，具体如下：

"燃眉（FB）"（火烧眉毛——比喻事态紧迫，危急）；"棘手（FB）"（刺手——比喻事情难办）这里手的功用是解决事情或者做事情；"穿云（HB）"（穿过云彩——形容声音高亢嘹亮）云的特点是高；"通天（HC）"（通着天——形容极高）天的特点是高，隐喻指联系上面人员；"入画（HD）"（进入画中——形容景色的美丽）画的典型特征就是美基于这种相关性发生转喻用来形容景色的美丽，美的就像画中的景物一样；"窝囊（GB）"藏在袋子里不敢出头。形容人没有能力，胆小怕事；"投簧（IB）"（投射器物——比喻方法等切合实际，能收成效）；"落伍（ID）"（在队伍中落下——比喻人或事物落在时代发展和形势要求的后面）；"旋踵（IB）"（旋转脚后跟——时间极短）旋转脚后跟此事件所用时间较为短暂，基于这种特点属性的相似性比喻时间极短。

2. 事件并列特点

"破绽（FF）"（破开、绽裂——漏洞）语言行动中露出的漏洞；

---

① 王军：《形容词的语义特征及语义分类》，汉语词汇学第二届国际学术讨论会暨第六届全国研讨会，吉林长春，2006 年，第 140 页。

"通脱（IH）"（通达、开脱——不拘泥，高超脱俗）；"漂浮（II）"（漂和浮游——比喻工作不踏实，不深入）；"抠搜（FH）"（抠和搜——吝啬）吝啬的显著行为特点是抠和搜；"跌宕（FF）"（跌和宕——形容事物多变，不稳定）富有变化，顿挫波折的显著行为特点是跌和宕；"竭蹶（KF）"（走路艰难——形容经济困难）走路的艰难与经济上困难之间存在着"艰难"的共通点，因而发生隐喻；"飞跃（HF）"语素义分别指利用动力机械在空中行动及跳，其事件特点为跳动，基于此发生隐喻比喻突飞猛进。

3. 事件——结果特点

该类多为 a+b=c 中少数前指或后指型的词语，其中动语素所构成的事件特点与形语素的特点一致，构成事件与特点类，具体如下：

"鼎沸（JI）"（水开鼎沸——喻吵闹、乱糟糟的样子）锅里的水开了以后会发出声音，这与人潮涌动乱糟糟吵闹的声音相似，因而发生隐喻，类似还有"糜沸（AI）"（糜粥之沸于釜中——世事混乱之甚）。

4. 事件——动作状态特点

表示事物状态的义类，该类形容词多用来形容事物的状态，其语素包括事件及事件状态。具体如下：

"无涯（KD）"（没有水边——形容广阔无边）其事件状态特点为"广阔"基于事件状态特点隐喻指形容广阔无边；"偃月（FB）"（倒下的月亮——形容半月之形）月亮的特点为半月之形，因而基于此用来形容半月之形；"洒洒（KK）"（分散地落下——形容文辞连绵不绝或形容四散的样子）基于事件的状态相似性发生隐喻；"如堵（JB）"（像墙一样——围观人多）这里用来形容观看人数众多，围堵的像一堵墙。

（二）事物特点

所谓"事物特点"指的是词义所指即为语素义所指的特点。该类型多涉及的构词类型为"NN"及"AN"两类。构词语素所指事物本身的物性角色特点或构词语素中的名词语素所具有的特点构成了词义的主要特征，这里的名语素特点可以用名词的物性结构理论来阐释，具体如下：

1. 间接功用特点

该类型的构词类序全部为"AN"或"NA"，其中形容词性的语素"A"全部用来形容事物"N"的间接功用角色，具体如下：

"手软（BE）"（手，软——比喻不忍下手或下手不狠）这里的

"手"其功用主要用来做事,"软"形容做事时的状态,整体隐喻指不忍心下手,或者下手不狠;"手松(BE)"(手,松——随便花钱或给人财物)"手"的功用是用来管理钱财,"松"用来形容管理不当,不爱惜钱财;薄舌(EB)(舌的特点是薄,其功用是说话——爱说俏皮话)比喻人爱说俏皮话;"长足(EB)"(长的足——取得较大的进步)"足"的功用角色是走路,实际意义的走路隐喻为取得较大的进步,进而构成词义形容进步很大或发展很快。

2. 间接特点

该类型的构词类序有两类,一是"AN"类,即"A"形容"N"的特点,词义基于间接特点属性的相似性隐喻而来;二是"NN"类,即"NN"整合而成的事物,其物性角色中的间接特点与词义特点存在相似性,因而发生隐喻构成词义,具体如下:

"稀糟(EB)"(做酒剩下的含水较多的渣子——事情坏到极点)语素义的特点为"稀薄、无用",基于事物的特殊属性的相似性发生隐喻指事情坏到极点;"糟糕(BB)"(做酒剩下的渣滓与用米粉面等做的食品——用做酒剩下的渣滓来做成原本应该用面粉做的米糕)糕点,本是美味的食品,如果要是用酒渣来做的话,就差极了。基于此特点发生隐喻指事情或情况不好;"狼藉(BD)"(狼窝里的草——杯子盘子乱七八糟地放着,形容吃喝以后桌面杂乱的样子)狼窝里草的特点是散乱、杂乱;"灵犀(EB)"(犀牛角为"灵犀"——心领神会)比喻心领神会,感情共鸣;枝蔓(BB)(枝条和藤蔓——比喻纠缠牵连或烦琐纷杂)枝条和藤蔓往往交叉纠缠在一起,基于这种间接特点属性的相似性隐喻形成词义。

3. 间接形式角色

所谓间接形式角色的相似性指的是语素义所指事物的形式角色(这里指颜色)与词义特点之间存在相似性,构词类序为"AN",在笔者研究语料中仅一例,即"红旗(EB)"(红色的旗子——竞赛中用以奖励优胜者的红色旗子)后来用以比喻先进的。

4. 间接空间属性

所谓间接空间属性的相似性指的是语素义所指与词义所指在间接空间特点上存在相似性,在笔者研究语料中仅一例,即"地下(BC)"(地面下面——谓政党、团体等处于非法、秘密活动状态)语素义所指的间接特点属性成为词义主要特点。

5. 间接行为角色

所谓间接行为角色特点的相似性指的是语素义所指与词义所指在间接行为特点上存在相似性，具体如："汗漫（BE）"（到处是汗水——广大）大汗淋漓，基于该行为特点的相似性隐喻指广大，漫无边际；"机械（BB）"（机器——形容不知变通）机器其行为特点为"呆板、不知变通"，基于此行为特点，词义发生隐喻指拘泥于成规，刻板而不知变通。

二　转喻（包括前项、后项或整体）

（一）事件特点

所谓事件特点指的是语素构成事件义，词义是该语素义所指事件的特点，基于事件特点的相关性发生转喻，具体如下：

"把臂（HB）"（握持手臂——表示亲密）胳膊把起来，表示二人关系亲密；"捧腹（FB）"（捧着腹部——形容大笑的情态）；"板荡（BF）"（"板""荡"——政局混乱）典出《诗经·大雅》，"其中有《板》《荡》两篇，写当时政治黑暗，人民生活贫苦，后来'板荡'便被用来形容天下大乱，局势动荡不安"[①]；"颠连（IK）"（颠簸连续——形容说话做事错乱，没有条理）；"浴血（FB）"（满身是血——形容战斗或斗争的激烈、残酷）语素义所指的事件特点与词义所指存在关联，基于事件特点的相关性发生转喻指战斗激烈。

（二）事物特点

所谓事物特点指的是语素义所指事物的特点构成词义，二者基于特点属性的相关性发生转喻，如"头面（BB）"指相貌和样子，借指好看，美丽；"体面（BB）"指头和脸，借指姿色。

三　整体转喻——整体隐喻

所谓"整体转喻——整体隐喻"指的是语素整体发生转喻，后整体发生隐喻，包括事件特点与事物及性状特点两类，具体如下：

1. 事件特点

"刺耳（HB）"（刺痛耳朵——形容话语刻薄）"耳朵"的主要功用

---

① 吴兢：《贞观政要》，岳麓书社 2014 年版，第 201 页。

是听声音，作为"刺"所引发事件的施事，基于此功用特点发生转喻指声音尖利难听，在此基础上基于特点属性的相似性隐喻形容话语刻薄，令人不舒服；"刻烛（FB）"（刻烛——喻诗才敏捷）"竟陵王子良尝夜集学士，刻烛为诗，四韵者则刻一寸，以此为率。文琰曰：'顿烧一寸烛，而成四韵诗，何难之有。'"①

2. 事物——性状特点

值得注意的是形容颜色的词语，其特点为将具备某种颜色属性的事物代指其该事物具备的颜色属性，具体如：

"草黄（BE）"（青草及黄色——像草黄一样的颜色）青草在秋季颜色由青变黄。其颜色属性与黄色相近，这其中隐含了谓词"草的颜色"，即语素义"草"实际进入词义使用的是草的相关颜色属性，基于此发生隐喻指像草黄一样的颜色；"蛋黄"这里的黄发生隐喻转喻指"像黄色一样的事物"《现代汉语词典》（第六版）解释为"蛋黄"，这里影响黄的语义发生变化主要是前一语素与词义的意义。类似还有"蟹青（BE）"（螃蟹及青色——蟹壳的颜色）螃蟹壳的颜色发灰，加之青色，二者整合指像螃蟹壳那样灰而发青的颜色；前一语素"蟹"实际是指蟹壳，同样隐含"蟹壳的颜色"；"藕灰（BE）"（莲藕及灰色——像莲藕一样的灰色）莲藕刚出淤泥呈现灰色，二者整合隐喻指像莲藕一样的灰色。

四　前项隐喻——后项转喻

所谓"前项隐喻——后项转喻"指的是前一个构词语素基于与词义某种相似性发生隐喻，后一个构词语素基于与词义的某种相关性发生转喻，如："星驰（BH）"（流星飞奔——人奔驰）像流星一样飞奔，形容跑得快；"秒忽（DH）"（秒、忽——极为细微）语素义分别为计量单位名称及不注意，两个语素义的共同特点为细微，基于此发生隐喻，词义比喻极为细微。

五　前项转喻——后项隐喻

所谓"前项转喻——后项隐喻"指的是前一个构词语素基于与词义的某种相关性发生转喻，后一个构词语素基于与词义的某种相似性发生隐

① 王琪：《常用典故词典》，四川辞书出版社 2004 年版，第 151 页。

喻，如："涂鸦（HB）"（乱写或乱画的东西像乌鸦——乱写乱画后的东西像乌鸦一般黑，没有章法与意义）前项"涂"由动作转指结果，后项"鸦"由结果形式角色特点隐喻指该事件结果特点，即比喻书法拙劣或胡乱写作（多用做谦辞）；"苦口（FB）"（苦、口——形容反复恳切地说）语素义中的"口"在词义中突出其功用即说话，而语素"苦"即有耐心地、尽力地。基于事件与事物特点的相似性整合为形容反复恳切地说。

六　小结

通过对上述例词语素义转换为词义情况的分析，我们发现语素义在转换为词义的几点整体性倾向规律：

第一，隐喻与转喻倾向上，无向词语中形容词发生隐喻现象明显大于转喻，其中多数不发生转义，语素义直接构成词义，具体如表 6.5。

表 6.5　　　　　　　　　　　　隐喻与转喻比量

转喻	隐喻	隐喻与转喻综合
100/14.3%	178/39.2%	28/5.7%

第二，隐喻机制中，事物特点（92）>事件特点（86）；在转喻机制中，事件特点（61）>事物特点（39），未转义类形容词主要指词义没有明显的隐转喻现象，且名语素的物性角色解读与动语素的论元结构解读对于词义解读至关重要。

第三，就《同义词词林》标注体系而言，形容词仅涉及语义类为 E（特征）一类，笔者研究语料中共有 306 个形容词，这其中构成名词的语素其构词类序搭配主要有 VV、NN、AV、AN、NA、NV、VA、VN、V、N 共 10 类，其中 NN（94）>VV（70）>VN（61）>AN（23）>NV（16）>VA（13）>NA（11）>AV（8）、V（8）>N（2）>AA（0）、A（0）。"NN"类型，主要通过事物特点或者前后项与整体隐喻或者转喻构成；"VV"类主要通过事件特点即事件行为特点的语义特征发生隐喻或者转喻；"NA"或"AN"类中，"A"修饰"N"的物性角色来限定"N"且都是前指或者后指。最复杂的是"VN"，具体有以下两种类型：第一种类型就是"施事—动作—受事"关系，即 N 是前项动词语素所构成事件中的一个论元，该论元或者充当施事、或者充当受事或主事；第二种类型就是"事件—关系—像事",如涂鸦（VN）是指"a 涂 b, b 像鸦",后一语素鸦并不属于前一动词语素构成的事件,"NV"主要涉及前后项隐转喻,即 N 所代表事物的物性角色特点与 V 所构成的事件特点之间存在共同的语义特征,基于二者共同的语义特征发生隐、转喻。

第五节　名词、动词、形容词转指途径对比分析

综上所述,经过对 a+b＝c 类 1095 个名词、621 个动词及 306 个形容词语素义与词义间"沟通方式"的分析可以看出,对于名词而言,语素义所指体现词义何种物性角色,词义基于相关性发生转喻抑或是相似性发生隐喻,综合看来这就是语素与词"沟通方式",物性结构将与一个词项相关的事物、事件和关系解读得十分清楚明晰;对于动词而言,论元结构的分析尤为重要。构词语素所建构的事件与词义本身代表事件之间的相似或相关,造就了词义与语素义的间接关系。其中,分析构词语素中名语素的物性角色对我们进一步明确动词词义转指的细致途径有很大帮助;对于形容词而言,主要基于事物特点或事件特点两个途径发生隐喻或转喻,形容词词义所表示的特点正是由构词语素体现。就名、动、形三者发生隐转喻的情况而言,我们可以做出一个大胆的猜测,前项和后项两个语素更偏向同时进行转喻或者同时进行隐喻来得到词义。这种方式是一种更为直接的变换方式。人们更易将语素义和词义联系到一起,更易通过语素义理解词义,这符合人类普遍的认知规律。

通过对选定范围内发生转指现象的复合词的定量定性分析,我们发现多数无向双音节复合词中存在的一些整体倾向性规律。

一　隐喻、转喻机制倾向

首先,在隐喻机制中,最常涉及形式角色。这是因为人们趋向于选择具体的、易完型感知的、典型的事物作为源域,去喻指目标域中抽象的、不易完型感知的、非典型的事物,符合人们的认知原则。

其次,在转喻机制中,由于转喻是基于相关性的认知方式,部分和整体关系是转喻范畴的原型,所以转喻最常涉及构成角色。隐喻和转喻的认知方式在词义发展中共同作用,互为补充,并存在交叉现象。在我们所研

究语料中，整体转喻频率高于部分发生转喻，无向名词由转喻而来较多，动词与形容词由隐喻而来较多。

此外，我们发现复合词转喻关系多于隐喻关系，据西方认知语言学学者对英语多义词的隐喻转喻进行大数据统计分析，普遍认为复合词语素间隐喻关系多于转喻关系，这和我们得出的结论正好相反。本章的这一分析结果也印证了的高婧（2009）对现代汉语多义词隐喻转喻分析得出的结论。这可能是中西方人认知方式的差异在复合词隐喻转喻机制层面的反映。

最后，我们认为，隐喻和转喻复合词都是通过构词语素或部分或整体激活某一物性角色、事件结构来分别实现双域和单域映射。且在笔者研究语料范围中，名动形三类无向词语在隐喻转喻倾向上存在差异：在发生转指的名词中，转喻大于隐喻现象，而在发生转指的动词与形容词中，隐喻大于转喻现象，具体如图6.8。

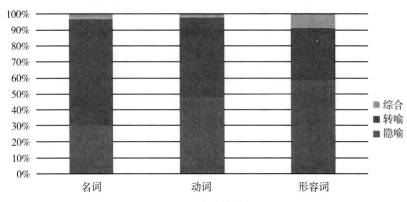

图 6.8　隐喻与转喻分布

二　构词类型倾向

(一) 构词类序差异

苑春法认为"汉语没有明显的形态变化，名、动、形容词性语素交错排列组合，构成各种类型"[①]，理论上来讲共有 12 种类型"动 + 动""名 + 名""形 + 形""动 + 名""动 + 形""名 + 动""名 + 形""形 + 动"

---

① 苑春法、黄昌宁：《基于语素数据库的汉语语素及构词研究》，《世界汉语教学》1998 年第 2 期。

"形+名""形+前/后缀""名+前/后缀""动+前/后缀"，同时"将构词类序做了统计，证实语素的素类分布与复合二字词的词类分布有大致相同的规律"①。具体如表 6.6。

表 6.6　　　　　　　　　　　复合词构词类序②

类序	名词	动词	形容词	类序	名词	动词	形容词
名+动	255	631	20	动+动	218	7010	60
名+形	90	20	160	形+名	4630	43	129
名+名	12583	8	32	形+动	93	1127	127
动+名	2559	5338	112	形+形	151	34	2205
动+形	23	584	70	其他类序总和	1414	871	361
				总计	22016	15666	3276

在笔者研究语料范围中，以"VN""AN""NN"三类构词类序占比最多，具体情况如表 6.7。

表 6.7　　　　　　　　　　　构词类型比量

AA＝A 0/0	AA＝V 3/1.4%	AA＝N 8/0.4%
VV＝A 70/3.5%	VV＝V 135/6.7%	VV＝N 42/2%
NN＝A 94/4.6%	NN＝V 44/2.1%	NN＝N 291/14.4%
NV＝A 16/0.8%	NV＝V 48/2.3%	NV＝N 56/2.7%
NA＝A 11/0.5%	NA＝V 6/0.2%	NA＝N 36/1.8%
VA＝A 13/0.64%	VA＝V 23/1%	VA＝N 20/1%
VN＝A 61/3%	VN＝V 318/15.7%	VN＝N 174/8.6%
AN＝A 23/1.1%	AN＝V 20/1%	AN＝N 316/15.6%
AV＝A 8/0.4%	AV＝V 18/0.8%	AV＝N 34/1.7%
A-＝A 0/0	A-＝V 0/0	A-＝N 17/0.8%
V-＝A 8/0.4%	V-＝V 6/0.2%	V-＝N 19/0.94%
N-＝A 2/0.1%	N-＝V 0/0	N-＝N 82/4.1%

由表 6.6、表 6.7 我们得知，无向名词中绝大多数是由名词性的语素参与构成，如形名、名名、动名、名缀，且名词性语素多位于后面。而动

①　苑春法、黄昌宁：《基于语素数据库的汉语语素及构词研究》，《世界汉语教学》1998 年第 2 期。

②　同上。

词绝大多数是由表示动作行为的动词构成以动动、动名类为主，也包括名名复合词；无向形容词占比很少，其中以动动、名名、动名类为主，具体比量分布如图6.9。

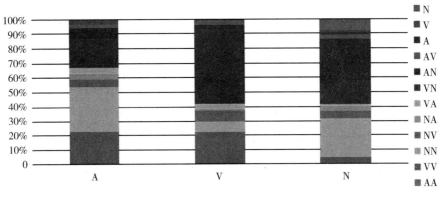

图6.9　构词类序分布

（二）构词类序与途径的对应关系

构词语素的性质影响词义的物性角色及事件结构，对于涉及功用角色及规约化属性中的行为、处置、常规活动属性时，构词类为"V/VV"类，对于涉及交叉角色时，构词类序为"AN"类最多，"A"多为"N"的限制修定，涉及交叉角色。"NA"、"NV"及"AV"类多涉及交叉角色及构成角色，对于占比最多的名名复合词来说，涉及构成、规约化、形式角色较多，功用与施成较少，具体情况按照名词与谓词的顺序，如表6.8。

表6.8　　　　　　　　　　　名词构词类型与途径对应

隐喻与转喻	物性角色	A	AA	V	VV	N	NN	AN	NA	NV	VN	AV	VA
转喻	构成	0		1	2	20	40	47	5	4	17	5	3
	功用	0		2	11	8	2	8	2	4	15	2	2
	形式	4		0	0	5	3	15	2	0	0	0	0
	施成	0	0	1	8	1	7	2	0	5	8	4	1
	规约化	21		17	14	36	94	60	5	10	47	6	10
	单位			0	0	0	4	2	0	0	0		
	交叉	0		2	0	2	18	53	9	10	19	6	1

续表

隐喻与转喻	物性角色	A	AA	V	VV	N	NN	AN	NA	NV	VN	AV	VA
隐喻	构成					1	4	0			0		
	功用			1	1	1	12	10		2	4		
	形式	1	0	1		3	12	21	1	1	0	0	
	施成				3	0	0	0			2		
	规约化	2		3	2	28	58	42	6	9	33		3
	交叉					3	22	31	0	1	11		
综合		0	0	0	0	2	8	8	1	5	10	0	0

对于形容词与动词而言，主要在于发生隐喻与转喻的途径不同，这里我们区别二者的途径后，将形容词与动词合成一个大类谓词，其构词类序与词义途径的对应如下：

表 6.9①　　　　　　　　　　**谓词构词类型与途径对应**

隐喻与转喻	途径	A/AA	V/VV	N/NN	AN	NA	NV	VN	AV	VA
转喻	①		33		3		11	100	7	12
	②			4	10		4	60		2
	③						2	10		
	④		22				2			
	⑤	1		27		1				
	⑥									
	⑦	0	33			2	1	16	4	5
	⑧	0		24	8	4	3		0	

---

① 表6.9中，①至⑧代表：①代表事件—关系—状态；②代表事物—动作状态；③代表事件（像事）—关系—事件（喻事）；④代表事件并联—行为特点；⑤代表事物并联型；⑥代表事件与事物并列；⑦事件特点；⑧事物特点。

续表

隐喻与转喻	途径	A/AA	V/VV	N/NN	AN	NA	NV	VN	AV	VA
隐喻	①		34				14	72	5	6
	②				7		3	36	2	
	③		8				5	30	2	2
	④	2	40				1		1	
	⑤			17						
	⑥			1		5		6		1
	⑦	0	35	4	4		5	40	2	6
	⑧	0		61	9	5	3			
综合		41								

三　词义转指具体途径

（一）名词转指途径

我们对语料中的 1095 个无向名词，就其词义与语素义间经由物性角色的桥梁连接起来的路径做计量分析，其中规约化属性（289）>交叉角色（157）>构成角色（150）>功用角色（50）>施成角色（35）>形式角色（30）>单位角色（10），其中规约化属性共有七小类，分别为典型特征（109）>空间角色（75）>行为角色（45）>依附物属性（25）>常规活动属性>（17）>时间角色（13）>处置角色（5）；在隐喻机制中，涉及的物性角色途径具体如下：规约化属性（197）>交叉（56）>形式（46）>功用（29）>施成（5）>构成（4）>单位（1），其中规约化属性具体分为典型特征（151）>空间（19）>行为（13）>依附物（9）属性>处置（3）>时间（1）>常规活动（1），最终形成名词物性角色路径表：

表 6.10　　　　　　　　　　无向名词物性结构关系路径

物性角色	具体要素	基于	发生	例词	数量
构成角色	部分与整体之间的关系	相关性	转喻	袁头	15
		相似性	隐喻	—	0
	典型成员与整体范畴	相关性	转喻	西施	29
	两个密切相关事物	相关性	转喻	女冠	110
		相似性	隐喻	鸳鸯	0

续表

物性角色	具体要素		基于	发生	例词	数量
形式角色	直接形式角色		相关性	转喻	朱门	30
	间接形式角色		相似性	隐喻	青士	46
功用角色	显性功用角色		相关性	转喻	经理	39
	隐形功用角色	直接功用角色	相关性	转喻	口腹	10
		间接功用角色	相似性	隐喻	青鸟	29
施成角色	显性施成角色		相关性	转喻	建筑	35
	隐形施成角色	直接施成角色	相关性	转喻	笔札	0
		间接施成角色	相似性	隐喻	杂烩	5
规约化属性	常规活动		相关性	转喻	跳脱	19
			相似性	隐喻	种子	1
	特点属性	直接特点属性	相关性	转喻	守宫	112
		间接特点属性	相似性	隐喻	惊鸿	153
	空间属性	直接空间属性	相关性	转喻	东宫	74
		间接空间属性	相似性	隐喻	掌心	19
	时间属性	直接时间属性	相关性	转喻	宵夜	11
		间接时间属性	相似性	隐喻	—	0
	依附物属性		相关性	转喻	拙笔	37
单位角色	计量单位		相关性	转喻	篇什	10
交叉角色	物性角色与物性角色的交叉		相关性	转喻	朱门	158
			相似性	隐喻	脓包	56

其中，由于规约化属性涵盖 7 个小类别，这里我们再做具体分析得知：在规约化属性中，数量由多到少依次为典型特征属性、空间属性、行为角色、依附物属性、常规活动属性、时间属性和处置角色，其中时间属性只涉及和常规活动属性多涉及转喻，典型特征属性多涉及隐喻。其隐喻、转喻数量如表 6.11。

表 6.11　　　　　　　　规约化属性隐、转喻现象

	时间属性	空间属性	行为角色	处置角色	常规活动属性	依附物属性	特点属性
隐喻	1	19	13	3	1	9	151
转喻	13	75	45	5	17	25	109

　　规约化属性中，仅特点属性（又称典型特征属性）这一类的隐喻现象大于转喻现象，其他六小类中全部是转喻现象大于隐喻现象，具体如图6.10。

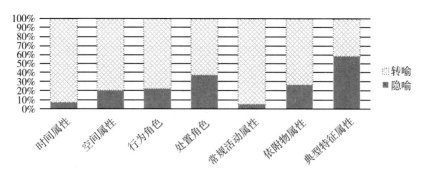

图6.10　规约化属性中隐、转喻分布

（二）谓词转指途径

　　我们对语料中的全部谓词进行分析得知，转喻机制中，事件—关系—状态（166）>事物—动作状态（80）>事件特点（61）>事物特点（39）>事物并列（29）>事件并联—行为特点（24）>事件（像事）—关系—事件（喻事）（12）>事件与事物并列>（0）；隐喻机制中，事件—关系—状态（131）>事物—动作状态（48）>事件并联—行为特点（44）>事物并列（17）>事件（像事）—关系—事件（喻事）（47）事件事物（13）事件特点（96）>事物特点（78）具体如表6.12。

表6.12　　　　　　　　　无向谓词论元结构关系路径

具体事件框架		发生	例词	数量
事件—关系—状态	间接	相似性	没戏	131
	直接	相关性	看扁	166
事物—动作状态	间接	相似性	失足	48
	直接	相关性	解佩	80
事件（像事）—关系—事件（喻事）	间接	相似性	续弦	47
	直接	相关性	献芹	12
事件并联—行为特点	间接	相似性	煎熬	44
	直接	相关性	涂乙	24
事物并列	间接	相似性	矛盾	17
	直接	相关性	车马	29

续表

具体事件框架		发生	例词	数量
事件与事物并列	间接	相似性	獭祭	13
	直接	相关性	无	0
事件特点	间接	相似性	竭蹶	96
	直接	相关性	舒扬	61
事物特点	间接	相似性	薄舌	78
	直接	相关性	体面	39

第六节　小结

一　主要解决的问题

对于面向中文信息处理的语义构词研究大多是基于大批量语料库，本章主要解决的是计算机无法理解的少量词即定义为无向词的 2022 个词语。经过分析，我们发现计算机无法理解的词语主要有两大类，一类是发生转指的词语，另一类为未发生转指的词语。在发生转指的词语中名词最多，动词次之，形容词最少。

在转指途径中，三类词都涉及隐喻与转喻的总体转指途径且转喻现象大于隐喻现象。对于名词而言，涉及具体物性角色；对于谓词而言，涉及论元结构与物性角色。名词的转指途径更多涉及转喻，动词的转指途径更多涉及隐喻。

在构词类序中，我们将所有语料进行构词类序的分析对比，结合转指途径，发现构词类序与转指途径之间存在相关关系，如 "VV＝N" 的构词类序中语素义多充当词义的功用角色、施成角色或行为角色，一般不涉及构成角色、形式角色或规约化属性。在构词类序中，动名复合词最多，名名复合词次之，形名复合词再次，动动复合词最次，四者占总数 80%。

对于无向词语的具体语义分析，让我们更加明确词义与语素义间的 "沟通桥梁" 是如何建立起来的，也让我们更加明确无向词语的 "指向"，这对于计算机理解词语及识别未登录词语有很大的意义，同时对于外国留学生学习汉语词汇，汉语词汇理据词典编纂都有一定的借鉴意义。

二 "无向"转指原因

(一) 未发生转指,但语义关联较低

动词带有两个论元,其中一个是事件论元,含有动作的施事与受事;另外一个方式论元表示事件进行的方式,如"类推"实际是"a 推 b,按照类的方式""复排""a 排 b 按照复的方式",在我们所选语料范围中,具体如下:

"水选(BH)"[a 选 b(石油或矿物质),用水的方式]由水的物性结构可知,水的构成不会与石油或矿物质相溶,水的功用可以用来冲洗某物,可以用来喝、可以用来发电等,这里用水洗的方式选取纯净的石油或矿物质;"影钞(DF)"(a 抄 b,影——谓摹写旧时刻本、写本,点画、行款悉依原式);"穴施(CH)"(a 施 b,穴)一种施肥方法。将基肥放入按行距和株距挖的坑内;再将追肥施在离作物根两三寸远的地方挖的小坑内;"断七(HB)"(a 断,在七)旧时人死后,每隔七天做一次佛事,至七七四十九天而止,称"断七";"抓周(FC)"(a 抓 b,在一周年)新生儿周岁时,将各种物品摆放于小孩面前,任其抓取,传统上常用物品有笔、墨、纸、砚、算盘、钱币、书籍等,都是由于关联较低或者语义槽位选择的典型性导致计算机无法识别理解,因而成为笔者研究语料中的无向词语。

(二) 缩略词

对于纯粹分析语素义与其构成的词义的关系来说,缩略词语的语义透明度也是很低的。我们在分析语料时发现,这类词主要分作两类,一类是组成缩略词的两个语素在词典释义中,明确记录了其缩略后的义项,如"劳模"即"劳动模范"。《现代汉语词典》(第六版)(以下简称《词典》)对语素"劳"释义第一个义项就是"劳动"的意思;对语素"模"释义的第三个义项是"模范"的意思,这样我们对其语义构词相对明晰一些,类似的还有"正取";另一类是组成缩略词的两个语素,其在缩略词中的语素义并未收入《词典》之中,只是在词条释义时进行相应的解释。如"附小"是由"附属小学"缩略而成,《词典》对语素"附"与"小"的释义中没有"附属""小学"的义项,我们单纯考察语素"附"与"小"二者与词义没有关系,这对于计算机语义识别也具有一定难度。

（三）文化因素

离开文化背景，只依靠心理机制，隐喻和转喻不能有效地分析语素义与词义间的关系。这一方面我们可以借鉴传统训诂学的引申理论，从民族文化背景中关注汉语词义发展变化的深层原因。受心理感情、求雅（指多种心理倾向：避俗求雅、避凶求吉、避讳求饰、避恶求好）等因素的影响，常促使义位派生出新义。如"告便"（委婉）离开一会儿，多指上厕所，这是避俗求雅；再如，人们对"死亡"概念的表达避讳求饰，笔者所用语料中有以下几个词语，都委婉表示死亡的概念，"归天"（委婉）指死亡，即人死后灵魂出窍向上，迷信的人们认为天是大自然的主宰者、造物者，生与死都归天管，基于这种相关性转喻，人死后称归天；"不讳"（委婉）指死亡；"殂谢"（委婉）指死亡；"捐馆"（委婉）指死亡等，这些词语的词义形成与中华文化有着密切的关系。

（四）《词林》体系的不完备性

最突出的是抽象事物与其他类别的交错，主要包括 D 类与 B 类的交错，比如"航标"的"标"做抽象概括义标志、记号意义讲时其语义类别属于 D（抽象事物），但与具体语素结合后，语素修饰限制"标"使其具体化，如"路标""导标""航标"，按照《词林》语义类别又可归入 B 事物类，同样"民兵"的"兵"在《词林》中既可以表示具体的人，又可以表示军队，类似还有"件""军""户""书"等语素。此外，B 类与 C 类也存在部分交叉现象。笔者认为，造成以上两种现象的主要原因是《词林》的写作方式是内省的，编纂初衷是希望提供较多的同义词语，对创作和翻译工作有所帮助。且语义的分类关系错综复杂，有些类别相互渗透、交织在一起，难以绝对划分，因此，难免会发生一个意思会在两个及以上类别中出现，造成词的类别范畴上的交错现象。

第七章

汉语语义构词的计算机处理及应用

第一节 基于层次加权 GED 的 FKP-MCOC 分类器的汉语语义构词分析

在中文信息处理中基于大规模语料库的语义构词模式的自动分类，可以显著提高对未登录词的识别，自动识别词典、语义分析和其他实际应用。然而，由于噪声、异常、非线性的特性，类别不平衡以及在构词数据中的其他不确定因素等，多目标优化分类器（MCOC：Multi-criteria optimization classifier）和其他传统的数据挖掘方法的预测性能会迅速退化。本章提出了一种新的基于层次加权图编辑距离（GED：Graph edit distance）的使用（Fuzzification）、核技术（Kernel）和惩罚因子（Penalty factors）的多目标优化分类器（FKP-MCOC）：首先计算每个语义构词图和原型图之间的层次加权的 GED，然后计算相似性度量，经过归一化的 GED 被嵌入一个新的特征向量空间中，基于新的特征向量空间使用 FKP-MCOC 模型和算法来预测语义构词模式。在汉语语义构词模式分析数据集上的实验结果与支持向量机（SVM：Support Vector Machines）的比较分析表明，我们所使用的基于层次加权 GED 的 FKP-MCOC 分类器方法可以显著增加不同构词模式的分离度以及在一个新的复合词语义模式数据上的预测性能。

一　引言

众所周知，汉语语义构词的自动分类和预测是自然语言处理中一个具有挑战性的重要问题。有关汉语语义构词的研究大多数集中在词语的词法特征方面，即通过发现词的结构、语素义类别和词性类别之间的关系来研究汉语语义构词。然而，这些对汉语语义构词的研究并没有利用真实的大规模的语料库，前提是语料库中句法和语义结构、语义角色和句法成分都需要预先进行标记。显然，没有大规模的汉语语义语料库的支持，这些方法得出的结论不能给出正确的真实文本的描述，而且不能用于真实世界中的语言理解。因此，基于大规模和现代汉语语义语料库，特别是自动分类的语义构词的不同模式，可以帮助解决上述问题。

在这些语言信息处理方法中，图的方法有助于发现数据或信息的自然结构，因此，得到了越来越多的关注。由于图能够同时表示对象的属性和不同对象之间的复杂关系，所以基于图的模型和算法已被广泛应用于生物信息学、图像识别与分类、网络挖掘、网络分析和自然语言处理等。当图用来解决数据挖掘中的分类问题时，分类过程可以描述为：首先在输入图和原型图之间计算 GED 来得到适当的相异度值，然后将不同的相异度值嵌入特征向量空间，在嵌入图的向量空间里可以应用许多可用的分类模型和算法。

作为使用优化技术的分类方法，基于统计学习理论和优化的 SVM 近年来得到越来越广泛的应用。该分类算法的主要思想是通过找到一个分化超平面将属于不同类别的实例分开，该超平面需要使得不同类别之间的间隔最大，同时使得分类的总误差尽可能小。

另一类使用最优化技术的分类器模型是 MCOC 方法，该方法可以用来解决数据挖掘中有监督学习的分类问题。MCOC 方法主要是在不同类别的重合度和输入数据到分化超平面的总距离之间寻求某种折中，显然，对于前者我们期望尽可能小而后者应该尽可能大。

然而，在许多现实世界中的应用中，语言信息处理的质量问题，如噪声、数据集内的异常和孤立点是很常见的；另外，数据集可能是类别不平衡、非线性可分和含有其他不确定现象。因此，为了提高 MCOC 在具有上述特征的数据上的分类和预测性能，新的 FKP-MCOC 模型已经被研究并用于解决实际应用中的分类问题，实践表明 FKP-MCOC 在原有 MCOC 方法的基础上极大地提升了分类的稳定性、效率和准确性，从而降低了数据集中异常、类别不平衡和非线性可分等问题的影响。

本章的其余部分安排如下：第二部分描述 FKP-MCOC 的基本原理。基于层次加权 GED 的 FKP-MCOC 在第三部分进行了详细的论述。在第四部分给出了汉语语义构词分析的实验结果。最后，在第五部分得出本研究的结论。

二　基于模糊化、核函数和惩罚因子的多目标优化分类器

一般地，多目标优化的分类方法可以描述如下的过程：对于一个二类分类的问题而言，给定训练数据 $T = \{(x_1, y_1), \cdots, (x_n, y_n)\}$，每个输入点 x_i（$x_i \in R^d$）属于带有标签的类别 y_i（$y_i \in \{-1, 1\}$）两类中的任一类，并且 $y_i = -1$ 时 $i = 1, \cdots, m$，$y_i = 1$ 时，$i = m + 1, \cdots, n$，d 是输入数据的维数，n 是样本的大小。MCOC 模型可以写为如下的形式：

$$\min C \sum_{i=1}^{n} \alpha_i - \sum_{i=1}^{n} \beta_i$$

$$\text{s.t. } w^T x_i - b = y_i(\beta_i - \alpha_i), \quad \alpha_i \geqslant 0, \quad \beta_i \geqslant 0, \quad \forall i. \tag{1}$$

这里的参数 α_i（$\alpha_i \geqslant 0$）是输入点 x_i 偏离分化超平面的距离，α_i 的总和应该最小化。同时，参数 β_i（$\beta_i \geqslant 0$）是输入点 x_i 偏离决策超平面的距离，β_i 的总和应该最大化。除了输入数据 x_i 是给定的训练数据，w 和 b 是无约束变量。由于 MCOC 处理不确定数据的方法的局限，即 MCOC 对噪声和异常的敏感。提出了基于模糊化方法的 FKP-MCOC。对于一个二类问题，我们用类的平均值作为代表点，而点 $\bar{x}_{y_i}$ 则定义为类 y_i 的平均值，即有

$$\bar{x}_{y_i} = \sum_i y_i x_i / \sum_i y_i, \quad y_i \in \{-1, 1\} \tag{2}$$

其中，$i = 1, \cdots, m$ 属于类别 $y_i = -1$，$i = m + 1, \cdots, n$ 属于 $y_i = 1$ 类，类别 y_i 的半径可以表示为：

$$r_{y_i} = \max \| x_i - \bar{x}_{y_i} \|_2 \tag{3}$$

如果将每个输入点 x_i 的模糊隶属度 s_i 定义为任一类的平均值与其半径的线性函数，那么我们有：

$$s_i = 1 - \| x_i - \bar{x}_{y_i} \|_2 / (r_{y_i} + \delta) \tag{4}$$

其中，δ（$\delta > 0$）是一个足够小的常量，用来避免 $s_i = 0$。

因此，我们为每个输入点 x_i 得到一个模糊的隶属度 s_i（$\tau < s_i \leqslant 1$）。从上面的计算公式（4）我们知道具有较小的模糊隶属度值 s_i 的输入点 x_i 可以被认为是噪声、异常、孤立点或是不重要的。换言之，如果满足 $s_i \leqslant \tau$，输入点 x_i 对于分类问题是不重要的，否则是重要的一个输入点，其中 τ（$\tau > 0$）是一个预定义的阈值。此外，参数 α_i 是一个衡量分类错误的输入点，所以 $s_i \alpha_i$ 是一个衡量具有不同权重的误差。因此在线性可分的情况下，上述的分类器模型（1）可以重写为：

$$\min C \sum_{i=1}^{n} s_i \alpha_i - \sum_{i=1}^{n} \beta_i$$

$$\text{s.t. } w^T x_i - b = y_i (\beta_i - \alpha_i), \quad \alpha_i \geqslant 0, \quad \beta_i \geqslant 0, \quad \forall i \tag{5}$$

其中，C（$C > 0$）是一个错误分类数据的惩罚常量。

在类别不平衡的情形下，如果 $y_i = -1$，令 C_1（$C_1 > 0$）为负类的错误成本或惩罚因子。同样，如果 $y_i = 1$，令 C_2（$C_2 > 0$）成为正类的错误成本。因此，我们可以把分类器模型（5）定义为：

$$\min C_1 \sum_{y_i=-1} s_i \alpha_i + C_2 \sum_{y_i=1} s_i \alpha_i - \sum_{i=1}^{n} \beta_i$$

$$\text{s.t. } w^T x_i - b = y_i (\beta_i - \alpha_i), \quad \alpha_i \geqslant 0, \quad \beta_i \geqslant 0, \quad \forall i, \tag{6}$$

其中，$C_1 > 0$，$C_2 > 0$，$\tau < s_i \leqslant 1$，$i = 1, \cdots, n$。

在非线性可分的情形下，假设 $\varphi(x)$ 是一个将输入数据从原始空间映射到高维特征空间的基函数。根据核函数的基本思想，给定数据集 $T = \{(\varphi(x_1), y_1, s_1), \cdots, (\varphi(x_n), y_n, s_n)\}$，此时权向量 w 可以表示为 $\varphi(x_j)$ 和 y_j 相对于非负系数 λ_j（$\lambda_j \geqslant 0$）的线性组合，即有：

$$w = \sum_{j=1}^{n} \lambda_j y_j \varphi(x_j) \tag{7}$$

将上述的权重向量 w 代入上述分类器模型（6），我们有

$$\min C_1 \sum_{y_i=-1} s_i \alpha_i + C_2 \sum_{y_i=1} s_i \alpha_i - \sum_{i=1}^{n} \beta_i$$

$$\text{s.t. } \sum_{j=1}^{n} \lambda_j y_j \varphi(x_j)^T \varphi(x_i) - b = y_i(\beta_i - \alpha_i), \quad \alpha_i \geqslant 0, \quad \beta_i \geqslant 0, \quad \forall i,$$

$$0 \leqslant \lambda_j \leqslant C_1, \quad \text{for } y_j = -1, \ 0 \leqslant \lambda_j \leqslant C_2, \quad \text{for } y_j = 1 \tag{8}$$

在上述分类器模型（7）中，点积 $\varphi(x)^T \varphi(y)$ 的可以由核函数 $K(x, y)$ 代替，我们得到如下的 FKP-MCOC 模型：

$$\min C_1 \sum_{y_i=-1} s_i \alpha_i + C_2 \sum_{y_i=1} s_i \alpha_i - \sum_{i=1}^{n} \beta_i$$

$$\text{s.t. } \sum_{j=1}^{n} \lambda_j y_j K(x_j, x_i) - b = y_i(\beta_i - \alpha_i), \quad \alpha_i \geqslant 0, \quad \beta_i \geqslant 0, \quad \forall i,$$

$$0 \leqslant \lambda_j \leqslant C_1, \quad \text{for } y_j = -1, \ 0 \leqslant \lambda_j \leqslant C_2, \quad \text{for } y_j = 1 \tag{9}$$

通过求解上述的分类器模型（9），我们可以得到系数 λ_j（$j = 1, \cdots, n$），把它们代入公式（7）可得出权重向量 w。对于所有满足 $\alpha_i = 0$ 或 $\beta_i > 0$ 的输入数据 x_i（$i = 1, \cdots, n$），根据决策超平面 $w^T \varphi(x_i) = b$，我们有 $b = \sum_{j=1}^{n} \lambda_j y_j K(x_j, x_i)$，然后计算得到 b 的平均值。决策函数表示为：

$$f(x) = \text{sign}(w^T \varphi(x) - b) = \text{sign}\left(\sum_{j=1}^{n} \lambda_j y_j K(x_j, x) - b\right) \tag{10}$$

此外，径向基核函数（RBF）通常定义为如下的非线性函数：

$$K(x, y) = \exp(- \parallel x - y \parallel_2^2 / 2\sigma^2) \ (\sigma > 0) \tag{11}$$

三　基于分层加权 GED 的 FKP-MCOC

（一）层次加权的 GED

根据汉语语义构词的特点，我们对图形的新定义可以表示为以下情况。

定义 1（分层语义图）：令 L_V 和 L_E 分别是一个有限的或无限的标签集节点和边或弧。图 g 是一个四元组 $g = (V, E, l, \mu)$，其中 V 是节点的有限集合，$E \subseteq V \times V$ 是一组边，$l: V \rightarrow S_V$ 是语义层标签函数，$\mu: V \rightarrow L_{SV}$ 是在相应的语义层中节点的标签函数。

利用上述定义 1 我们能够处理任意结构的带有约束标签函数的图，并与汉语语义构词一一对应。例如，对于语义层的标签，可以通过集合 $S_V = \{$big class，medium class，small class$\}$ 给定。对于不同的语义层而言，大类节点的标签可以由符号集 $L_{SV} = \{$A，B，C，$\cdots\}$ 给定。对于中类节点的标签可以由符号集 $L_{SV} = \{$a，b，c，$\cdots\}$ 给出。对于小类节点的标签可以由符号集 $L_{SV} = \{1，2，3，\cdots\}$ 给出。

基于定义 1 现在我们举一个实际应用中汉语双音节复合词的语义构词图的例子，如下所示：

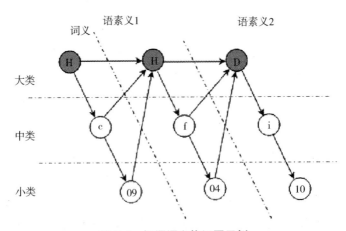

图 7.1　汉语语义构词图示例

在上述的层次语义图 7.1 中，该双音节复合词选自语义构词语料库，包含三种义类：词义、语素义 1 和语素义 2。并且，三个义类分别由三个语义层构成，依次为大类、中类和小类。对于大类的词义和语素义1，符号"H"意味着一种活动，而语素义2的符号"D"指的是抽象的东西，它描述了一个成员和其他人之间的关系。同样，对于中、小类，我们可以根据它们的标签集给出一个语义解释。值得注意的是，每一个词可能是上面定义图的带有不同标签的子图，但对于任何两图的最大公共子图是同构的。需要说明的是上述语义构词图中，语素义1和语素义2及其义类的部分构成了语义构词模式分析的输入部分，而词义及其义类的部分是相应的输出部分，并于一定的类别标签一一对应。

为了获得各种语义构词图之间的相似性度量，提出了一种基于图编辑操作成本的新的层状结构和层次加权 GED，并且该成本应该最小化。因此，两个图的编辑距离是由如下的定义来计算：

定义2（层次加权 GED）：令 $g_1 = (V_1, E_1, l_1, \mu_1)$ 为源图，$g_2 = (V_2, E_2, l_2, \mu_2)$ 为目标图，其中 $L_{SV} \subseteq R^n$。对于任意的节点 u（$u \in V_1$）和 v（$v \in V_2$），两个图 g_1 和 g_2 之间的层次加权 GED 由以下公式计算：

$$d(g_1, g_2) = \min_{(e_1, \cdots, e_m) \in P(g_1, g_2)} \sum_{k=1}^{m} \left(\sum_{i,j=1}^{n} \sum_{l=1}^{|S_v|} w_l(\mu_1(u_{il}) - \mu_2(v_{jl}))^2 \right)^{1/2} \tag{12}$$

其中，各语义层的权重为 w_l（$w_l \in [0, 1]$），并且 $\sum_{l=1}^{|S_v|} w_l = 1$，$|S_v|$ 是语义层数。此外，$P(g_1, g_2)$ 指的是一组将图 g_1 转换成图 g_2 的编辑路径，这是由一系列的基本编辑操作 e_k（$k = 1, \cdots, m$）组成的。

一般地，在定义2中有三种类型的编辑操作：①如果节点 u 和 v 是非空的，则允许节点置换操作；②如果节点 v 是空的，可进行节点删除操作；③如果节点 u 是空的可进行节点的插入操作。从上可知，我们只需要计算任意两个汉语构词图的第一和第二语素及其义类子图之间的 GED 值即可。

（二）基于分层加权 GED 的 FKP-MCOC 算法

基于层次加权 GED 的 FKP-MCOC 分类器对于汉语语义构词模式分析可以描述为如下的算法流程，该算法的全过程可以概括为以下几个步骤。

基于分层加权 GED 的 FKP-MCOC 算法

输入：分层语义图的构词和类标签的训练集 Tr、独立测试集 Ts 和权重参数 w。

输出：汉语语义构词的类别或模式。

步骤 1：随机从训练集 Tr 中选择原型图 p_i（$1 \leqslant i \leqslant n$）。

步骤 2：根据公式（12）计算训练集的 Tr 和 p_i 原型图之间任何图 g 的距离 $d(g, p_i)$。然后，通过标准化和向量嵌入方法 $\varphi(g) = (d(g, p_1) / \sqrt{n}, \cdots, d(g, p_n) / \sqrt{n})$，形成新的训练集 Tr'。

步骤 3：用新的训练集 Tr' 为每一个新的输入数据 $\varphi(g)$ 计算模糊隶属度 s_i。

步骤 4：基于训练 Tr' 求解分类器模型（9）得到 FKP-MCOC 的最优解 λ_j。

步骤 5：通过 λ_j 与训练集构造决策函数 [见公式（10）]。

步骤 6：根据公式（12），对试验集合 Ts 中的任何图 g' 和原型图 p_i，计算它们之间的距离 $d(g', p_i)$，然后再次归一化新的距离。

步骤 7：通过上述决策函数预测在测试集 Ts 上的图 g' 的类别。

四　汉语语义构词分析

（一）数据库

在我们的实验中，数据库是来源于汉语的语义构词语料库，其中包括不同类型的语义图。这些语义图是通过计算机来自动标注真实的、大规模的中文词语，并手动检查和纠正。该数据库包含 50562 个双音节复合词的语义图。每一个语义图都代表了三种不同的词义，即一个词的词义、语素义 1 和语素义 2。每个意义类型由三个语义层组成：大类、中类和小类。此外，每个语义图被归类为一个预定义的模式，它们的分布在表 7.1 中列出。

表 7.1　　　　　　　　　　汉语语义构词数据库中的类分布

模式标签	1	2	3	4	5	6	7	8
词数	3675	1073	319	4382	18807	18259	2449	1598
占比（%）	7.27	2.12	0.63	8.67	37.20	36.11	4.84	3.16

从表 7.1 我们发现，各类构词模式的类分布是不平衡的。此外，由于手动标注词的各个义类时发生的人为错误，数据库可能包含潜在的噪声和异常。

（二）实验设计

事实上，汉语语义构词模式分析实验是一个多类分类问题，因此，需要将其转化为多个成对的二类分类问题。然后，我们从每个数据集中随机选择 250 个正例和相同数量的负例作为训练集，其余的被用于独立的测试集。

然后，我们随机选择 50，70，90，110，130，150，170，190，210，230，250 个正例，从每个训练集中数量相同的负例作为原型集，计算训练集和原型集之间的层次加权 GED，从而得到不同数量实例的新的训练集。

除了采用基于层次加权的 GED 外，5 折交叉验证方法在训练子集中也被用来训练 FKP-MCOC 和 SVM，并计算它们在独立测试集上的预测性能的平均值。

在我们的实验中，使用四个指标来评估这些分类器的预测性能：

（1）总准确率（总分类准确率，TA）：

$$TA = (TP + TN)/(TP + FN + TN + FP)$$

（2）第一类分类准确率（正例的识别准确率，T1A）：

$$T1A = TP/(TP + FN)$$

（3）II 类准确率（底片的识别率，T2A）：

$$T2A = TN/(TN + FP)$$

（4）F1 评分（灵敏度和预测精度的混合度量方法，F1S）：

$$F1S = 2TP/(2TP + FN + FP)$$

其中，真的正例（TP）是正确预测的正例数量。假的负例（FN）被预测为负例的正例数量。真的负例（TN）是预测正确的负例数量。假的正例（FP）是被预测为正例的负例数量。

最后，所有的实验都是在 MATLAB 7 平台上进行。基于线性规划的 FKP-MCOC 和基于凸二次规划的 SVM 均使用 MATLAB 优化工具箱进行求解。

（三）结果与比较分析

基于选择的训练集，采用 5 折交叉验证的方法对 FKP-MCOC 算法在训练集和独立的测试集上分别进行训练和预测，并对实验结果和不同分类方法的比较进行描述。

然后，从离散集合中选择适当的值作为 SVM 和 FKP-MCOC 的参数并对它们分别进行训练，从而得到最佳的分类精度。通过网格搜索的方法，不同的参数组被设定为：用于 SVM 的惩罚因子 C 和 FKP-MCOC 的惩罚因子 C1 和 C2 定义为集合 {2，4，16，64，128，256，512，1024，4096}，RBF 核函数的参数 σ 定义为集合 {0.001，0.01，0.1，1，10，100，1000}。

在这里，我们以汉语双音节词构词模式 1，4 和 7 为例，它们的预测结果和不同方法的比较分别如表 7.2、表 7.3 和表 7.4 所示。

表 7.2　　　　　　　　在独立测试集上对模式 1 预测性能的评价

Dataset（paired）	SVM				FKP-MCOC			
	TA（%）	T1A（%）	T2A（%）	F1S	TA（%）	T1A（%）	T2A（%）	F1S
1 vs. 2	92.82	98.46	69.34	0.96	91.23	98.48	61.29	0.95
1 vs. 3	70.16	70.49	53.91	0.82	76.60	77.12	50.43	0.87
1 vs. 4	62.10	64.72	59.93	0.61	68.15	74.56	62.82	0.68
1 vs. 5	60.67	66.67	54.67	0.63	72.76	75.52	72.25	0.46
1 vs. 6	60.00	73.28	57.41	0.37	81.14	78.21	81.69	0.57
1 vs. 7	59.13	60.68	56.70	0.64	77.14	76.44	78.24	0.80
1 vs. 8	63.68	67.75	53.29	0.73	77.15	75.56	79.61	0.80

表 7.3　　　　　　　　在独立测试集上对模式 4 预测性能的评价

Dataset（paired）	SVM				FKP-MCOC			
	TA（%）	T1A（%）	T2A（%）	F1S	TA（%）	T1A（%）	T2A（%）	F1S
4 vs. 1	68.89	72.44	65.33	0.68	83.39	83.73	82.98	0.85
4 vs. 2	80.00	89.78	70.22	0.82	79.56	80.79	73.40	0.87
4 vs. 3	60.47	60.87	52.89	0.75	71.10	71.24	62.90	0.83
4 vs. 5	58.74	61.22	51.79	0.30	63.00	63.00	63.00	0.38
4 vs. 6	51.99	53.20	51.72	0.29	56.08	61.72	54.79	0.34
4 vs. 7	56.38	67.06	50.69	0.60	63.17	68.13	53.85	0.71
4 vs. 8	52.66	61.65	50.67	0.53	64.56	66.15	60.10	0.74

表 7.4　　　　　　　　在独立测试集上对模式 7 预测性能的评价

Dataset（paired）	SVM				FKP-MCOC			
	TA（%）	T1A（%）	T2A（%）	F1S	TA（%）	T1A（%）	T2A（%）	F1S
7 vs. 1	64.35	67.70	62.20	0.60	77.73	78.33	77.34	0.73
7 vs. 2	73.32	73.52	72.78	0.80	77.23	77.22	77.25	0.83
7 vs. 3	53.80	53.54	62.17	0.69	68.54	68.62	66.09	0.81

续表

Dataset（paired）	SVM	FKP-MCOC						
	TA（%）	T1A（%）	T2A（%）	F1S	TA（%）	T1A（%）	T2A（%）	F1S
7 vs. 4	57.98	60.54	56.61	0.50	60.46	60.69	60.34	0.52
7 vs. 5	52.11	58.07	51.41	0.20	60.53	64.16	60.10	0.26
7 vs. 6	52.68	66.90	50.95	0.23	61.38	64.94	60.95	0.27
7 vs. 8	55.93	61.62	46.64	0.63	63.69	63.69	63.68	0.68

如表 7.2 至表 7.4 所示的实验结果，对汉语语义构词模式的预测性能，我们发现提出的基于层次加权 GED 的 FKP-MCOC 略优于 SVM。对于模式 1，FKP-MCOC 识别精度最高平均为 77.74%，第一和第二类分类准确率的平均值分别为 79.41% 和 69.48%，F1 的评分平均为 0.73。对于模式 4，基于层次加权 GED 的 FKP-MCOC 具有最高的精度，第一类分类准确率平均为 70.68%，总准确率为 68.69%；第二类分类准确率平均为 64.43%，和 F1 得分平均为 0.67。基于模式识别的 7，层次加权 GED 的 FKP-MCOC 总体预测精度最高平均为 67.08%，第一和第二类分类准确率的平均值分别为 68.24% 和 66.54%，F1 的评分平均为 0.59。此外，我们发现，通过实验结果和比较分析，对于其他的汉语语义构词模式的识别，我们提出的分类比 SVM 具有更好的性能、效率、灵活性。

五　小结

在本研究中，我们针对汉语语义构词分析提出了一种基于层次加权 GED 的 FKP-MCOC。FKP-MCOC 扩展了多目标优化分类器的能力，避免了求解凸二次规划问题。在汉语语义构词模式分析数据集上，实验结果和与 SVM 的比较结果分析表明：基于分层加权 GED 的 FKP-MCOC 是一种预测汉语语义构词模式有效的分类器，同样它可以成为解决其他实际问题的分类方法。

第二节　语义层次加权核 FKP-MCOC 的汉语构词模式自动分类

目前为了解决面向语义的自然语言处理的问题导致越来越多的计算模

型和算法被研究和开发。对于中文信息处理来说，基于大规模的语料库技术自动地分类不同的语义构词模式显然能够帮助计算机更好地识别新词语、未登录词、旧词的新形式、新意义和新用法。但是，由于所收集的汉语构词数据库的质量问题，如噪声、异常、非线性特性、类别不平衡以及其他人为因素，造成了多目标优化分类器（MCOC: multi-criteria optimization classifier）、支持向量机（SVM: support vector machines）等其他分类器预测性能的急剧下降。为了有效地处理这类问题，我们根据影响汉语构词模式和词义的不同特征之间的关系定义语义层次结构图并确定不同输入特征的权重，通过计算加权的语义相似性核，然后将其融入使用模糊化（Fuzzification）、核方法（Kernel method）和惩罚因子（Penalty factors）的多目标优化分类器（FKP-MCOC），并将基于语义层次加权FKP-MCOC的方法用于汉语构词模式的预测与分类。通过对八种汉语构词模式的自动分类和预测分析，我们的实验结果表明语义层次加权FKP-MCOC比SVM获得了更好的区分度、预测的准确性和在新的数据上的泛化能力。

一　汉语语义构词模式分类器

（一）SVM分类器

对于一个两类的分类问题来说，若给定数据集 $T = \{(x_1, y_1), \cdots, (x_n, y_n)\}$，其中每一个输入点 $x_i (x_i \in R^d)$ 两个类中的一类，即有类标签 $y_i \in \{-1, 1\}$，并且对于 $i = 1, \cdots, m$ 有 $y_i = -1$，而 $i = m + 1, \cdots, n$ 有 $y_i = 1$，d 是输入空间的维度大小，n 是样本的大小。对于线性可分的数据集 T，我们可以找到最优的分化超平面 $w^T x_i = b$，使得位于两个不同类别之间的两个支撑超平面 $w^T x_i - b \leqslant -1$ 和 $w^T x_i - b \geqslant 1$ 的间隔最大化。因此，SVM的原始优化问题可以表示为

$$\min (1/2) \|w\|_2^2$$
$$s.t. \ y_i(w^T x_i - b) \geqslant 1, \quad i = 1, \cdots, n \tag{1}$$

其中，x_i 是给定的训练数据，w 和 b 是无约束的变量。

如果数据集是近似线性可分的，则松弛变量 $\xi_i(\xi_i \geqslant 0)$ 需要引入上面的优化问题，并有如下的优化问题

$$\min (1/2) \|w\|_2^2 + C \sum_{i=1}^{n} \xi_i$$
$$s.t. \ y_i(w^T x_i - b) \geqslant 1 - \xi_i, \quad \xi_i \geqslant 0, \ i = 1, \cdots, n \tag{2}$$

其中，C 是惩罚常量用于在最大化间隔和最小化分类误差之间做出平衡。

我们知道求解上述的最优化模型（2）需要求解二次规划问题，可以通过构造 Lagrange 函数将其转化为对偶优化问题进行求解，即有如下的优化问题

$$\min \sum_{i=1}^{n} \alpha_i - (1/2) \sum_{i=1}^{n} \sum_{j=1}^{n} \alpha_i \alpha_j y_i y_j x_i^{T} x_j$$

$$s.t. \sum_{i=1}^{n} y_i \alpha_i = 0, \quad 0 \leqslant \alpha_i \leqslant C, \ i = 1, \cdots, n \tag{3}$$

其中，α_i（$\alpha_i \geqslant 0$）为 Lagrange 乘子变量。

对于数据为非线性可分的情形，假设 $\varphi(x)$ 是基函数，它将数据从输入空间映射到高维特征空间。因此，有新的数据集 $T' = \{(\varphi(x_1), y_1), \cdots, (\varphi(x_n), y_n)\}$，此时上面（3）中 SVM 分类器可以重新定义为

$$\min \sum_{i=1}^{n} \alpha_i - (1/2) \sum_{i=1}^{n} \sum_{j=1}^{n} \alpha_i \alpha_j y_i y_j \varphi(x_i)^{T} \varphi(x_j)$$

$$s.t. \sum_{i=1}^{n} y_i \alpha_i = 0, \quad 0 \leqslant \alpha_i \leqslant C, \ i = 1, \cdots, n \tag{4}$$

上述 SVM 分类器模型（4）中点积 $[\varphi(x_i)^{T} \varphi(x_j)]$ 可以替换为核函数 $K(x_i, x_j)$，这样 SVM 分类器最终可以表示为如下的优化问题

$$\min \sum_{i=1}^{n} \alpha_i - (1/2) \sum_{i=1}^{n} \sum_{j=1}^{n} \alpha_i \alpha_j y_i y_j K(x_i, x_j)$$

$$s.t. \sum_{i=1}^{n} y_i \alpha_i = 0, \quad 0 \leqslant \alpha_i \leqslant C, \ i = 1, \cdots, n \tag{5}$$

通过求解上面的优化问题，我们可以得到 Lagrange 乘子向量解 $\alpha^* = (\alpha_1^*, \cdots, \alpha_n^*)$。显然，对于那些满足 $\alpha_i^* > 0$ 的输入点 x_i 位于各自的支撑超平面上并称为支持向量。对于 $0 < \alpha_i^* < C$ 的情形，相应的输入数据 x_i 满足模型（2）中的等式约束并且满足 $\xi_i = 0$，而对于 $\alpha_i^* = C$ 的情形，相应的输入数据 x_i 属于错误分类的点。此外，对应于 $\alpha_i^* = 0$ 的输入点 x_i 是被正确分类的数据。

径向基函数（Radial basis function：RBF）经常被用于 SVM 分类器模型（5）中的核函数，该核函数定义为

$$K(x_i, x_j) = \exp(- \| x_i - x_j \|_2^2 / 2\sigma^2) \ (\sigma > 0) \tag{6}$$

最后，对于新的输入数据 x，它的类标签可以通过如下 SVM 分类器的决策函数计算得到

$$f(x) = \text{sign}(w^{T} \varphi(x) - b) = \text{sign}\left[\sum_{i=1}^{n} \alpha_i^* y_i K(x_i, x) - b \right] \tag{7}$$

（二）FKP-MCOC 分类器

一般地，对于一个两类的分类问题和给定的数据集 T，MCOC 分类器模型可以表示为如下的优化问题

$$\min C \sum_{i=1}^{n} \alpha_i - \sum_{i=1}^{n} \beta_i \tag{8}$$
$$s.t. \quad y_i(w^T x_i - b) = \beta_i - \alpha_i, \quad \alpha_i \geq 0, \quad \beta_i \geq 0, \quad i = 1, \cdots, n$$

在上面的 MCOC 模型（8）中参数 α_i（$\alpha_i \geq 0$）定义为输入数据 x_i 偏离分化超平面的距离，并且 α_i 的总和应该最小化。同时，参数 β_i（$\beta_i \geq 0$）定义为输入数据 x_i 离开分化超平面的距离，所以 β_i 的总和应该最大化。此外，C（$C > 0$）是惩罚因子，x_i 是给定的输入数据，而 w 和 b 是无约束的变量。

由于 MCOC 分类器不能有效地处理含有噪声、异常和孤立点的数据，因此，我们提出并建议引入实弹的模糊隶属度函数，并为每个输入数据计算模糊隶属度值，以便降低噪声和异常数据对分类的影响。该模糊隶属度函数与输入数据到其类中心之间的距离成正比。

根据已经模糊化的计算方法 [20]，我们使用类均值作为类的代表点。对于一个两类分类问题，如果 $\bar{x}_{y_i}$ 定义为属于类别 y_i 的平均值，那么我们有如下的类均值计算公式

$$\bar{x}_{y_i} = \sum_i y_i x_i / \sum_i y_i, \quad y_i \in \{-1, 1\} \tag{9}$$

其中，对于 $i = 1, \cdots, m$ 有 $y_i = -1$，而 $i = m+1, \cdots, n$ 有 $y_i = 1$。类别 y_i 的最大半径可以通过如下的式子计算得到

$$r_{y_i} = \max \| x_i - \bar{x}_{y_i} \|_2 \tag{10}$$

因此，与每个输入数据相关的模糊隶属度值 s_i 定义为类均值和类半径的线性函数，即有

$$s_i = 1 - \| x_i - \bar{x}_{y_i} \|_2 / (r_{y_i} + \delta) \tag{11}$$

其中，δ（$\delta > 0$）是一个充分小的常量以避免出现 $s_i = 0$ 的情形。

至此我们得到了含有模糊隶属度值 s_i（$\tau < s_i \leq 1$）的新的训练数据集 $T' = \{(x_1, y_1, s_1), \cdots, (x_n, y_n, s_n)\}$，并且对于任意的输入数据 x_i（$x_i \in R^d$）有类别 y_i（$y_i \in \{-1, 1\}$）。从上面的计算公式（11）可知，具有较低模糊隶属度值 s_i 的输入数据 x_i 可以将其看成是噪声、异常或是对分类而言不重要的点。换言之，对于预定义的阈值 τ（$\tau > 0$），如果输入数据 x_i 的模糊隶属度值 s_i 满足 $s_i \leq \tau$，那么对于当前的分类问

题数据点 x_i 的贡献较小，否则数据点 x_i 对分类是重要和有贡献的。此外，就上述分类器模型（8）而言，参数 α_i（$\alpha_i \geqslant 0$）是与输入数据 x_i 相关的分类误差的度量，因此 $s_i\alpha_i$ 可以看作一个加权的误差，并且随着 s_i 的降低该数据点的分类误差的影响也在降低。通过这种方式将数据中的噪声、异常和孤立点的影响显著减小，同时能够极大地改进 MCOC 模型的稳定性。对于线性可分的情形，上述的分类器模型（8）可以重新定义为

$$\min C \sum_{i=1}^{n} s_i\alpha_i - \sum_{i=1}^{n} \beta_i \tag{12}$$
$$s.t.\ y_i(w^T x_i - b) = \beta_i - \alpha_i,\quad \alpha_i \geqslant 0,\quad \beta_i \geqslant 0,\quad i = 1,\ \cdots,\ n$$

其中，参数 C（$C > 0$）是误分类的数据的惩罚因子。

对于类别不平衡的情形，对于 $y_i = -1$ 我们定义 C_1（$C_1 > 0$）是误分类的成本或惩罚因子。而对于 $y_i = 1$ 我们设定 C_2（$C_2 > 0$）为误分类的成本或代价，因此，上述的分类器模型又可以表示为

$$\min C_1 \sum_{y_i = -1} s_i\alpha_i + C_2 \sum_{y_i = 1} s_i\alpha_i - \sum_{i=1}^{n} \beta_i \tag{13}$$
$$s.t.\ y_i(w^T x_i - b) = \beta_i - \alpha_i,\quad \alpha_i \geqslant 0,\quad \beta_i \geqslant 0,\quad i = 1,\ \cdots,\ n$$

其中，各参数满足 $C_1 > 0$，$C_2 > 0$，$\tau < s_i \leqslant 1$，$\tau > 0$，$i = 1$，2，$\cdots$，n。

对于非线性可分的情形，假设 $\varphi(x)$ 是将数据从输入空间映射到高维空间的基函数，则理论上我们有新的数据集 $T'' = \{(\varphi(x_1),\ y_1,\ s_1),\ \cdots,\ (\varphi(x_n),\ y_n,\ s_n)\}$。由于输入数据特征的权向量 w 可以表示为所有数据 x_j（$j = 1,\ 2,\ \cdots,\ n$）的基函数 $\varphi(x_j)$ 和类标签 y_j 关于非负系数 λ_j（$\lambda_j \geqslant 0$）的线性组合，即有

$$w = \sum_{j=1}^{n} \lambda_j y_j \varphi(x_j) \tag{14}$$

将上面的权向量 w 带入分类器模型（13）中，我们得到

$$\min C_1 \sum_{y_i = -1} s_i\alpha_i + C_2 \sum_{y_i = 1} s_i\alpha_i - \sum_{i=1}^{n} \beta_i$$
$$s.t.\ y_i\left(\sum_{j=1}^{n} \lambda_j y_j \varphi(x_j)^T \varphi(x_i) - b\right) = \beta_i - \alpha_i, \tag{15}$$
$$0 \leqslant \lambda_j \leqslant C_1,\ \text{for } y_j = -1,\ 0 \leqslant \lambda_j \leqslant C_2,\ \text{for } y_j = 1,$$
$$\alpha_i \geqslant 0,\quad \beta_i \geqslant 0,\quad i = 1,\ \cdots,\ n$$

上面的分类器模型（15）中基函数的点积 $\varphi(x_j)^T \varphi(x_i)$ 可以替换为

核函数 $K(x_j, x_i)$ ，这样我们得到如下的 FKP-MCOC 模型

$$\min C_1 \sum_{y_i = -1} s_i \alpha_i + C_2 \sum_{y_i = 1} s_i \alpha_i - \sum_{i=1}^{n} \beta_i$$

$$s.t. \; y_i \left(\sum_{j=1}^{n} \lambda_j y_j K(x_j, x_i) - b \right) = \beta_i - \alpha_i, \qquad (16)$$

$$0 \leqslant \lambda_j \leqslant C_1, \quad \text{for } y_j = -1, \quad 0 \leqslant \lambda_j \leqslant C_2, \quad \text{for } y_j = 1,$$

$$\alpha_i \geqslant 0, \quad \beta_i \geqslant 0, \quad i = 1, \cdots, n$$

通过求解上述的分类器模型（16）我们可以得到系数 λ_j（$j = 1$, 2, $\cdots$, n）的值。然后，将 λ_j 的值带入计算公式（14）可以得到权向量 w 的理论值。对于所有满足 $\alpha_i = 0$ 或 $\beta_i > 0$ 的训练数据 x_i（$i = 1$, 2, $\cdots$, n），我们可以通过分化超平面 $w^T \varphi(x_i) = b$ 来计算截距 b 的值，即有 $b = \sum_{j=1}^{n} \lambda_j y_j K(x_j, x_i)$，接着求向量 b 的平均值。最后，对于新的输入数据 x 它的类标签可以通过如下 FKP-MCOC 模型的决策函数计算得到：

$$f(x) = \text{sign}(w^T \varphi(x) - b) = \text{sign}\left(\sum_{j=1}^{n} \lambda_j y_j K(x_j, x) - b \right) \qquad (17)$$

上述 FKP-MCOC 模型中的核函数通常采用径向基函数核，计算方法见公式（6）。

二　汉语构词的图表示及语义层次加权核计算

(一)　汉语构词的语义层次图表示

在本研究中我们期望使用汉语词语的基本构成要素以及各构成成分的词性来预测该词的相应语义类型。以汉语双音节词为例，根据汉字义类信息的构成，其基本构成要素主要包括第一词素义类、第二词素义类、第一词素的词性和第二词素的词性。根据《同义词词林》的分类体系，从语义上词素的义类可以分为三个层次，即包括大类、中类和小类，而词素的词性分为大类和小类，这些因素从语义上作为我们预测汉语语义构词模式的基本输入。此外，词的语义类型也分为大类、中类和小类，并且每个词的语义类别对应唯一的类标签，这将构成我们的输出部分。

因此，根据上述汉语构词的特点，对于每个汉语双音节词我们可以将其表示为一个相应的语义层次图。在此，我们以双音节词"诚邀"为例，可以表示为如图 7.2 所示的语义层次图。

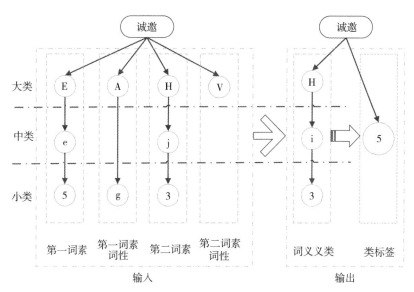

图 7.2 汉语构词的语义层次图表示

从图 7.2 可知，双音节词"诚邀"根据词素和词性可以分为五个不同的组成部分，而每一个部分又可以分为三个不同的语义层次。例如，对于该词的第一词素"诚"，它的第一词素的大类标注为"E"，中类为"e"以及小类为"5"，同时，词性的大类标注为"A"，而小类为"g"。这些组成部分作为汉语语义构词模式分析的输入部分，同时通过输入的特征可以建立相应的分类器模型来预测该词的词义类型，而词义的语义类型和唯一的类标签一一对应。例如，上面的词义类型的大类被标注为"H"，中类为"i"以及小类为"3"，这些有关词的义类取值可以从标注语料库中提取得到，并且该词的语义构词模式被分类为第 5 类。需要说明的是任意的汉语双音节词的语义层次图及其子图均与上述的语义层次图是同构的。

一般地，对于任意的双音节词我们可以将其看作输入空间中的任意一点 x_i，如果它的属性位于第 t 个分组和第 k 个语义层，那么可以表示为变量 x_i^{tk}，其中 i（$i = 1, 2, \cdots, n$）表示训练集中的第 i 个词，t（$t = 1, 2, 3, 4$）表示属性的第 t 个分组，k（$k = 1, 2, 3$）表示各个组成部分的不同义类层次。

（二）语义层次加权核计算

对于词属性的任一分组而言，由于不同的义类层次在分类中扮演的角色不同，也就是说它们对于分类的贡献度和重要性互不相同。因此，我们需要给不同的分组引入不同的加权值 w^{tk}。显然，对于任意分组 t，其权值应该满足条件 $\sum_k w^{tk} = 1$。这样，对于任意的两个词 x_i 和 x_j，我们可以通过计算它们之间的加权欧氏距离来得到相异性度量，即定义为如下的计算方法

$$d(x_j, \ x_i) = \left(\sum_t \sum_k w^{tk} \ (x_j^{tk} - x_i^{tk})^2 \right)^{1/2} \tag{18}$$

对于上面的计算公式中的语义层次权值可以由语言学专家根据经验来指定或者通过网格搜索的方法得到最优的权向量。显然，后者的计算量较大，在本研究中我们采用了后一种方法来确定权向量。需要说明的是我们在计算不同词之间的距离时将义类标签统一转化为相应的 ASCII 值，对于缺失的部分统一用 0 来填充。

在得到不同词之间的加权距离的基础上，我们可以计算语义层次加权核，即定义为

$$K(x_j, \ x_i) = \exp(- \ d^2(x_j, \ x_i)/2\sigma^2) \tag{19}$$

其中，参数 $\sigma > 0$。

自此，我们可以将上述的语义加权核引入前面的 FKP-MCOC 和 SVM 模型实现汉语语义构词模式的自动分类和预测分析。

三　汉语构词模式的自动分类

根据第二部分介绍的 SVM 和 FKP-MCOC 方法以及第三部分有关语义层次图和加权核的计算方法，我们可以将详细描述汉语语义构词模式分析的整个过程中涉及的数据集、实验设计、实验结果和分析及讨论。

（一）数据集

在本研究中我们采用汉语双音节词作为研究的对象，每一个词的词素和词性的不同层次的义类取值作为分类器模型的输入特征，输出变量是每一个词的构词模式类别，它与词的义类一一对应。在分析数据集中总计包括 50562 个双音节词，具体的输入特征包括：第一词素的义类类型、第一词素的词性类型、第二词素的义类类型和第二词素的词性类型，而每个词素的义类类型又分为大类、中类和小类三种，每个词素的词性类型又分为大类和小类两种类型。每一个双音节词与一个唯一的预

定义的构词模式类型相对应。八种语义构词模式的含义、数量以及分布比例见表 7.5。

表 7.5　　　　　　　　　　汉语语义构词模式数据集

模式标签	1	2	3	4	5	6	7	8
模式类别	A+B=A=B	A+B=A	A+B=B	A+B=C	A+B=A+B	A+B= A+B+D	A+B=A+D	A+B=D+B
词数	3675	1073	319	4382	18807	18259	2449	1598
占比（%）	7.27	2.12	0.63	8.67	37.20	36.11	4.84	3.16

从表 7.5 可知，对于语义构词模式 1 的词由两个相同的词素构成，因此它的含义由两个词素中的任一词素的义类来解释。模式 2 的词仅保留了第一词素的义类，而模式 3 却仅保留了第一词素的义类。对于模式 4 该词需要新的含义进行解释。将两个词素的义类合并来解释词的含义构成了模式 5，而模式 6 在模式 5 的技术上增加了引申义来解释词的含义。模式 7 需要第一语素义和引申义共同来解释词义，而模式 8 是引申义和第二语素义来给出词的义类解释。

此外，我们发现汉语语义构词模式数据集具有类别不平衡的特征。此外，由于对双音节词的词素配义、词性检索、从语料库中提取词的义类信息以及模式定义等操作会不可避免地引入潜在的噪声和异常，因此需要分类器模型在分析和预测时具有较好的适应性和稳定性。

（二）实验设计

汉语语义构词模式分析实际上是一个多类分类问题，可以将其转化为多个两类分类问题。然后，我们从每一类中随机抽取 250 个双音节词作为正例，其他七类中任一类中随机抽取 250 个词作为负例，生成相应的训练集，选定的两类中的其余词作为独立的测试集。以此类推，最终得到 56 对不同的两类分类的训练集和独立测试集。

在本研究中，我们使用 5 折交叉验证和语义层次加权核的方法来训练 SVM 和 FKP-MCOC 模型，然后选择具有最好预测性能的分类器及其参数，在独立测试集上对不同的语义构词模式进行预测，并计算各分类器预测性能的最小值、平均值和最大值。

在试验中我们采用了四个度量来客观评价分类器对汉语语义构词模式的预测性能，即第一类预测准确率（Type I Accuracy）、第二类预测准确率（Type Ⅱ Accuracy）、总体的预测准确率（Total Accuracy）和 F_1 评分（F_1 Score）。它们被分别定义为：

$$总体的准确率 = (TP + TN)/(TP + FN + TN + FP)，\tag{20}$$

$$第一类预测准确率 = TP/(TP + FN)，\tag{21}$$

$$第二类预测准确率 = TN/(TN + FP)，\tag{22}$$

$$F1 \ 评分 = 2TP/(2TP + FN + FP)。\tag{23}$$

其中，真的正例（TP）是被预测正确的正例的数量，假的负例（FN）是正例被预测为负例的数量。真的负例（TN）是被正确预测的负例的数量，而假的正例（FP）是负例被预测为正例的数量。

最后，本研究中的所有实验均在 Matlab7.0 的平台上实现，FKP-MCOC 模型使用的线性规划问题和 SVM 分类器模型使用的凸二次规划问题的求解使用了 Matlab 的最优化工具。

（三）在独立测试集上的实验结果及分析

在各训练数据集上，我们使用 5 折交叉验证方法对 SVM 和 FKP-MCOC 模型进行训练和学习，然后将其用于独立的测试集上进行测试。最后，通过对实验结果的统计和预测性能的计算给出详细的实验评价和比较分析。其中，性能指标主要包括第一类预测准确率、第二类预测准确率、总体的预测准确率和 F_1 评分。

在 FKP-MCOC 和 SVM 的训练过程中，我们选择了特定的参数集合以便获得最佳的预测性能。为了使用网格搜索的方法，不同的参数集分别定义如下：SVM 模型中的惩罚因子 C、FKP-MCOC 中的惩罚因子 C_1 和 C_2 被定义为参数集 $\{2, 4, 16, 64, 128, 256, 512, 1024, 4096, 12288\}$，径向基核函数的参数 σ 来自参数集 $\{0.0001, 0.001, 0.01, 0.1, 1, 10, 100, 1000, 10000\}$，而语义层次权重的取值为集合 $\{0.0, 0.1, 0.2, 0.3, 0.4, 0.5, 0.6, 0.8, 0.9, 1.0\}$。在训练集上的最佳预测性能对应的参数被选择并用于决策函数的构建，然后用于独立测试集上的预测。因此，在八种语义构词模式数据集上使用 SVM 和 FKP-MCOC 方法的预测结果的性能指标可以分别计算和统计。在此我们以汉语语义构词模式 1—4 类为例，有关它们的分类性能可以表示为如图 7.3 至图 7.6 所示的内容。

从图 7.3 至图 7.6 可知，对于采用语义层次加权核的汉语构词模式的预测，FKP-MCOC 的预测性能明显要好于 SVM。具体而言，对于模式 1

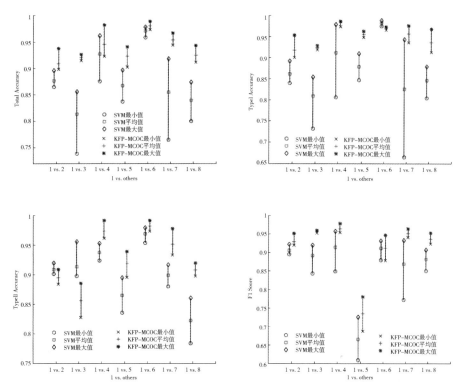

图 7.3　在独立测试集上 FKP-MCOC 和 SVM 分类器
对构词模式 1 的预测性能及比较

的预测 FKP-MCOC 有总体上具有最高的平均性能指标，总体准确率为 93.69%，第一类准确率为 94.88%，第二类准确率为 92.64% 以及 F_1 评分为 0.91，而 SVM 的各项指标分别为 87.85%、87.41%、90.22% 和 0.86。对于模式 2 的识别 FKP-MCOC 取得最好的平均性能，总体准确率为 91.74%，第一类准确率为 92.80%，第二类准确率 91.19% 和 F_1 评分平均为 0.81，相应地，SVM 的各项度量值为 85.92%、83.31%、89.37% 和 0.74。对于模式 3 从其他类别中区分出来，FKP-MCOC 取得最好的平均预测性能，即总体准确率为 87.13%，第一类准确率为 84.22%，第二类准确率为 87.28%，以及 F_1 评分为 0.38，而 SVM 分别为 83.08%、80.81%、83.13% 和 0.29。对于模式 4 的预测，FKP-MCOC 同样取得最好的平均预测性能，即总体准确率为 89.90%，第一类准确率为 89.57%，第二类准确率为 91.15%，以及 F_1 评分为 0.87，对于 SVM，它的预测性能分别为 86.88%、84.70%、88.02% 和 0.84。

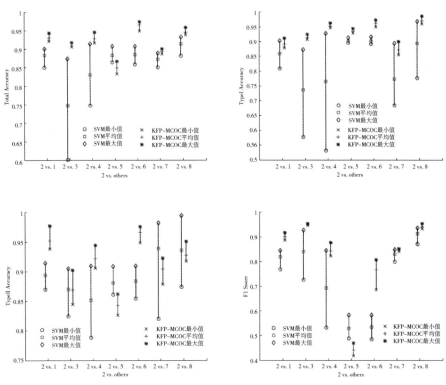

图 7.4　在独立测试集上 FKP-MCOC 和 SVM 分类器
对构词模式 2 的预测性能及比较

此外，对于汉语语义构词目标模式的识别，总体上而言 FKP-MCOC 模型要比 SVM 在效率、灵活性、区分度和泛化能力方面更好。我们使用 5 折交叉检验的成对 t 检验方法来比较它们总体的预测性能，结论同样表明它们之间的性能差异是显著的。通过实验过程也发现，模糊化、类别不平衡的惩罚因子以及语义层次加权核的使用较好地提升了原始 MCOC 的预测能力。显然，采用语义层次加权图的表示方法并引入不同特征的权重，避免了将输入特征看作一个等长的和扁平结构的向量而带来的信息损失。

四　小结

在本研究中我们根据汉语构词法的特点提出了语义层次图的表示和语义加权核函数的计算方法，并将其引入 FKP-MCOC 模型。通过汉语构词模式的预测分析，实验结果和比较分析表明 FKP-MCOC 的预测性能要好

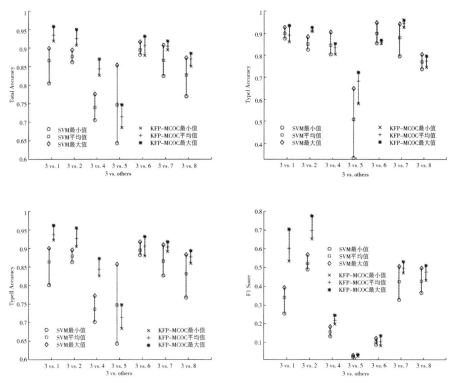

**图 7.5　在独立测试集上 FKP-MCOC 和 SVM 分类器
对构词模式 3 的预测性能及比较**

于使用凸二次规划方法的 SVM。FKP-MCOC 方法的显著特征是将每个输入数据与模糊隶属度关联能够显著降低数据中噪声和异常的干扰；同时，类别不平衡的因子能够对过拟合大多数类的数据和低拟合少数类的数据之间做出合理的折中；此外，语义层次加权核的应用能够将非线性可分的问题转化为线性可分的问题。因此，基于语义层次加权核的 FKP-MCOC 模型能够有效地用于汉语语义构词模式的自动分类，以便提高机器对汉语词语的认知和理解的准确性。今后，我们计划对汉语多音节词以及混合不同音节的词语进行自动识别和预测并展开相关的研究和应用，以便进一步改进构词模式分类的准确率和效率。

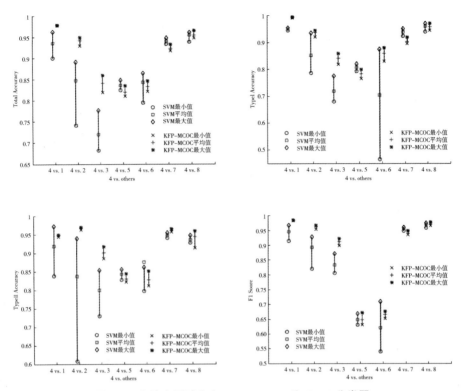

图 7.6 在独立测试集上 FKP-MCOC 和 SVM 分类器
对构词模式 4 的预测性能及比较

附　录

《同义词词林》的语义分类体系

梅家驹先生《同义词词林》的义类标注体系，分为 12 个大类，94 个中类，1428 个小类和 3925 个词群。

（1）A 人：Aa 泛称，Ab 男女老少，Ac 体态，Ad 籍属，Ae 职业，Af 身份，Ag 状况，Ah 亲人、眷属，Ai 辈次，Aj 关系，Ak 品性，Al 才识，Am 信仰，An 丑类。

（2）B 物：Ba 统称，Bb 拟状物，Bc 物体的部分，Bd 天体，Be 地貌，Bf 气象，Bg 自然物，Bh 植物，Bi 动物，Bj 微生物，Bk 全身，Bl 排泄物、分泌物，Bm 材料，Bn 建筑物，B0 机具，Bp 用品，Bq 衣物，Br 食品、药品、毒品。

（3）C 时间与空间：Ca 时间，Cb 空间。

（4）D 抽象事物：Da 事情、情况，Db 事理，Dc 外貌，Dd 性能，De 性格、才能，Df 意识，Dg 比喻物，Dh 臆想物，Di 社会、政法，Dj 经济，Dk 文教，Dl 疾病，Dm 机构，Dn 数量、单位。

（5）E 特征：Ea 外形，Eb 表象，Ec 颜色、味道，Ed 性质，Ee 德才，Ef 境况。

（6）F 动作：Fa 上肢动作，Fb 下肢动作，Fc 头部动作，Fd 全身动作。

（7）G 心理活动：Ga 心理状态，Gb 心理活动，Gc 能愿。

（8）H 活动：Ha 政治活动，Hb 军事活动，Hc 行政管理，Hd 生产，He 经济活动，Hf 交通运输，Hg 教卫科研，Hh 文体活动，Hi 社交，Hj 生活，Hk 宗教活动，Hl 迷信活动，Hm 公安、司法，Hn 恶行。

（9）I 现象与状态：Ia 自然现象，Ib 生理现象，Ic 表情，Id 物体状态，Ie 事态，If 境遇，Ig 始末，Ih 变化。

（10）J 关联：Ja 联系，Jb 异同，Jc 配合，Jd 存在，Je 影响。

（11）K 助语：Ka 疏状，Kb 中介，Kc 联结，Kd 辅助，Ke 呼叹，Kf 拟声。

（12）L 敬语。

参考文献

曹炜：《现代汉语词义学》，学林出版社 2001 年版。

曹炜：《现代汉语词汇研究》，北京大学出版社 2004 年版。

董秀芳：《汉语的词库和词法》，北京大学出版社 2004 年版。

董秀芳：《词汇化：汉语双音词的衍生和发展》，商务印书馆 2011 年版。

冯志伟：《中文信息处理与汉语研究》，商务印书馆 1992 年版。

符淮青：《词的释义》，北京出版社 1986 年版。

符淮青：《现代汉语词汇》，北京大学出版社 1989 年版。

符淮青：《词义的分析和描写》，语文出版社 2000 年版。

葛本仪：《汉语词汇研究》，山东教育出版社 1986 年版。

葛本仪：《现代汉语词汇学》，山东人民出版社 2001 年版。

侯敏、周荐：《2010 汉语新词语》，商务印书馆 2011 年版。

贾彦德：《汉语语义学》，北京大学出版社 1992 年版。

靳光瑾：《现代汉语动词语义计算理论》，北京大学出版社 2001 年版。

亢世勇：《面向信息处理的现代汉语语法研究》，上海辞书出版社 2004 年版。

亢世勇：《现代汉语新词语计量研究与应用》，中国社会科学出版社 2010 年版。

亢世勇等：《语言资源开发与应用》，外语教学与研究出版社 2018 年版。

亢世勇等：《新词语大词典（1978—2018）》，上海辞书出版社 2018 年版。

李福印：《认知语言学概论》，北京大学出版社 2008 年版。

黎良军:《汉语词汇语义学论稿》,西师范大学出版社 1995 年版。

林杏光等:《简明汉语义类词典》,商务印书馆 1987 年版。

林杏光:《词汇语义和计算语言学》,语文出版社 1999 年版。

刘叔新:《语义学和词汇学问题新探》,天津人民出版社 1993 年版。

刘叔新:《汉语描写词汇学》,商务印书馆 2005 年版。

梅家驹等:《同义词词林》,上海辞书出版社 1983 年版。

潘国文、叶步青:《汉语的构词法研究》,华东师范大学出版社 2004
年版。

邱立坤等:《现代汉语复合词内部结构词典的构建》,《中国计算机语
言学研究前沿进展 (2007—2009)》,清华大学出版社 2009 年版。

沈家煊:《名词和动词》,商务印书馆 2016 年版。

束定芳:《隐喻学研究》,上海外语教育出版社 2000 年版。

宋作艳:《生成词库理论与汉语事件强迫现象研究》,北京大学出版
社 2015 年版。

苏新春:《当代中国词汇学》,广东教育出版社 1996 年版。

苏新春:《汉语词义学》,广东教育出版社 1997 年版。

孙常叙:《汉语词汇》,商务印书馆 2006 年版。

宋作艳:《生成词库理论的最新发展》,《语言学论丛》(第 44 辑),
商务印书馆 2011 年版。

王艾录、司富珍:《语言理据研究》,中国社会科学出版社 2002
年版。

武占坤、王勤:《现代汉语词汇概要》,内蒙古人民出版社 1983
年版。

徐国庆:《现代汉语词汇系统论》,北京大学出版社 1999 年版。

徐通锵:《语言论》,东北师范大学出版社 1997 年版。

姚汉铭:《新词语·社会·文化》,上海辞书出版社 1998 年版。

俞士汶等:《现代汉语语法信息词典详解》,清华大学出版社 1998
年版。

张志毅、张庆云:《词汇语义学》,商务印书馆 2012 年版。

张志毅等:《反义词词林》,上海辞书出版社 2001 年版。

中国社会科学院语言所词典室:《现代汉语词典》,商务印书馆 1996
年版。

周荐:《复合词词素间的意义结构关系》,《语言研究论丛》(第六辑),天津教育出版社 1991 年版。

周荐:《词语的意义和结构》,天津古籍出版社 1994 年版。

周荐:《复合词构成的语素选择》,《中国语言学报》(第七辑),语文出版社 1995 年版。

周荐:《词汇学词典学研究》,商务印书馆 2004 年版。

朱彦:《汉语复合词语义构词法研究》,北京大学出版社 2004 年版。

朱志平:《汉语复合词属性研究》,北京大学出版社 2005 年版。

陈明瑶:《语料库与词汇学研究》,《宁波大学学报》(人文科学版) 2000 年第 1 期。

戴昭铭:《现代合成词的内部结构与外部功能的关系》,《语文研究》1988 年第 4 期。

董振东:《汉语知识词典及词汇内部语义描述研究》,《语言文字应用》2000 年第 1 期。

傅爱平:《汉语信息处理中单字的构词方式与合成词的识别与理解》,《语言文字应用》2003 年第 4 期。

顾阳:《论元结构介绍》,《国外语言学》1994 年第 1 期。

顾阳等:《汉语复合合成词的构造过程》,《中国语文》2001 年第 2 期。

姬东鸿、黄昌宁:《汉语形容词和名词的语义组合模型》,《中文与东方语言信息处理学会通讯》1996 年第 6 期。

吉志薇:《面向普通未登录词理解的二字词语义构词研究》,《中文信息学报》2015 年第 5 期。

贾宝书:《词义和词素义关系的理论阐释》,《中国海洋大学学报》(社会科学版) 1991 年第 4 期。

李晋霞、李宇明:《论词义透明度》,《语言研究》2008 年第 3 期。

李强:《基于物性结构和概念整合的名词隐喻现象》,《语言教学与研究》2014 年第 6 期。

刘叔新:《汉语复合词内部形式的特点与类别》,《中国语文》1985 年第 3 期。

鲁川:《汉语的根字和字族——面向知识处理的汉语基因工程》,《汉语学习》2003 年第 3 期。

陆俭明：《句法语义接口问题》，《外国语》2006 年第 3 期。

陆俭明：《隐喻、转喻散议论》，《上海外国语大学学报》2009 年第 1 期。

彭月华：《试论汉语联合式合成词的语义选择、翻译及特点》，《长沙电力学院学报》（社会科学版）1998 年第 4 期。

邵艳秋、穗志方、吴云芳：《基于词汇语义特征的中文语义角色标注研究》，《中文信息学报》2009 年第 6 期。

沈家煊：《转指与转喻》，《当代语言学》1999 年第 1 期。

沈家煊：《"糅合"与"结搭"》，《世界汉语教学》2006 年第 4 期。

孙道功、李葆嘉：《动核结构的"词汇语义—句法语义"衔接研究》，《语言文字应用》2009 年第 1 期。

王洪君：《从字和字组看词和短语》，《中国语文》1994 年第 2 期。

王洪君：《〈信息处理用现代汉语分词词表〉的内部构造和汉语的结构特点》，《语言文字应用》2001 年第 4 期。

汪少华：《概念合成与隐喻的实时意义建构》，《当代语言学》2002 年第 2 期。

王树斋：《汉语复合词词素义和词义的关系》，《汉语学习》1993 年第 2 期。

王铁琨：《十年来的汉语新词语研究综述》，《语文研究》1991 年第 1 期。

王希杰：《复合词的深层结构和表层结构及其理据性》，《扬州大学学报》（人文社会科学版）2002 年第 3 期。

吴仁甫：《语素和词义》，《上海师范大学学报》（哲学教育社会科学版）1995 年第 3 期。

徐通锵：《核心字和汉语的语义构词法》，《语文研究》1997 年第 3 期。

杨同用：《汉语构词研究与语言信息处理》，《河北师范大学学报》（哲学社会科学版）2002 年第 2 期。

杨振兰：《论词义与语素义》，《汉语学习》1993 年第 2 期。

应雨田：《比喻义及其释义》，《辞书研究》1992 年第 4 期。

苑春法、黄昌宁：《基于语素数据库的汉语语素及构词研究》，《世界汉语教学》1998 年第 2 期。

    苑春法：《汉语构词研究》，《语言文字应用》2000 年第 1 期。

    袁毓林：《汉语名词物性结构的描写体系及运用案例》，《当代语言学》2014 年第 1 期。

    张辉、范瑞萍：《形名组合的意义建构：概念整合和物性结构的杂合分析模式》，《上海外国语大学学报》2008 年第 4 期。

    张秀松、张爱玲：《生成词库理论简介》，《当代语言学》2009 年第 3 期。

    郑家恒：《二字词词义组合推理方法的研究》，《中文信息学报》2001 年第 6 期。

    仲崇山：《词义和构成词的语素义的关系补论》，《佳木斯大学社会科学学报》2002 年第 2 期。

    周荐：《几种特殊结构类型的复合词》，《世界汉语教学》1992 年第 2 期。

    周荐：《比喻词语和词语的比喻义》，《语言教学与研究》1993 年第 4 期。

    周荐：《双字组合与词典收条》，《中国语文》1999 年第 4 期。

    陈宇涵：《现代汉语双音复合词的语义结构模式分析》，硕士学位论文，烟台师范学院，2002 年。

    高婧：《论现代汉语多义名词义项间的隐喻转喻关系》，硕士学位论文，内蒙古师范大学，2009 年。

    李明晓：《三音节合成词新词语语义构词规则研究》，硕士学位论文，鲁东大学，2015 年。

    刘璐：《汉语名词语义构词规则研究——以汉语同义类语素双音合成词为例》，硕士学位论文，鲁东大学，2015 年。

    刘晓梅：《当代汉语新词语研究》，博士学位论文，厦门大学，2003 年。

    吕雯文：《现代汉语 V+N 双音复合名词语义分析》，硕士学位论文，山东大学，2008 年。

    马英新：《"动+名"偏正式双音复合词的结构义及其释义研究》，博士学位论文，河北师范大学，2012 年。

王笑:《物性结构与论元结构视域下汉语语义构词研究——以 a+b＝c 类双音合成词为例》,硕士学位论文,鲁东大学,2016 年。

王源庆:《基于数据库的双音合成词语义构词规则探究》,硕士学位论文,鲁东大学,2011 年。

颜红菊:《现代汉语复合词语义结构研究》,博士学位论文,首都师范大学,2007 年。

张晓蝶:《面向信息处理的双音节新词语语义构词规则研究》,硕士学位论文,鲁东大学,2014 年。

赵青青:《汉语名名复合词研究——基于生成词库论》,硕士学位论文,北京师范大学,2014 年。

郑厚尧:《汉语双音复合词的词义与语素义关系研究》,博士学位论文,华中师范大学,2006 年。

Alpaydin E. , *Introduction to machine learning*, Cambridge: MIT Press, 2014.

Cortes C. and Vapnik V. , "Support – vector networks", *Machine Learning*, Vol. 20, 1995.

Cristianini N. , Shawe – Taylor J, *An introduction to Support Vector Machines and other kernel–based learning methods*, Cambridge: Cambridge University Press, 2000.

Hwang S. J. , Grauman K. , Sha F. , "Semantic kernel forests from multiple taxonomies", *Advances in Neural Information Processing Systems*, Vol. 2, 2012.

Kang Shiyong et al. , *Advances in Computation of Oriental Languages—20th international conference on computer processing of oriental languages*, Beijing: Tsinghua University Press, Vol. 8, 2003.

Kang Shiyong et al. , "A Study on the Construction of a Modern Chinese Semantic Corpus, Recent Advance of Chinese Computing Technologies", Proceedings of the 7th International Conference of Chinese Computing, Singapore, 2008.

Lutz Hamel, *Knowledge Discovery with Support Vector Machines*, New Jersey: John Wiley & Sons, 2009.

Matlab, "Bejan C A. A Semantic Kernel for Predicate Argument Classification", Moschitti A, CONLL, (2004), http://www.mathworks.com/.

Pustejovsky, *The Generative Lexicon*. Cambridge, MA: The MIT Press, 1995.

Pustejovsky, "James Type Theory and Lexical Decomposition", *Journal of Cognitive Science*, Vol. 6, 2006.

Rodano, R., Tavana, R., "Three dimensional analysis of the instep kicking in professional soccer players", *Science and Soccer*, 1993.

Shi Y., Wise M., Luo M. and Lin Y., "Data Mining in Credit Card Portfolio Management: A Multiple Criteria Decision Making Approach", Koksalan M and Zionts S (eds) Advance in Multiple Criteria Decision Making in the New Millennium, Berlin, Springer, 2001.

Song, Zuoyan & Likun, Qiu, "Qualia relations in Chinese Nominal Compounds Containing Vebal Elements", *International Journal of Knowledge and Language Processing*, Vol. 4, No. 1.

Togari, "H. Kinesiological study of soccer", *Japanese Journal of Physical Education*, Vol. 16, 1972.

Vladimir A. Fomichov, "Semantics-Oriented Natural Language Processing", *Mathematical Models and Algorithms*, New York: Springer, 2010.

Zhang Z., Shi Y., Gao G., "A Rough Set-based Multiple Criteria Linear Programming Approach for the Medical Diagnosis and Prognosis", *An International Journal of Expert Systems With Applications*, Vol. 36, No. 1, 2009.

Zhiwang Zhang, Guangxia Gao, Jun Yue, Yuanqing Duan, Yong Shi, "Multi-criteria Optimization Classifier Using Fuzzification, Kernel and Penalty Factors for Predicting Protein Interaction Hot Spots", *Applied Soft Computing Journal*, Vol. 18, 2014.

后　记

　　本项研究由亢世勇主持，前后坚持了近20年，曾得到多个项目的支持。这些项目有：

　　1. 国家973项目子课题"《汉字义类信息库》的研究与实现"（与清华大学合作，2000—2001年）

　　2. 国家语委科研项目"面向信息处理现代汉语语义构词规则研究"，（编号：YB125-15：2011—2013）

　　3. 国家自然科学基金项目"基于规则学习的汉语语义构词研究"（编号：61272215，2013—2015）

　　4. 国家语委后期资助项目"面向应用的汉语语义构词研究"（编号：HQ135-13，2016—2018）

　　先后参加研究并撰写论文的有亢世勇、孙茂松、刘海润、徐艳华、许小星、王源庆、张晓蝶、李明晓、刘璐、王笑、张倩倩、张志旺等。其中王源庆、张晓蝶、李明晓、刘璐、王笑、张倩倩等在亢世勇的指导下完成了他们的硕士论文，张志旺等完成了在语言信息处理应用方面的研究并完成论文。

　　本项成果是在以上成果的基础上整合而成的，是大家集体的心血。

　　本项研究前后坚持近20年，因为词义标注本身就很复杂，工作量大，任务重，加之我们的水平和能力有限，在词义标注、分类统计以及解释方面存在很多问题，有的甚至是错误的。因为花费了大量的心血，还是希望将这一比较粗疏的研究结果呈现给大家，供大家参考，也真诚地希望得到学界同仁的关心、帮助。每项具体研究所采用的数据库都有所修改，因此前后数据有所不同，请谅解。

　　冯志伟先生一直关注本项研究，期间多次来鲁东大学给我们指导。书稿完成后，送给冯先生，他又在百忙中给我们写了一个简短的序，表示对我们的支持。宋作艳博士在我们走投无路时，给我们送来了生成词库理论，为解释 a+b＝c 这类语义关系提供了强有力的方法论。我的研究生张成、郑莉帮助梳理、校对了书稿。我们谨向冯先生及各位表示衷心的感谢！

本项研究得以顺利进行，要感谢鲁东大学文学院、国家语委汉语辞书研究中心的支持，感谢我的学生、同事的大力支持！！本书的出版要感谢中国社会科学出版社以及任明先生的支持！！！

学术无止境，我们将继续努力！！！

2020 年 3 月